Excel统计分析与应用教程

（第2版）

张著　陈杰　主编

史召锋　王彦群　王亚明　副主编

清华大学出版社

北京

内 容 简 介

本书通过大量的教学案例系统讲解 Excel 在数据统计分析中的应用。全书分 3 部分，共 12 章。第 1 部分(第 1、2 章)主要介绍 Excel 的基础知识；第 2 部分(第 3～11 章)以统计分析理论为主线，介绍 Excel 在数据统计分析中的具体应用，主要包括描述性统计分析、抽样分布与几种重要的分布、参数估计、假设检验、方差分析、相关分析、回归分析、聚类分析、主成分分析与因子分析；第 3 部分(第 12 章)通过 4 个综合案例介绍 Excel 在农业生产、医学、社会科学和经济管理领域中的应用。

本书内容注重实践性，通过实际问题的引入和解决来讲解相关的理论知识、技术和方法，将抽象、复杂的概念和理论通过实例直观地展现出来，使读者不仅可以掌握数据统计分析的理论知识，而且可以学会使用 Excel 解决实际的数据统计分析问题的方法。

本书可作为高等学校统计学相关课程的教材，也可以作为统计分析人员的参考书和专业培训教材。

图书在版编目(CIP)数据

Excel 统计分析与应用教程/张著，陈杰主编. —2 版. —北京：清华大学出版社，2022.9
ISBN 978-7-302-61768-6

Ⅰ. ①E… Ⅱ. ①张… ②陈… Ⅲ. ①表处理软件－应用－统计分析－教材 Ⅳ. ①C819

中国版本图书馆 CIP 数据核字(2022)第 161844 号

责任编辑：谢 琛
封面设计：常雪影
责任校对：韩天竹
责任印制：丛怀宇

出版发行：清华大学出版社
网 址：http://www.tup.com.cn，http://www.wqbook.com
地 址：北京清华大学学研大厦 A 座 邮 编：100084
社 总 机：010-83470000 邮 购：010-62786544
投稿与读者服务：010-62776969，c-service@tup.tsinghua.edu.cn
质量反馈：010-62772015，zhiliang@tup.tsinghua.edu.cn
课件下载：http://www.tup.com.cn，010-83470236
印 装 者：三河市君旺印务有限公司
经 销：全国新华书店
开 本：185mm×260mm **印 张**：19.25 **字 数**：445 千字
版 次：2019 年 10 月第 1 版 2022 年 11 月第 2 版 **印 次**：2022 年 11 月第1 次印刷
定 价：59.00 元

产品编号：095901-01

前言

随着信息化水平的不断加深,信息数据爆炸性地增长,我们迎来了“大数据”时代。数据渗透到每个行业和业务领域,充斥在人们生活的方方面面,如何从纷繁复杂的数据中找出有用的信息,分析出数据的规律,让冰冷的数据“说话”,成为引领“大数据”研究的动力。研究者要在大量的数据中找出关键点,分析出规律,就必须借助各种各样的统计方法和技巧。因此,掌握一定的数据统计方法和技巧成为数据研究的必备技能。特别是那些需要经常和数据打交道的人,如统计分析工作者,不仅需要掌握统计分析的专业知识,还需要学会使用统计分析工具。

“大数据”时代,由于数据的复杂性,相应的统计方法也各不相同,与统计方法相应的统计分析软件也是层出不穷。在众多的统计分析软件中,Excel 不仅具备丰富的统计和分析功能,而且入门简单、使用方便,所以受到广泛的欢迎。通过 Excel 的数据链接功能和工作表函数,可以对各种数据进行统计分析。

本书基于 Excel 的统计函数和分析工具,通过大量的教学案例,帮助学习者掌握统计知识,学会对各种类型数据的统计分析。在知识安排上,本书注重实践性,以实际问题引入和解决来实现学习的过程。学习过程中,通过大量的实例,将抽象复杂的概念和理论通过分析软件直观地展现出来,并通过实例提高学习者解决实际问题的能力。通过本书的学习,读者不仅可以掌握数据统计分析的理论知识,还可以使用 Excel 统计分析软件解决实际问题。

本书内容分为 3 部分,共 12 章。第 1 部分(第 1、2 章)主要介绍了 Excel 2016 的基础知识,让读者对 Excel 2016 软件有综合性了解;第 2 部分(第 3～11 章)以统计分析理论为主线,介绍了 Excel 2016 在统计分析中的具体应用,主要包括描述性统计分析、抽样分布与几种重要的分布、参数估计、假设检验、方差分析、相关分析、回归分析、聚类分析、主成分分析与因子分析等,通过这部分知识内容的学习,读者可以掌握大量的统计分析方法;第 3 部分(第 12 章)通过一些具体的综合性案例讲解,对前面各章内容知识进行综合练习,以深化读者对知识的掌握。

本书的作者是长期在高校从事教学的一线教师,有丰富的统计分析方面的教学经验,他们是王亚明(第 1 章、附录 A)、谢渠(第 2 章)、杨翠芳(第 3 章)、张著(第 4 章、第 5 章、第 12 章)、王彦群(第 6 章、第 7 章)、陈杰(第 8 章、第 9 章)、史召锋(第 10 章、第 11 章)。在本书编写的过程中,参考了其他同类型优秀书籍,在此,对作者表示诚挚的感谢!

本书可作为高等学校统计学相关课程的教材使用，也可以作为统计分析相关从业人员的参考书和培训教材。

尽管成书过程中作者尽了最大的努力，但由于水平的局限，难免有不尽人意之处，恳请广大读者谅解！

作　者

2022 年 8 月

目录

第1章 Excel基础 …… 1
1.1 数据和统计分析 …… 1
1.1.1 数据、统计和统计数据 …… 1
1.1.2 统计分析软件 …… 2
1.2 Excel简介 …… 2
1.2.1 Excel的功能 …… 2
1.2.2 Excel的分析工具 …… 3
1.3 Excel数据的编辑与修饰 …… 4
1.3.1 新建工作簿 …… 4
1.3.2 输入数据 …… 5
1.3.3 数据的编辑 …… 8
1.3.4 工作表的管理 …… 10
1.3.5 修饰工作表 …… 11
1.4 Excel公式与引用 …… 12
1.4.1 公式的组成 …… 12
1.4.2 公式的编辑 …… 13
1.4.3 单元格引用 …… 15
1.5 Excel函数 …… 17
1.5.1 函数的组成 …… 17
1.5.2 函数的使用 …… 18
1.6 Excel图表 …… 19
1.6.1 图表的创建 …… 19
1.6.2 图表的编辑 …… 20
习题 …… 22

第2章 Excel的数据处理 …… 23
2.1 数据收集和整理 …… 23
2.1.1 数据收集 …… 23
2.1.2 数据收集工具 …… 26
2.1.3 利用Excel的开发工具设计调查问卷 …… 29

2.1.4 调查问卷的回收与数据编码 …… 32
2.1.5 数据审核 …… 34
2.2 Excel 数据输入 …… 35
2.2.1 关于数据输入 …… 35
2.2.2 数据有效性 …… 35
2.3 数据分析 …… 38
2.3.1 数据的排序和分组 …… 38
2.3.2 数据的筛选 …… 39
2.3.3 数据的次数分布 …… 41
2.3.4 数据的频数分布 …… 43
2.3.5 数据的图表制作 …… 44
习题 …… 51

第 3 章 描述性统计分析 …… 52
3.1 集中趋势的测定与分析 …… 52
3.1.1 集中趋势的测定内容 …… 52
3.1.2 用 Excel 函数描述集中趋势 …… 53
3.2 离中趋势的测定与分析 …… 57
3.2.1 离中趋势的测定内容 …… 57
3.2.2 用 Excel 函数计算方差和标准差 …… 58
3.3 描述总体分布形态的统计量 …… 59
3.3.1 描述总体分布形态的测定内容 …… 59
3.3.2 用 Excel 函数描述总体分布形态 …… 60
3.4 使用数据分析工具进行描述统计分析 …… 61
3.4.1 加载分析工具 …… 61
3.4.2 描述统计工具的使用 …… 62
习题 …… 64

第 4 章 抽样分布与几种重要的分布 …… 66
4.1 概率 …… 66
4.1.1 概率分布 …… 66
4.1.2 概率分布与频率分布的关系 …… 69
4.2 用 Excel 模拟抽样过程 …… 72
4.2.1 用 Excel 模拟抽样过程的常用方法 …… 72
4.2.2 周期抽样法 …… 74
4.2.3 随机抽样法 …… 74
4.3 抽样分布 …… 76
4.3.1 抽样推断的几个基本概念 …… 76

4.3.2 样本的抽样分布与总体分布的关系 …… 77
4.4 几种重要的分布 …… 79
4.4.1 二项分布 …… 79
4.4.2 正态分布 …… 81
4.4.3 学生 t 分布 …… 88
4.4.4 卡方分布 …… 92
4.4.5 F 分布 …… 96
习题 …… 98

第 5 章 参数估计 …… 100
5.1 参数估计概述 …… 100
5.1.1 点估计 …… 100
5.1.2 区间估计 …… 100
5.1.3 估计量的评价标准 …… 101
5.2 总体均值区间估计 …… 101
5.2.1 总体方差已知或大样本情况下的估计 …… 101
5.2.2 总体方差未知且为小样本情况下的估计 …… 104
5.2.3 重复抽样情况下的总体比例区间估计 …… 107
5.3 必要样本容量计算 …… 108
5.3.1 总体方差已知或大样本情况下的必要样本容量计算 …… 108
5.3.2 重复抽样总体比例已知情况下的必要样本容量计算 …… 109
5.4 总体方差区间估计 …… 110
习题 …… 112

第 6 章 假设检验 …… 113
6.1 假设检验的基本思想与基本步骤 …… 113
6.1.1 假设检验的基本思想 …… 113
6.1.2 原假设与备择假设 …… 114
6.1.3 显著性水平与检验统计量 …… 114
6.1.4 决策规则 …… 116
6.2 单个总体假设检验 …… 118
6.2.1 总体方差已知或大样本情况下的均值假设检验 …… 118
6.2.2 总体方差未知且为小样本情况下的均值假设检验 …… 121
6.2.3 总体比例假设检验 …… 128
6.3 总体方差假设检验 …… 131
6.3.1 总体方差假设检验的基本内容 …… 131
6.3.2 总体方差双侧检验 …… 131
6.3.3 总体方差单侧检验 …… 133

6.4 两个总体均值之差假设检验 …… 135
习题 …… 141

第 7 章 方差分析 …… 142
7.1 方差分析简介 …… 142
7.2 单因素方差分析 …… 142
7.2.1 单因素方差分析的构想 …… 143
7.2.2 检验模型 …… 145
7.2.3 方差分析表 …… 148
7.2.4 运用单因素方差分析工具 …… 150
7.3 双因素方差分析 …… 151
7.3.1 无重复双因素方差分析 …… 151
7.3.2 可重复双因素方差分析 …… 153
习题 …… 158

第 8 章 相关分析 …… 160
8.1 相关分析简介 …… 160
8.2 双变量相关分析 …… 160
8.2.1 散点图 …… 161
8.2.2 相关系数 …… 164
8.2.3 用 Excel 描述相关系数 …… 166
8.3 Spearman 秩相关分析 …… 170
8.3.1 Spearman 秩相关分析简介 …… 170
8.3.2 用 Excel 描述 Spearman 秩相关的函数 …… 171
习题 …… 173

第 9 章 回归分析 …… 174
9.1 回归分析简介 …… 174
9.2 一元线性回归分析 …… 174
9.2.1 一元线性回归分析的主要内容 …… 175
9.2.2 Excel 图表分析和回归函数分析一元线性回归 …… 176
9.2.3 利用最小二乘法在 Excel 中实现一元线性回归分析 …… 181
9.3 一元线性回归分析的检验和预测 …… 182
9.3.1 一元线性回归分析检验的内容 …… 182
9.3.2 一元线性回归分析检验在 Excel 中的应用 …… 183
9.3.3 一元线性回归分析预测的理论知识 …… 184
9.3.4 一元线性回归分析预测在 Excel 中的应用 …… 184
9.3.5 利用 Excel 2016 的分析工具进行回归分析 …… 185

9.4 多元线性回归分析 …… 188
9.4.1 多元线性回归模型 …… 188
9.4.2 多元回归模型的参数估计 …… 190
9.4.3 对多元线性回归方程的评价 …… 190
9.4.4 利用 Excel 2016 实现多元线性回归分析 …… 192
9.5 非线性回归分析 …… 194
9.5.1 常见的几种非线性回归分析和预测模型 …… 194
9.5.2 利用 Excel 实现非线性回归分析 …… 195
习题 …… 199

第 10 章 聚类分析 …… 200
10.1 相似性度量 …… 200
10.1.1 样本相似性度量 …… 200
10.1.2 变量相似性度量 …… 202
10.2 系统聚类 …… 202
10.2.1 系统聚类的基本思想 …… 202
10.2.2 类间距离与系统聚类法 …… 203
10.3 上机实践 …… 205
习题 …… 231

第 11 章 主成分分析与因子分析 …… 232
11.1 主成分分析 …… 232
11.1.1 主成分分析的基本思想 …… 232
11.1.2 主成分分析的基本原理 …… 232
11.1.3 求解主成分 …… 233
11.1.4 主成分的性质 …… 234
11.1.5 主成分的现实解释 …… 234
11.2 因子分析 …… 238
11.2.1 因子分析的数学模型 …… 238
11.2.2 公共因子与原始变量的关系 …… 239
11.2.3 用主成分分析法求因子载荷矩阵 …… 240
11.2.4 因子旋转 …… 241
11.3 上机实践 …… 242
11.3.1 主成分分析 …… 242
11.3.2 因子分析 …… 251
习题 …… 255

第 12 章　Excel 综合案例 ………… 256
12.1　Excel 在农业生产中的应用 ………… 256
12.2　Excel 在医学中的应用 ………… 258
12.3　Excel 在社会科学中的应用 ………… 260
12.4　Excel 在经济管理中的应用 ………… 263
习题 ………… 271

附录 A　Excel 统计函数 ………… 276

参考文献 ………… 295

第1章 Excel 基础

1.1 数据和统计分析

随着信息社会的发展，各种数据在人们的学习、生活和工作中随处可见，这些数据是人们认识和了解客观事物存在状态、发展趋势、变化状况等特点的重要手段。例如，2021年国内生产总值比上年增长8.1%、上证股票价格指数上涨2%、房价环比增长7%等，这些数据无论是对国家还是对个人都具有非常重要的意义。人们对生活、工作中与某一现象有关的数据进行搜集、整理，并借助一定的工具对这些数据进行计算、分析，得出统计数据以及形成统计分析报告，即为统计分析活动。统计分析活动一方面可以描述人们所关注的对象的发展现状，将大量数据浓缩成精华信息，揭示事物的显著特点和规律，帮助人们快速了解客观事物在某些方面的特点；另一方面可以为人们所关注的对象的趋势预测提供分析依据，从而最终为人们的行动提供决策支持。

1.1.1 数据、统计和统计数据

下面对统计分析活动涉及的数据、统计、统计数据3个基本概念进行阐述。

1. 数据

数据(data)是指对客观事物进行记录并可以识别的符号，是对客观事物的性质、状态以及相互关系等进行记载的符号或符号的组合。狭义的数据指数字，例如，98这个数字可以是一个班级的总人数(单位为人)、一个学生某门课程的成绩(单位为分)、一个小孩的身高(单位为厘米)或水温(单位为摄氏度)。广义的数据包含图表、图像、语音、视频等多种媒体信息的数字化存储形式。数据是统计分析最基本的要素。

2. 统计

统计(statistic)是指对某一客观事物有关的数据进行搜集、整理、计算、分析、解释、表述并得出结果的过程。人们在认识和改造客观世界的过程中，对事物的数量变动及其规律进行观察，并对看似杂乱无章的数据进行统计，进而得到量化的结果，这个找出规律、得到结果的过程就称为统计。

3. 统计数据

统计数据(statistical data)特指与统计活动有关的反映国民经济和社会现象的数字资料和其他相关资料(原始数据记录、统计表、统计图、统计年鉴、统计分析报告等)的总称。统计数据是对现象进行测量的结果,它以简明扼要的方式直接揭示统计对象的本质和重要特性,在社会的各个领域都具有重要意义。例如,对经济活动总量进行测量,可以得到国内生产总值(GDP)数据;对股票价格变动水平进行测量,可以得到股票价格指数数据;对各城市的房价水平进行测量,可以得到各城市房价的环比增长数据。统计工作完成时得到的统计数据质量必须符合一定的标准,要准确地反映客观现实。

1.1.2 统计分析软件

目前市场上具有统计分析功能的软件非常多,常用的有 Excel、SPSS(Statistical Package for the Social Sciences)、R 语言(The R Programming Language)、Minitab、SAS(Statistics Analysis System)等。不同的软件功能特点,也使软件侧重于不同的应用领域。

1.2 Excel 简介

1.2.1 Excel 的功能

Excel 是微软公司出品的一款流行的桌面型电子表格处理软件,它和 Word、PowerPoint、Access 等组件一起构成了完整的 Office 办公软件,它们之间可以方便地相互调用数据,实现数据资源共享。Excel 具有强大的数据组织、计算、分析和统计功能、丰富的宏命令以及专业的统计图表功能,可以形象地显示处理结果,因此备受数据统计分析初学者喜爱,成为目前应用最广泛的电子表格处理软件之一。下面介绍 Excel 2016 版的主要功能特点。

1. 以表格形式管理数据

Excel 采用表格形式来管理大量数据,每张工作表有 1 048 576 行和 16 384 列。单元格内可以存放文字、数值、图形和图表等丰富的数据类型,数据的输入具有自动输入数据序列、动态复制公式的功能。Excel 可以对增加、删除、修改等所有编辑操作进行记忆,实现多级恢复,还可以为工作表内的数据创建相应的数据透视图、数据透视表,以直观的方式显示和管理数据。

2. 强大的数据分析、处理功能

Excel 除了可以做简单的算术运算和逻辑运算外,还提供了 400 多个各类函数,用于完成统计、财务、数学等以及各种工程上的数据分析与计算处理。此外，Excel 还提供了统计分析、方差分析、回归分析和线性规划等数据分析与辅助决策工具。Excel 用户不必掌握编程方法和相关的数学算法，直接利用这些工具即可得到分析结果。

3. 丰富的图表功能

Excel 具有生成各种统计图表和编辑图表的功能。Excel 提供了柱形图、折线图、散点图、雷达图、气泡图等 100 多种不同格式的图表供用户选用。用户只需通过图表向导一步步地操作，即可制作出精美的图表，以形象、直观的方式展示数据，还可以自定义图表的坐标轴、标题等的样式。

4. 数据库管理功能

Excel 提供了数据库管理功能，它通过有关数据库管理的命令和函数来保存每天新产生的大量业务数据，并对这些数据进行有效的管理。Excel 还提供了 Internet 数据库管理功能，可以从网上获取数据、创建 Web 页等。

5. 宏语言功能

Excel 提供了宏语言功能，可以将用户经常执行的操作的全过程记录下来，并将此过程与组合键或工具按钮关联。在执行这些操作时，只需按下相应的组合键或单击相应的工具按钮即可，而不必重复整个操作过程。

6. 样式功能

Excel 提供了样式工具，可以利用各种文字格式化工具和制图工具制作出美观的报表，并且可将样式存储为样本文件，随后可以通过读取样本文件设置报表样式，以节省手工设置报表样式的时间。

1.2.2 Excel 的分析工具

Excel 提供了一系列数据分析工具，称为分析工具库。这些数据分析工具可以处理复杂的统计计算与分析问题。主要的数据分析工具有“方差分析”“相关系数”“协方差”“描述统计”“指数平滑”“F-检验”“傅利叶[①]分析”“直方图”“随机数发生器”“排位和百分比排位”“回归”“抽样”“t 检验”等。Excel 的分析工具必须单独安装、设置后方可使用。Excel 的分析工具的安装步骤如下。

(1) 启动 Excel，新建一个 Excel 工作簿，按 Alt＋T 组合键（这种组合键称为 Office 访问键），在菜单栏空白区域出现如图 1.1 所示的提示信息。再按 I 键，弹出“加载宏”对话框，如图 1.2 所示。

---

① 规范译名为傅里叶，这里采用与软件一致的写法。

Office 访问键: ALT，T，

继续键入 Office 旧版本菜单键序列，或按 Esc 取消。

图 1.1　Office 访问键的提示信息

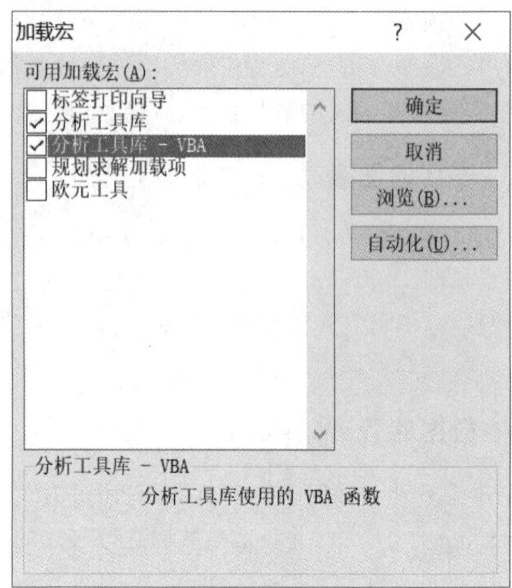

图 1.2　“加载宏”对话框

(2) 在“加载宏”对话框中，选择“分析工具库”和“分析工具库-VBA 函数”复选框，单击“确定”按钮，系统将自动安装分析工具库。安装完成后，在“数据”菜单里会添加“数据分析”命令，选择“数据”→“数据分析”命令，将弹出“数据分析”对话框，如图 1.3 所示，可以在这里选择需要的数据分析工具进行数据分析。

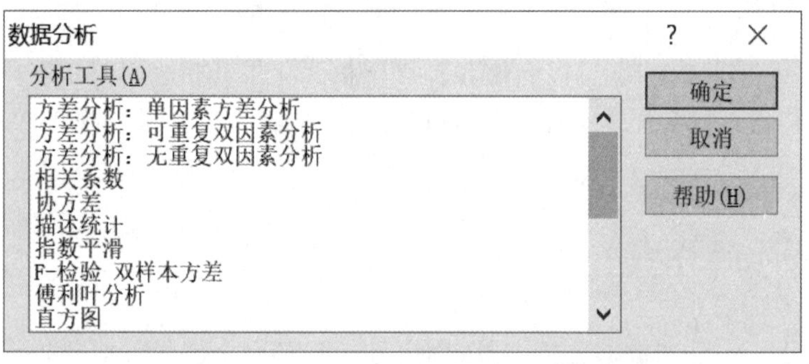

图 1.3　“数据分析”对话框

1.3　Excel 数据的编辑与修饰

1.3.1　新建工作簿

启动 Excel 后，新建空白工作簿的方法如下：

(1) Excel 启动后会自动创建新的空白工作簿。每个工作簿默认包含 Sheet1、Sheet2、Sheet3 这 3 张工作表，且新建的工作簿自动命名为默认名称——“工作簿 1”“工作簿 2”“工作簿 3”……可以对工作表进行重命名以及数据的创建、移动、复制、删除等操作。

(2) 选择“文件”菜单下的“新建”命令，在工作簿窗口右侧将打开新建空白工作簿任务窗格。可以单击“空白工作簿”直接创建新的空白工作簿，如图 1.4 所示。也可以通过模板创建工作簿。模板是 Excel 系统预先设定的通用的格式文件，利用它生成工作簿可统一报表格式，减少重复性工作。

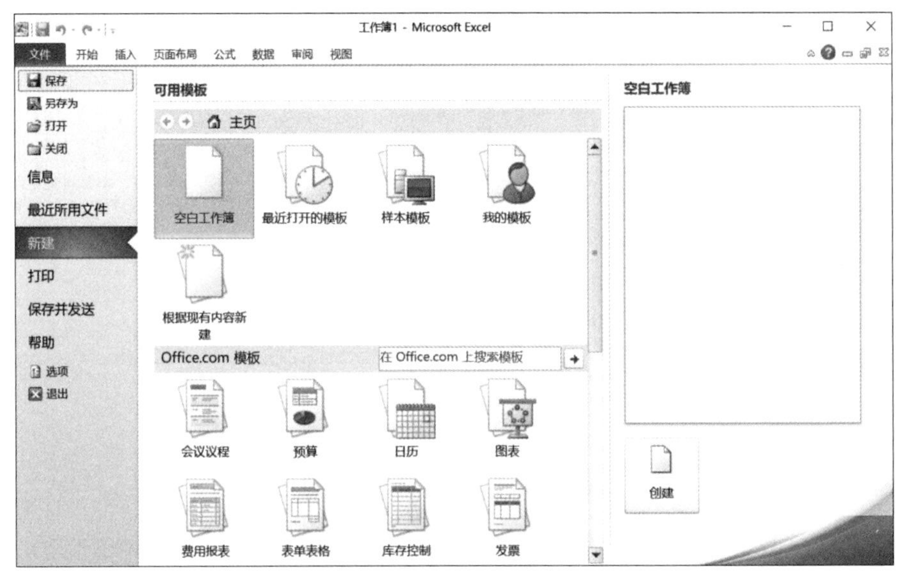

图 1.4　新建空白工作簿任务窗格

(3) 单击“快速访问”工具栏中的新建按钮，Excel 系统会自动出现一个新的空白工作簿。

1.3.2　输入数据

新建一个空白工作簿并将其命名为“信息工程学院学生成绩表.xlsx”。将其第一个工作表重命名为“学生成绩表”，并在其中输入如图 1.5 所示的内容。

1. 文本型数据的输入

文本是指用键盘输入的任何字符，文本型数据又称为字符型数据。对于编号、学号、身份证号、电话号码等数值型文本数据，在输入时，应在数字前添加英文单引号(')。例如，输入学号 04010502 时应输入'04010502，数据将会在单元格中左对齐。当输入的文本长度超出单元格宽度时，若右边的单元格无内容，则本单元格中的文本会扩展到右边的单元格中显示；否则会在本单元格中截断显示。

	A	B	C	D	E	F	G	H	I
1	信息工程学院学生成绩表								
2	专业	学号	姓名	性别	出生日期	数学	英语	法律基础	C语言
3	网络	04010502	金璐	女	1985/6/12	79	76	72	79
4	网络	04010503	严妍	女	1984/2/21	91	79	34	91
5	计算机	04020501	田超能	男	1985/10/1	86	38	61	86
6	计算机	04020502	刘晓庆	女	1985/4/15	42	63	79	63
7	通信	04030501	费李阳	男	1984/3/18	78	70	82	70
8	通信	04030502	白新花	女	1986/1/23	42	64	61	61
9	计算机	04020504	葛玉棠	男	1985/11/2	76	0	60	79
10	计算机	04020505	马玉石	男	1984/3/24	87	92	84	82
11	网络	04010505	费诗礼	男	1985/10/12	70	66	83	91
12	通信	04030503	李晨阳	男	1983/12/2	0	85	72	86

图 1.5　信息工程学院学生成绩表.xlsx 中的内容

2. 数值型数据的输入

数值除了由数字 0～9 组成的字符串外，还包括＋、－、/、E、e、$、%、小数点(.)和千分位符号(,)等特殊字符(如 $150,0.9)。对于分数的输入，为了与日期型数据的输入区别，应先输入 0 和空格，例如，要输入 1/8，应输入“0 1/8”，如果直接输入 1/8，系统会将其自动处理为日期型数据。输入数值时，有时会发现单元格中显示＃＃＃＃＃，这是因为单元格宽度不够，不足以显示全部数值，此时加大单元格宽度即可。

Excel 数值输入与数值显示并不总是相同的，计算时以输入的数值为准。当输入的数值太长时，Excel 会采用科学记数法表示数值。例如，输入 9123451234，则显示为 9.123E＋09。

3. 日期型数据的输入

Excel 一般以斜线(/)和连字符(-)作为年、月、日的分隔符，以冒号(:)作为时、分、秒的分隔符。系统内置了一些日期、时间格式，当输入的数据与这些格式相匹配时，Excel 将自动识别它们。输入的日期、时间必须是 Excel 可识别的，否则将被认为是字符型数据(字符型数据无法进行时间的加、减运算)。

Excel 常见的日期和时间格式为 mm/dd/yy 和 hh:mm(AM/PM)，输入当天日期和当前时间对应的组合键分别是“Ctrl＋;(分号)”和“Ctrl＋Shift＋;”。

4. 填充序列数据

Excel 提供了数据填充功能，用以自动生成有规律的数据，例如日期序列、相同数据、等差数列和等比数列等,以简化数据的输入工作。如果是日期序列,只需要输入一个初始值,然后直接拖动填充柄即可;如果是数字序列,则必须输入前两个单元格的数据,例如,在 A1、A2 单元格中分别输入 2、4,然后选择这两个单元格,拖动填充柄,系统默认为等差数列(在 Excel 中称为等差序列),在拖动范围所覆盖的单元格内依次填充数字,得到如图 1.6 所示的等差序列;如果需要填充等比数列(在 Excel 中称为等比序列)数据,则可以在拖动生成等差序列数据后,选择这些数据,在“开始”选项卡中选择“填充”→“序列”菜单命令,在打开的“序列”对话框中选择“类型”为“等比序列”,并设置合适的步长值(即相邻两数的比值,例如 5),如图 1.7 所示。单击“确定”按钮后得到如图 1.8 所示的步长值为 5 的等比序列数据。

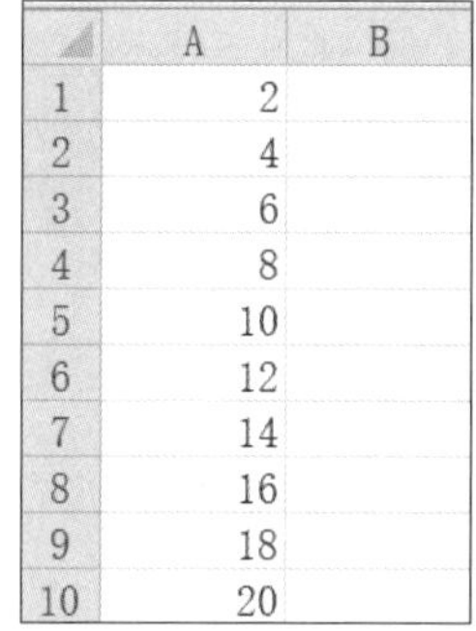

	A	B
1	2	
2	4	
3	6	
4	8	
5	10	
6	12	
7	14	
8	16	
9	18	
10	20	

图 1.6 等差序列数据

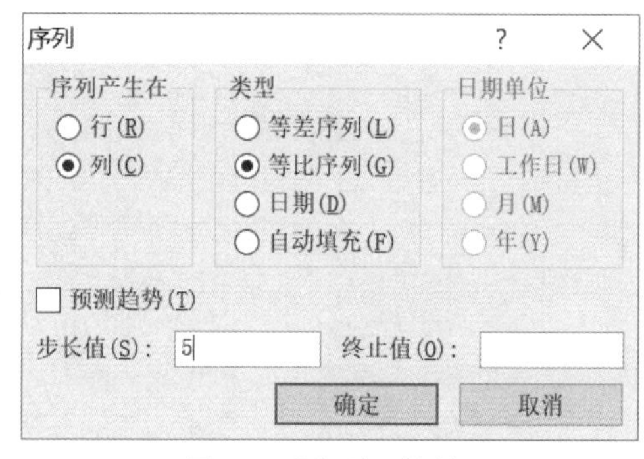

图 1.7 “序列”对话框

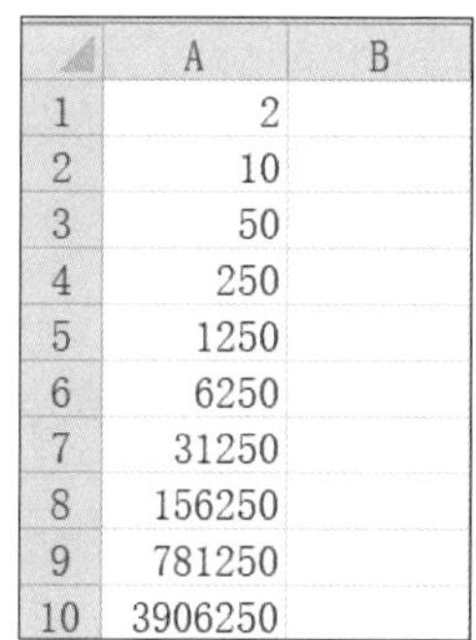

	A	B
1	2	
2	10	
3	50	
4	250	
5	1250	
6	6250	
7	31250	
8	156250	
9	781250	
10	3906250	

图 1.8 等比序列数据

5. 公式的输入

公式是以等号开头的表达式和函数等。在单元格中输入公式后,该单元格的结果随着公式引用的单元格中的数据而变化。例如,在前面的“信息工程学院学生成绩表.xlsx”的 J3 单元格中输入公式“=SUM(F3:I3)”,将得到金璐的总成绩 306。在 1.4 节将详细介绍公式的输入与引用。

6. 导入外部数据

Excel 除了手动输入需要进行处理的数据外,还可以将符合规范的外部数据源(如 TXT、Access、SQL Server、XML 等文件类型)中的数据直接导入,使各软件之间可以方便地互相调用数据,实现数据资源共享。下面以如图 1.9 所示的“导入学生成绩.txt”文件为例,说明数据导入功能的用法。

在“数据”选项卡的“获取外部数据”功能组中,单击“自文本”按钮后会弹出一个选择文件的对话框,选中希望导入的文本文件“导入学生成绩.txt”,单击“导入”按钮,打开文本导入向导。在第 1 步设置数据的导入起始行,如图 1.10 所示。在第 2 步设置数据的分隔符号为“;”,如图 1.11 所示。在第 3 步设置导入数据的列数据格式。例如,学号 04010502 必须设置为文本型,如图 1.12 所示,否则系统会自动舍去高位的 0。还可以单击“高级”按钮进一步设置列数据格式。

完成以上操作后,单击“完成”按钮,在弹出的“导入数据”对话框中选择数据存放的位

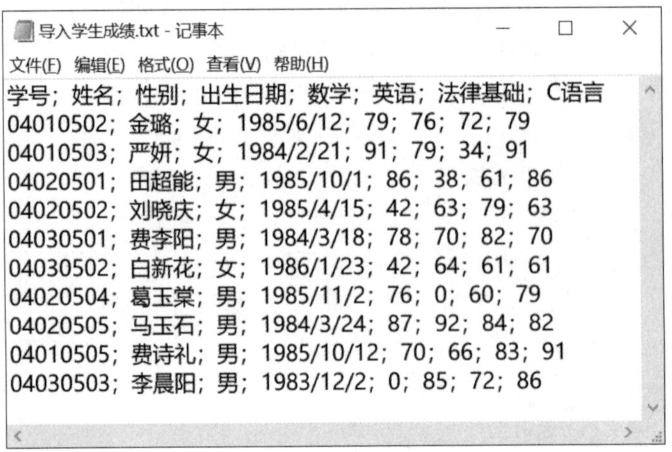

图 1.9　学生成绩原始数据

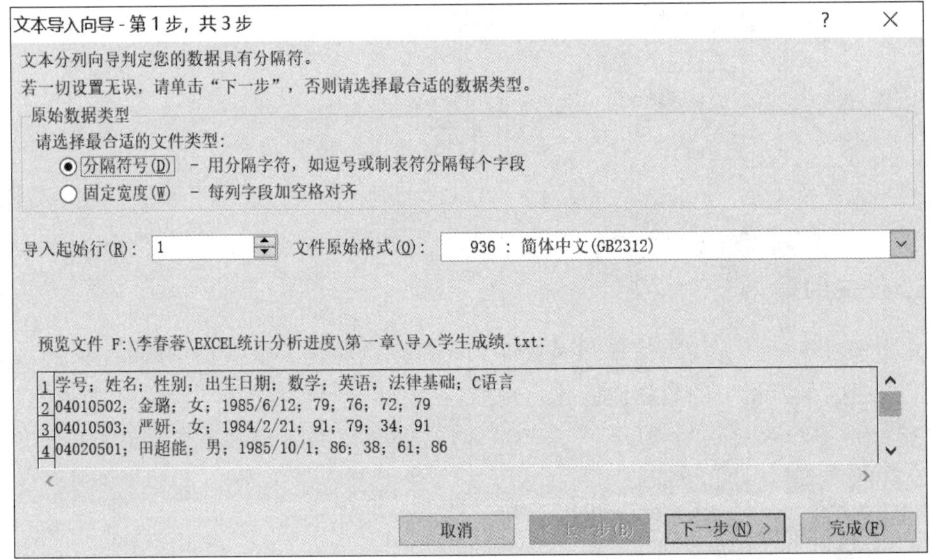

图 1.10　文本导入向导第 1 步

置，可以存放于当前工作表中从某个单元格起始的一片区域，也可以存放于临时新建的一个工作表中。单击“确定”按钮，完成该文本文件的数据导入。

1.3.3　数据的编辑

数据经常会发生变化，数据的存储、统计、加工需要保持同步更新。Excel 工作表的数据编辑操作可以保证数据更新后的完整性与正确性。Excel 工作表的数据编辑包含数据的增加、删除、修改、复制、移动等操作。

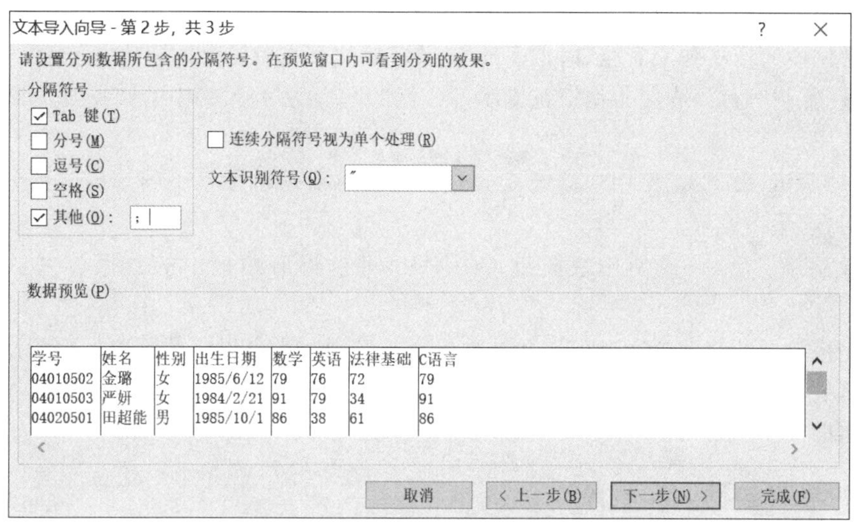

图 1.11　文本导入向导第 2 步

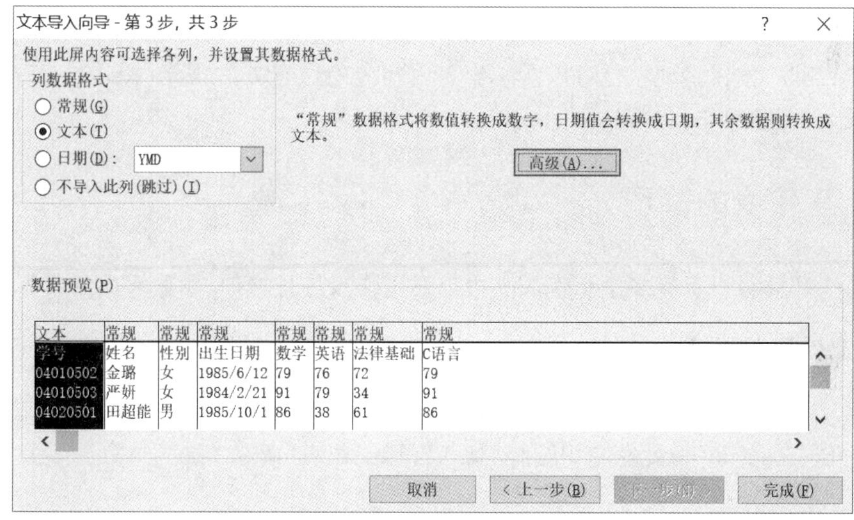

图 1.12　文本导入向导第 3 步

1. 单元格数据的编辑

单元格数据的编辑有两种方法：一是双击单元格，使其数据处于可编辑状态，此时可以直接修改数据；二是选中单元格，使其数据自动出现在单元格编辑栏内，此时可以直接在单元格编辑栏内对单元格数据进行编辑操作。

2. 单元格数据的选择、清除、复制、剪切、粘贴和移动

单击单元格即可选中单元格，使之成为活动单元格。还可以使用键盘上的光标移动键(←、↑、→、↓)将光标移动到要操作的单元格。

在选中单元格或单元格区域后，执行“编辑”→“清除”命令，可以清除单元格的格式、内容和批注中的任一种或者全部；按 Delete 键清除的只是单元格的内容。

通过“复制”命令(或使用快捷键 Ctrl+C)可以将活动单元格中的数据复制到剪贴板中以备使用。

通过“剪切”命令(或使用快捷键 Ctrl+X)可以将活动单元格中的数据放到剪贴板中以备使用。

通过“粘贴”命令(或使用快捷键 Ctrl+V)可以将剪贴板中的数据放到活动单元格中。

单元格数据的移动可通过剪切和粘贴操作来实现。也可以将鼠标光标移到活动单元格的边线处，当鼠标光标变成带箭头的十字形时，按住鼠标左键，将活动单元格拖动至目标单元格即可。

3. 行和列的插入和删除

数据在输入时难免会出现遗漏，有时可能漏掉一个数据，有时可能漏掉一行或一列数据，这时可以通过插入操作进行修改。单元格、行、列的插入操作可以通过“开始”选项卡的“单元格”功能组中的“插入”按钮实现，删除操作可以通过“开始”选项卡的“单元格”功能组中的“删除”按钮实现。也可以在工作表内相应的位置处右击，利用快捷菜单完成行和列的插入、删除操作。

1.3.4 工作表的管理

一个工作簿可以包含多个工作表。可以对工作表进行增加、删除或重命名等操作。

1. 工作表的插入

单击工作表标签位置的(插入工作表)按钮，即可为工作簿插入新的工作表。也可以右击工作表标签，在快捷菜单中选择“插入”→“工作表”命令。

2. 工作表的删除

单击要删除的工作表标签，使之成为活动工作表，再单击(删除工作表)按钮，即可删除该工作表。工作表的删除是永久性的，无法恢复。Excel 工作簿至少要保留一个工作表，不能完全删除。

3. 工作表的重命名

Excel 工作表名称最多包含 31 个字符或 15 个汉字，默认的工作表名称为 Sheet1、Sheet2、Sheet3 等。可以双击需要重命名的工作表标签，直接重命名工作表。也可以右击要重命名的工作表标签，在快捷菜单中选择“重命名”命令，对工作表进行重命名操作。

4. 工作表窗口的拆分

当 Excel 工作表中的数据内容较多时，不能完全在当前窗口中显示。如果希望能同时看到几个位置的内容，可以使用“视图”→“拆分”命令将当前屏幕分成 4 个平铺的窗口，这 4 个窗口都显示同一个工作表的内容。可以在每个窗口独立地浏览工作表，以便更好地从不同角度观察该工作表中的数据。再次执行“拆分”命令即可取消工作表窗口的拆分。

5. 工作表窗格的冻结

如果 Excel 工作表中的数据量很大，因窗口大小有限，往往会看了后面的数据而忘记了前面的数据。工作表的冻结窗格功能可以将需要用于对比的数据行冻结，从而将该数据行一直保持在工作表窗口中，十分方便。例如，在“信息工程学院学生成绩表.xlsx”工作簿的“学生成绩表”工作表窗口中，右侧的“法律基础”和“C 语言”两门课程的成绩和下部的第 10～12 行的数据没有显示出来，此时可以单击 D6 单元格，执行“视图”→“拆分”命令，将工作表拆分为 4 个独立的窗口；再选择“视图”→“冻结窗格”→“冻结拆分窗格”命令，上面和左侧的窗格被分别冻结，效果如图 1.13 所示。用户如不再需要冻结窗格时，只需要选择“取消冻结窗格”命令即可。

	A	B	C	F	G	H	I
1	信息工程学院学生成绩表						
2	专业	学号	姓名	数学	英语	法律基础	C语言
3	网络	04010502	金璐	79	76	72	79
4	网络	04010503	严妍	91	79	34	91
5	计算机	04020501	田超能	86	38	61	86
9	计算机	04020504	葛玉棠	76	0	60	79
10	计算机	04020505	马玉石	87	92	84	82
11	网络	04010505	费诗礼	70	66	83	91
12	通信	04030503	李晨阳	0	85	72	86

学生成绩表 / Sheet2 / Shee　就绪　100%

图 1.13　冻结窗格

1.3.5　修饰工作表

人们在日常生活和办公时经常用到 Excel 工作表处理和记录数据，通过 Excel 的修饰功能可让工作表更美观、大方，方便数据管理。可以用如图 1.14 所示的修饰工具对工作表进行修饰。下面以“信息工程学院学生成绩表.xlsx”为例说明工作表的修饰方法。

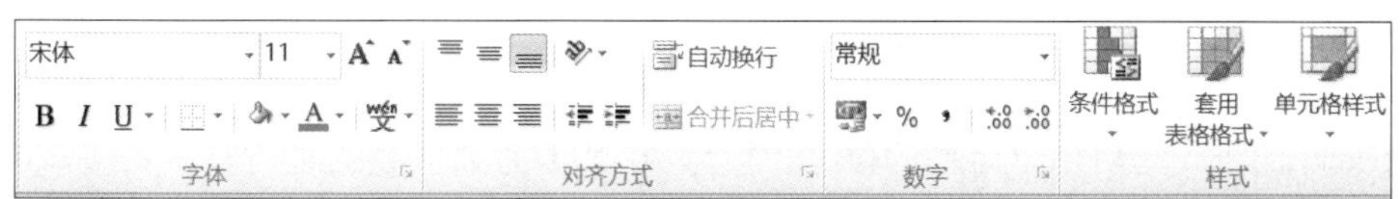

图 1.14　Excel 的修饰工具

第一步，打开如图 1.5 所示的“信息工程学院学生成绩表.xlsx”，选中 A1:I1 单元格区域(单击 A1 单元格，按住鼠标左键拖动至 I1 单元格；或者单击 A1 单元格，按住 Shift 键再单击 I1 单元格)，选择如图 1.14 中所示的“合并后居中”工具将标题“信息工程学院学生成绩表”居中显示。在合并单元格为活动单元格状态下，继续设置字体为“宋体 20 号，加粗”，选择框线设计工具设置上框线和下框线。选择填充颜色工具，设置背景填充颜色为“橄榄色，强调文字颜色 3，淡色 40%”。右击单元格，利用快捷菜单设置该单元格行高为 30。

第二步，选择 F3:I12 单元格区域，选择“条件格式”工具，设置小于 60 的成绩为“浅红色填充”。单击按钮，在弹出的“设置单元格格式”对话框中设置小数位数为 2。

第三步，选择 E3:E12 单元格区域，选择“单元格样式”工具，设置样式为“20% - 强调文字颜色 1”。单击按钮，在弹出的“设置单元格格式”对话框中设置出生日期的格式为“三月十四日”。

第四步，选择 A2:I2 单元格区域，在“设置单元格格式”对话框中切换到“边框”选项卡，选择“外边框”和“内部”。

完成修饰后，得到如图 1.15 所示的结果。

	A	B	C	D	E	F	G	H	I
1	信息工程学院学生成绩表								
2	专业	学号	姓名	性别	出生日期	数学	英语	法律基础	C语言
3	网络	04010502	金璐	女	六月十二日	79.00	76.00	72.00	79.00
4	网络	04010503	严妍	女	二月二十一日	91.00	79.00	34.00	91.00
5	计算机	04020501	田超能	男	十月一日	86.00	38.00	61.00	86.00
6	计算机	04020502	刘晓庆	女	四月十五日	42.00	63.00	79.00	63.00
7	通信	04030501	费李阳	男	三月十八日	78.00	70.00	82.00	70.00
8	通信	04030502	白新花	女	一月二十三日	42.00	64.00	61.00	61.00
9	计算机	04020504	葛玉棠	男	十一月二日	76.00	0.00	60.00	79.00
10	计算机	04020505	马玉石	男	三月二十四日	87.00	92.00	84.00	82.00
11	网络	04010505	费诗礼	男	十月十二日	70.00	66.00	83.00	91.00
12	通信	04030503	李晨阳	男	十二月二日	0.00	85.00	72.00	86.00

图 1.15 “信息工程学院学生成绩表.xlsx”的修饰结果

Excel 还自带丰富的表格套用格式。可以选择“开始”选项卡中的“套用表格格式”工具，在弹出的格式列表中选择合适的格式，套用到工作表中，以美化工作表的显示效果。

1.4 Excel 公式与引用

1.4.1 公式的组成

Excel 的公式是引用单元格的位置，对存放在其中的数值数据进行计算的等式，例如“=A1+B1+C1+D1”。公式与普通数据之间的区别是：公式由=开始，其后的算式由常量、单元格位置、运算符和函数组成。公式是 Excel 的核心功能之一。

公式由=、操作符和操作数 3 个要素组成。

- =是公式的标志。
- 操作符表示执行哪种运算。
- 操作数为引用的单元格位置、单元格数据、函数及常数。

单元格的引用公式形如"=A3 * 5+F2",函数的引用公式形如"=SUM(A1:F1)",常数的引用公式形如"=350+1800-50"。

利用 Excel 公式可以进行算术运算、关系运算、文本运算、引用运算等操作。Excel 公式中常用的运算符分为 4 类,如表 1.1 所示。

表 1.1 Excel 公式中常用的运算符

类　型	表示形式	优　先　级
算术运算符	+(加)、-(减)、*(乘)、/(除)、%(百分比)、^(乘方)	从高到低分为 3 个优先级:①百分比和乘方;②乘和除;③加和减
关系运算符	=(等于)、>(大于)、<(小于)、>=(大于或等于)、<=(小于或等于)、<>(不等于)	优先级相同
文本运算符	&(文本的连接)	
引用运算符	:(区域运算符)、,(联合运算符)、空格(交叉运算符)	从高到低依次为区域运算符、联合运算符、交叉运算符

引用运算符用来合并多个单元格(以参加运算),如表 1.2 所示。

表 1.2 引用运算符

引用运算符	含　义	示　例
:(区域运算符)	包括两个引用在内的单元格区域的引用	SUM(A1:C3)
,(联合运算符)	将多个引用合并为一个引用	SUM(A1,C3)
空格(交叉运算符)	同时隶属于两个单元格区域的引用	SUM(A1:C4 B2:D3)

1.4.2 公式的编辑

公式可以在单元格或单元格编辑栏中直接输入。在输入公式时,之所以不用数据本身而用单元格位置,是为了使计算的结果始终准确地反映单元格的当前数据。只要改变了数据单元格中的内容,引用了该数据单元格的公式单元格中的结果也立刻随之改变。如果在公式中直接输入数据,那么当数据单元格中的数据有变化时,公式的计算结果不会自动更新。

下面以图 1.16 所示的工作表"A 商场近 4 年产品销售金额表"为例,介绍计算各产品历年销售总额的操作方法。

(1) 单击选中 F3 单元格,在单元格编辑栏中输入公式"=B3+C3+D3+E3",按回车

	A	B	C	D	E	F	G	H	I	J
1	A商场近4年产品销售金额表									
2	产品名称	2015年（万元）	2016年（万元）	2017年（万元）	2018年（万元）	各产品历年销售总额	2015年总额	2016年总额	2017年总额	2018年总额
3	彩电	2843	2300	4880	8980					
4	冰箱	4042	3291	5100	6310					
5	手机	5020	4321	7980	8020					
6	空调	4921	4322	5600	5980					
7	洗衣机	1432	1342	5560	7620					
8	音响	1545	2610	5830	5920					

图 1.16　A 商场近 4 年产品销售金额表

键或者单击单元格编辑栏的✔（确认输入）按钮，得到彩电历年销售总额。如果输入有错误，直接删除公式或者单击单元格编辑栏的✘（取消输入）按钮即可。

（2）单击选中 F3 单元格，选择“开始”→“自动求和”或者“公式”→自动求和工具Σ，单元格编辑栏会自动出现“＝SUM（B3：E3）”，按回车键或者单击单元格编辑栏的✔按钮，利用求和函数 SUM 得到彩电历年销售总额。

（3）单击选中 F3 单元格，将鼠标光标放置在单元格右下角，当光标变成黑十字形时，按住鼠标左键拖动至 F8 单元格，即复制了 F3 单元格的计算公式，分别得到冰箱、手机、空调、洗衣机、音响的历年销售总额，如图 1.17 所示。

	A	B	C	D	E	F	G	H	I	J
1	A商场近4年产品销售金额表									
2	产品名称	2015年（万元）	2016年（万元）	2017年（万元）	2018年（万元）	各产品历年销售总额	2015年总额	2016年总额	2017年总额	2018年总额
3	彩电	2843	2300	4880	8980	19003				
4	冰箱	4042	3291	5100	6310	18743				
5	手机	5020	4321	7980	8020	25341				
6	空调	4921	4322	5600	5980	20823				
7	洗衣机	1432	1342	5560	7620	15954				
8	音响	1545	2610	5830	5920	15905				

图 1.17　各产品历年销售总额

继续计算 2015—2018 年所有产品的年度销售总额，操作方法如下：

（1）单击选中 G3 单元格，在单元格编辑栏输入公式“＝B3＋B4＋B5＋B6＋B7＋B8”，按回车键或者单击单元格编辑栏的✔按钮，得到 2015 年总额。

（2）单击选中 G3 单元格，选择“开始”→“自动求和”或者“公式”→自动求和工具Σ，单元格编辑栏会自动出现“＝SUM（F3）”。单击选中 B3 单元格，按住鼠标左键拖动至 B8 单元格，按回车键或者单击单元格编辑栏的✔按钮，利用 SUM 函数得到 2015 年所有产品的销售总额。

（3）单击选中 G3 单元格，将鼠标光标放置在单元格右下角，当光标变成黑十字形时，按住鼠标左键拖动至 J3 单元格，即复制了 G3 单元格的计算公式，分别得到 2016 年、2017

年、2018 年的所有产品年度销售总额，如图 1.18 所示。

	A	B	C	D	E	F	G	H	I	J
1	A商场近4年产品销售金额表									
2	产品名称	2015年（万元）	2016年（万元）	2017年（万元）	2018年（万元）	各产品历年销售总额	2015年总额	2016年总额	2017年总额	2018年总额
3	彩电	2843	2300	4880	8980	19003	19803	18186	34950	42830
4	冰箱	4042	3291	5100	6310	18743				
5	手机	5020	4321	7980	8020	25341				
6	空调	4921	4322	5600	5980	20823				
7	洗衣机	1432	1342	5560	7620	15954				
8	音响	1545	2610	5830	5920	15905				

图 1.18　所有产品的年度销售总额

1.4.3　单元格引用

单元格的引用形式有 4 种，分别是相对引用、绝对引用、混合引用、外部引用。在编辑公式时，根据不同的计算需要会用到单元格的不同引用形式。

1. 相对引用

相对引用是指被引用的单元格随着引用单元格的位置而相应地变化。在复制包含相对引用的公式时，Excel 将自动调整复制后的公式中的引用，以便引用相对于当前引用位置的相应单元格。例如"＝B3＋C3＋D3＋E3"是相对引用，计算结果随着单元格数值的变化而变化，复制此公式会相应地改变行或者列。例如，计算各产品历年销售总额时，彩电历年销售总额的计算公式在 F3 单元格中为"＝B3＋C3＋D3＋E3"。当把公式复制到 F4、F5、F6、F7、F8 单元格时，相应的产品历年销售总额的公式自动改为

＝B4＋C4＋D4＋E4
＝B5＋C5＋D5＋E5
＝B6＋C6＋D6＋E6
＝B7＋C7＋D7＋E7
＝B8＋C8＋D8＋E8

2. 绝对引用

如果在复制公式时希望被引用的单元格不随着引用位置的不同而变化，那么应使用绝对引用。绝对引用的格式是在单元格行号或列号前加上 $ 符号，$ 符号是绝对引用的标志。例如"＝$B$3＋$C$3＋$D$3＋$E$3"是绝对引用，在其他单元格复制此公式，得到的内容和结果都一样。

3. 混合引用

在某些情况下，复制时只想使行或者列固定不变，这时，可以使用混合引用，即同时包

含绝对引用和相对引用。例如，引用$B3，则列固定不变(总是B)，行仍为相对引用；引用B$3则相反，列为相对引用，而行固定不变(总是3)。将$放在行号或列号的前面，行或列即为绝对引用，而另一个为相对引用。例如，“=$A1+$B1+$C1”是固定列的混合引用，而“=A$1+B$1+C$1”是固定行的混合引用。

4. 外部引用

在同一工作簿内可能会创建多个工作表。在使用公式计算的过程中，不同工作表之间的单元格引用称为外部引用，外部引用的格式为“工作表名!单元格引用”。例如，在同一个工作簿中复制“A商场近4年产品销售金额表”并且将复制得到的工作表命名为A。创建一个如图1.19所示的“A商场近4年产品销售统计表”工作表，引用A工作表得出各项计算结果的方法如下：

(1) 在“A商场近4年产品销售统计表”中单击选中B3单元格，在单元格编辑栏输入=，单击A工作表标签，在A工作表中单击B3单元格，输入+，再单击C3单元格……，直到单击E3单元格，按回车键或者单击单元格编辑栏的 ✔ 按钮，得到彩电历年销售总额，此时“A商场近4年产品销售统计表”B3单元格编辑栏的公式为“=A!B3+A!C3+A!D3+A!E3”。

(2) 单击选中B3单元格，将鼠标光标放置在B3单元格右下角，当光标变成黑十字形时，按住鼠标左键拖动至B8单元格，即复制了B3单元格的计算公式，分别得到冰箱、手机、空调、洗衣机、音响的历年销售总额。

(3) 在“A商场近4年产品销售统计表”中单击选中C3单元格，在单元格编辑栏输入=，单击A工作表标签，在A工作表中单击B3，输入+，再单击B4单元格……直到单击B8单元格，按回车键或者单击单元格编辑栏的 ✔ 按钮，得到所有产品2015年销售总额，此时“A商场近4年产品销售统计表”C3单元格编辑栏的公式为“=A!B3+A!B4+A!B5+A!B6+A!B7+A!B8”。

(4) 在“A商场近4年产品销售统计表”中单击选中C3单元格，将鼠标光标放置在C3单元格右下角，当光标变成黑十字形时，按住鼠标左键拖动至F3单元格，即复制了C3单元格的计算公式，分别得到2016年、2017年、2018年的所有商品销售总额。最终结果如图1.20所示。

	A	B	C	D	E	F
1	A商场近4年产品销售统计表					
2	产品名称	各产品历年销售总额	2015年总额	2016年总额	2017年总额	2018年总额
3	彩电					
4	冰箱					
5	手机					
6	空调					
7	洗衣机					
8	音响					

图1.19　A商场近4年产品销售统计表

	A	B	C	D	E	F
1	A商场近4年产品销售统计表					
2	产品名称	各产品历年销售总额	2015年总额	2016年总额	2017年总额	2018年总额
3	彩电	19003	19803	18186	34950	42830
4	冰箱	18743				
5	手机	25341				
6	空调	20823				
7	洗衣机	15954				
8	音响	15905				

图 1.20　A 商场近 4 年产品销售统计表

1.5　Excel 函数

1.5.1　函数的组成

Excel 为用户提供了财务、统计、金融、数学等多种类型的内置函数。使用函数可以减少输入的工作量，减小计算出错概率。用户使用这些函数时，只需写出函数名加以调用即可，Excel 将自动计算出结果。最基本的 5 个函数是 SUM(求和)、AVERAGE(平均值)、COUNT(计数)、MAX(最大值)和 MIN(最小值)。Excel 的内置函数非常多，不必记忆，可以查阅 Excel 函数的帮助系统了解相关函数的功能。

Excel 函数由以下 4 个元素组成：

- =：表示是函数(也可以是一般的公式)。
- 函数名：每个函数都有一个名称。
- ()：表示函数的参数部分。
- 参数：函数运算所需的数据。

Excel 函数格式如下：

```
函数名称(参数 1,参数 2,…)
```

其中，参数可以是常量、单元格、单元格区域、公式或其他函数。

对于上述 5 个基本函数，Excel 提供了一种快捷的方法，即使用“开始”→自动求和工具按钮 Σ 的下拉菜单，它将自动对活动单元格上方或左侧的数据进行这 5 种基本计算。

函数的输入有 3 种方法：

(1) 直接输入，即直接在单元格或单元格编辑栏内输入函数，适用于比较简单的函数。

(2) 使用插入函数工具，即使用函数库输入。可以使用“公式”→插入函数工具 fx 打开“插入函数”对话框，如图 1.21 所示，从中选择相应的函数进行操作。

(3) 在“开始”→自动求和工具按钮 Σ 下拉菜单中选择“其他函数”命令，打开“插入函数”对话框进行操作。

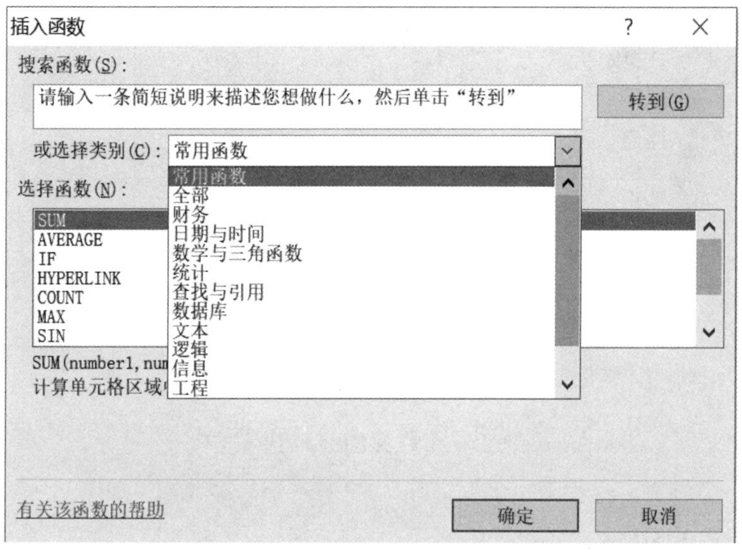

图 1.21 “插入函数”对话框

1.5.2 函数的使用

函数名后面的括号必须成对使用。函数的参数根据函数的功能输入。有的函数要求必须输入参数，有的则可省略参数，但是参数的次序不能颠倒。在单元格内直接输入函数时，必须清楚该函数的功能及格式要求，才能正确使用函数解决问题。

在使用 Excel 函数的过程中必须准确了解函数的功能、语法和参数含义，只有了解了这 3 个要点，才能够根据统计分析的需要灵活运用函数解决问题。

下面介绍最常用的 SUM、AVERAGE 函数的功能、语法和参数含义。

1. SUM 函数

功能：计算参数的和。

语法：SUM(number1,number2,…)。

参数：number1,number2,…表示要求和的多个参数。

2. AVERAGE 函数

功能：计算参数的平均值。

语法：AVERAGE(number1,number2,…)。

参数：number1,number2,…表示要计算平均值的多个参数。

打开“A 商场近 4 年产品销售金额表.xlsx”，利用 AVERAGE 函数计算每种产品历年销售额的平均值，操作方法如下：

(1) 选中 G 列,选择“开始”→“插入”→“插入工作表列”命令,在“2015 年总额”列前插入了一个新的 G 列,在 G2 单元格中输入“各产品历年销售平均值”。

(2) 单击选中 G3 单元格,选择“开始”→自动求和工具按钮 Σ 下拉菜单中的平均值函数,G3 单元格中出现计算公式“=AVERAGE(B3:F3)”,系统自动将“各产品历年销售总额”列纳入平均值的计算,这不符合要求。单击 B3 单元格,按住鼠标左键拖动至 E3 单元格,G3 单元格的公式更新为“=AVERAGE(B3:E3)”,按回车键,系统自动在 G3 单元格应用 AVERAGE 函数求平均值。

(3) 单击选中 G3 单元格,将鼠标光标放置在 G3 单元格右下角,当光标变成黑十字形时,按住鼠标左键拖动至 G8 单元格,即复制了 G3 单元格的求平均值计算公式,分别得到各产品历年销售平均值,结果如图 1.22 所示。

	A	B	C	D	E	F	G	H	I	J	K
1	A商场近4年产品销售金额表										
2	产品名称	2015年(万元)	2016年(万元)	2017年(万元)	2018年(万元)	各产品历年销售总额	各产品历年销售平均值	2015年总额	2016年总额	2017年总额	2018年总额
3	彩电	2843	2300	4880	8980	19003	4750.75	19803	18186	34950	42830
4	冰箱	4042	3291	5100	6310	18743	4685.75				
5	手机	5020	4321	7980	8020	25341	6335.25				
6	空调	4921	4322	5600	5980	20823	5205.75				
7	洗衣机	1432	1342	5560	7620	15954	3988.5				
8	音响	1545	2610	5830	5920	15905	3976.25				

图 1.22 各产品历年销售平均值

1.6 Excel 图表

1.6.1 图表的创建

Excel 图表是利用工作表中的数据生成的各种图形,用以直观地展示数据的分布特点和变化趋势。Excel 有两种图表:一种是直接放在工作表中的嵌入式图表,这种图表方便用户同时显示或打印图表及相关数据;另一种是将图表单独存放的独立图表工作表,用于独立查看图表或编辑大而复杂的图表。Excel 支持将处理后的数据创建成各种图表,也可以轻松地完成各种图表的创建、编辑和修改工作。

创建图表时,可以切换到“插入”选项卡,在“图表”功能组中根据自己的需要选择相应的图表工具;也可单击插入图表工具按钮 ⊡,在弹出的“插入图表”对话框中选择更多类型的图表工具,如图 1.23 所示;还可以利用工作表数据在单个单元格内创建柱形图、折线图、饼图、条形图等图表。

图 1.24 是利用“A 商场近 4 年产品销售金额表.xlsx”中的数据创建的显示历年来各类商品销售金额的柱形图(又称直方图)。

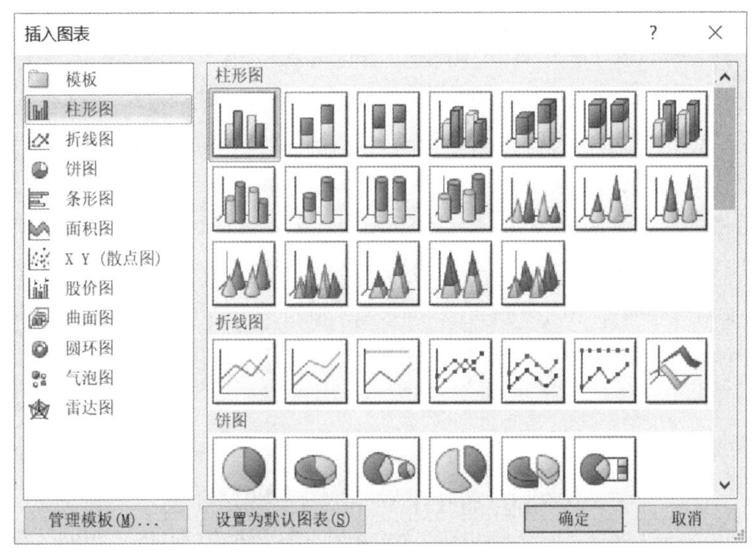

图 1.23 “插入图表”对话框

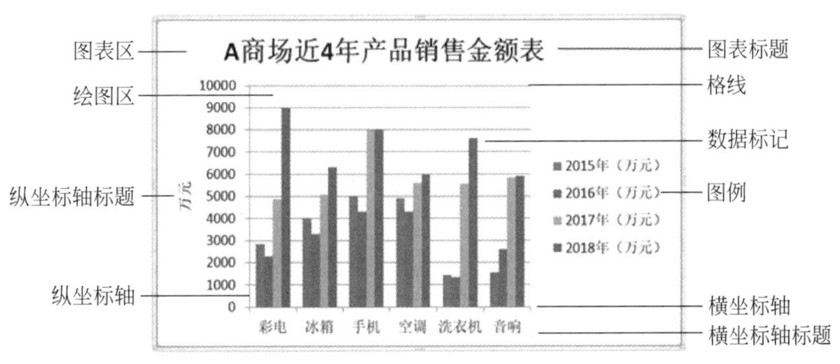

图 1.24 柱形图

如果需要查看某个图表项的具体信息，可以将鼠标光标移到该图表项上，此时就会显示该图表项的提示信息。例如，将鼠标光标移动图例上，就会显示提示信息“图例”。

创建图 1.24 所示的柱形图的操作步骤如下：

(1) 选中 A2:E8 单元格区域，选择“插入”选项卡中的“柱形图”→“二维柱形图”→“簇状柱形图”，自动生成选中数据的簇状柱形图。

(2) 单击“图表工具”，切换到“布局”选项卡，选择“图表标题”→“图表上方”，在出现的文本框中输入“A 商场近 4 年产品销售金额表”，即可完成图表标题设置。

(3) 选择“坐标轴标题”→“主要纵坐标轴标题”→“旋转过的标题”，在出现的文本框中输入“万元”，即可完成图表纵坐标轴标题设置。

1.6.2 图表的编辑

图表创建完成后，还可以利用图表工具对图表中的各个对象进行修改、编辑和美化的

操作，在“图表工具”中的“设计”选项卡中可以重新设置图表类型，切换行和列，重新选择数据，设置图表的布局格式以及系统自带的图表样式。例如，选中图 1.24 所示的柱形图，单击切换行/列按钮，得到如图 1.25 所示的效果。还可以单击选择数据源按钮，弹出如图 1.26 所示的“选择数据源”对话框，对图表中的行、列数据进行添加、编辑、删除等操作。

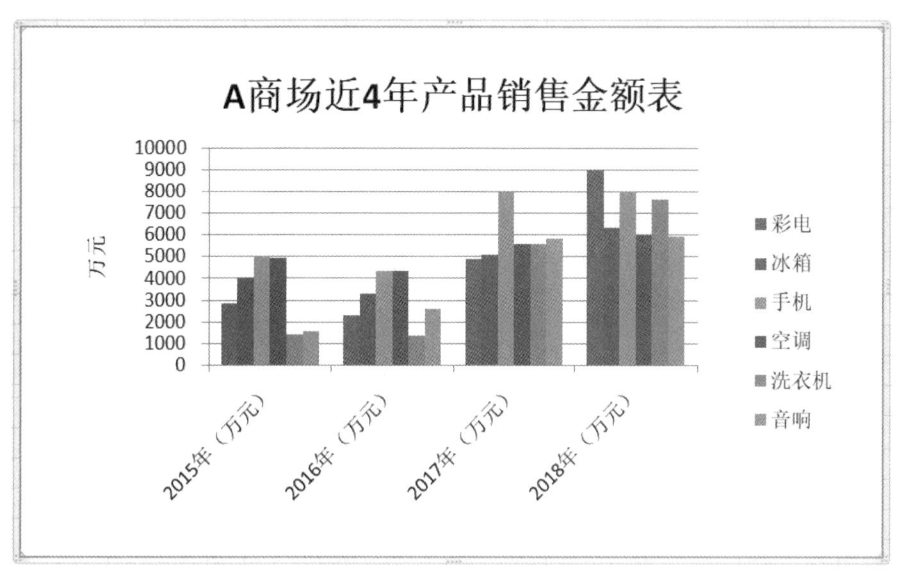

图 1.25 “切换行/列”效果

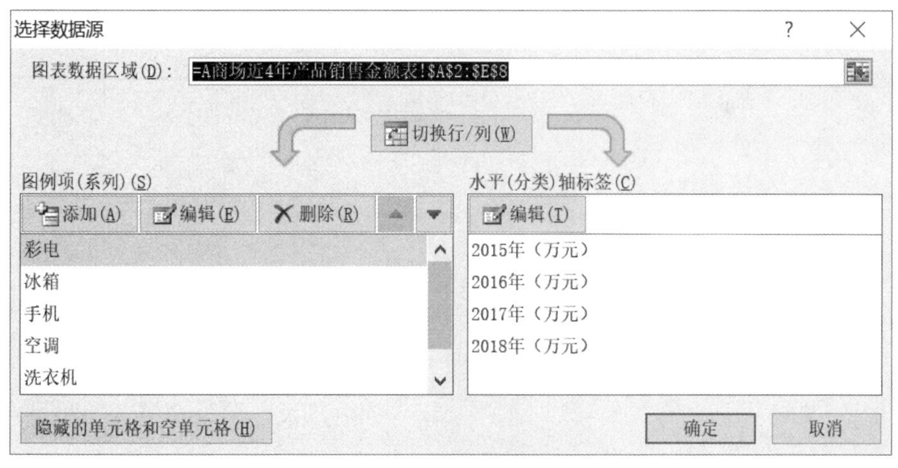

图 1.26 “选择数据源”对话框

生成一个图表后，为了获得更理想的显示效果，还可以利用“图表工具”中的“布局”选项卡和“格式”选项卡中的工具对图表进行布局和格式设置。图表的布局设置主要是对图表的标题、坐标轴标题、图例、数据标签等进行设置。图表常用的格式设置包括边框、图案、字体、数字、对齐、刻度和数据系列格式等。

习　题

1. 什么是数据、统计和统计数据？
2. 如何定位单元格，使之成为活动单元格？怎样表示单元格的位置？
3. 等比数列、等差数列如何填充？
4. 对于数据量大的工作表，如何使用拆分窗格和冻结窗格功能显示数据？
5. 单元格的相对引用、绝对引用和混合引用各有什么特点？
6. 如何使用单元格编辑栏输入公式？
7. Excel 中的 5 个常用函数是什么？如何使用它们？
8. Excel 有几种图表类型？怎样制作图表？

第2章 Excel的数据处理

随着信息社会的发展，每天都会产生大量的数据，这些数据是人们认识和了解客观事物存在状态、发展趋势的重要手段。人们要对这些数据进行科学管理并依据数据做出有效决策，必须使用统计分析与决策工具对数据进行计算、分析，得出统计数据以及形成统计分析报告。统计分析与决策通过统计的设计、调查、数据整理分析和数据解释4个阶段完成。研究者经过统计的设计制订调查方案，利用调查进行数据收集，从而获得大量数据。Excel可以利用数据整理函数与分析工具对获得的数据进行加工、整理，通过丰富的图表功能（包括柱形图、折线图、饼图、条形图、面积图、XY散点图、股价图、曲面图、圆环图、气泡图、雷达图）将统计对象的变量类型、统计分析目的直观地呈现出来，从而方便用户对这些数据进行统计分析，将研究对象的本质及其规律性清晰、有序地呈现出来。

2.1 数据收集和整理

2.1.1 数据收集

数据收集是研究者针对研究目的和任务，在科学理论指导下，运用适当的数据收集方法和工具收集反映所研究问题的客观事实的资料的过程。数据资料是统计分析的对象，是对社会现象进行观察和测量的结果。在统计分析与决策活动中，数据源可分为直接数据源和间接数据源。直接数据源是社会科学研究者直接从社会现象中获得的数据。间接数据源根据不同的划分标准可以划分为不同的类型：根据数据源在使用时的收费情况可以分为有偿使用数据源和无偿使用数据源；根据数据源的提供方情况可以分为企业发布的商业数据、政府部门机构发布的数据、非营利组织发布的公益性数据。间接数据源还可以根据数据所反映的区域特点、传播形态等方面进行划分。

数据收集是统计工作的前提和基础。数据收集的常见方法有调查法、访谈法、观察法和实验法。问卷调查是社会统计工作中极为普遍的一种数据收集方法。以下是北斗导航自动驾驶系统应用及市场需求调查问卷（来源于北斗导航精准农业应用产业技术创新战略联盟发布于问卷星平台上的调查问卷）。它是该联盟为了获得新疆维吾尔自治区农业种植户对北斗导航自动驾驶系统的了解和使用情况而设计的调查问卷，希望通过这个调卷了解农业种植户的收入情况与土地种植面积的关系，了解南疆、北疆、东疆等地区农业种植户对北斗导航自动驾驶系统的了解程度和产品认可度以及对国家农机补贴政策的了解程度，对农业种植户对北斗导航自动驾驶系统的需求和期望进行分析，从而为该联盟的农机推广和销售提供指导依据。

北斗导航自动驾驶系统应用及市场需求调查问卷如下：

1. 您的性别？

○ 男　　○ 女

2. 您的年龄？

○ 35 岁以下　　○ 35～50 岁　　○ 50 岁以上

3. 您的家庭年收入？

○ 5 万元以下　　○ 5～10 万元　　○ 10～15 万元　　○15 万元以上

4. 您是否从事农业生产活动？

○ 是　　○ 否

5. 您种植的土地面积是多少？

○ 未种植土地　　○ 100 亩以下　　○ 100～500 亩　　○ 501～1000 亩

○ 1000 亩以上

6. 您的家庭居住地？

○ 南疆地区　　○ 北疆地区　　○ 东疆地区　　○ 疆外地区

7. 在此之前您是否听说过北斗导航自动驾驶系统？

○ 没听说过　　○ 听说过但不了解

○ 了解一些　　○ 很清楚

8. 您听说过或购买过以下哪个品牌的北斗导航自动驾驶系统产品？（请选择 1～5 项）

□ 北京合众思壮　　□ 上海司南　　□ 上海联适

□ 黑龙江惠达　　□ 天辰礼达/上海华测　　□ 都没听说过

□ 买的不是这些品牌

9. 您是否使用过北斗导航自动驾驶系统？

○ 是　　○ 否

10. 您是以什么方式使用该产品？

○ 购买　　○ 租用　　○ 没用过

11. 您不购买/不使用北斗导航自动驾驶系统的原因？

○ 不了解该设备的性能及用途　　○ 价格太高，难以承受

○ 使用频率低，觉得没必要　　○ 担心不会操作

○ 觉得对提高生产效率作用不大

12. 目前北斗导航自动驾驶系统的售价为 4～5 万元，按国家政策可享受不高于 30%的农机补贴，一般农户出资价格为 2.8～3.5 万元，是否在您能承受的价格范围内？

○ 完全没有问题　○ 基本可以承受　○ 不太能承受　　○ 无法承受

13. 选择导航产品，您最注重的是什么？（请选择 1～6 项并排序）

□ 口碑和产品知名度　　□ 性能优良、质量可靠

□ 技术先进　　　　　　　　　□ 价格合适

□ 操作简单　　　　　　　　　□ 售后服务好

14. 北斗导航自动驾驶系统可实现千米误差 2～3cm。您认为您最需要在以下哪些方面使用该系统？(请选择 1～4 项并排序)

□ 精准播种，确保直线度和接行，提高土地利用率，提高工作效率

□ 精准施肥打药，避免重、漏，减小药害，提高施药效率

□ 耕耙地作业，确保作业质量，提高作业效率

□ 精准收获，确保直线度，提高工作效率

15. 您对北斗导航自动驾驶系统推广及应用有哪些建议？(请选择 1～5 项并排序)

□ 降低产品价格　　　　　　　□ 扩大产品应用范围

□ 简化操作界面　　　　　　　□ 提高售后服务

□ 提高信号稳定性

数据的收集除了通过调查问卷、访谈、观察、实验直接获得外，还可以通过文献查阅、付费购买、网络下载等方式获得。

统计性年鉴是最常用的统计资料工具书，以统计图表和分析说明为主，通过数据和分析说明全年时间里各方面发展的真实情况，一般由各级政府的统计局编制。《中国统计年鉴》是国家统计局编印的资料性年刊，全面反映中国经济和社会发展情况，每年出一期，如《2018 年中国统计年鉴》，分为纸质版和光盘版，标价出售。《中国统计年鉴》还可以在国家统计局网站上在线阅读(http://www.stats.gov.cn/ndsj/)，图 2.1 是《中国统计年鉴》的查询界面。

图 2.1 《中国统计年鉴》查询界面

地方性统计年鉴由各省级行政区和经济特区的统计局编印。地方性统计年鉴系统地收录本地区的经济发展、社会生活各方面的统计数据，如《新疆统计年鉴》《四川统计年鉴》《北京统计年鉴》等。根据行业不同，还有经济、政治、军事、科技、教育、医疗卫生等方面的

年鉴。研究者可以根据研究需要查阅相关年鉴资料数据。

企事业单位、新闻媒体也会通过网络发布各种统计数据，行业和学术期刊也是获得经济、社会动态发展数据的重要来源，研究者也可通过访问学术期刊数据库网站，如知网(http://www.cnki.net/)、万方(http://www.wanfangdata.com.cn)等，进行数据检索。此外，腾讯、新浪、搜狐等网络媒体也有针对某个专题发布的统计数据和分析报告，在百度搜索引擎中也可通过关键词检索查找到相关行业性网站、专业数据库。研究者可根据研究需要选择适合的渠道进行数据收集。

2.1.2 数据收集工具

1. 统计报表

统计报表(statistical report)是按照国家、地方或者行业、部门的有关规定，自上而下地统一布置，并且逐级自下而上提供基本统计数据的一种工具。统计报表的设计和发放都需要遵守相关法律法规或者机构、行业的一般规范。统计报表收集得到的数据资料较为全面且具有一定的连续性和及时性。

图 2.2 是国家统计局网站于 2018 年 12 月发布的 70 个大中城市住宅销售价格指数的部分数据。从中可以看出，大中城市住宅销售价格指数是对于每个城市的新建住宅价格指数和二手住宅价格指数的环比、同比、定基统计数据。图 2.3 是国家统计局网站发布的 2008—2017 年国内生产总值指数的部分数据，也可以单击报表、柱线图、条形图、饼图等工具按钮切换到不同的数据查看方式，图 2.4 是 2008—2017 年国民总收入指数的饼图。图表有助于更清晰地呈现数据统计的结果，并对解释统计数据起到很大

70个大中城市住宅销售价格指数

地区	新建住宅价格指数						二手住宅价格指数		
	环比	同比	定基	新建商品住宅价格指数			环比	同比	定基
				环比	同比	定基			
北京市				101.0	102.3	138.1	99.8	98.1	145.3
天津市				100.1	101.7	130.8	99.8	106.0	134.3
石家庄市				102.5	114.9	142.2	99.9	104.6	124.7
太原市				100.9	111.2	124.4	100.1	109.9	124.5
呼和浩特市				101.9	121.0	129.9	101.4	117.9	120.0
沈阳市				100.5	112.7	129.5	100.5	107.7	117.6
大连市				100.9	114.4	126.3	100.2	108.7	115.9
长春市				101.1	111.8	125.9	100.6	110.1	117.1
哈尔滨市				100.5	114.4	130.0	100.6	110.9	120.8
上海市				100.6	100.4	146.4	99.7	97.3	137.5
南京市				99.9	100.7	147.4	99.9	101.1	138.3
杭州市				101.1	105.6	140.5	100.0	104.6	140.3

图 2.2　70 个大中城市住宅销售价格指数的部分数据

的帮助作用。

时间：最近10年

指标	2017年	2016年	2015年	2014年	2013年	2012年	2011年
国民总收入指数(上年=100)	106.9	106.7	106.4	108.3	107.1	108.6	109.0
第三产业增加值指数(上年=100)	107.9	107.7	108.2	107.8	108.3	108.0	109.5
第二产业增加值指数(上年=100)	105.9	106.3	106.2	107.4	108.0	108.4	110.7
国内生产总值指数(上年=100)	106.8	106.7	106.9	107.3	107.8	107.9	109.6
人均国内生产总值指数(上年=100)	106.2	106.2	106.4	106.8	107.2	107.3	109.0
第一产业增加值指数(上年=100)	104.0	103.3	103.9	104.1	103.8	104.5	104.2

图 2.3　2008—2017 年国内生产总值指数的部分数据

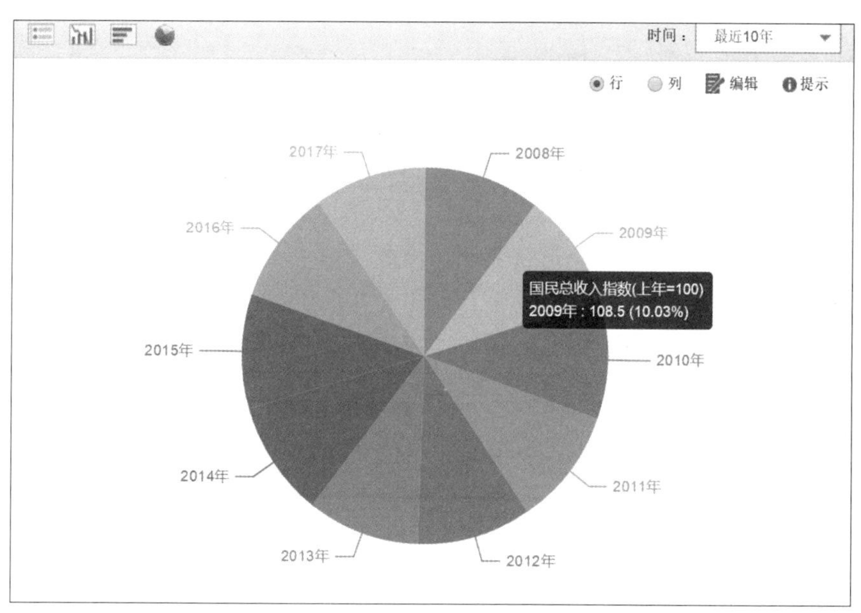

图 2.4　2008—2017 年国民总收入指数的饼图

在国家统计局网站可以查看到统计方面的法律法规，如《统计法》《统计法实施条例》《全国人口普查条例》《全国经济普查条例》等；也可以查看到各行业标准，如《国民经济行业分类》《国民经济核算统计报表制度》《基本单位统计报表制度》《农林牧渔业统计调查制度》《工业统计报表制度》《价格统计报表制度》《运输邮电业统计报表制度》《住宿和餐饮业统计报表制度》以及对各指标的解释等。研究者在设计相关统计报表时可以参考这些法律法规和标准，使之符合规定。

2. 调查问卷

调查问卷(questionnaire)是研究者根据特定的研究目的和要求而设计的一种常见的数据收集工具，也称为调查表。调查问卷通常由一系列问题、备选答案、说明及编码表组成，用于了解关于某个主题的相关信息。调查问卷的格式参见 2.1.1 节的北斗导航自动驾驶系统应用及市场需求调查问卷。数据统计分析研究需要客观、准确的数据，调查问卷设计得合理与否直接影响收集的数据的质量。调查问卷的问题分为开放性问题和封闭性问题两种。开放性问题是一些探索性的问题，没有标准答案，被调查者根据自己的想法和意愿自由作答，此类问题不宜过多；封闭性问题可以采用单选、多选、顺序选择和等级评定选择等形式，封闭性问题的答案已经作了标准化处理，方便被调查者对问题进行回答，也有利于调查后的数据资料整理。

下面以A景区旅游客源调查问卷为例介绍调查问卷的结构。调查问卷在结构上一般包括开头、主体和编码表。其中，开头包含标题、指导语、填写说明几部分，主体包含用户基本信息和一系列问题。

标题：A景区旅游客源调查问卷

指导语：

亲爱的朋友，您好！

这次旅游客源调查是为了了解游客在本景区的游览活动情况，以便做好游览项目规划，更好地为游客服务。本问卷不会泄露您的个人隐私，希望您能积极参与。感谢您的大力支持与帮助！

填写说明：

(1) 本问卷中包括单选题、多选题和自由陈述题。

(2) “○”表示单选题备选答案，请从列出的选项中选择一项，并画√。

(3) “□”表示多选题备选答案，请从列出的选项中选择一到多项，并画√。

(4) 自由陈述题请填写在留出的横线上。

用户基本信息：

性别：○男　○女　年龄：　所在省：

问题：

1. 您到本景区的主要目的是什么？

○ 观光旅游　○ 探亲访友　○ 公务会议　○ 休闲度假　○ 其他

2. 您是自助还是组团到本景区旅游？

○ 自助旅游　○ 旅行社组团

3. 您是通过何种渠道知道本景区的？

□ 旅游宣传册　□ 广播、电视　□ 朋友介绍　□ 旅行社　□ 报刊　□ 网络　□ 其他

4. 您对本景区门票价格评价如何？

○ 偏高　○ 适中　○ 偏低

5. 您对本景区的以下几方面评价如何？

景区服务：○ 很好　○ 好　○ 一般　○ 较差　○ 很差

景区环境：○ 很好　○ 好　○ 一般　○ 较差　○ 很差

景区住宿：○ 很好　○ 好　○ 一般　○ 较差　○ 很差
景区餐饮：○ 很好　○ 好　○ 一般　○ 较差　○ 很差
娱乐项目：○ 很好　○ 好　○ 一般　○ 较差　○ 很差

6. 您的月均收入有多少？

○ 3000 元以下　○ 3000～5000 元　○ 5001～7000 元　○ 7000 元以上

7. 您在本景区的停留时间有多少？

○ 3 小时左右　○ 半天　○ 一天　○ 两天
○ 两天以上

8. 与您本次同行人数有多少？

○ 1 人　○ 2 人　○ 3～5 人　○ 5 人以上

9. 您本次旅游人均消费(包含交通等)有多少？

○ 100 元以下　○ 100～200 元　○ 201～300 元　○ 301～400 元
○ 401～500 元　○ 500 元以上

10. 您对本景区的宝贵意见是：

____

____

____

____

感谢您完成这份调查问卷，欢迎您留下联系方式，以便及时收到本景区最新优惠信息和游玩项目信息。

姓名：　联系电话：
QQ：　Email：

问卷调查可以采用纸质的形式，这种形式方便被调查者填写，但研究者后期整理数据工作量大。研究者还可以通过邮寄调查、电话回访调查等方式进行数据收集。随着网络技术的快速发展，利用网络环境收集数据逐渐成为一种常用的方式，研究者可以自己创建网站收集数据或者利用其他网络平台的服务进行数据收集。目前提供数据收集服务的网络平台有问卷星(https://www.wjx.cn/)、问卷网(https://www.wenjuan.com/)、问智道企业数据云平台(https://www.askform.cn/)等，可以自由组合设计和美化调查问卷，通过这些网络平台发布调查问卷，利用网络平台直接收回调查问卷，并且可进行简单的数据统计分析。还可以利用微信、QQ 等即时通信工具提供的统计工具进行数据收集。

2.1.3　利用 Excel 的开发工具设计调查问卷

Excel 的开发工具可以用于设计调查问卷。研究者可以利用 Excel 的表单控件设计调查问卷，并且将选择结果自动填入指定工作表中，只需将设计的调查问卷通过电子邮件附件、QQ、微信等工具的文件传送等方式发送给对方。研究者通过回收电子问卷的方式收集数据，节省人工输入和检查的时间。Excel 的开发工具通常是隐藏的，要显示它，可执行“文件”→“选项”菜单命令，在打开的“Excel 选项”对话框中单击左侧的“自定义功能区”选项，在右侧选择“开发工具”复选框，即可在功能区添加“开发工具”选项卡，如图 2.5 所示。

图 2.5 “开发工具”选项卡

下面以 A 景区旅游客源调查问卷设计为例，介绍利用 Excel 开发工具设计问卷单选题、多选题和自由陈述题 3 种题型的方法，操作步骤如下：

（1）新建如图 2.6 所示的工作表，并将该工作表命名为“A 景区旅游客源调查问卷”。然后新建“用户反馈”工作表。在“用户反馈”工作表的 A1 单元格中输入 Q1，用于存放问题 1 的 5 个备选答案的选择结果；在 B1：H1 分别输入 Q31、Q32、Q33、Q34、Q35、Q36、Q37，用于存放问题 3 的 7 个备选答案的选择结果；在 I1 单元格中输入 Q10，用于存放被调查者针对问题 10 输入的意见信息。

	A	B	C	D	E	F
1		A景区旅游客源调查问卷				
2	1	您到本景区的主要目的是什么?				
3						
4						
5						
6						
7	3	您是通过何种渠道知道本景区的?				
8						
9						
10						
11						
12	10	您对本景区的宝贵意见是:				
13						

图 2.6 “A 景区旅游客源调查问卷”

（2）选择“开发工具”→“插入”工具，在弹出的工具列表中选择“表单控件”中的单选按钮，单击 B3 单元格，将单选按钮的内容设置为“观光旅游”。右击该单选按钮，在快捷菜单中选择“设置控件格式”命令，在弹出的“设置控件格式”对话框中设置单元格链接为“用户反馈！$A$2”，如图 2.7 所示。

（3）重复步骤(2)的操作，再插入 4 个单选按钮，分别设置为“探亲访友”“公务会议”“休闲度假”“其他”，设置单元格链接均为“用户反馈！$A$2”。设置完成后，可以看到“用户反馈”工作表 A2 单元格会随着单击选项的不同给出不同的结果，A～E 分别对应数字 1～5。

（4）选择“开发工具”→“插入”工具，在弹出的工具列表中选择“表单控件”中的复选框，单击 B8 单元格，将复选框的内容设置为“旅游宣传册”。右击该复选框，在快捷

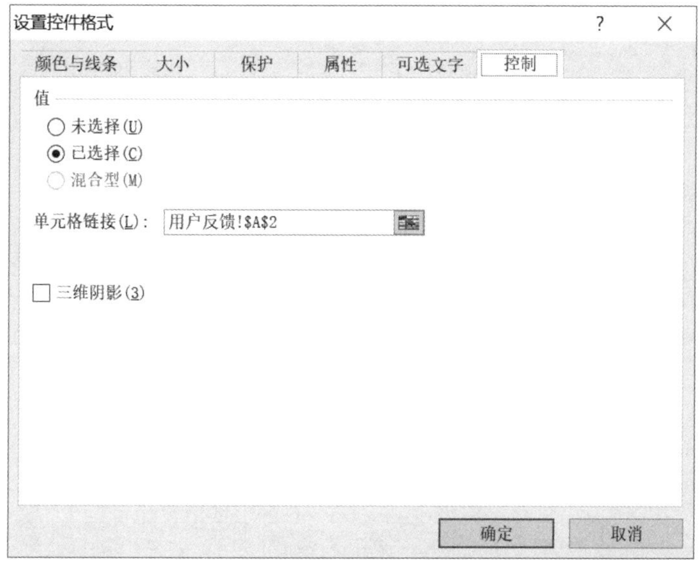

图 2.7　单选按钮的单元格链接设置

菜单中选择“设置对象格式”命令，在弹出的“设置对象格式”对话框中设置单元格链接为“用户反馈！$B$2”，如图 2.8 所示。“用户反馈”工作表的 B2 单元格对应 Q31。

(5) 重复步骤(4)的操作，再插入 6 个复选框，分别设置为“广播、电视”“朋友介绍”“旅行社”“报刊”“网络”“其他”，设置控件单元格链接分别对应 Q32～Q37，用于存放相应的选择结果。复选框的选择结果用 TRUE(选中)和 FALSE(未选中)表示。

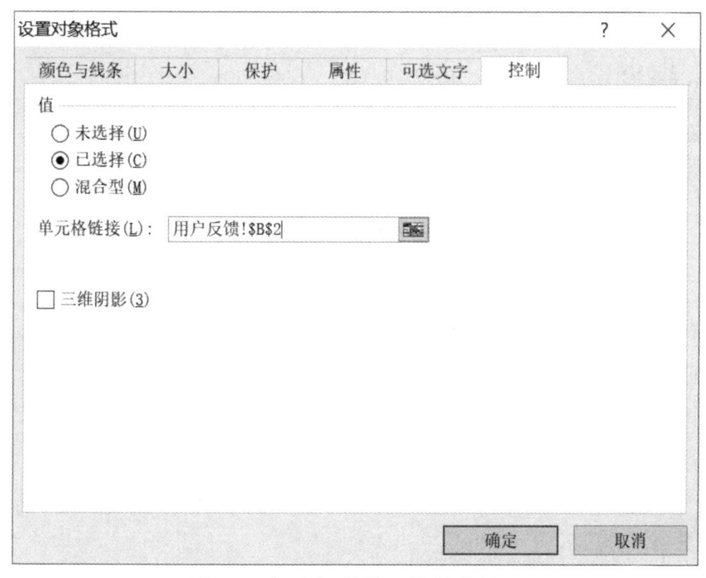

图 2.8　复选框的单元格链接设置

(6) 在“用户反馈”工作表中单击选中 I2 单元格，输入表达式“=A 景区旅游客源调查问卷！$B$13”，将问题 10 的答案存放在 I2 单元格中。

至此调查问卷设计完成。被调查者填写调查问卷时的效果如图 2.9 所示，调查者得到的结果如图 2.10 所示。

	A	B	C	D	E	F	G
1		A景区旅游客源调查问卷					
2	1	您到本景区的主要目的是什么?					
3		○观光旅游		○ 探亲访友		◉ 公务会议	
4							
5		○休闲度假		○ 其他			
6							
7	3	您是通过何种渠道知道本景区的?					
8		☑ 旅游宣传册		☐ 广播、电视		☑ 朋友介绍	☐ 旅行社
9							
10		☑ 报刊		☑ 网络		☐ 其他	
11							
12	10	您对本景区的宝贵意见是:					
13		提高服务					

A景区旅游客源调查问卷 / 用户反馈

图 2.9　被调查者填写调查问卷时的效果

	A	B	C	D	E	F	G	H	I
1	1	Q31	Q32	Q33	Q34	Q35	Q36	Q37	10
2	3	TRUE	FALSE	TRUE	FALSE	TRUE	TRUE	FALSE	提高服务
3									
4									
5									

A景区旅游客源调查问卷 / 用户反馈

图 2.10　调查者得到的结果

2.1.4　调查问卷的回收与数据编码

对于纸质调查问卷，需要由调查问卷发放人员人工回收和整理，对每一份调查问卷都按顺序编号(1,2,3,…)，以便后续数据的编码和输入。利用网络平台收集数据时，所有调查问卷答题情况数据均保存在网络平台服务器上，回收调查问卷数据时直接从网络平台服务器下载或导出数据文件即可。

通过调查问卷得到的所有数据都需要输入计算机进行整理、统计和分析。数据编码是按照某种规则为调查问卷中的每个问题对应的每一种答案分配一个编码，方便研究者使用计算机工具软件对调查问卷所包含的数据进行整理、统计和分析。数据编码的过程即是对调查问卷中的提问设计、回答情况信息设置编码的过程。未经编码的调查问卷无法量化统计和处理。数据编码表是便于后期整理数据的编码对照表，数据编码表中包括数据的值和字段名。例如，对于“性别”的编码，可以定义“男”的值为 1，“女”的值为 0，字段名可定义为“性别”；对于“是否从事农业生产活动”的编码，可以定义“是”的值为 1，“否”的值为 0。一个调查问卷可以设计一个数据编码表，一个被调查者的完整回答构成了一条完整的数据记录。

以 2.1.1 节的 A 景区旅游客源调查问卷为例，该调查问卷的编码表如表 2.1 所示。

表 2.1　A 景区旅游客源调查问卷编码表

编码项	编　码	取　值
性别	Gender	“男”取值为 1,“女”取值为 0
年龄	Age	未填写取值为 0;＜22 岁取值为 1; 22～44 岁取值为 2;45～64 岁取值为 3; ＞64 岁取值为 4
所在省	Province	0 表示未填写;由被调查者填写省名(应规范)
1. 您到本景区的主要目的是什么?	Q1	
观光旅游	Q11	选中取值为 1,未选中取值为 0
探亲访友	Q12	选中取值为 1,未选中取值为 0
公务会议	Q13	选中取值为 1,未选中取值为 0
休闲度假	Q14	选中取值为 1,未选中取值为 0
其他	Q15	选中取值为 1,未选中取值为 0
2. 您是自助还是组团到本景区旅游?	Q2	
自助旅游	Q21	选中取值为 1,未选中取值为 0
旅行社组团	Q22	选中取值为 1,未选中取值为 0
3. 您是通过何种渠道知道本景区的?	Q3	
旅游宣传册	Q31	选中取值为 1,未选中取值为 0
广播、电视	Q32	选中取值为 1,未选中取值为 0
朋友介绍	Q33	选中取值为 1,未选中取值为 0
旅行社	Q34	选中取值为 1,未选中取值为 0
报刊	Q35	选中取值为 1,未选中取值为 0
网络	Q36	选中取值为 1,未选中取值为 0
其他	Q37	选中取值为 1,未选中取值为 0
4. 您对本景区门票价格评价如何?	Q4	
偏高	Q41	选中取值为 1,未选中取值为 0
适中	Q42	选中取值为 1,未选中取值为 0
偏低	Q43	选中取值为 1,未选中取值为 0
5. 您对本景区的以下几方面评价如何?	Q5	
景区服务	Q51	“很好”取值为 5;“好”取值为 4; “一般”取值为 3;“较差”取值为 2; “很差”取值为 1
景区环境	Q52	“很好”取值为 5;“好”取值为 4; “一般”取值为 3;“较差”取值为 2; “很差”取值为 1
景区住宿	Q53	“很好”取值为 5;“好”取值为 4; “一般”取值为 3;“较差”取值为 2; “很差”取值为 1

续表

编码项	编　码	取　　值
景区餐饮	Q54	“很好”取值为5;“好”取值为4;“一般”取值为3;“较差”取值为2;“很差”取值为1
娱乐项目	Q55	“很好”取值为5;“好”取值为4;“一般”取值为3;“较差”取值为2;“很差”取值为1
6. 您的月均收入有多少?	Q6	
3000元以下	Q61	选中取值为1,未选中取值为0
3000～5000元	Q62	选中取值为1,未选中取值为0
5001～7000元	Q63	选中取值为1,未选中取值为0
7000元以上	Q64	选中取值为1,未选中取值为0
7. 您在本景区的停留时间有多久?	Q7	
3小时左右	Q71	选中取值为1,未选中取值为0
半天	Q72	选中取值为1,未选中取值为0
一天	Q73	选中取值为1,未选中取值为0
两天	Q74	选中取值为1,未选中取值为0
两天以上	Q75	选中取值为1,未选中取值为0
8. 与您本次同行人数有多少?	Q8	
1人	Q81	选中取值为1,未选中取值为0
2人	Q82	选中取值为1,未选中取值为0
3～5人	Q83	选中取值为1,未选中取值为0
5人以上	Q84	选中取值为1,未选中取值为0
9. 您本次旅游人均消费(包含交通等)有多少?	Q9	
100元以下	Q91	选中取值为1,未选中取值为0
100～200元	Q92	选中取值为1,未选中取值为0
201～300元	Q93	选中取值为1,未选中取值为0
301～400元	Q94	选中取值为1,未选中取值为0
401～500元	Q95	选中取值为1,未选中取值为0
500元以上	Q96	选中取值为1,未选中取值为0
10. 您对本景区的宝贵意见是:	Q10	由被调查者输入内容

2.1.5 数据审核

数据审核是指在对于通过调查取得的原始数据进行审查和核对,主要从数据的完整性和准确性两个方面审核。数据审核是数据准备过程的重要环节，规范而严格的数据审核的目的是保证数据的质量，为进一步统计与分析数据打下良好基础。对审核过程中发现的错误应尽可能纠正；对于发现了错误但不能予以纠正的数据，应将之剔除，以便保证数据的完整性和准确性。

调查问卷的回答质量关系到整个调查分析的准确性和客观性。研究者回收调查问卷后，要对回答质量进行把关检查，对于回答质量较差、不完整、不准确甚至包含逻辑性错误的调查问卷应直接弃用。如果有的调查问卷回答质量整体较好，只是存在个别问题漏答或回答不符合要求的情况，这时可以对特定问题的回答做出相应的调整，例如取漏答问题所有回答结果的平均值作为这份调查问卷的回答。

2.2 Excel 数据输入

2.2.1 关于数据输入

在对调查问卷的原始数据进行回收、数据编码和审核后，下一步需要将数据输入计算机，为统计分析做准备。对于电子调查问卷，可直接进行回答文件下载和整理，在通过数据审核后进行统计分析。对于纸质调查问卷，回收和整理后需要将数据人工输入到 Excel 工作表中，由于数据量大、工作烦琐，而数据质量好坏直接影响后期统计分析工作的准确性，故需要工作人员认真完成数据输入工作，并且认真进行核对。为了保证数据输入的质量，在人员充足的情况下，可以采用数据的双录形式以避免出错，即让两个工作人员或两组工作人员分别对数据进行输入，输入工作完成后比较两组数据，如果在两组数据中存在数据不同的情况，则应找到对应的调查问卷，对出错的地方进行比对修正，以保证数据输入准确可靠。

使用 Excel 输入数据具有直观、简便的特点。第 1 章已经对 Excel 数据输入的操作做了介绍，这里不再讲解。

2.2.2 数据有效性

在使用数据进行统计分析之前，需要对输入的数据进行进一步的检查和处理，以避免引用错误的数据进行统计，导致研究结果不准确。数据有效性检查即对出现的错误进行纠正，出现这些错误的原因可能是：工作人员在数据收集过程中表达得不清楚，被调查者回答得不清楚，数据输入人员输入出错，等等。这些错误所造成的数据不准确的现象会影响统计分析的结果。

1. 数据缺失值处理

数据缺失主要是由于被调查者对某些问题没有回答。如果问卷整体答题情况较好，只有个别问题答案缺失，而又不作为废弃问卷处理时，需要根据具体情况进行补录。出现这种情况的原因可能是被调查者对于某个问题没有回答或是工作人员忘记了记录，也有可能是数据输入人员由于疏忽未将其输入计算机。这时研究者可通过对变量的描述性分析发现存在的缺失值，找到原始调查问卷，针对缺失的具体情况进行相应处理，完成对缺失数据的补录。

2. 数据溢出值处理

数据溢出值指某一问题的值超出了编码的有效范围。例如，A 景区旅游客源调查问卷中第 2 个问题的编码设定是："自助旅游"(Q21)选中取值为 1，未选中取值为 0，若 Q21 的取值出现了 2 或者其他数字，则说明一定是数据输入出错了。同样，"性别"的编码设定是："男"取值为 1，"女"取值为 0，其他取值均为数据溢出。对于数据中存在溢出值的情况，工作人员需找出相应的调查问卷进行查看并且修正错误。在数据较少的时候，可以通过人工检查是否存在数据溢出的情况；而在数据较多的时候，可以利用 Excel 中的逻辑函数(IF)来检查是否存在溢出值。例如，要检查性别是否存在数据溢出的现象，在如图 2.11 所示的区域中单击选中 B2 单元格，在单元格编辑栏输入公式"＝IF(A2＞1,"数据溢出","数据正确")"，按住鼠标左键向下拖动以复制公式，可以看出 A5、A9、A11 单元格都存在数据溢出的现象，需要找到这 3 行对应的调查问卷，修正错误。

	A	B
1	Gender	
2	0	数据正确
3	1	数据正确
4	0	数据正确
5	2	数据溢出
6	1	数据正确
7	1	数据正确
8	0	数据正确
9	3	数据溢出
10	1	数据正确
11	3	数据溢出
12	0	数据正确
13	1	数据正确
14	1	数据正确
15	0	数据正确

图 2.11 利用 IF 函数检查数据溢出

3. 数据逻辑一致性处理

前面在进行数据审核的过程中，工作人员需要对逻辑不一致的调查问卷进行核对和处理。在数据输入完成后，同样需要对有些存在着内在逻辑关系的数据的逻辑一致性进行检查，查看被调查者对存在着逻辑关系的问题给出的答案之间是否符合逻辑关系。数据输入过程中同样会出现工作人员输入失误的情况，若有不符合逻辑关系的答题情况，则也需要查看该被调查者的答卷，看原始答卷是否符合逻辑，进而修正数据逻辑不一致的情况。例如，北斗导航自动驾驶系统应用及市场需求调查问卷中第 4 题为"您是否从事农业生产活动?"，如果被调查者选择"否"，那么第 5 题"您种植的土地面积是多少?"，被调查者的答案应该为"未种植土地"，如果为其他答案，均为逻辑一致性错误；如果第 4 题选择的是"是"，那么第 5 题的答案不能为"未种植土地"。研究者针对逻辑性不一致的数据需要完成对数据的逻辑一致性的修正。逻辑函数(IF)可以用于检查有逻辑一致性错误的数据。

4. Excel 数据有效性设置

除了需要对数据缺失值、数据溢出值和数据逻辑一致性进行检查和修正之外，还应该对数据的质量进行抽查，以确保数据的质量。Excel 提供了与数据有效性有关的功能，可以帮助工作人员避免输入非法值。例如，在 A 景区旅游客源调查问卷编码表中对 Age 的编码设定如下：未填写取值为 0；＜22 岁取值为 1；22～44 岁取值为 2；45～64 岁取值为 3；＞64 岁取值为 4。在人工输入的过程中难免出现输入错误，这时可利用 Excel 的数据有效性设置来避免输入数据的时候出现非法值以及数据溢出的现象，操作步骤如下：

(1) 单击选中 Age 列的 B2 单元格，按住鼠标左键拖动至 B15 单元格，选择“数据”→数据有效性工具，在该工具的下拉菜单中选择“数据有效性”命令，在弹出的“数据有效性”对话框中，选择“设置”选项卡，在“有效性条件”下的“允许”下拉列表框中选择“序列”，在“来源”文本框中输入“0,1,2,3,4”，注意，要以英文逗号分隔数值，如图 2.12 所示。

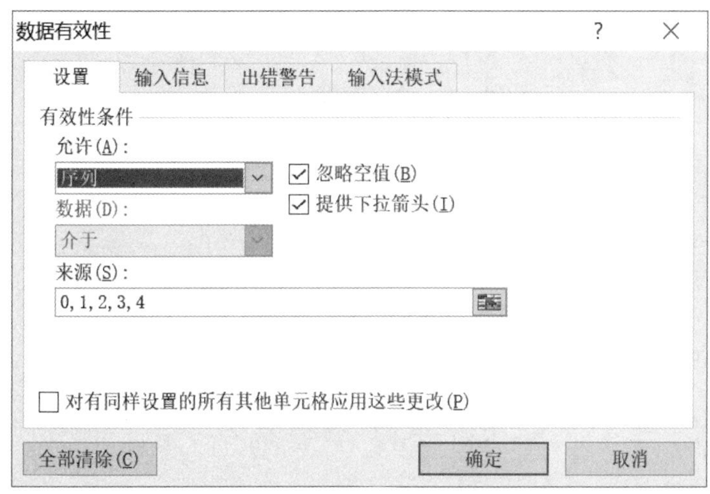

图 2.12　Age 的数据有效性设置

(2) 在“数据有效性”对话框的“输入信息”选项卡可以设置输入数据时的提示信息，这个设置在团队完成数据输入时非常有用。如图 2.13 所示，选择“选定单元格时显示输入信息”，在“标题”文本框中输入“年龄”，在“输入信息”文本框中输入以下 5 行：

0: 未填写
1: <22 岁
2: 22～44 岁
3: 45～64 岁
4: >64 岁

(3) 为防止出现 0、1、2、3、4 之外的非法值，还可以利用“数据有效性”对话框的“出错警告”选项卡设置在输入出错时的警告，选择“输入无效数据时显示出错警告”复选框，从“样式”下拉列表中选择“警告”，在“标题”文本框中输入“输入出错”，在“错误信息”文本框中输入“请输入有效范围数据!”。当用户输入非法值 5 时，会出现指定的输入出错警告，如图 2.14 所示。

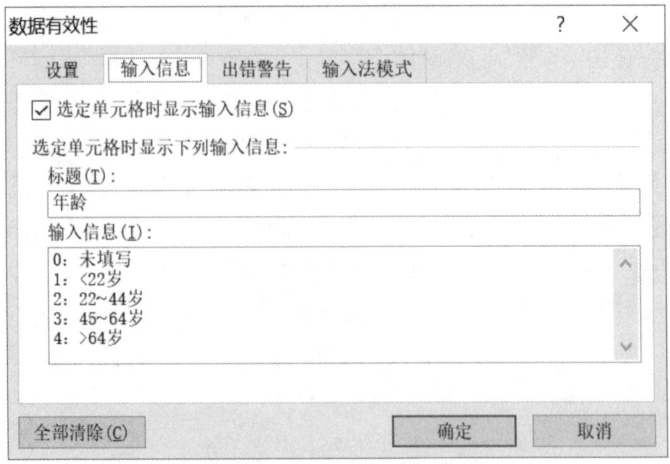

图 2.13　Age 输入信息设置

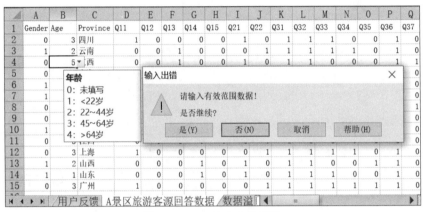

	A	B	C	D	E	F	G	H	I	J	K	L	M	N	O	P	Q
1	Gender	Age	Province	Q11	Q12	Q13	Q14	Q15	Q21	Q22	Q31	Q32	Q33	Q34	Q35	Q36	Q37
2	0	3	四川	1	0	0	0	0	1	0	1	1	1	0	0	1	0
3	1	2	云南	0	0	1	0	0	0	1	1	1	1	1	0	1	0
4	0	5	西	0	0	1	0	0	1	0	1	1	0	0	0	1	1
5	0																0
6	1																0
7	1																0
8	0																1
9	0																0
10	1																0
11	0																0
12	0	3	上海	1	0	0	0	0	0	1	1	1	1	1	0	1	0
13	1	2	山西	0	0	0	1	0	1	0	1	1	0	0	1	1	0
14	1	1	山东	0	0	0	1	0	1	0	1	1	1	0	0	1	0
15	0	3	广州	1	0	0	0	0	0	1	1	1	1	1	1	1	0

年龄
0: 未填写
1: <22岁
2: 22~44岁
3: 45~64岁
4: >64岁

输入出错
请输入有效范围数据!
是否继续?
是(Y)　否(N)　取消　帮助(H)

用户反馈　A景区旅游客源回答数据　数据溢

图 2.14　Age 输入出错警告

2.3　数据分析

在 Excel 中包含常用、财务、日期和时间、数学和三角函数、统计、查找与引用、数据库、文本、逻辑、信息、工程等函数模块，大约有 200 个函数。可以查看 Excel 的帮助文档来了解函数的功能。

2.3.1　数据的排序和分组

调查问卷数据输入是按照原始数据编号进行的，输入的数据是无序的，不能反映研究对象的分布规律。对数据进行排序和分组的目的是让性质相同的数据归入一组，从而使数据之间的关联性和差异性显示出来，让看似杂乱无章的数据有规律地呈现，以便研究者从研究数据中发现一些明显的特征趋势，从而达到解决问题的目的。在某些研究中，数据排序本身就是数据分析的目的之一。

Excel 可以根据用户的需要对行或列数据进行排序。在进行简单排序时，直接选中要排序的列，单击A↓Z(升序)或者Z↓A(降序)按钮即可。如果需要对多个字段进行排序，需要单击排序(排序)按钮，在弹出的“排序”对话框中进行排序方式设置。例如，对图 1.12 所示的“信息工程学院学生成绩表.xlsx”的数据先按“性别”字段进行升序排列，再按“数学”字段进行降序排列，排序方式设置如图 2.15 所示。完成排序后得到如图 2.16 所示的结果，可以直观地看到男、女两个分组分别按数学成绩从高到低的顺序排列的情况。

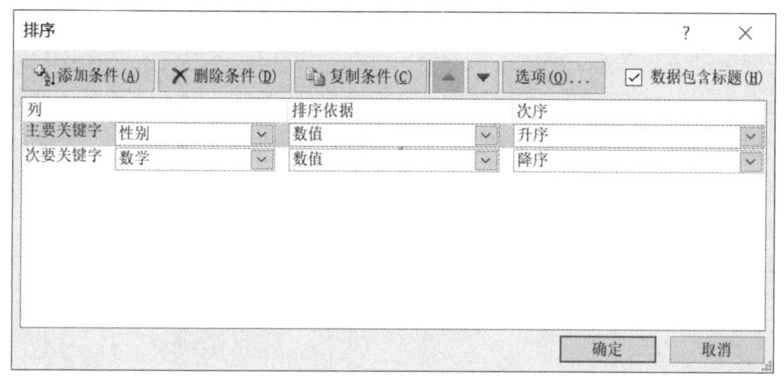

图 2.15 “排序”对话框

	A	B	C	D	E	F	G	H	I
1	信息工程学院学生成绩表								
2	专业	学号	姓名	性别	出生日期	数学	英语	法律基础	C语言
3	计算机	04020505	马玉石	男	1984/3/24	87	92	84	82
4	计算机	04020501	田超能	男	1985/10/1	86	38	61	86
5	通信	04030501	费李阳	男	1984/3/18	78	70	82	70
6	计算机	04020504	葛玉棠	男	1985/11/2	76	0	60	79
7	网络	04010505	费诗礼	男	1985/10/12	70	66	83	91
8	通信	04030503	李晨阳	男	1983/12/2	0	85	72	86
9	网络	04010503	严妍	女	1984/2/21	91	79	34	91
10	网络	04010502	金璐	女	1985/6/12	79	76	72	79
11	计算机	04020502	刘晓庆	女	1985/4/15	42	63	79	63
12	通信	04030502	白新花	女	1986/1/23	42	64	61	61

图 2.16 数据的排序和分组

2.3.2 数据的筛选

数据的筛选是将满足一定条件的数据挑选出来，为数据分析的下一步操作提供数据集合。筛选分为自动筛选和高级筛选两种。

例如，用户想查看“A 景区旅游客源回答数据”工作表中所有女性游客的回答数据，可直接利用自动筛选功能进行筛选。先选择 A1:Q15 单元格区域，再选择“数据”→“筛选”工具，被选择的单元格区域中的每一列的标题右侧会出现一个下拉箭头，这时单击 Gender 字段标题处的下拉箭头，选择 0 作为筛选条件，筛选结果如图 2.17 所示。

自动筛选有一定的局限性，一次只能针对一个字段(或者说一列)设定筛选条件，且筛

	A	B	C	D	E	F	G	H	I	J	K	L	M	N	O	P	Q
1	Gender	Age	Provin	Q11	Q12	Q13	Q14	Q15	Q21	Q22	Q31	Q32	Q33	Q34	Q35	Q36	Q37
2	0	3	四川	1	0	0	0	0	1	0	1	1	1	0	0	1	0
4	0	0	江西	0	0	1	0	0	1	0	1	1	0	0	0	1	1
5	0	3	上海	1	0	0	0	0	1	0	1	1	0	0	1	1	0
8	0	2	吉林	1	0	0	0	0	0	1	1	1	0	1	0	1	1
9	0	1	四川	1	0	0	0	0	0	1	1	1	1	1	0	1	0
11	0	3	江西	0	0	1	0	0	1	0	1	1	1	0	1	1	0
12	0	3	上海	1	0	0	0	0	0	1	1	1	1	1	0	1	0
15	0	3	广州	1	0	0	0	0	0	1	1	1	1	1	1	1	0

图 2.17　数据的自动筛选结果

选的结果只能在工作表的原始区域显示。高级筛选可以同时针对多个列设定多个筛选条件，并且可以将筛选结果复制到工作表的其他位置。执行高级筛选时，必须在工作表的适当位置建立条件区域。同一条件行不同单元格之间为逻辑与(AND)的关系，不同条件行不同单元格之间为逻辑或(OR)的关系。

例如，需要查看“A 景区旅游客源回答数据”工作表中所有 45～64 岁女性游客的回答数据，操作步骤如下：

(1) 设定好筛选区域——C18:D19。

(2) 在 C18 单元格中输入 Gender，在 D18 单元格中输入 Age，在 C19 单元格中输入 0，在 D19 单元格中输入 3。

(3) 选择“数据”→“排序和筛选”→“高级筛选”工具，在弹出的“高级筛选”对话框中设置“列表区域”为“高级筛选！$A$1:$Q$15”，“条件区域”为“高级筛选！$C$18:$D$19”，选择“将筛选结果复制到其他位置”单选按钮，设置“复制到”为“高级筛选！$A$21:$Q$26”，如图 2.18 所示，单击“确定”按钮，即可筛选出了 45～64 岁女性游客的回答数据。高级筛选的筛选结果如图 2.19 所示。

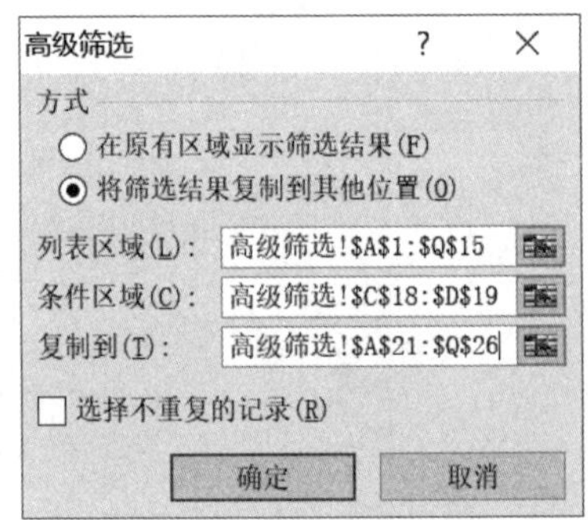

图 2.18　数据的高级筛选设置

	A	B	C	D	E	F	G	H	I	J	K	L	M	N	O	P	Q
1	Gender	Age	Province	Q11	Q12	Q13	Q14	Q15	Q21	Q22	Q31	Q32	Q33	Q34	Q35	Q36	Q37
2	0	3	四川	1	0	0	0	0	1	0	1	1	1	0	0	1	0
3	1	2	云南	0	0	1	0	0	0	1	1	1	1	1	0	1	0
4	0	0	江西	0	0	1	0	0	1	0	1	1	0	0	0	1	1
5	0	3	上海	1	0	0	0	0	1	0	1	1	0	0	1	1	0
6	1	4	河南	0	0	0	1	0	0	1	1	1	0	1	0	1	0
7	1	4	山东	0	0	0	1	0	1	0	1	1	1	0	1	1	0
8	0	2	吉林	1	0	0	0	0	0	1	1	1	0	1	0	1	1
9	0	1	四川	1	0	0	0	0	0	1	1	1	1	1	0	1	0
10	1	2	云南	0	0	1	0	0	0	1	1	1	1	1	0	1	0
11	0	3	江西	0	0	1	0	0	1	0	1	1	1	0	1	1	0
12	0	3	上海	1	0	0	0	0	0	1	1	1	1	1	0	1	0
13	1	2	山西	0	0	0	1	0	1	0	1	1	0	0	1	1	0
14	1	1	山东	0	0	0	1	0	1	0	1	1	1	0	0	1	0
15	0	3	广州	1	0	0	0	0	0	1	1	1	1	1	1	1	0
16																	
17																	
18			Gender	Age													
19			0	3													
20																	
21	Gender	Age	Province	Q11	Q12	Q13	Q14	Q15	Q21	Q22	Q31	Q32	Q33	Q34	Q35	Q36	Q37
22	0	3	四川	1	0	0	0	0	1	0	1	1	1	0	0	1	0
23	0	3	上海	1	0	0	0	0	1	0	1	1	0	0	1	1	0
24	0	3	江西	0	0	1	0	0	1	0	1	1	1	0	1	1	0
25	0	3	上海	1	0	0	0	0	0	1	1	1	1	1	0	1	0
26	0	3	广州	1	0	0	0	0	0	1	1	1	1	1	1	1	0

图 2.19　45～64 岁女性游客的回答数据

2.3.3 数据的次数分布

数据的次数分布可以清晰地呈现各数据在总体中所出现的次数或所占比重，从而描述总体的内部结构，揭示总体中的关键因素与本质特征。例如，在如图 2.20 所示的“性别”工作表中，要知道被调查者中男性和女性的人数，可以利用 Excel 中的分类汇总工具统计每个分量(即 0 和 1)的次数。首先单击升序按钮，把性别字段按升序排列。其次选择分类汇总工具，在弹出的“分类汇总”对话框中，“分类字段”选择 Gender，“汇总方式”选择“计数”，如图 2.21 所示，单击“确定”按钮，汇总结果如图 2.22 所示，可以看到，女性为 8 人，男性为 6 人。

	A	B	C	D
1	num	Gender		
2	1	0		
3	3	0		
4	4	0		
5	7	0		
6	8	0		
7	10	0		
8	11	0		
9	14	0		
10	2	1		
11	5	1		
12	6	1		
13	9	1		
14	12	1		
15	13	1		

自动筛选 高级筛选 性别

图 2.20 “性别”工作表

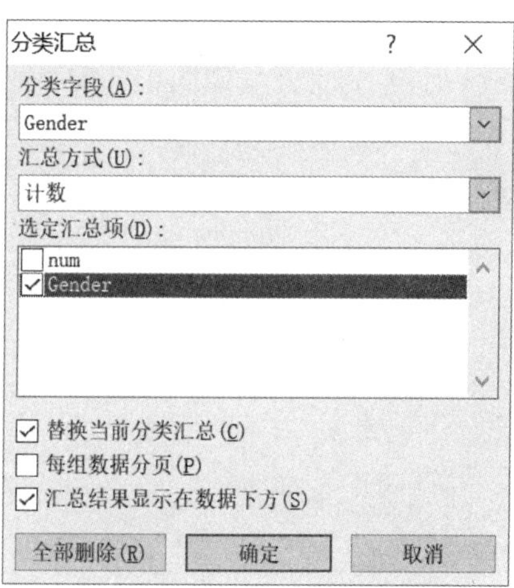

图 2.21 “分类汇总”对话框

	A	B	C
1	num	Gender	
2	1	0	
3	3	0	
4	4	0	
5	7	0	
6	8	0	
7	10	0	
8	11	0	
9	14	0	
10	**0 计数**	8	
11	2	1	
12	5	1	
13	6	1	
14	9	1	
15	12	1	
16	13	1	
17	**1 计数**	6	
18	**总计数**	14	
19			

自动筛选 高级筛选 性别 次数

就绪 100%

图 2.22 按性别统计人数

Excel 的 COUNTIF(计数分布)函数可以用来计算品质变量或分类变量的次数分布,对于不能直接通过分类汇总得到结果的数据,可以使用 COUNTIF 函数来统计数据的次数分布情况。COUNTIF 函数的语法形式为

```
COUNTIF(range,criteria)
```

其中,range 为需要计数的单元格区域,criteria 为计数的条件,条件可以是数字、表达式或文本形式。例如,要利用 COUNTIF 函数统计 A 景区游客自助旅游和旅行社旅游的次数分布,操作步骤如下:

(1) 打开"A 景区旅游客源调查问卷.xlsx",选择"次数分布"工作表。

(2) 在 D2 单元格中输入"自助旅游",在 D3 单元格中输入 1,在 E2 单元格中输入"旅行社组团",在 E3 单元格中输入 1,在 F2 单元格中输入"自助旅游次数",在 G2 单元格中输入"旅行社旅游次数"。

(3) 在 F3 单元格编辑栏中输入公式"=COUNTIF(B3:B16,D3)",按回车键或者单击✔按钮,得到自助旅游的次数为 7。

(4) 在 G3 单元格编辑栏中输入公式"=COUNTIF(C3:C16,E3)",按回车键或者单击✔按钮,得到旅行社旅游的次数为 7。

统计结果如图 2.23 所示。

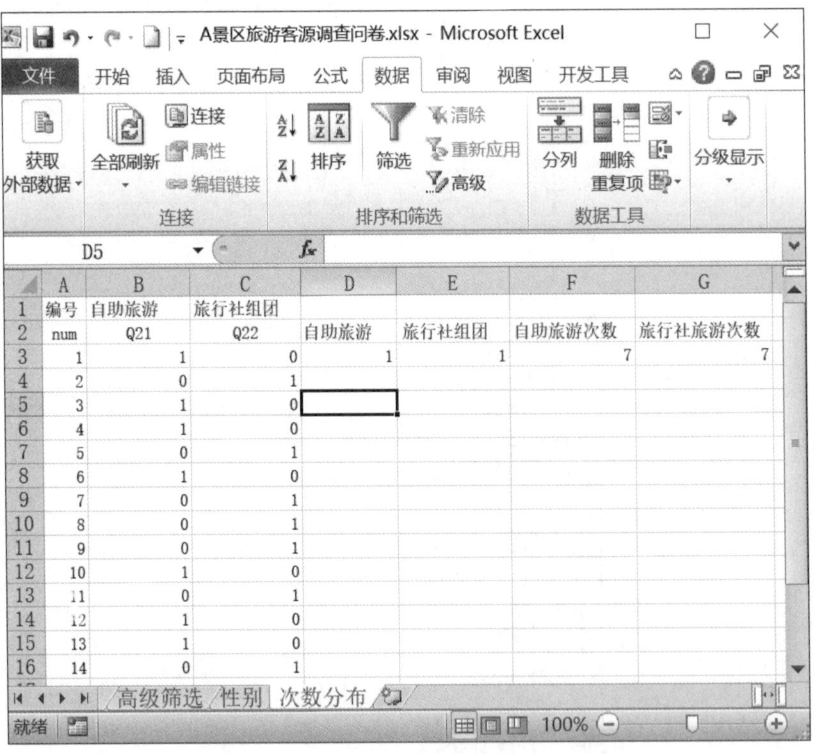

图 2.23　自助旅游和旅行社旅游次数比较

2.3.4 数据的频数分布

分类汇总可以统计各个分量出现的次数，但没有将数值相近的数据合并，无法得出其数据分布的规律性，因而不能较好地抽象和概括数量特征。Excel 的 FREQUENCY（频数分布）函数是计算频数分布的主要工具，通过 FREQUENCY 函数可以对数据进行分组与归类，以获得频数分布。它可以对一列垂直数组返回某个区域中数据的频数分布，从而使数据的分布形态更加清楚地表现出来。FREQUENCY 函数的语法形式为

```
FREQUENCY(data_array,bins_array)
```

其中，data_array 为一个数组或对一组数值的引用，是用来计算频数分布的数据；bins_array 为频数或次数的接收区域，表现为间隔的数组或对间隔的引用，该间隔用于对 data_array 中的数据进行分组。例如，要统计 A 景区游客各年龄段的分布情况，可以利用 FREQUENCY 函数计算频数分布，操作步骤如下：

（1）打开“A 景区旅游客源调查问卷.xlsx”，选择“年龄段统计”工作表。

（2）在 C1 单元格中输入“分组”，在 D1 单元格中输入“频数”，然后在 C2:C6 单元格区域中依次输入 0、1、2、3、4（0 表示未填写；1 表示小于 22 岁；2 表示 22～44 岁；3 表示 45～64 岁；4 表示大于 64 岁）。

（3）选择 D2:D6 单元格区域，选择“数据”→“插入函数”工具 *fx*，打开“插入函数”对话框，如图 2.24 所示，在“或选择类别”下拉列表框中选择“全部”选项，在“选择函数”列表框中选择 FREQUENCY 函数。

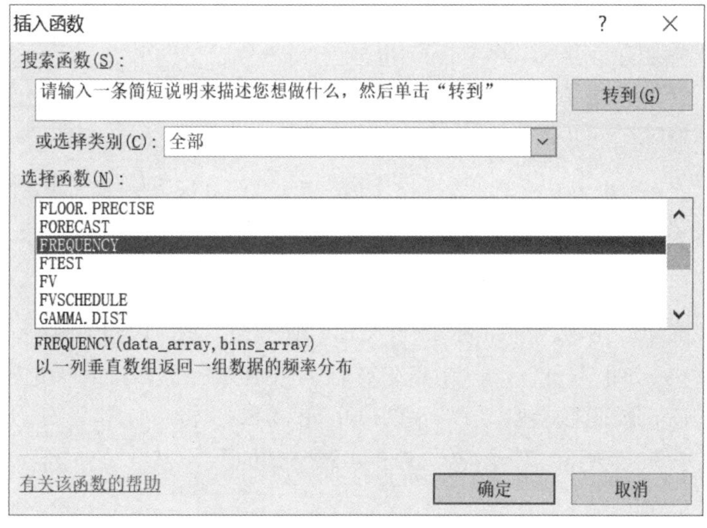

图 2.24 “插入函数”对话框

（4）单击“确定”按钮，弹出“函数参数”对话框，在 Data_array（数据区域）文本框中输入 B2:B15，在 Bins_array（数据接收区域）文本框中输入 C2:C6，如图 2.25 所示。

按 Ctrl＋Shift＋回车键(不能直接单击“确定”按钮)，得到频数分布，如图 2.26 所示，相应的年龄段频数分别为 1、2、4、5、2，可以看出，44～64 岁年龄段的游客最多，其次是 22～44 岁年龄段的游客。

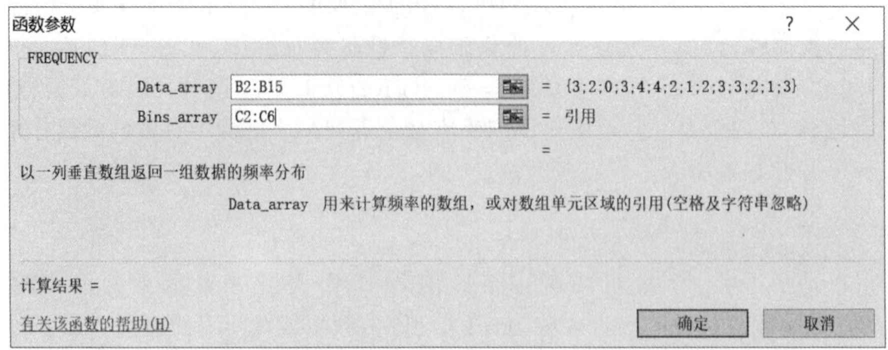

图 2.25　FREQUENCY 的“函数参数”对话框

D2　　{=FREQUENCY(B2:B15,C2:C6)}

	A	B	C	D	E	F
1	num	Age	分组	频数	结果说明	
2	1	3	0	1	未填写	
3	2	2	1	2	<22岁	
4	3	0	2	4	22~44岁	
5	4	3	3	5	45~64岁	
6	5	4	4	2	>64岁	
7	6	4				
8	7	2				
9	8	1				
10	9	2				
11	10	3				
12	11	3				
13	12	2				
14	13	1				
15	14	3				

高级筛选 / 性别 / 次数分布 / 年龄段统计

图 2.26　A 景区游客各年龄段频数分布

在 FREQUENCY 函数中，如果 data_array 中不包含任何数值，则函数返回零数组(即各频次均为 0)；如果 bins_array 中不包含任何数值，则函数返回 data_array 中元素的个数。FREQUENCY 函数会自动忽略空白单元格和文本。如图 2.27 所示，按数学成绩统计各分数段频数分布，对于学号为 04020502 的数学缺考的同学，统计时将自动忽略。

2.3.5　数据的图表制作

可以利用 Excel 的数据整理函数与分析工具对获得的数据进行加工、整理。通过

	A	B	C	D	E	F	G
1	学号	姓名	数学	数学分组	频数	结果说明	
2	04020505	马玉石	87	59	2	0~59分	
3	04020501	田超能	86	69	0	60~69分	
4	04030501	费李阳	78	79	4	70~79分	
5	04020504	葛玉棠	76	89	2	80~89分	
6	04010505	费诗礼	70	100	1	90~100分	
7	04030503	李晨阳	0				
8	04010503	严妍	91				
9	04010502	金璐	79				
10	04020502	刘晓庆	缺考				
11	04030502	白新花	42				

次数分布 / 年龄段统计 / 分数段统计

就绪 100%

图 2.27　数学成绩各分数段频数分布

Excel 丰富的图表功能，可以将统计对象的变量类型、统计分析目的直观地呈现出来，从而对这些数据进行分析统计，将研究对象的本质及规律清晰、有序地呈现出来。

1. 数据透视表

利用频数分布函数处理数值型数据非常实用，但是对文本型数据便无法处理，而利用数据透视表就可以方便地进行文本型数据处理。数据透视表是一种交互式工作表，用于对已有数据清单、工作表和数据库中的数据进行汇总和分析，轻松展现数据的分布状况。如图 2.28 所示，按专业分别统计男女生人数，操作步骤如下。

	A	B	C	D	E	F	G	H	I
1	信息工程学院学生成绩表								
2	专业	学号	姓名	性别	出生日期	数学	英语	法律基础	C语言
3	网络	04010502	金璐	女	1985/6/12	79	76	72	79
4	网络	04010503	严妍	女	1984/2/21	91	79	34	91
5	计算机	04020501	田超能	男	1985/10/1	86	38	61	86
6	计算机	04020502	刘晓庆	女	1985/4/15	42	63	79	63
7	通信	04030501	费李阳	男	1984/3/18	78	70	82	70
8	通信	04030502	白新花	女	1986/1/23	42	64	61	61
9	计算机	04020504	葛玉棠	男	1985/11/2	76	0	60	79
10	计算机	04020505	马玉石	男	1984/3/24	87	92	84	82
11	网络	04010505	费诗礼	男	1985/10/12	70	66	83	91
12	通信	04030503	李晨阳	男	1983/12/2	0	85	72	86
13									
14	计数项:性别	列标签							
15	行标签	男	女	总计					
16	计算机	3	1	4					
17	通信	2	1	3					
18	网络	1	2	3					
19	总计	6	4	10					

图 2.28　各专业男女生人数分布情况

(1) 打开"信息工程学院学生成绩表"工作簿中的"透视表"工作表，选择"插入"→"数据透视表"工具，在弹出的"创建数据透视表"对话框中选择要分析的数据区域为"透视表！$A$2：$I$12"，选择放置数据透视表的位置为现有工作表的"透视表！$A$14"，如图 2.29 所示。

（2）单击“确定”按钮，在右侧弹出的“数据透视表字段列表”窗格中，按住鼠标左键拖动“专业”字段到“行标签”区域中，按住鼠标左键拖动“性别”字段到“列标签”区域中，“数值”按“性别”进行计数统计，如图 2.30 所示，即可得到如图 2.28 所示的各专业男女生人数分布情况。也可以通过数据透视图更直观地呈现各专业男女生人数分布情况，如图 2.31 所示。

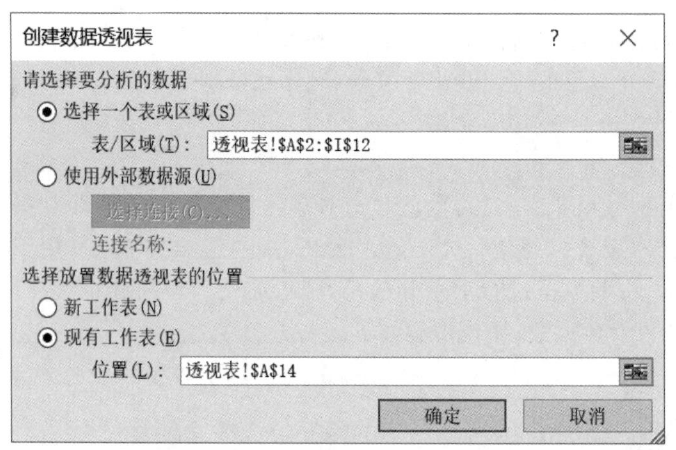

图 2.29 “创建数据透视表”对话框

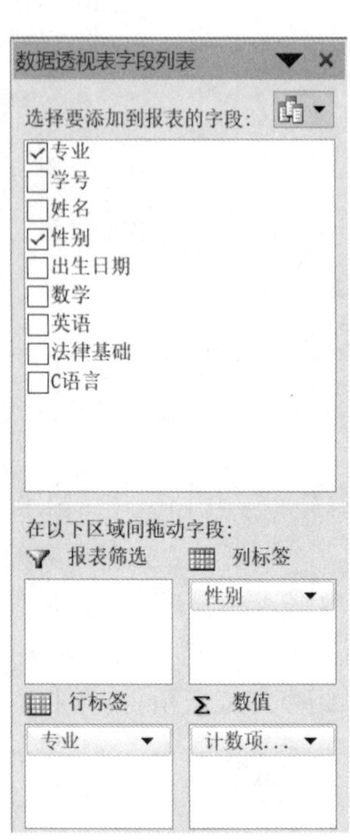

图 2.30 “数据透视表字段列表”窗格

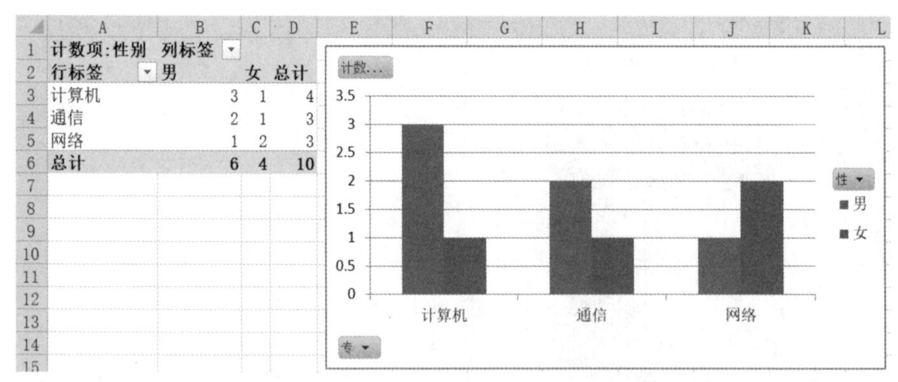

计数项:性别	列标签		
行标签	男	女	总计
计算机	3	1	4
通信	2	1	3
网络	1	2	3
总计	6	4	10

图 2.31 各专业男女生人数分布情况数据透视图

2. 统计图

统计表可以概括大量的数据信息，但是不能直观、生动地比较各变量之间的数量关系。统计图常用于数据的整理与分析,使复杂数据的分布特点直观地呈现出来。常用的统计图有条形图、饼形图、折线图、散点图和直方图等。随着统计分析方法的发展,还出现了一些三维图形,例如气泡图等。第 1 章已经详细介绍了创建图表的操作步骤,下面展示几个常用的统计图。图 2.32 所示的三维簇状柱形图直观地展示了每个学生的各科成绩,并能对比各个学生各科成绩的差异,方便教师掌握学生群体的学习情况。图 2.33 所示的饼图直观地展示了各个年龄段被调查者所占比例,便于旅游景区针对主要的消费群体设计个性化的服务,以提高他们的游览兴趣。图 2.34 所示的环图所示直观地展示了数学成绩各分数段的比例,便于任课教师在以后的教学中对教学重点、难点进行调整和深入讲解,以提高学生对知识的掌握水平。

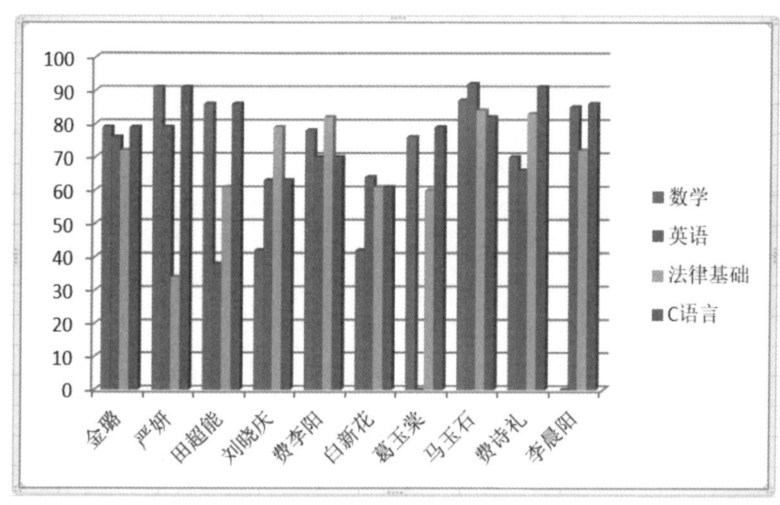

图 2.32　各个学生各科成绩三维簇状柱形图

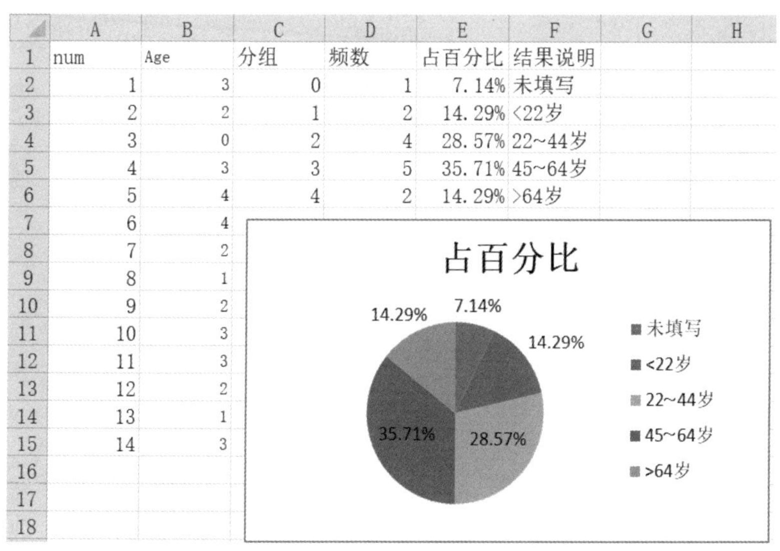

	A	B	C	D	E	F	G	H
1	num	Age	分组	频数	占百分比	结果说明		
2	1	3	0	1	7.14%	未填写		
3	2	2	1	2	14.29%	<22岁		
4	3	0	2	4	28.57%	22~44岁		
5	4	3	3	5	35.71%	45~64岁		
6	5	4	4	2	14.29%	>64岁		
7	6	4						
8	7	2						
9	8	1						
10	9	2						
11	10	3						
12	11	3						
13	12	2						
14	13	1						
15	14	3						
16								
17								
18								

图 2.33　各年龄段频数占比饼图

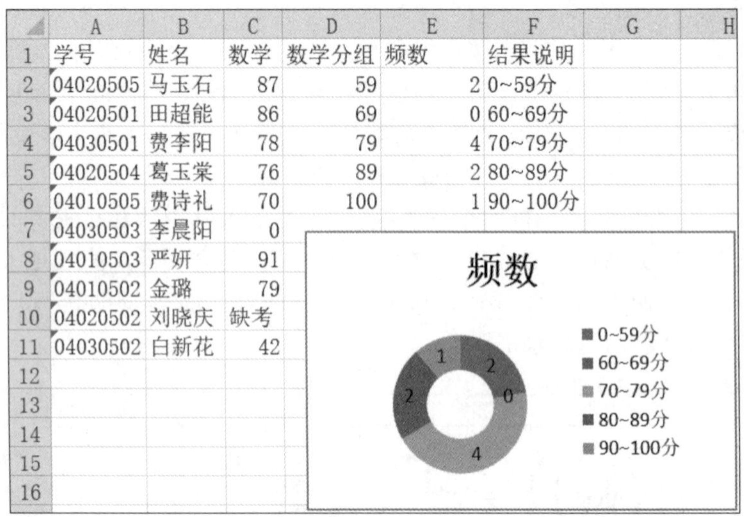

	A	B	C	D	E	F
1	学号	姓名	数学	数学分组	频数	结果说明
2	04020505	马玉石	87	59	2	0~59分
3	04020501	田超能	86	69	0	60~69分
4	04030501	费李阳	78	79	4	70~79分
5	04020504	葛玉棠	76	89	2	80~89分
6	04010505	费诗礼	70	100	1	90~100分
7	04030503	李晨阳	0			
8	04010503	严妍	91			
9	04010502	金璐	79			
10	04020502	刘晓庆	缺考			
11	04030502	白新花	42			

图 2.34　各分数段频数环图

3. 直方图

直方图是 Excel 分析工具中的一种，主要用于数据的频数分布、累积频数分布方面的数据整理与分析，并提供直方图的分析模块，具有制表功能与绘图功能。Excel 中的直方图可以非常直观地表现出数据的特征，为决策提供指导性意见。使用直方图前需要安装数据分析工具，1.2.5 节已讲解了数据分析工具的安装方法。以下为某个班级学生的数学成绩：

80	75	80	87	59	86	69	78
63	72	75	86	69	78	79	66
94	62	71	78	79	76	89	57
81	56	32	76	89	70	100	68
78	76	63	70	100	88	67	74
72	88	84	48	75	62	73	88

利用直方图制作频率分布图，操作步骤如下：

(1) 输入班级数学成绩到 Excel 工作表中，从 A1 单元格开始依次输入 6 行数据。经统计可得最高分为 100，最低分为 32，组距为 10(用户可以自己定义组距，通常为 5～10 的某个数，建议为 5 的倍数)。选中 A8 单元格，输入“接收”，在 A9:A15 单元格区域中依次输入 32、42、52、62、72、82、92，如图 2.35 所示。

(2) 选择“数据”→“数据分析”工具，在弹出的“数据分析”对话框的分析工具列表中选择“直方图”，单击“确定”按钮，弹出“直方图”对话框。

(3) 在“直方图”对话框中，将“输入区域”设置为 \$A\$1:\$H\$6，将“接收区域”设置为 \$B\$8:\$B\$15，选择“标志”复选框，将“输出区域”设置为 \$C\$8，选择“图表输出”复选框，如图 2.36 所示。

	A	B	C	D	E	F	G	H
1	80	75	80	87	59	86	69	78
2	63	72	75	86	69	78	79	66
3	94	62	71	78	79	76	89	57
4	81	56	32	76	89	70	100	68
5	78	76	63	70	100	88	67	74
6	72	88	84	48	75	62	73	88
7								
8	接收							
9	32							
10	42							
11	52							
12	62							
13	72							
14	82							
15	92							

图 2.35　班级数学成绩表

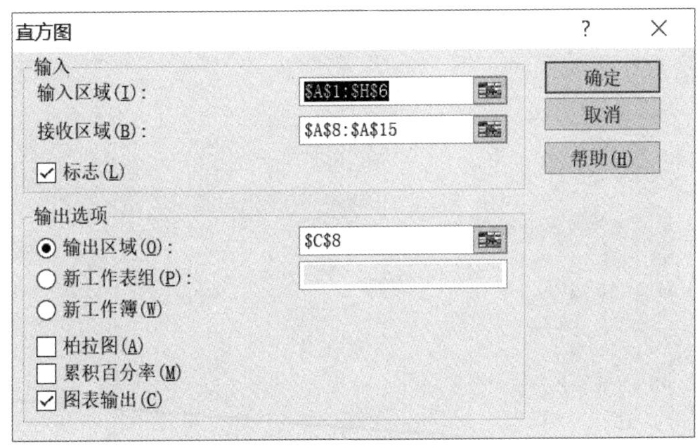

图 2.36　“直方图”对话框

(4) 单击“确定”按钮,便生成如图 2.37 所示的频数分布表和直方图。

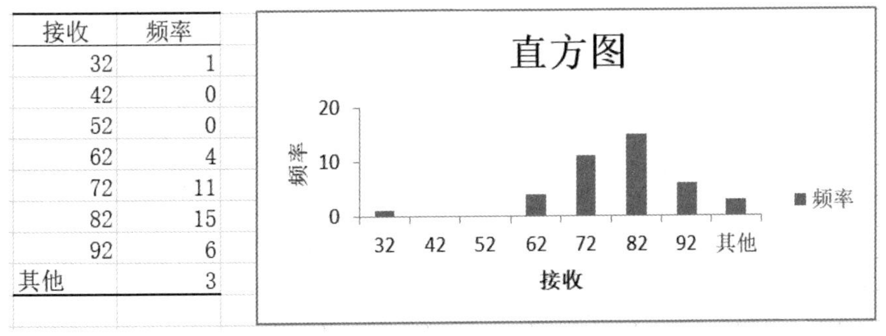

接收	频率
32	1
42	0
52	0
62	4
72	11
82	15
92	6
其他	3

图 2.37　班级数学成绩直方图分析结果

由图 2.37 可以看出,该班的数学成绩大多分布在 62～92 分的范围内。如果还想得到累积百分率，只需在“直方图”对话框中选择“累积百分率”复选框，即可得到如图 2.38 所示的分析结果。

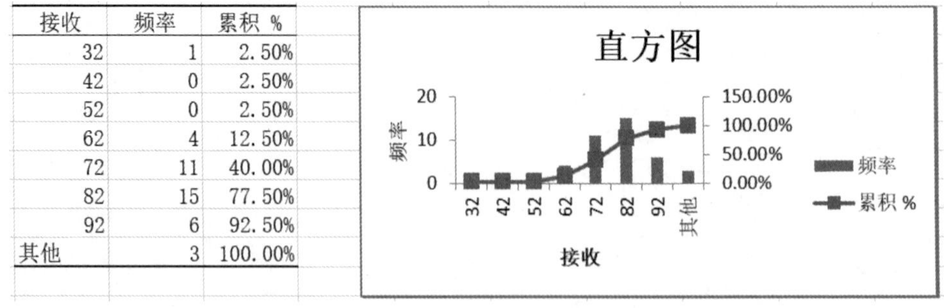

接收	频率	累积 %
32	1	2.50%
42	0	2.50%
52	0	2.50%
62	4	12.50%
72	11	40.00%
82	15	77.50%
92	6	92.50%
其他	3	100.00%

图 2.38　分析结果

也可以将班级数学成绩直接输入到 A 列，在“直方图”对话框中，将“输入区域”设置为 $A$1:$A$48，将“接收区域”设置为空，选择“标志”复选框，将“输出区域”设置为 $C$2，选择“图表输出”复选框，如图 2.39 所示，得到如图 2.40 所示的分析结果。

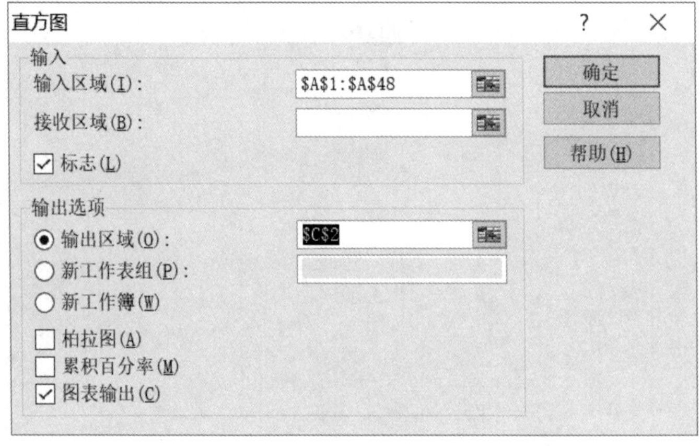

图 2.39　“直方图”对话框

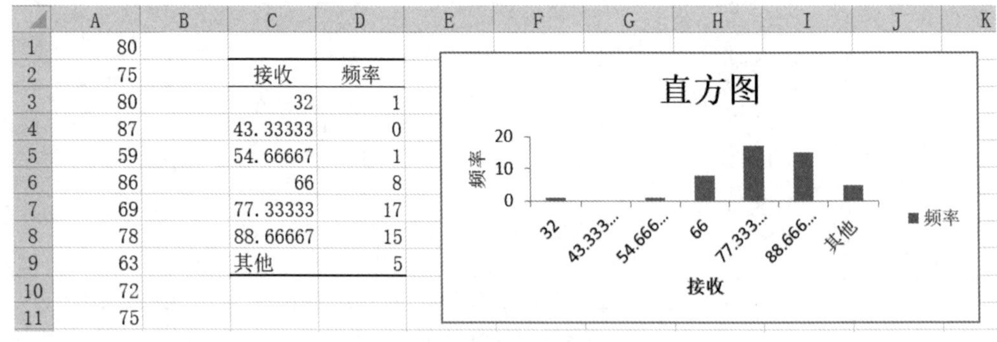

	A	B	C	D
1	80			
2	75		接收	频率
3	80		32	1
4	87		43.33333	0
5	59		54.66667	1
6	86		66	8
7	69		77.33333	17
8	78		88.66667	15
9	63		其他	5
10	72			
11	75			

图 2.40　分析结果

由图 2.40 可以看到接收区域中的数据有小数，选择 C3:C8 单元格区域，在“格式”菜单中选择“单元格”选项，设置单元格中的数值小数位数为 0 即可，设置完成后，得到如图 2.41 所示的分析结果。

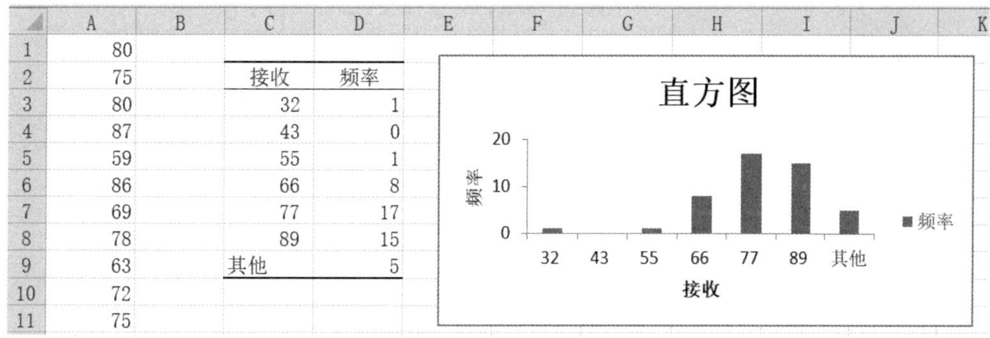

	A	B	C	D
1	80			
2	75		接收	频率
3	80		32	1
4	87		43	0
5	59		55	1
6	86		66	8
7	69		77	17
8	78		89	15
9	63		其他	5
10	72			
11	75			

图 2.41　去掉小数后的分析结果

习　题

1. 下载自己所在地的统计年鉴，查看上一年度相关经济、社会数据，并与前两年的数据进行比较。

2. 设计一个完整的调查问卷和调查问卷编码表。

3. 以下是某班学生身高数据(单位为厘米)：

161	158	160	168	159	148	151	159	158
165	158	144	158	154	169	158	158	168
159	167	171	153	160	160	159	158	161
149	163	161	158	172	161	153	156	160
162	163	157	162	162	161	157	157	164
165	158	161	158	172	161	158	158	162
165	158	157	164	154	169	158	158	168

(1) 统计最高和最矮的身高。

(2) 编制学生身高的频数分布表和直方图，简要阐述学生身高分布特征。

第3章 描述性统计分析

要全面把握数据分布的特征,需要找到反映数据分布特征的统计指标。数据分布的特征可以从以下3方面进行测度:

(1) 分布的集中趋势,反映各数据向中心值靠拢或聚集的程度。

(2) 分布的离散程度,反映各数据远离中心值的趋势。

(3) 分布的形状,反映数据分布的偏度和峰度。

这3方面分别反映了数据分布特征的不同侧面。在描述统计中常用的统计指标包括均值、方差、标准差、中位数、众数、峰度、偏度等。使用Excel可以非常方便地得到这些结果。

3.1 集中趋势的测定与分析

集中趋势指一组数据向其中心值靠拢的倾向和程度。测度集中趋势就是寻找数据的代表值或中心值,不同类型的数据应当使用不同的集中趋势测度值。值得注意的是,低层次数据的测度值适用于高层次的测量数据,但高层次数据的测度值并不适用于低层次的测量数据。因此,选用什么样的测度值来反映数据的集中趋势,要根据数据的类型和特点来决定。描述集中趋势的统计指标有均值、众数、中位数、四分位数、百分位数和切尾均值。

3.1.1 集中趋势的测定内容

1. 均值

均值也称算术平均值,是一组数据相加后除以数据的个数得到的结果。均值是集中趋势最常用的测度值,主要适用于数值型数据,而不适用于分类数据和顺序数据。均值易受极端值的影响。

均值的计算公式为

$$\bar{x}=\frac{\sum_{i=1}^{n}x_i}{n} \quad 或 \quad \mu=\frac{\sum_{i=1}^{N}x_i}{N}$$

其中,$\bar{x}$为样本均值,μ为总体均值,n为样本数据个数,N为总体数据个数。

2. 众数

众数(mode)是一组数据中出现次数最多的变量值,通常用M表示。众数具有普遍性，在统计实践中，常利用众数来近似反映社会经济现象的一般水平，例如，说明某次考试成绩最集中的水平，说明城镇居民最普遍的生活水平，等等。在一组数据中，众数可以不存在，也可以有一个或两个。当有一个众数时，相应的分布称为单峰分布；当有两个众数时，相应的分布称为双峰分布。用众数代表一组数据，可靠性较差。不过，众数不受极端数据的影响，并且求法简单。如果个别数据有很大的变动，选择众数表示这组数据的集中趋势就比较合适。

3. 中位数

中位数是将总体中的数值按照大小顺序进行排列，居于中间位置的数值便是中位数。当按照顺序排列之后，如果数值的个数是奇数，处于中间位置的数值便是中位数；如果数据值的个数是偶数，中位数便是居于中间的两个数值的平均数。一般来说，中位数受极端数值的影响较小，当总体中含有异常值时，可以使用中位数进行集中趋势测定。

4. 四分位数

四分位数是将所有数值按大小顺序排列并分成 4 等份，处于 3 个分割点位置的数值就是四分位数。最小的四分位数称为下四分位数，在所有数值中，有 1/4 小于下四分位数，有 3/4 大于下四分位数。中间位置的四分位数称为中四分位数，也就是中位数。最大的四分位数称为上四分位数，在所有数值中，有 3/4 小于上四分位数，有 1/4 大于上四分位数。也可将下四分位数、上四分位数分别称为第 25 个百分位数、第 75 个百分位数。

5. 百分位数

百分位数（percentile）是测定数据在总体中以百分比表示的位置的指标。它提供了数据在最小值和最大值之间如何分布的信息。用 99 个数值或 99 个点将按大小排列的观测值划分为 100 等份，则这 99 个数值或 99 个点就称为百分位数，分别以 p1，p2，…，p99 代表第 1 个、第 2 个……第 99 个百分位数。

6. 切尾均值

因均值与中位数易受极端值影响，为保证均值的公平性，计算均值时采用切尾均值方法。切尾均值是指在一个数列中去掉两端的极端值后所得的算术平均值。切尾均值是综合了均值和中位数两种统计量优点的一种新的集中趋势测度指标。切尾均值现已广泛应用于电视大奖赛、体育比赛及需要由人进行综合评价的竞赛项目。人们所熟悉的“去掉一个最高分，去掉一个最低分，最后得分是×分”就是利用切尾均值方法进行的评估。

3.1.2 用 Excel 函数描述集中趋势

1. 描述集中趋势的函数

AVERAGE（均值）函数是应用比较广泛的一种求平均值函数，它能够计算一组数据

的均值。其语法结构为

```
AVERAGE(number1,number2,…)
```

其中,number1, number2,…是需要求均值的数值,该函数最多可以有 255 个数值参数。数值参数可以是数字、名称、数组或包含数字的引用。值得注意的是,AVERAGE 函数忽略空白、逻辑值和文本单元格,只对数值型数据有效。

MEDIAN 函数(中位数)用于描述居于数据分布中心位置的数,其语法结构为

```
MEDIAN(number1, number2,…)
```

该函数最多可以有 255 个数值参数。

MODE(众数)函数用于计算一组数据中出现次数最多的数。Excel 提供了两种众数函数。一种用于计算垂直数组中出现次数最多的数,其语法结构为

```
MODE.MULT(number1, number2,…)
```

另一种用于计算一组数据或数据区域中出现次数最多的数,其语法结构为

```
MODE.SNGL(number1, number2,…)
```

该函数最多可以有 255 个数值参数。

TRIMMEAN(切尾均值)函数用于计算一组数据去掉极端值以后的均值。其语法结构为

```
TRIMMEAN(array,percent)
```

其中,array 为去掉极端值后求均值的数据或数据区域, percent 为计算时要除去的极端值的比例。

QUARTILE(四分位数)函数用于计算一组数据的四分位数。Excel 提供了两种四分位数函数。一种的语法结构为

```
QUARTILE.EXC(array,quart)
```

该函数不包含起始四分位数(即最小值)和终止四分位数(即最大值)。另一种的语法结构为

```
QUARTILE.INC(array,quart)
```

其中,array 为用来计算四分位数的数据数组或数据区域,quart 取值为 0～4,分别返回起始四分位数、下四分位数、中四分位数、上四分位数和终止四分位数。

PERCENTILE(百分位数)函数用于计算一组数据的百分位数。Excel 提供了两种百分位数函数。一种的语法结构为

```
PERCENTILE.EXC(array,k)
```

它返回数值的 $100k$ 百分位点值,k 值为 0～1(不含 0 和 1)、array 为要计算百分位数的数据数组或数据区域。另一种的语法结构为

```
PERCENTILE.INC(array,k)
```

它返回数值的 100k 百分位点值，k 为 0～1(含 0 和 1)。

2. 集中趋势函数的使用

下面利用 Excel 中的统计函数来测定描述集中趋势的上述指标。

例 3.1 某商店随机在小区抽样调查 60 个人，统计每人每月在该商店的消费金额。现计算每人每月在该商店的消费支出集中趋势。

打开“第 3 章描述统计分析.xlsx”工作簿，选择“某商店消费支出”工作表，如图 3.1 所示。

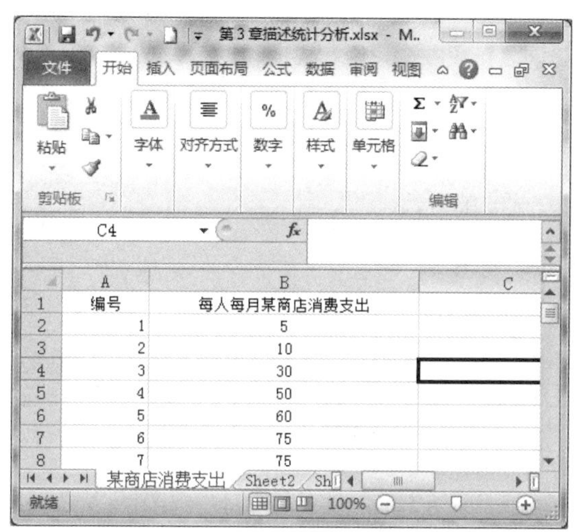

	A	B	C
1	编号	每人每月某商店消费支出	
2	1	5	
3	2	10	
4	3	30	
5	4	50	
6	5	60	
7	6	75	
8	7	75	

图 3.1 “某商店消费支出”工作表

在 C1:C10 单元格区域中输入“均值”“中位数”“众数”“切去 5%的极端值的切尾均值”“第 8 个百分位数”“第 0 个四分位数”“第 1 个四分位数”“第 2 个四分位数”“第 3 个四分位数”“第 4 个四分位数”。

单击选中 D1 单元格，选择“公式”选项卡，在“其他函数”工具的下拉菜单中选择“统计”→AVERAGE，如图 3.2 所示，在弹出的“函数参数”对话框的 Number1 文本框中输入单元格地址范围 B2:B61，如图 3.3 所示，单击“确定”按钮，求得均值为 249.52。如果数据较少，也可在参数中一个一个地输入数据或单元格地址。如果计算没有结果，说明计算有错误，需要检查一下各参数。

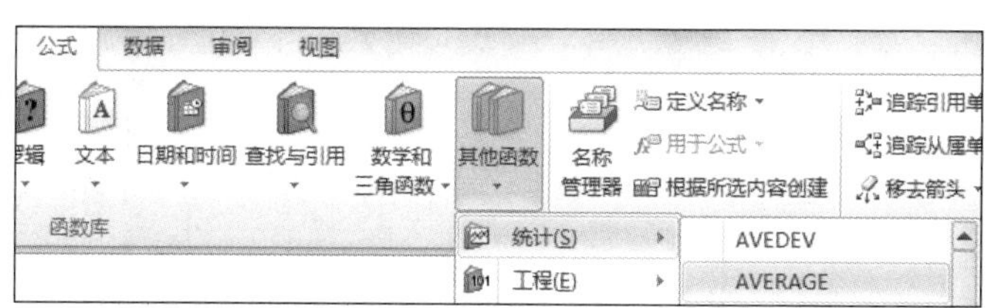

图 3.2 “统计”级联菜单

也可以在 D1 单元格中直接输入均值函数“=AVERAGE(B2:B61)”，然后按回车键，其计算结果相同。

函数参数

AVERAGE

Number1 B2:B61 = {5;10;30;50;60;75;75;75;80;80;90;

Number2 = 数值

Number3 = 数值

= 249.5166667

返回其参数的算术平均值；参数可以是数值或包含数值的名称、数组或引用

Number1: number1,number2,... 是用于计算平均值的 1 到 255 个数值参数

计算结果 = 249.52

有关该函数的帮助(H) 确定 取消

图 3.3 AVERAGE 的“函数参数”对话框

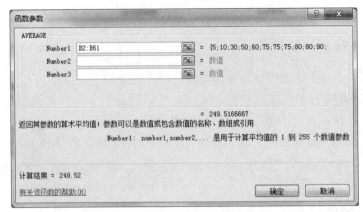

在 D2 单元格中输入函数“=MEDIAN(B2:B61)”，计算中位数。在 D3 单元格中输入函数“= MODE.SNGL(B2: B61)”，计算众数。在 D4 单元格中输入函数“= TRIMMEAN(B2:B61,5%)”，计算切去 5%的极端值的切尾均值。在 D5 单元格中输入函数“=PERCENTILE.INC(B2:B61,8%)”，计算包含第 0 个和第 100 个百分位数的第 8 个百分位数，在 D6 到 D10 单元格中分别输入以下函数计算四分位数：

```
=QUARTILE.INC($B$2:$B$61,0)
=QUARTILE.INC($B$2:$B$61,1)
=QUARTILE.INC($B$2:$B$61,2)
=QUARTILE.INC($B$2:$B$61,3)
=QUARTILE.INC($B$2:$B$61,4)
```

结果如图 3.4 所示。

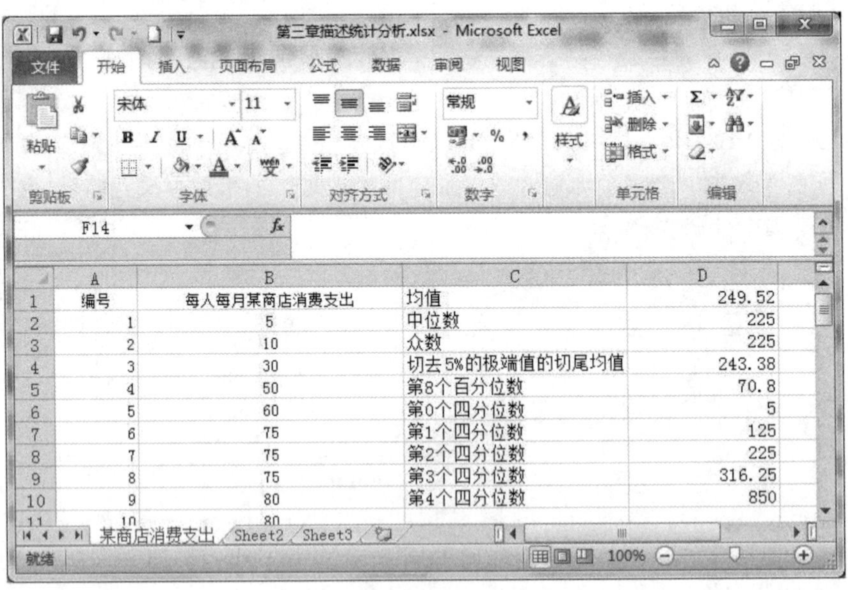

	A	B	C	D
1	编号	每人每月某商店消费支出	均值	249.52
2	1	5	中位数	225
3	2	10	众数	225
4	3	30	切去5%的极端值的切尾均值	243.38
5	4	50	第8个百分位数	70.8
6	5	60	第0个四分位数	5
7	6	75	第1个四分位数	125
8	7	75	第2个四分位数	225
9	8	75	第3个四分位数	316.25
10	9	80	第4个四分位数	850
11	10	80		

图 3.4 集中趋势指标计算结果

3.2 离中趋势的测定与分析

3.2.1 离中趋势的测定内容

集中趋势是同质总体各个体变量值的代表值，只是数据分布的一个特征，它所反映的是各变量值向其中心值聚集的程度，其代表性如何，取决于各个体变量值之间的差异程度。在统计学中，把反映总体中各个体变量值之间差异程度的指标称为离中趋势。

描述一组数据的离中趋势常用全距、四分位距、方差与标准差这4个指标。

1. 全距

全距也叫极差，是一组数据中最大值与最小值之差，计算公式如下：

$$全距=\max(X)-\min(X)$$

全距是描述数据离中趋势的最简单的测度值，它计算简单，易于理解。但它只能说明两个极端值的差异，不能准确描述数据的离中趋势，易受极端值的影响。

2. 四分位距

四分位距是指第3个四分位数与第1个四分位数之差，也称为内距或四分间距，用Q表示。四分位距的计算公式为

$$Q=Q_3-Q_1$$

四分位距反映了中间50%数据的离中趋势。其数值越小，说明中间的数据越集中；其数值越大，说明中间的数据越分散。四分位距不受极端值影响，因此，它在某种程度上弥补了全距的缺陷。

3. 方差与标准差

方差是各变量值与其均值的差的平方的算术平均数，标准差是方差的平方根。方差与标准差是根据全部数据计算的，反映每个数据与其均值相比的平均差，因此它能准确地反映数据的差异程度。方差和标准差是实际中应用最广泛的离中趋势度量值。

总体标准差的计算公式如下：

$$\sigma=\sqrt{\frac{\sum(X-\overline{X})^2}{N}}$$

其中，σ代表总体标准差，X代表总体的某一变量值或标志值，$\overline{X}$代表为总体均值，N代表总体数据个数。

样本标准差的计算公式如下：

$$s = \sqrt{s^2} = \sqrt{\frac{\sum(\chi - \bar{\chi})^2}{n-1}}$$

其中,s 代表样本标准差,s^2 代表样本方差,χ 代表样本数据,$\bar{\chi}$ 代表样本均值,n 代表样本数据个数。

3.2.2 用 Excel 函数计算方差和标准差

STDEV.P(总体标准差)函数用来计算总体相对于均值的离中趋势。其语法结构为

```
STDEV.P(nmuber1, nmuber2,…)
```

STDEV.S(样本标准差)函数用来计算样本相对于均值的离中趋势。其语法结构为

```
STDEV.S(nmuber1, nmuber2,…)
```

VAR.P(总体方差)函数用来计算总体方差。其语法结构为

```
VAR.P(nmuber1, nmuber2,…)
```

VAR.S(样本方差)函数用来计算样本方差。其语法结构为

```
VAR.S(nmuber1, nmuber2,…)
```

以上 4 个函数均最多可以有 255 个参数,这些参数可以是数字,也可以是包含数字的名称、数组或引用。如果参数是一个数组或引用,则只计算其中的数字、逻辑值和代表数字的文本,而空白单元格、文本或错误值将被忽略。

例 3.2 计算例 3.1 数据的离中趋势。

计算步骤如下:

(1) 打开"第 3 章描述统计分析.xlsx"工作簿,选择"某商店消费支出"工作表。

(2) 在 C11:C17 单元格区域中输入"最大值""最小值""全距""四分位距""样本标准差""样本方差(公式法)""样本方差(函数法)"。

(3) 在 D11:D17 单元格区域中输入以下函数或公式:

```
=MAX(B2:B61)          (用于计算最大值)
=MIN(B2:B61)          (用于计算最小值)
=D11-D12              (用于计算全距)
=D9-D7                (用于计算四分位距)
=STDEV.S(B2:B61)      (用于计算标准差)
=D15^2                (利用标准差计算方差)
=VAR.S(B2:B61)        (利用函数法计算方差)
```

计算结果如图 3.5 所示。

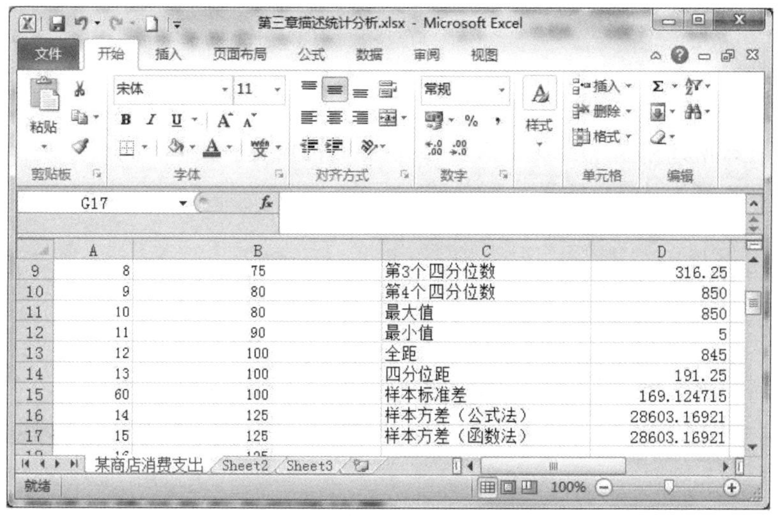

图 3.5　离中趋势指标计算结果

3.3　描述总体分布形态的统计量

3.3.1　描述总体分布形态的测定内容

集中趋势和离中趋势是数据分布的两大重要特征，但要想全面了解数据分布的特点，还需要知道数据分布形状的对称程度以及扁平程度等。对数据分布形状的测度主要有偏度和峰度两个统计指标。

1. 偏度

偏态是对数据分布对称性的描述，测度偏态的统计量是偏度。在统计上将非对称分布称为偏态。一个分布如果是对称的，至少说明这个分布是稳定的、一致的；而一个分布如果存在偏态，则说明总体在一定程度上存在着分布不稳定的因素，如果偏度过大，则可能会导致总体发生变化，也会使人们的认识出现偏差。在目前的统计学领域中，越来越重视数据分布形态的研究。偏态的测定方法有很多，通过均值和中位数两者之间的关系便可以判断是否存在偏态以及表现为左偏态还是右偏态。

一般用 SK 来表示偏度，它的计算公式如下：

$$\mathrm{SK}=\frac{m^3}{\sigma^3}=\frac{\dfrac{\sum_{i=1}^{n}(x_i-\bar{x})^3}{n}}{\sigma^3}$$

当 SK>0 时，可以判断分布为右偏分布；当 SK<0 时，可以判断分布为左偏分布；当 SK=0 时，则表明分布为对称分布。

在 Excel 中,可以用 SKEW 函数计算数据的偏度。

2. 峰度

峰态是对数据分布扁平程度的描述,测度峰态的统计量是峰度。

一般用 K 来表示峰度,它的计算公式如下:

$$K=\frac{m^4}{\sigma^4}-3=\frac{\frac{\sum_{i=1}^{n}(x_i-\bar{x})^4}{n}}{\sigma^4}-3$$

峰度是与标准正态分布相比较而言的。正态分布的峰度为 0。当 $K>0$ 时,表明分布比正态分布更尖,即数据的分布更集中;当 $K<0$ 时,表明分布比正态分布更扁平,即数据的分布更分散。

3.3.2 用 Excel 函数描述总体分布形态

偏度函数的语法结构为

```
SKEW(number1, number2,…)
```

该函数最多可以有 255 个数值参数。

峰度函数的语法结构为

```
KURT(number1, number2,…)
```

该函数最多可以有 255 个数值参数。

例 3.3 计算例 3.1 数据的偏度和峰度。

步骤如下:

(1) 打开“第 3 章描述统计分析.xlsx”工作簿,选择“某商店消费支出”工作表。

(2) 在 F1 单元格中输入“偏度”,在 G1 单元格中输入公式“=SKEW(B2:B61)”,其显示值为 1.083483。在 F2 单元格中输入“峰度”,在 G2 单元格中输入公式“=KURT(B2:B61)”,其显示值为 1.486413。结果如图 3.6 所示。

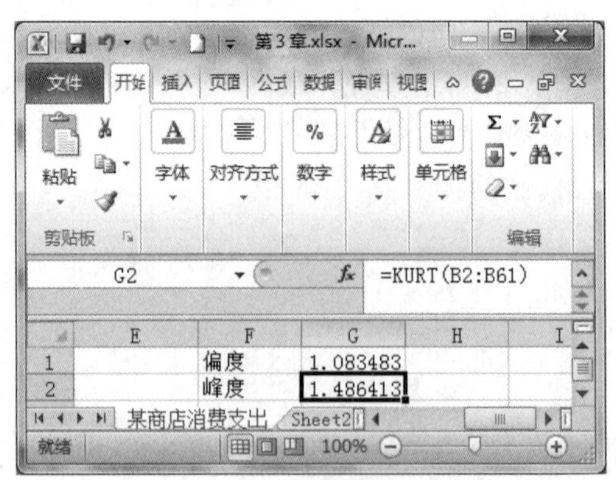

图 3.6 偏度和峰度计算结果

从图 3.6 中可以看出，该数据样本的偏度为 1.083483，说明其分布形态呈右偏态；峰度为 1.486413，说明其分布形态比正态分布更尖。

3.4 使用数据分析工具进行描述统计分析

3.4.1 加载分析工具

在 Excel 中，数据分析工具并不作为命令显示在选项卡中。如果要使用数据分析工具，必须加载分析工具库，具体操作如下：

(1) 选择“文件”→“选项”命令，弹出“Excel 选项”对话框。

(2) 在“Excel 选项”对话框中，在左侧选择“加载项”选项，在右侧的“加载项”列表框中选择“分析工具库”，然后单击“转到”按钮，如图 3.7 所示。

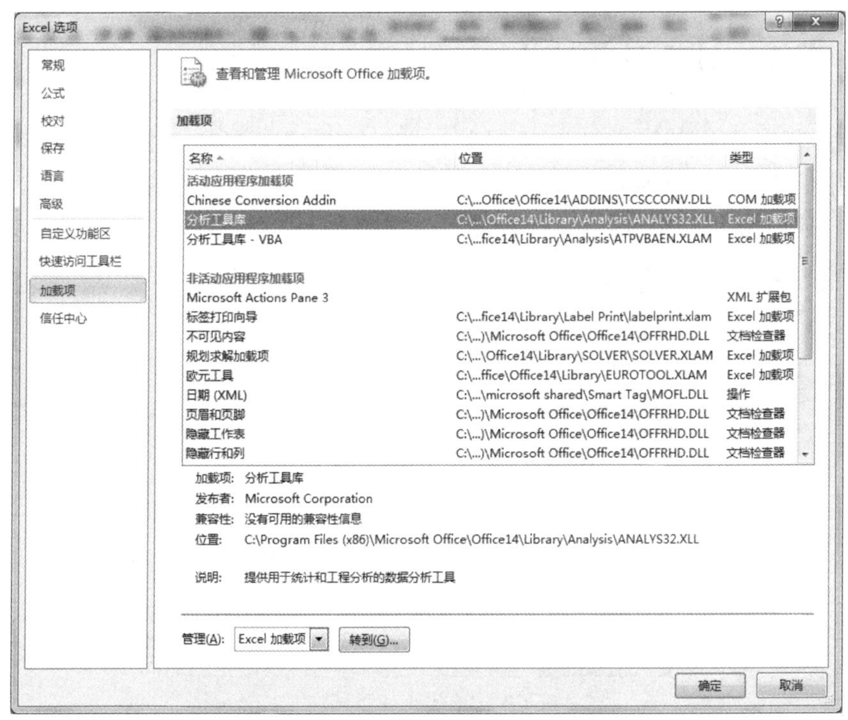

图 3.7 “Excel 选项”对话框

(3) 在弹出的如图 3.8 所示的“加载宏”对话框中勾选“分析工具库”复选框，然后单击“确定”按钮。

(4) 若用户是第一次使用此功能，系统会弹出提示对话框，提示用户此功能需要安装，单击“是”按钮即可开始安装。

(5) 分析工具库安装完毕后，选择“数据”选项卡，在“数据”选项卡的右侧就会出现“数据分析”功能组，说明分析工具库已加载成功。

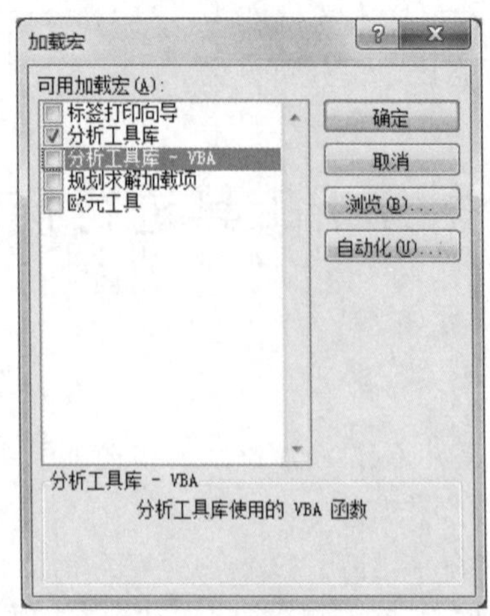

图 3.8 “加载宏”对话框

3.4.2 描述统计工具的使用

数据分析工具中的描述统计工具用来生成描述用户数据的标准统计量，包括均值、标准误差、中位数、众数、标准差、方差、峰度、偏度、全距、最小值、最大值、总和、观测数和置信度等。“描述统计”对话框如图 3.9 所示。

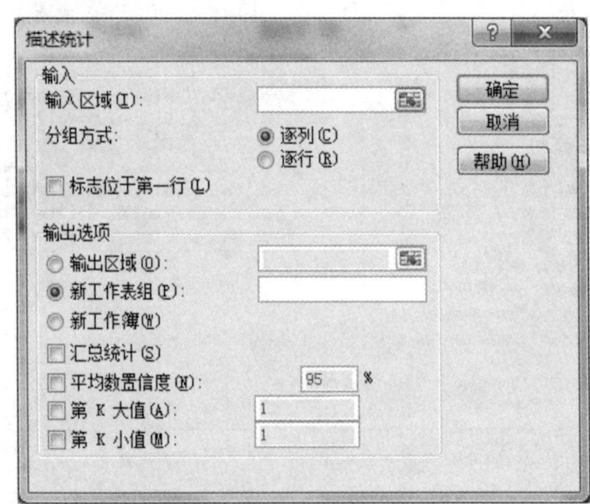

图 3.9 “描述统计”对话框

对其中的选项说明如下。

“输入区域”：在此输入待分析数据区域的单元格引用。该引用必须由两个或两个以上按列或行组织的相邻单元格组成。

“分组方式”：如果需要指出输入区域中的数据是按行还是按列排列，可选择“逐行”或“逐列”单选按钮。

“标志位于第一行”：如果输入区域的第一行中包含标志项(即标题)，可选择该复选框；如果输入区域没有标志项，则不选择该复选框，Excel 将在输出的工作表中自动生成数据标志。

“输出区域”：在此输入对输出的工作表左上角单元格的引用。此工具将为每个数据集产生两列信息。左边一列包含统计标志项，右边一列包含统计值。根据所选择的“分组方式”选项的不同，Excel 将为输入表中的每一行或每一列生成一个两列的统计表。

“新工作表组”：选择此单选按钮，可在当前工作簿中插入新工作表，并从新工作表的 A1 单元格开始粘贴计算结果。如果需要给新工作表命名，可在右侧的文本框中输入名称。

“新工作簿”：选择此单选按钮，可创建一个新的工作簿，并在新工作簿的新工作表中粘贴计算结果。

“汇总统计”：如果需要 Excel 在输出的工作表中生成汇总统计结果，可选择此复选框。汇总统计结果有均值、标准误差、中位数、众数、标准差、方差、峰度、偏度、全距、最小值、最大值、总和、观测数、第 K 大值、第 K 小值和置信度。

“平均数置信度”：如果需要在输出的工作表的某一行中包含均值的置信度，可选择此复选框，然后在右侧的文本框中输入所要的置信度。例如，数值 95 可用来计算在显著性水平为 5%时的均值置信度。

“第 K 大值”：如果需要在输出的工作表的某一行中包含每个区域的数据的第 K 个最大值，可选择此复选框，然后在右侧的文本框中输入 K 的数值。如果输入 1，则这一行将包含数据集中的最大值。

“第 K 小值”：如果需要在输出的工作表的某一行中包含每个区域的数据的第 K 个最小值，可选择此复选框，然后在右侧的文本框中输入 K 的数值。如果输入 1，则这一行将包含数据集中的最小值。

例 3.4 对例 3.1 数据进行描述统计分析。

(1) 打开“第 3 章描述统计分析.xlsx”工作簿，选择“某商店消费支出”工作表。

(2) 选择“数据”选项卡，选择“数据分析”命令，弹出“数据分析”对话框，在“分析工具”列表框中选择“描述统计”，单击“确定”按钮，如图 3.10 所示。

(3) 在“描述统计”对话框的“输入区域”文本框中输入 \$B\$1:\$B\$61，由于所选数据包括标题行，选择“标志位于第一行”复选框，如图 3.11 所示。

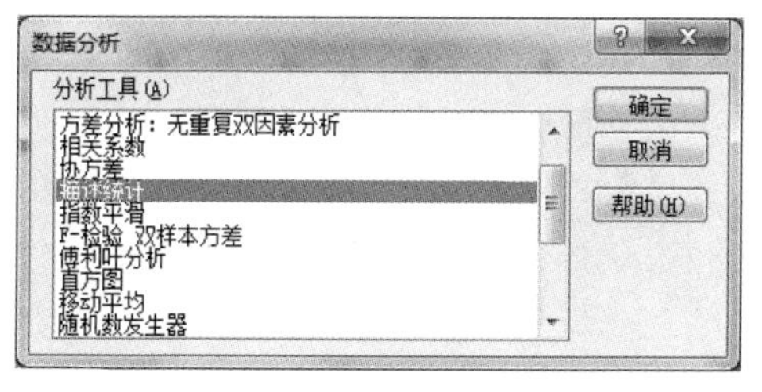

图 3.10 “数据分析”对话框

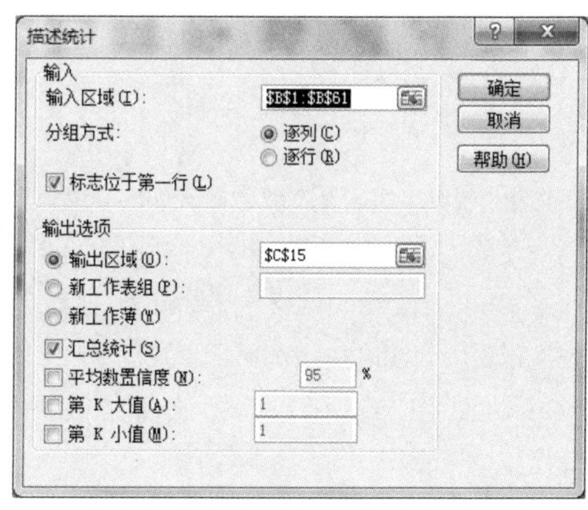

图 3.11 “描述统计”对话框

(4) 对“输出选项”进行设置。选择“输出区域”单选按钮，在其后的文本框中输入任意的空白单元格区域中的某一单元格地址，例如 $C$15，作为存放结果的左上角起始位置。

(5) 选择“汇总统计”复选框。如果不选择此项，Excel 将省略部分输出结果。单击“确定”按钮，完成设置。描述统计分析工具的输出结果如图 3.12 所示。

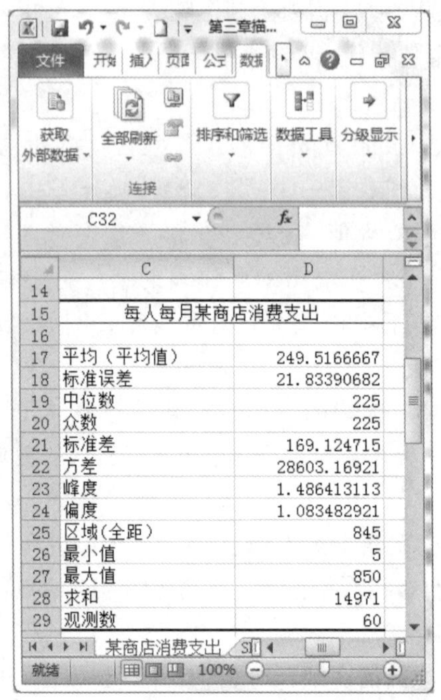

图 3.12　描述统计分析工具的输出结果

从图 3.11 中可以看到，描述统计分析工具的个别指标名称与统计术语不一致。从描述统计分析结果可以看出，描述统计分析工具侧重于参数的语法结构为(number1，number2，…)的描述统计函数的批处理计算以及部分统计特征值的简单计算。

习　　题

1. 已知某种商品连续 30 天的销售额(单位为元)如下：

866	970	850	1380	721	958	806	1121	1610	1258
960	1109	825	1072	1277	1256	805	1220	1301	1107
1568	953	833	925	1221	1072	838	770	794	1096

(1) 使用 Excel 函数计算该商品销售额的均值、众数、中位数、方差、标准差、偏度以及峰度。

(2) 使用 Excel 函数计算该商品的销售额第 20 个百分位数、所有四分位数、四分位距以及去掉 5%极端值的切尾均值。

(3) 使用描述统计分析工具对该数据进行描述统计分析，并将分析结果与(1)中计算的结果比较，判断两者是否相同。

(4) 利用测定指标描述销售额的分布状态。

2. 某班级某门课程考试成绩如下：

65	97	80	76	71	62	82	77	94	99	81	54
93	73	62	61	82	71	78	59	52	42	84	98
74	93	63	86	75	50	76	84	90	88	84	86

(1) 使用 Excel 函数计算该课程考试成绩的均值、众数、中位数、方差、标准差、偏度以及峰度。

(2) 使用 Excel 函数计算该课程考试成绩的第 15 个百分位数、全距、四分位距以及去掉 2%极端值的切尾均值。

(3) 使用描述统计分析工具对该数据进行描述统计分析，并将分析结果与(1)中计算的结果比较，判断两者是否相同。

(4) 利用测定指标描述该课程考试成绩的分布状态。

第4章 抽样分布与几种重要的分布

在实际工作中,需要对某一总体的质量和性质进行分析时,从成本和可行性的角度出发,一般并不是对总体的所有样本逐一进行测试,而是通过一定的方法抽取其中的一部分样本,分通过抽取的样本来推断总体样本的特征。概率理论是统计推断的基础。为什么根据样本能够推断总体?为了解答这个问题,必须理解抽样分布的一些概念。

4.1 概　　率

4.1.1 概率分布

在现实生活中,许多现象发生的结果都是不确定的,这类具有多种可能结果的现象称为随机现象。随机现象的每一个可能结果即是一个随机事件,也可以说随机变量的每一个可能取值即是一个随机事件。概率是度量随机事件出现或发生的可能性大小的一种尺度。

概率分布由随机变量的取值 X_i 及其相应的概率 $P(X_i)$ 构成。按随机变量取值的特点,概率分布可分为离散型随机变量的概率分布与连续型随机变量的概率分布。

概率分布是描述随机变量取值的概率的因数,主要有 3 种函数:

概率函数:描述离散性随机变量取各个可能值的概率的函数。

概率密度函数:描述连续性随机变量取某值的密度的函数。

概率分布函数:描述随机变量取值小于或等于某值的概率的函数,也称为累计分布函数。

1. 随机变量

1) 离散型随机变量

试验只有几个确定的结果,并可一一列出,变量 x 的取值可用实数表示,且 x 取某一值时,其概率是确定的,这种类型的变量称为离散型随机变量。取值范围为自然数。

例如,抛一枚硬币可能结果只有两种,即“国徽面”与“数字面”,可用取值为 0 或 1 的变量表示试验的两种可能结果:$x=0$ 表示“国徽面”,$x=1$ 表示“数字面”。

2) 连续型随机变量

如果表示试验结果的变量 x 的取值为某范围内的任何数值,且 x 在其取值范围内的任一区间中取值时，其概率是确定的。这时取 x 为一固定值是无意义的，因为在连续范围上一点的概率几乎为 0。这种类型的变量称为连续型随机变量。随机变量 x 的取值为一个范围或整个实数。

例如，某课程成绩，所取对象不同，x 有不同的数值，这里 x 所取的值为一个特定范围，如 1～100，x 值可以是这个范围内的任何实数。

当随机变量 x 在 70～90 分之间的概率为 0.35，则可以表示为 $p(70 \leqslant x \leqslant 90)=0.35$。

2. 概率分布

1）离散型随机变量概率分布

将离散型随机变量 x 的所有可能取值及其对应概率一一列出，所形成的分布称离散型随机变量的概率分布，也可用函数 $f(x)$ 表示，称为概率函数。

表 4.1 依年龄为随机变量 x，取值为自然数，频率值与年龄一一对应，我们称之为该鱼群年龄的离散型随机变量概率分布表。

表 4.1　某鱼群的年龄组成

年龄(x)	1	2	3	4	5	6	7
频率(W)	0.4597	0.3335	0.1254	0.0507	0.0215	0.008	0.0012

基本性质如下：

① 对于所有的随机变量 x 值，$0 \leqslant p_x \leqslant 1$。

② 所有 p_x 之和为 1。

离散型随机变量的均值为

$$\mu = \sum x_i P(x_i)$$

其中，$P(x_i)$是随机事件的概率，x_i 是随机事件的随机变量值；方差为

$$\sigma^2 = E(x - E(x))^2 = \sum (x_i - \mu)^2 P(x_i)$$

其中，μ 是随机事件的期望值。

2）连续型随机变量概率分布

连续型随机变量（如体长、体重、蛋重）的取值一般是一个或几个区间，考虑各个可取点上的概率没有意义，所以连续型随机变量的概率分布不能用分布列来表示。我们改用随机变量 x 在某个区间内取值的概率 $a \leqslant f(x) \leqslant b$ 来表示，其采用概率密度函数或分布密度函数。

连续型随机变量的均值为

$$\mu = \int_{-\infty}^{+\infty} x_i P(x_i) \mathrm{d}x$$

方差为

$$D(x) = \sigma^2 = \int_{-\infty}^{+\infty} (x_i - \mu)^2 P(x_i) \mathrm{d}x$$

例 4.1　某商品一天中的销售数量及其概率如表 4.2 所示。

表 4.2　商品销售数量及其概率

销售数量	0	1	2	3	4	5	6
概率	0.05	0.1	0.2	0.25	0.18	0.12	0.1

计算该商品一天中销售数量的均值、标准差。该商品一天中的销售数量是离散型随机变量。

计算步骤如下：

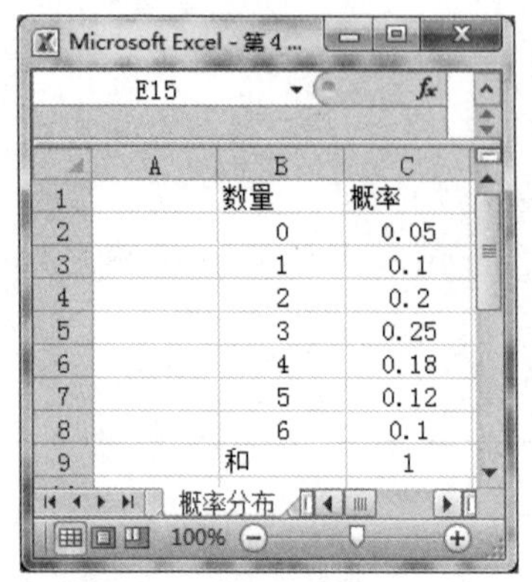

图 4.1　“概率分布”工作表

(1) 打开“第 4 章抽样分布与几种重要分布.xlsx”工作簿中的“概率分布”工作表，如图 4.1 所示。

(2) 在 D1、E1 单元格中分别输入“数量乘以其概率”和“数量与均值离差平方乘以其概率”为计算结果标题。

(3) 在 D2、E2 单元格中分别输入公式“=B2 * C2”和“=(B2－$D$9)^2 * C2”，然后按回车键，分别计算均值公式的每一个累加项和方差的每一个累加项。

(4) 在 D9、E9 单元格中分别输入公式“=SUM(D2:D8)”和“=SUM(E2:E8)”，然后按回车键，分别计算离散型随机变量的均值和方差，结果如图 4.2 所示。

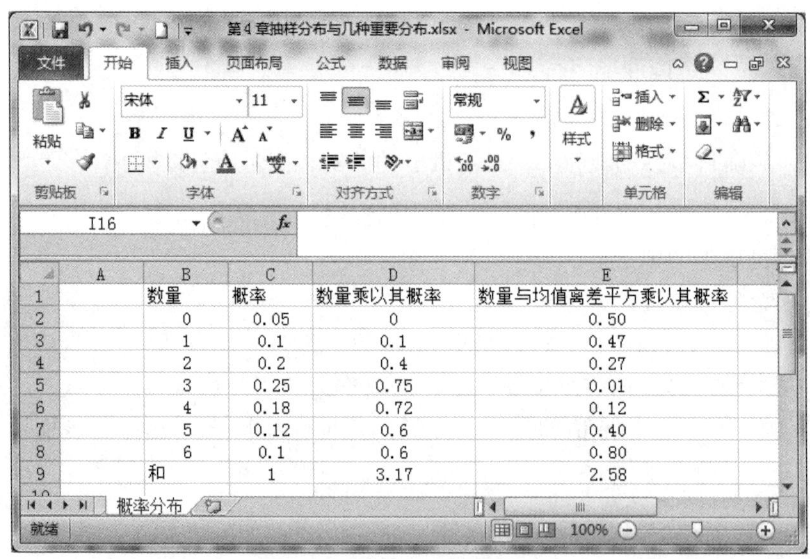

图 4.2　均值、方差计算结果

(5) 在 B11、B12 单元格中分别输入“均值”和“方差”，在 C11、C12 单元格中分别输入公式“=D9”和“=E9”，将 D9 和 E9 单元格中的均值和方差引用到 C11、C12 单元格中，其操作方法有多种，此处不一一讲解。

4.1.2 概率分布与频率分布的关系

概率分布与频率分布的值都是 0～1，其中概率相对于总体，频率相对于样本，即概率分布为理论值，频率分布为实验值或观察值，二者存在一定的内在关联。通过大量实验证明，当样本数量增加时，样本的频率分布会接近概率分布。

在实际工作中，往往要用符合各种概率分布的特定的数据进行模拟测试，这就需要用到随机数发生器。可根据选择的概率分布类型，在指定的区域给出需要的随机数，而这可以依赖 Excel 的分析工具库中的随机数发生器来实现。

Excel 的“数据分析”命令中的“随机数发生器”选项提供了随机数产生的功能。选择“数据”选项卡，执行“数据分析”命令，弹出“数据分析”对话框，选择“随机数发生器”选项，单击“确定”按钮，弹出如图 4.3 所示的“随机数发生器”对话框。

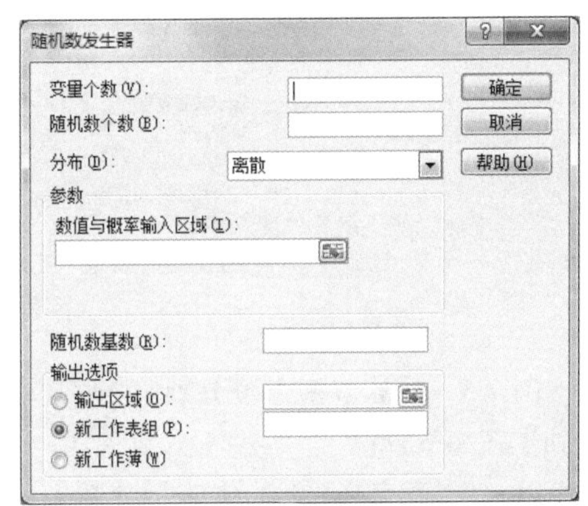

图 4.3 “随机数发生器”对话框

各项参数的含义如下。

(1)“变量个数”。该文本框用于设定随机数的列数，其大小根据实际需要决定。

(2)“随机数个数”。该文本框用于设定每一列随机数的个数，其大小一般根据研究对象的要求决定。

(3)“分布”。该下拉列表框用于选择生成的随机数所服从的概率分布。有“均匀”“正态”“伯努利”“二项式”“泊松”“模式”“离散”7 个选项，分别代表均匀分布随机数、正态分布随机数、伯努利分布随机数、二项分布随机数、泊松分布随机数、模式分布随机数和离散分布随机数。本节主要介绍离散分布随机数。

(4)“参数”。用于设定选择随机数分布类型之后的相关参数。例如，对于本节介绍的离散分布随机数，具体参数为“数值与概率输入区域”，它是离散分布的变量值与该变量所对应的概率。要求其概率之和为 1，变量值为数值型数据，且排成两列。

(5)“随机数基数”。用来构造随机数的可选数值，可在以后重新使用该数值来生成相同的随机数。如果没有特别要求，一般不用设置。

(6)“输出选项”。用来设定随机数生成结果的输出位置，有 3 个选项：

- 若选择“输出区域”单选按钮，并且在其后的文本框中直接输入单元格区域，或者单击文本框右侧的按钮，再选择单元格区域，则随机数生成结果会与总体数据出现在同一个工作表。
- 若选择“新工作表组”单选按钮，并且在其后的文本框中输入新建的工作表名称，则随机数生成结果会出现在新建的工作表中。
- 若选择“新工作簿”单选按钮，则随机数生成结果会出现在新的工作簿中。

设置完成后，单击“确定”按钮，便可得到随机数生成结果。

例 4.2 利用随机数发生器构造 1 列、1000 行的离散分布数据，其数值与概率为例 4.1 中的数据，结果放在“概率分布”工作表中。

步骤如下：

(1) 打开“第 4 章抽样分布与几种重要分布.xlsx”工作簿中的“概率分布”工作表。

(2) 选择 A1 单元格，打开“随机数发生器”对话框，具体设置如图 4.4 所示，单击“确定”按钮，构造出 1 例、1000 行离散分布的随机数。

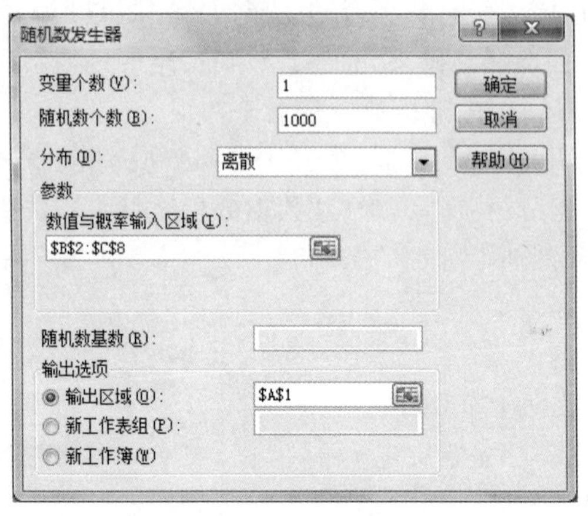

图 4.4 随机数发生器参数设置

例 4.3 计算数据个数分别为 10、100、1000 时各个随机变量出现的次数。

步骤如下：

(1) 在“概率分布”工作表的 F1：H1 单元格区域中分别输入 n=10、n=100、n=1000，文字居中对齐，为要统计的数据的列标题。

(2) 选择 F2 单元格，选择“公式”→“其他函数”→“统计”→ COUNTIF，弹出 COUNTIF 的“函数参数”对话框，将 Range 设置为 $A$1：$A$10，将 Criteria 设置为 B2，如图 4.5 所示。将鼠标光标放在该区域 F2 单元格右下角，当光标变为黑十字形时，按住鼠标左键向下拖动到第 8 行，计算每一个数量出现的次数。

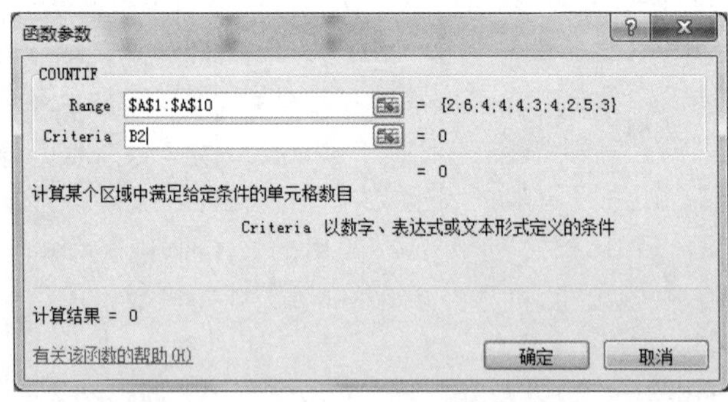

图 4.5 COUNTIF 的“函数参数”对话框

(3) 在 G2 单元格中输入公式“=COUNTIF($A$1：$A$100,B2)”，然后按回车键。在 H2 单元格中输入公式“=COUNTIF($A$1：$A$1000,B2)”，然后按回车键。

选择 G2:H2 单元格区域,将鼠标光标放在该区域 H2 单元格右下角,当光标变为黑十字形时,按住鼠标左键向下拖动到第 8 行,计算数据个数分别为 100 和 1000 的各个数值出现的次数。

(4) 选择 F9 单元格,在该单元格中输入公式"=SUM(F2:F8)",然后按回车键,结果为 10;将鼠标光标放在 F9 单元格右下角,当光标变为黑十字形时,向右拖动到 H9 单元格,分别得到结果 100、1000,如图 4.6 所示。

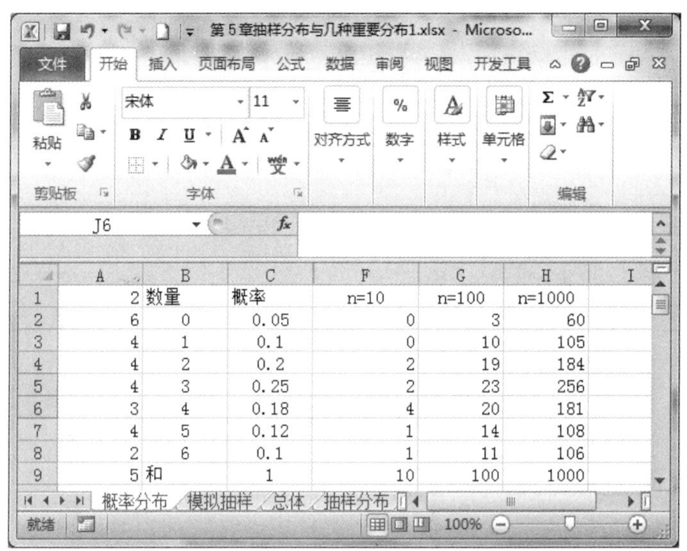

	A	B	C	F	G	H
1	2	数量	概率	n=10	n=100	n=1000
2	6	0	0.05	0	3	60
3	4	1	0.1	0	10	105
4	4	2	0.2	2	19	184
5	4	3	0.25	2	23	256
6	3	4	0.18	4	20	181
7	4	5	0.12	1	14	108
8	2	6	0.1	1	11	106
9	5	和	1	10	100	1000

图 4.6 统计出现次数输出结果

例 4.4 计算数据个数为 10、100、1000 时的频率分布。

步骤如下:

(1) 在"概率分布"工作表中,选择 B1:B8 单元格区域,按 Ctrl+C 键复制该单元格区域中的内容。

(2) 选择 C14 单元格,按 Ctrl+V 键将复制的内容粘贴到 C14:C21 单元格区域中。

(3) 选择 F13:H13 单元格区域,选择"开始"选项卡,在"对齐方式"功能组中选择"合并后居中"命令,将该单元格区域合并,再居中对齐,然后输入"频率分布"。

(4) 选择 F1:H1 单元格区域,按 Ctrl+C 键复制该单元格区域中的内容。选择 F14 单元格,按 Ctrl+V 键将复制的内容粘贴到 F14:H14 单元格区域中。

(5) 选择 F15、G15、H15 单元格,在这 3 个单元格中输入公式"=F2/$F$9""=G2/$G$9""=H2/$H$9"。

(6) 选择 F14:H14 单元格区域,将鼠标光标放在该区域 H14 单元格右下角,当光标变为黑十字形时,按住鼠标左键向下拖动到第 21 行,计算数据个数分别为 10、100、1000 时各个数值的频率。

(7) 选择 C2:C8 单元格区域,按 Ctrl+C 键复制该单元格区域中的内容。选择 I15 单元格,按 Ctrl+V 键将复制的内容粘贴到 I15:I21 单元格区域中。输出结果如图 4.7 所示。

图 4.7　频率分布输出结果

通过以上计算可以看出，随机样本中的数据个数越多，随机样本的频率分布就越接近概率分布。

4.2　用 Excel 模拟抽样过程

统计工作从搜集统计数据开始，抽样调查是搜集统计数据的一种重要方法。抽样调查分为 3 个步骤：首先，从研究对象的总体中按照一定的抽取方法抽取一部分数据作为样本，这种抽取方法也称抽样方法；其次，对抽取的样本进行调查；最后，根据调查取得的样本数据推断总体的数量特征。

4.2.1　用 Excel 模拟抽样过程的常用方法

下面介绍用 Excel 模拟抽样过程的常用方法。

1. 函数法

用 Excel 模拟抽样过程的常用函数如下：

(1) 索引函数 INDEX。该函数是“查找与引用”类函数中的一个函数，用于返回表或区域中的值或对值的引用。INDEX 函数有两种形式：数组形式和引用形式。数组形式返回数值或数值数组，其语法结构为

```
INDEX(array,row_num,column_num)
```

引用形式通常返回引用，其语法结构为

```
INDEX(reference,row_num,column_num,area_num)
```

(2) 随机数函数 RAND。该函数是“数学与三角函数”类函数中的一个函数，返回值为一个 0～1 的随机数，每次按 F9 键，该函数时将产生新的随机数。其语法结构为

```
RAND()
```

该函数是一个无参函数，如果要产生 $m\sim n$ 的随机数，可使用 RAND() * $(n-m)+n$ 公式计算。

(3) 取整函数 CEILING。该函数是“数学与三角函数”类函数中的一个函数，返回值为与要舍入的数据最接近且为基数倍数的整数，为向上取整函数，即返回值不小于要舍入的数据。其语法结构为

```
CEILING(number,significance)
```

其中，number 为要舍入的数据，significance 为舍入数据的基数。

2. 分析工具法

选择“数据”→“数据分析”命令，在弹出的“数据分析”对话框中选择“抽样”，弹出“抽样”对话框，如图 4.8 所示。

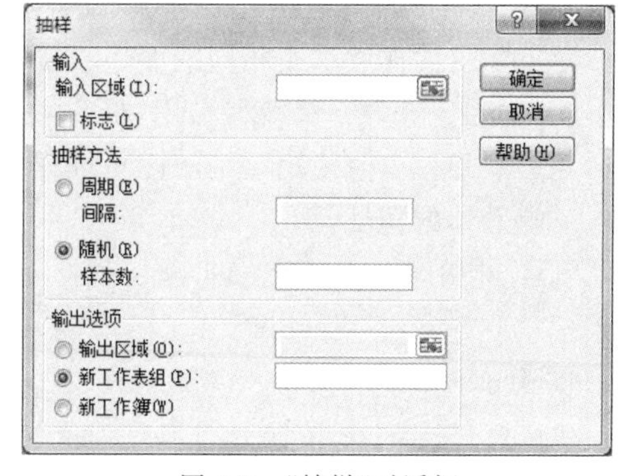

图 4.8 “抽样”对话框

下面详细介绍“抽样”对话框中各项参数的含义。

(1) “输入”选项组。该选项组的功能是设定样本来源的相关信息。

在“输入区域”文本框中要求填写样本来源，即总体在 Excel 工作表中的单元格区域，可以直接输入，也可以单击文本框右侧的按钮，再选择总体的区域。“标志”复选框用于设定总体是否存在标志，以区分不同的抽样结果。在某些情况下，需要用到多个抽样数据组，此时需要用样本中的某些数据为每个抽样数据组加上标志或名称，以方便进一步应用。一般而言，数据的标志位于数据区域的首行或首列，也就是说，如果输入区域的第一行或第一列中包含标志，就选择此复选框，否则不选择它。

(2) “抽样方法”选项组。该选项组的功能是选择抽样方法，有“周期”和“随机”两个选项，分别代表周期抽样和随机抽样两种方法。

(3) “输出选项”选项组。该选项组的功能是设定抽样结果的生成位置，有 3 个选项：

- 若选择“输出区域”单选按钮，并且在其后的文本框中直接输入单元格区域，或者单击文本框右侧的按钮，再选择单元格区域，则抽样结果会与总体数据出现在同一个工作表中。

- 若选择“新工作表组”单选按钮，并且在其后的文本框中输入新建的工作表名称，则抽样结果会出现在新建的工作表中。
- 若选择“新工作簿”单选按钮，则抽样结果会出现在新的工作簿中。

最后，单击“确定”按钮，即可得到抽样结果。

4.2.2 周期抽样法

有时总体数据本身呈现一定的周期特征。例如，铁路的客流量在节假日前后都会出现波峰；再如，我国大部分地区降水量在7～8月出现高峰，在1～2月出现低谷。此时，随机抽样法会破坏样本的周期性，导致总体信息缺失，也就无法准确分析总体的特征。而周期抽样法是按照周期值来选择抽样的固定间隔，然后按照这个固定间隔抽取样本，使得样本也具有周期性，因此保留了总体的周期性，是一种非常适合周期性总体的抽样方法。

4.2.3 随机抽样法

随机抽样是最常用的抽样方法。它从一个容量为 N 的有限总体中随机抽取数据，得到一个容量为 n 的简单随机样本，并且有限总体中的每一个个体被抽中的概率都相同。

简单随机抽样就是按相同的概率直接从含有 N 个元素的总体中抽取 n 个元素，组成样本（$N>n$）。这种方法简便易用，最常用的方法就是抽签。不过，简单随机抽样适合在总体元素数量较少时使用。由于随机抽样不受主观因素影响，抽样的平均误差小，能够更好地反映总体的特征。

例 4.5 用 Excel 函数模拟随机抽样，从一个容量为 20 的总体表中抽取容量为 6 的样本。

步骤如下：

（1）打开“第 4 章抽样分布与几种重要分布.xlsx”工作簿中的“模拟抽样”工作表，如图 4.9 所示。

（2）选取 C3:C8 单元格区域，选择“公式”选项卡中的“数学和三角函数”中的 RAND 函数，弹出 RAND 的“函数参数”对话框，如图 4.10 所示，按 Ctrl＋Shift＋回车键，同时产生 6 个 0～1 的随机数。选择第一个随机数，乘以 20，按 Ctrl＋Shift＋回车键可以将该 6 个随机数据同时扩大为原来的 20 倍。

（3）选中 D3 单元格，在其中输入公式“＝CEILING(C3,1)”。将鼠标光标放在 D3 单元格右下角，当光标变成黑十字形时，向下拖动到 D8 单元格，将这 6 个数值向上取整。

（4）选中 E3:E8 单元格区域，选择“公式”选项卡中“查找与引用”功能组中的 INDEX 函数，弹出“选定参数”对话框，如图 4.11 所示，选择第一个数组形式的参数选项，单击“确定”按钮。

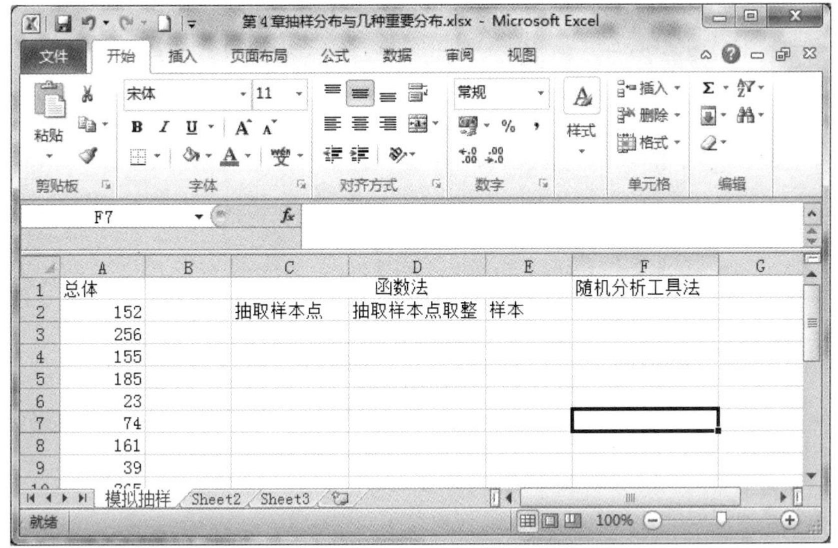

图 4.9 “模拟抽样”工作表

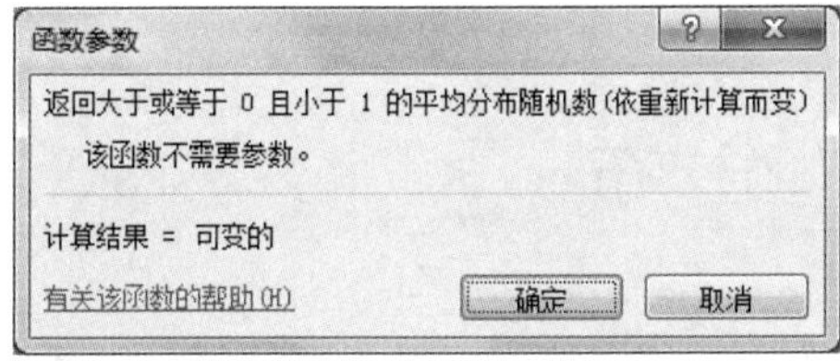

图 4.10 RADN 的“函数参数”对话框

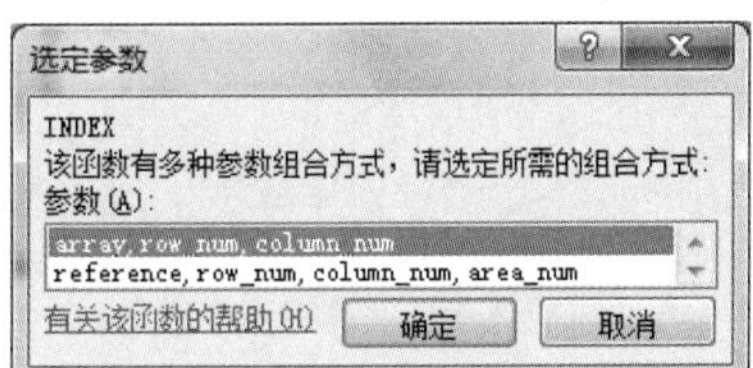

图 4.11 “选定参数”对话框

(5) 在 INDEX 的“函数参数”对话框中，在 Array 文本框中输入 A2:A21；在 Row_num 文本框中输入 D3:D8；由于列数为 1，Column_num 可以不设置，默认为 1。最后，按 Ctrl+Shift+回车键确认设置，如图 4.12 所示。

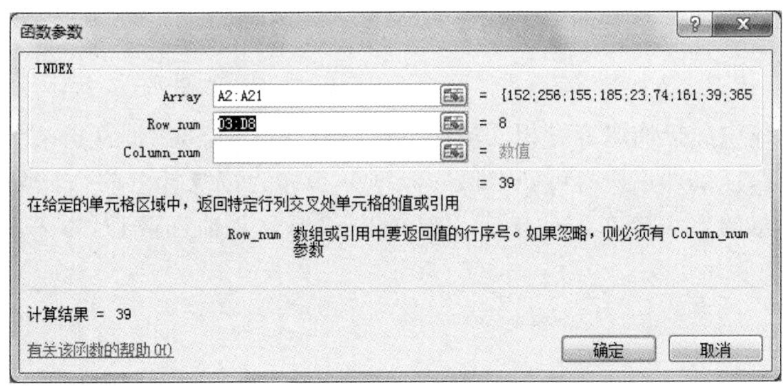

图 4.12 INDEX 的“函数参数”对话框

(6) 用 Excel 的函数模拟随机抽样的结果如图 4.13 所示。每按一次 F9 键，工作表将重新抽样一次。

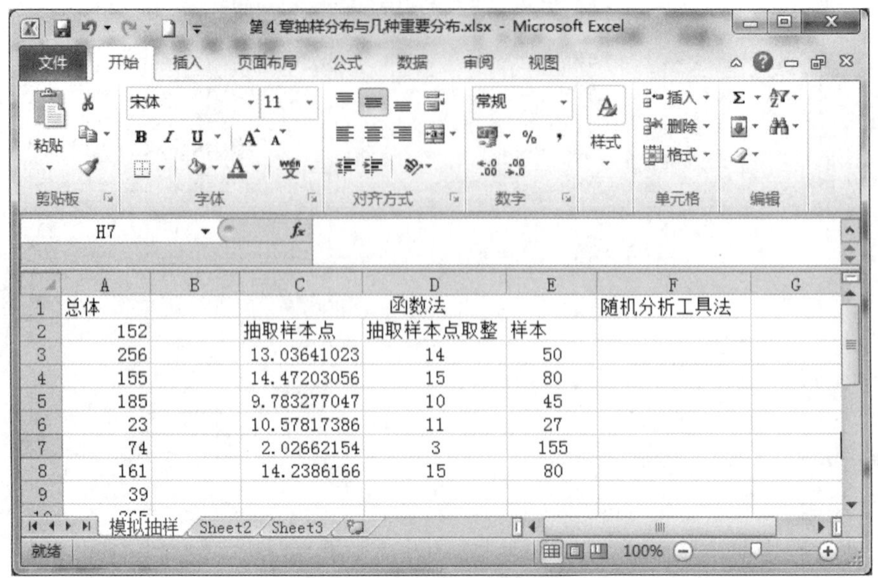

	A	B	C	D	E	F	G
1	总体			函数法		随机分析工具法	
2	152		抽取样本点	抽取样本点取整	样本		
3	256		13.03641023	14	50		
4	155		14.47203056	15	80		
5	185		9.783277047	10	45		
6	23		10.57817386	11	27		
7	74		2.02662154	3	155		
8	161		14.2386166	15	80		
9	39						

图 4.13　模拟抽样的结果

4.3　抽样分布

样本是进行统计推断的依据，但是在实际应用中，往往不直接使用样本本身，而是针对不同的问题构造适当的样本函数，利用这些样本函数进行抽样推断。

4.3.1　抽样推断的几个基本概念

本节介绍抽样推断的几个基本概念。

1. 抽样分布

从一个总体中随机抽取容量相同的样本，则由这些样本可以计算出某个统计量（如样本均值）的取值，该统计量所有可能取值的概率分布称为该统计量的抽样分布，即抽样分布是样本统计量的概率分布。抽样有重复抽样和不重复抽样两种，本书主要介绍重复抽样。

2. 统计量

在数理统计中，对总体用样本进行统计推断是用已知推断未知。不含任何未知参数的样本函数称为统计量。对于一个特定的问题，其总体是唯一确定的，而统计量是随机变量，它的取值随样本的变化而变化。常用的统计量如下。

(1) 样本均值：

$$\bar{x}=\frac{1}{n}\sum_{i=1}^{n}x_i$$

(2) 样本方差与样本标准差：

$$s^2=\frac{1}{n-1}\sum_{i=1}^{n}(x_i-\bar{x})^2,\quad s=\sqrt{s^2}$$

(3) 样本比例：

$$p=x/n$$

其中，x 是具有某种特征的样本个数，n 是样本容量。

3. 抽样误差

抽样调查并非全面调查，而是利用样本来推断总体，这就不可避免地会产生误差。产生误差的原因有两种：

(1) 因违背随机原则，即由人为因素产生的抽样误差，称为偏差，例如调查过程中出现的登记性误差等。这种误差是可以减小或避免的。

(2) 在遵循了随机原则的前提下，由于样本和总体在结构上不完全一致而产生的误差称为抽样误差，也叫随机误差。这种误差是抽样调查所固有的、不可避免的，但它可以通过概率论及数理统计原理进行认识、计算和控制。

抽样误差分为抽样平均误差、抽样极限误差。

抽样平均误差只是衡量某一抽样方案总体误差的一种尺度，并不代表某个抽样指标与总体指标的实际误差。实际误差因总体未知而无法计算。只能把抽样误差控制在一定的范围内，这就产生了抽样限极误差。抽样极限误差是指样本指标和总体指标之间误差的可能范围。通常用绝对值形式来表示抽样误差的可能范围，称为抽样极限误差或抽样允许误差，并常用 $\Delta\bar{x}$、Δp 来表示抽样均值的极限误差与抽样比例的极限误差。被估计的总体均值 μ、总体比例 π 分别落在以抽样的样本指标(统计量)为中心的一定范围内，即为抽样极限误差的实际意义。

4.3.2 样本的抽样分布与总体分布的关系

根据统计理论，样本的抽样分布与总体分布之间具有一定的数量关系。常用的数量关系如下：

样本均值的抽样分布与总体分布之间的关系可以用以下两个公式描述：

$$E(\bar{x})=\mu$$

即样本均值抽样分布的均值等于总体均值。

$$V(\bar{x})=\sigma_{\bar{x}}=\sqrt{\frac{\sigma^2}{n}}=\frac{\sigma}{\sqrt{n}}$$

即样本均值抽样分布的标准差等于总体方差除以样本容量的商的平方根，也称均值抽样分布的标准误差。

例 4.6 用 Excel 函数模拟样本均值的抽样分布，从一个容量为 180 的总体工作表中抽样，样本容量为 30，计算重复抽样 1000 次的抽样分布统计量。

步骤如下：

(1) 打开“第 4 章抽样分布与几种重要分布.xlsx”工作簿中的“抽样分布”工作表，如图 4.14 所示。

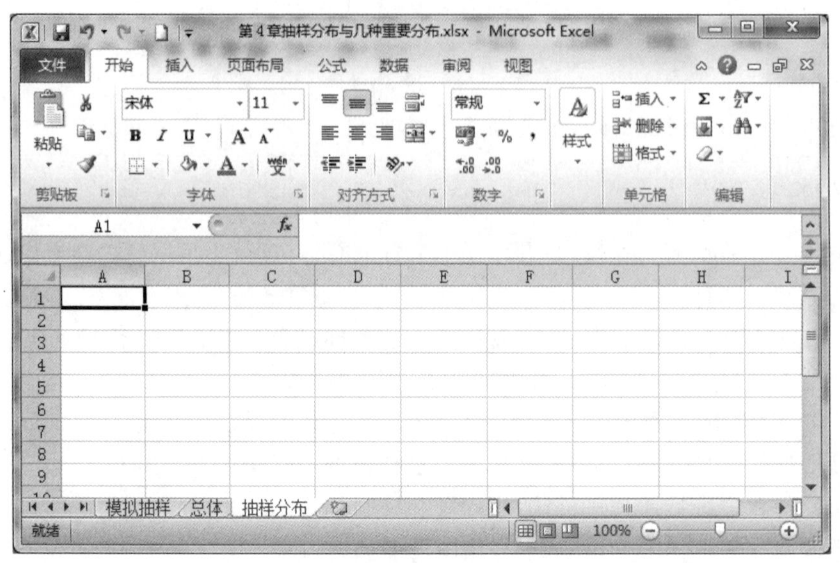

图 4.14 “抽样分布”工作表

(2) 采用抽样函数嵌套形式，将每次的抽样结果放在一行中。选择 A1:AD1 单元格区域，选择“公式”选项卡中“查找与引用”功能组中的 INDEX 函数，在弹出的“选择参数”对话框中，选择第一个数组形式的参数设置，单击“确定”按钮。

(3) 弹出“函数参数”对话框，在 Array 文本框中输入“总体!$A$2:$A$181”，在 Row_num 文本框中输入 CEILING(180*RAND(),1)；由于总体列数为 1，Column_num 可以不设置，默认为 1。最后，按 Ctrl+Shift+回车键确认设置，如图 4.15 所示。

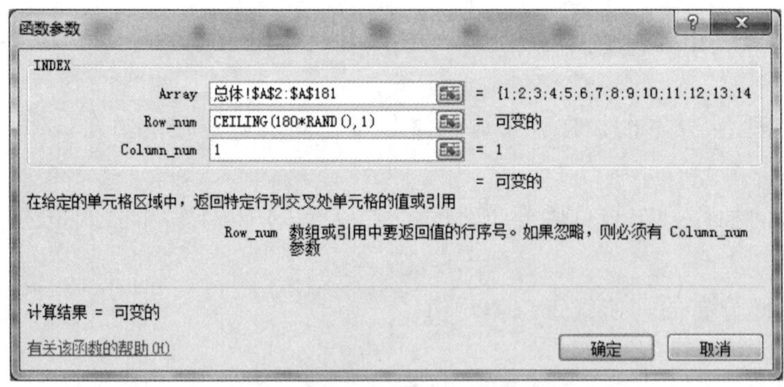

图 4.15 INDEX 的“函数参数”对话框

(4) 在 AE1 单元格中输入“样本均值”。在 AF1 单元格中输入公式“=AVERAGE

(A2:AD2)”,计算 A1:AD2 单元格区域中的 30 个数值的均值,然后按回车键。

(5) 选择 A1:AF1 单元格区域,将鼠标光标放在该区域 AF1 单元格右下角,当光标变为黑十字形时,按住鼠标左键向下拖动到第 1000 行,即可实现重复抽样 1000 次。按 F9 键可以重新抽样一次。由此得到均值为 90.5、标准差为 51.96 的总体的 1000 个随机样本,这 1000 个随机样本的均值所构成的概率分布便是样本均值的抽样分布。

(6) 在 AH1、AI1、AG2、AG3 单元格中分别输入“均值”“标准差”“总体分布”“样本均值的抽样分布”。

(7) 在 AH2、AH3、AI2、AI3 单元格中分别输入公式“= AVERAGE(总体!A2:A181)”“= STDEV.P(总体!A2:A181)”“= AVERAGE(AF1:AF1000)”“= STDEV.S(AF1:AF1000)”,分别计算总体均值、标准差和抽样分布的均值、标准差,结果如图 4.16 所示。

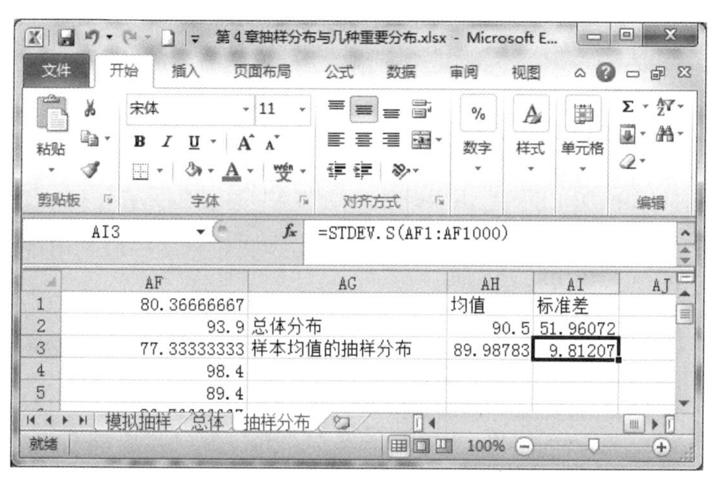

图 4.16 总体分布与样本均值的抽样分布的统计量计算结果

4.4 几种重要的分布

4.4.1 二项分布

重复 n 次独立的伯努利实验。在每次实验中只有两种可能的结果,而且两种结果发生与否互相对立,并且相互独立,与其他各次实验结果无关,事件发生与否的概率在每一次独立实验中都保持不变,则称这样的实验结果服从二项分布。这一系列实验总称为 n 重伯努利实验。当实验次数为 1 时,二项分布服从 0-1 分布。二项分布用于描述不连续的数据,是一种具有广泛用途的离散型随机变量的概率分布。

1. 二项分布的基本内容

二项分布用于计算在 n 次相同条件的实验中出现 k 次成功(或失败)结果的概率 $p(x=k)$,其计算公式是

$$p(x=k)=C_n^k p^k (1-p)^{n-k} \quad (k=0,1,2\cdots,n)$$

其中，n 表示实验次数，p 表示实验结果是成功的概率，$1-p$ 表示实验结果是失败的概率。

根据二项分布的概率计算公式，即可求出实验中出现 k 次成功结果的概率 $p(x=k)$。将 x 值和相应的概率 $p(x=k)$ 依序排列，即二项分布数列。将 x 值由小到大排序，并将相应的 $p(x=k)$ 值依序累加，即得累积二项概率分布，它是在 n 次实验中出现小于或等于 k 次实验结果为成功的概率 $p(x\leqslant k)$。根据累积二项概率分布，可以计算在 n 次实验中出现成功结果的次数大于或等于 a 且小于或等于 b 的概率。

二项分布的均值、方差、标准差的公式分别为

$$\mu=np$$

$$\sigma^2=np(1-p)$$

$$\sigma=\sqrt{np(1-p)}$$

2. Excel 中的二项分布函数

二项分布函数 BINOM.DIST 用于计算一元二项分布的概率分布值。BINOM.DIST 函数适用于固定次数的独立实验，实验的结果只包含成功和失败两种情况，且成功的概率在实验期间固定不变。其语法结构为

```
BINOM.DIST(number_s,trial,probability_s,cumulative)
```

其中，number_s 为实验成功的次数，trial 为独立实验的次数，probability_s 为一次实验成功的概率，cumulative 为逻辑值，用于确定返回累积分布函数还是概率密度函数。

例 4.7 根据调查，每位女性观众观看某热播连续剧的概率为 40%。现在抽取 25 位女性观众，求恰好无人观看的概率、恰好有 5 位女性观众观看的概率、恰好有 15 位女性观众观看的概率、恰好有 25 位女性观众观看的概率。

步骤如下：

(1) 打开"第 4 章抽样分布与几种重要分布.xlsx"工作簿中的"热播电视剧"工作表，如图 4.17 所示。

(2) 在 B5 单元格中输入公式"=BINOM.DIST(A5,$B$1,$B$2,0)"，然后按回车键。将鼠标光标放在 B5 单元格右下角，当光标变成黑十字形时，按住鼠标左键向下拖动至 B8 单元格，计算出恰好 k 人观看的概率。

例 4.8 求至多有 0、5、15、25 位女性观众观看的概率和至少有 0、5、15、25 位女性观众观看的概率。

步骤如下：

(1) 选中 C5 单元格，选择"公式"选项卡中"其他函数"功能组的"统计"命令下的 BINOM.DIST，弹出该函数的"函数参数"对话框，如图 4.18 所示。在 Number_s 文本框中输入 A5，是成功次数 k 的值；在 Trial 文本框中输入 $B$1，是实验总次数 n 的值；在 Probability_s 文本框中输入 $B$2，是一次实验成功概率 p 的值；设置 Cumulative 的值为 1，是累积二项分布概率。

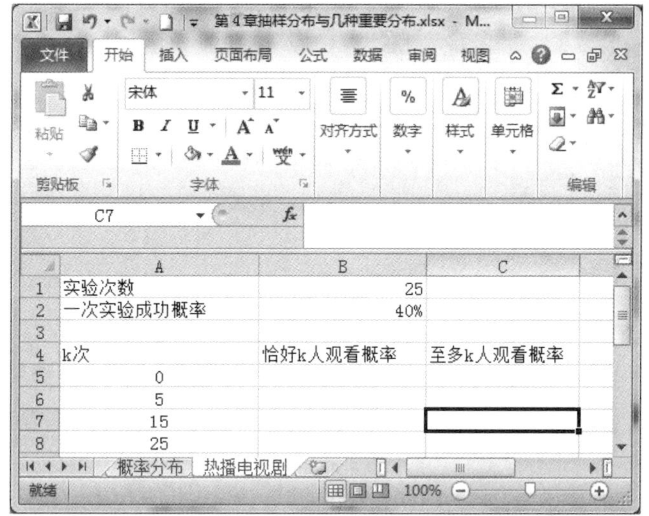

图 4.17 “热播电视剧”工作表

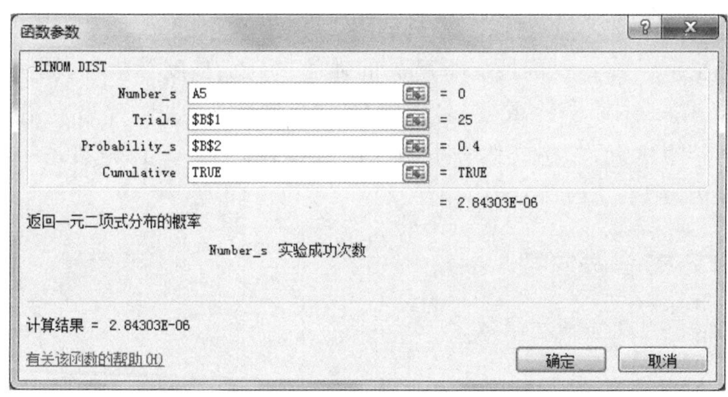

图 4.18 BINOM.DIST 的“函数参数”对话框

(2) 在 D5 单元格中输入公式“= 1－C5＋B5”,然后按回车键。将鼠标光标放在 D5 单元格右下角,当光标变成黑十字形时,按住鼠标左键向下拖动至 D8 单元格,计算出至少有 k 位女性观众观看的概率。服从二项分布的变量为离散型随机变量,其边界值被剪掉以后要添加上去。输出结果如图 4.19 所示。

(3) 在 B10、B11、B12 单元格中分别输入“均值”“方差”“标准差”。

(4) 在 C10、C11、C12 单元格中分别输入公式“=B1 * B2”“=B1 * B2 * (1－B2)”“=C11^0.5”,分别计算出二项分布的概率的均值、方差、标准差。

4.4.2 正态分布

如果一个量是受许多微小的独立随机因素影响的结果,那么就可以认为这个量服从正态分布。在生产与科学实验中,很多随机变量的概率分布都可以近似地用正态分布来

图 4.19 “热播电视剧”概率计算结果

描述。例如，在生产条件不变的情况下产品的强度、直径、长度等指标，同一种生物体的身长、体重等指标，同一种种子的重量，多次测量同一物体的误差，弹着点沿某一方向的偏差，某个地区的年降水量，理想气体分子的速度分量，等等。正态分布是一种重要的连续型分布，在实际中有着非常广泛的应用。

1. 正态分布的基本内容

若随机变量 x 的概率密度函数为

$$f(x)=\frac{1}{\sqrt{2\pi}\sigma}\mathrm{e}^{-\frac{1}{2}\left(\frac{x-\mu}{\sigma}\right)^2}\quad(-\infty,+\infty)$$

其中，μ、$\sigma(\sigma>0)$为常数，则称 x 服从参数为 μ、σ 的正态分布，记为 $x\sim N(\mu,\sigma^2)$。

当 $\mu=0$、$\sigma=1$ 时，有

$$f(x)=\frac{1}{\sqrt{2\pi}}\mathrm{e}^{-\frac{x^2}{2}}\quad(-\infty,+\infty)$$

其相应的正态分布 $x\sim N(0,1)$为标准正态分布。标准正态分布的重要性在于，任何一个一般的正态分布都可以通过线性变换转换为标准正态分布。设 $x\sim N(\mu,\sigma^2)$，则

$$Z=\frac{x-\mu}{\sigma}\sim N(0)$$

正态分布是最常见的一种分布，它有以下两个特性：

(1) 正态分布是对称分布，以其均值为对称轴，左右对称。其概率密度曲线呈钟形，所以又称为钟形曲线。

(2) 正态分布概率密度曲线下方的面积集中在中心部分，向两边逐渐减少。一段曲线下方的面积表示变量落在该区间的概率。

2. Excel 中的正态分布函数

Excel 中的正态分布函数有以下 5 个：

(1) 正态分布函数 NORM.DIST 用于计算给定均值和标准差的正态分布的累积分布函数值。其语法结构为

```
NORM.DIST(x,mean,standard_dev,cumulative)
```

其中,x 为需要计算分布概率的数值; standard_dev 为分布的标准差; cumulative 为逻辑值,指明函数的形式,为 TRUE 的函数为累积分布函数,为 FALSE 时函数为概率密度函数。

(2) 标准正态分布函数 NORM.S.DIST 用于计算标准正态分布的累积分布函数值,该分布的均值为 0,标准差为 1。其语法结构为

```
NORM.S.DIST(z, cumulative)
```

其中,z 为需要计算分布概率的数值;cumulative 为逻辑值,指明函数的形式,为 TRUE 时函数为累积分布函数,为 FALSE 时函数为概率密度函数。

(3) 正态分布函数的反函数 NORM.INV 能够根据已知概率等参数确定正态分布随机变量,其语法结构为

```
NORM.INV(probability,mean,standard_dev)
```

其中, probability 为正态分布的概率,mean 为正态分布的均值,standard_dev 为正态分布的标准差。

(4) 标准正态分布函数的反函数 NORM.S.INV 能够根据已知概率等参数确定标准正态分布随机变量,其语法结构为

```
NORM.S.INV(probability)
```

其中,probability 为标准正态分布的概率。

(5) 正态分布化函数 STANDARDIZE 可以得到以 mean 为平均值、以 standard_dev 为标准差的标准正态分布数值。其语法结构为

```
STANDARDIZE(x,mean,standard_dev)
```

其中,x 为要进行正态化的数值,mean 为分布的均值,standard_dev 为分布的标准差。

例 4.9 有 20 个数据服从一般正态分布,计算标准正态分布概率密度函数值并绘制散点图。

步骤如下:

(1) 将 20 个数据标准正态化。

① 打开“第 4 章抽样分布与几种重要分布.xlsx”工作簿中的“z 值与概率密度函数”工作表,如图 4.20 所示。

② 选中 B1 单元格,在其中输入公式“=AVERAGE(B5:B24)”,然后按回车键。

③ 选中 B2 单元格,在其中输入公式“=STDEV.S(B5:B24)”,然后按回车键。

④ 选中 C4 单元格,在其中输入“z 值”。

⑤ 选中 C5 单元格，选择“公式”选项卡→“其他函数”→“统计”→STANDARDIZE 函数，弹出 STANDARDIZE 的“函数参数”对话框。

⑥ 在 X 文本框中输入 B5，在 Mean 文本框中输入 \$B\$1，在 Standard_dev 文本框中输入 \$B\$2，如图 4.21 所示，单击“确定”按钮。

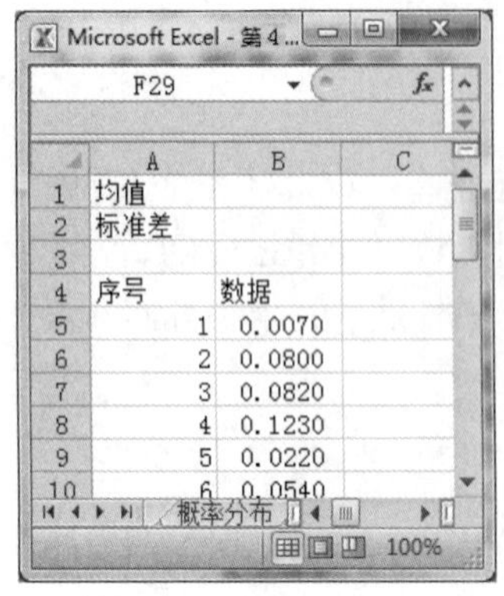

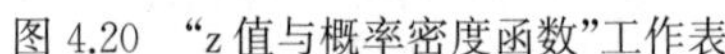
图 4.20 “z 值与概率密度函数”工作表

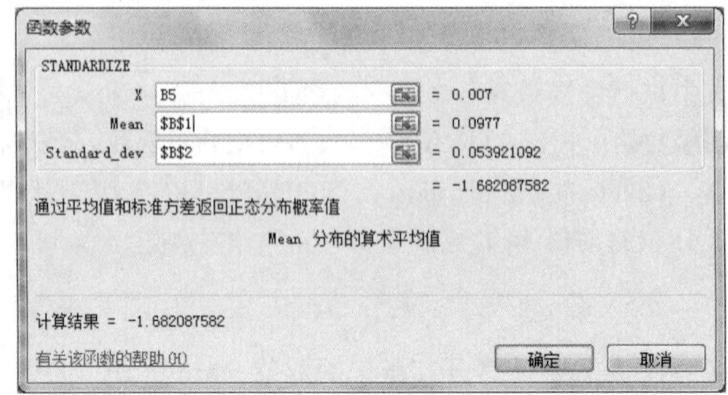

图 4.21 STANDARDIZE 的“函数参数”对话框

⑦ 将鼠标光标放在 C5 单元格右下角，当光标变为黑十字形时，按住鼠标左键向下拖动至 C24 单元格。

(2) 计算标准正态概率密度函数值。

① 选中 D5 单元格，选择“公式”选项卡→“其他函数”→“统计”→NORM.S.DIST 函数，弹出 NORM.S.DIST 的“函数参数”对话框。

② 在 Z 文本框中输入 C5，是标准正态分布随机变量值；在 Cumulative 文本框中输入 0。单击“确定”按钮。

③ 将鼠标光标放在 D5 单元格右下角，当光标变为黑十字形时，按住鼠标左键向下拖动至 D24 单元格，如图 4.22 所示。

(3) 绘制标准正态概率密度函数散点图。

① 选择 C4:D24 单元格区域，选择“插入”→“图表”→“散点图”→“仅带数据标记点散点图”命令。

② 单击散点图，选择“图表工具”选项卡→“布局”→“坐标轴标题”→“主要横坐标轴标题”→“坐标轴下方标题”命令，删除文本框中的“坐标标题”，然后在文本框中输入“z 值”。

③ 单击散点图，选择“图表工具”选项卡→“布局”→“坐标轴标题”→“主要纵坐标轴标题”→“旋转过的标题”命令，删除文本框中的“坐标标题”，然后在该文本框中输入“概率密度值”。

④ 单击散点图，选择“图表工具”选项卡→“布局”→“网格线”→“主要横网格线”→“无”命令。最终生成的散点图为倒扣钟形曲线，如图 4.23 所示。

3. 正态分布的分位数

若 $z \sim N(0,1)$，满足 $p\{z \leqslant z_\alpha\} = \alpha$ 的变量值 z_α 称为 $z \sim N(0,1)$ 的右单侧 α 分位数

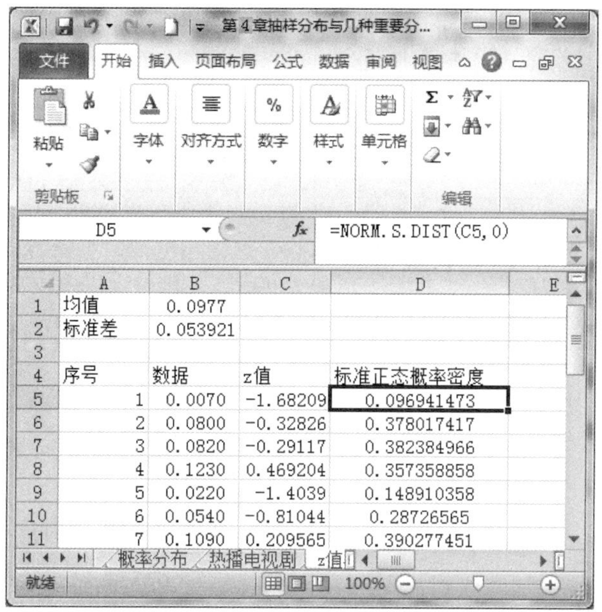

D5 =NORM.S.DIST(C5,0)

	A	B	C	D
1	均值	0.0977		
2	标准差	0.053921		
3				
4	序号	数据	z值	标准正态概率密度
5	1	0.0070	-1.68209	0.096941473
6	2	0.0800	-0.32826	0.378017417
7	3	0.0820	-0.29117	0.382384966
8	4	0.1230	0.469204	0.357358858
9	5	0.0220	-1.4039	0.148910358
10	6	0.0540	-0.81044	0.28726565
11	7	0.1090	0.209565	0.390277451

图 4.22 标准正态概率密度函数输出结果

或1－α 的左单侧α 分位数，在 Excel 中也叫区间点。相应的区间图如图 4.24 所示。

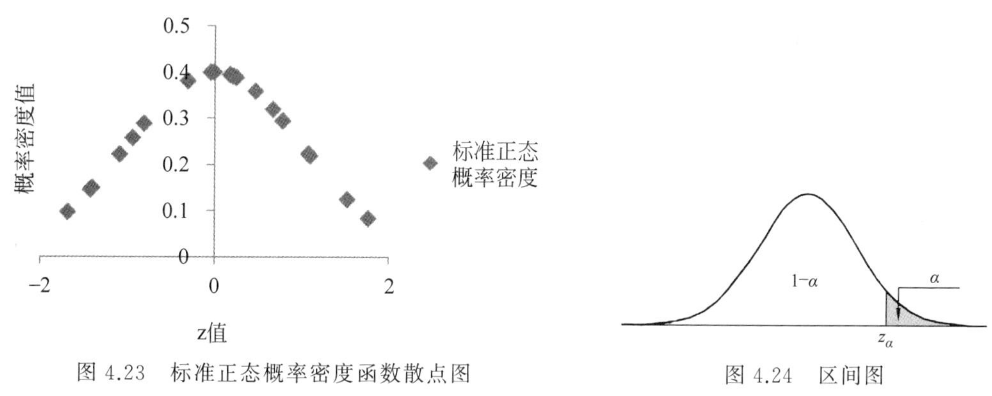

图 4.23 标准正态概率密度函数散点图

图 4.24 区间图

例 4.10 已知 $z\sim N(0,1)$，$x\sim N(6,2^2)$。试求概率 $p\{z\leqslant1.95\}$、$p\{-2\leqslant z\leqslant3\}$、$p\{x\leqslant12\}$和满足 $p\{z\leqslant\alpha\}=0.55$ 的分位数。

步骤如下：

(1) 计算标准正态分布概率。

① 打开“第 4 章抽样分布与几种重要分布.xlsx”工作簿中的“正态分布”工作表，如图 4.25 所示。

② 选中 B2 单元格，选择“公式”选项卡→“其他函数”→“统计”→NORM.S.DIST 函数，弹出 NORM.DIST 的“函数参数”对话框，在 Z 文本框中输入 A2，在 Cumulative 文本框中输入 1，计算得到的标准正态分布的概率值为 0.97。

③ 选中 B3 单元格，选择“公式”选项卡→“其他函数”→“统计”→NORM.S.DIST 函

数，弹出 NORM.DIST 的“函数参数”对话框，在 Z 文本框中输入 A3，在 Cumulative 文本框中输入 1。选中 B4 单元格，在其中输入公式“=NORM.S.DIST(A4,1)−B3”，计算标准正态分布区间的概率值。输出结果如图 4.26 所示。

图 4.25 “正态分布”工作表

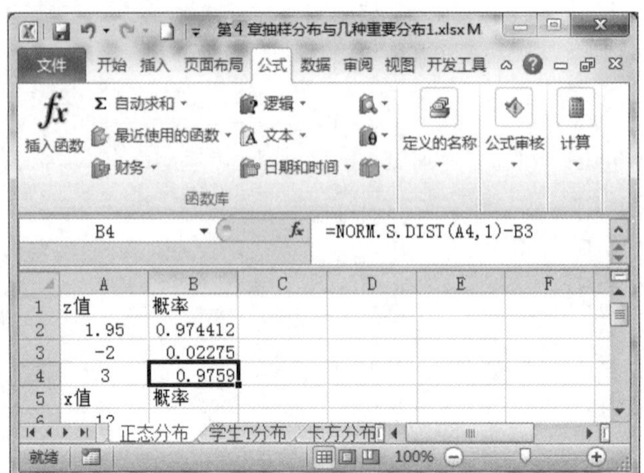

图 4.26 标准正态分布概率输出结果

④ 选中 B6 单元格，在其中输入公式“=NORM.DIST(A6,6,2,1)”，计算正态分布概率值。

(2) 计算标准正态分布随机变量值。

① 在打开的“第 4 章抽样分布与几种重要分布.xlsx”工作簿的“正态分布”工作表中选中 B8 单元格，选择“公式”选项卡→“其他函数”→“统计”→NORM.S.INV 函数，弹出 NORM.S.INV 的“函数参数”对话框。

② 在 Probability 文本框中输入 A8，如图 4.27 所示，计算标准正态分布的随机变量值。

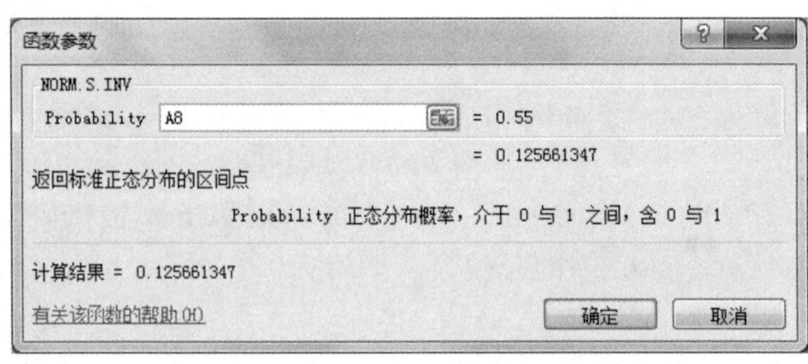

图 4.27 NORM.S.INV“函数参数”对话框

4. 抽样分布定理

1) 样本均值的抽样分布定理

样本均值的分布与总体的分布有关，主要以总体分布是否正态分布进行区别。样本均值的抽样分布定理主要有以下三个。

(1)正态分布定理。

变量 x 服从于其总体平均数为 μ 和总体方差为 σ^2 的正态分布，则从总体中抽取容量为 n 的样本，样本平均值为 $\bar{x}$ 也服从正态分布，且其平均数 $E(\bar{x})$ 仍为 μ，其标准差 $\sigma(\bar{x})=\frac{\sigma}{\sqrt{n}}$。那么，样本标准随机变量 $z=\frac{\bar{x}-\mu}{\frac{\sigma}{\sqrt{n}}}$ 则服从标准正态分布。

正态分布定理表明，只要总体是正态分布，总体方差或标准差已知，则不论样本单位数 n 是多大其样本平均数都服从正态分布，分布的中心不变，标准差为 $\frac{\sigma}{\sqrt{n}}$。它们比总体标准差都小了很多，说明平均值是更加集中地分布在总体平均数的周围。

(2) 中心极限定理。

在统计中，正态分布占有十分重要的地位，因此一些证明其极限分布为正态分布的定理称为中心极限定理。

中心极限定理：若随机变量 x 服从均值为 μ，方差为 σ^2(非正态分布)，从该总体中抽取样本容量为 n 的随机样本($x_1, x_2, \cdots, x_n$)时，则样本统计量 $\bar{x}=\sum\frac{x}{n}$ 的概率分布，当 n 充分大时，样本统计量的抽样分布近似服从为 $N\left(\mu,\frac{\sigma^2}{n}\right)$ 的正态分布。图 4.28 为样本均值的抽样分布趋向于正态分布的过程。

中心极限定理告诉我们：无论 x 变量是连续型还是离散型，也无论 x 服从何种分布，一般只要 $n\geqslant 30$，就可认为 $\bar{x}$ 的分布是正态的。在实际应用中当样本容量 $n\geqslant 30$，其统计量的抽样分布就服从正态分布，若 x 的分布不是很偏，在 $n>20$ 时，学生 t 分布就近似于正态分布了。这就是为什么正态分布比其他分布应用更为广泛的原因。

(3) 小样本分布定理。

如果从均值为 μ，标准差为 σ 的总体中随机抽取样本容量为 n 的抽样，当样本容量 $n<30$，总体标准差或方差未知时，其抽样分布的统计量无法用 $Z=\frac{\bar{x}-\mu}{\frac{\sigma}{\sqrt{n}}}$ 这种形式标准化，此时要用样本方差 s^2 代替总体方差 σ^2，其抽样分布的标准差变为 $\frac{s}{\sqrt{n}}$，此时样本均值的抽样分布就服从以自由度为 $n-1$ 的学生 t 分布(见 4.4.3 节)；当 $n\geqslant 30$ 时，其抽样分布曲线根据中心极限定理服从正在分布。对于总体标准差或方差未知的样本均值的抽样分布，当样本容量小于 30 时，其抽样分布服从学生 $t(n-1)$ 分布，为小样本容量分布，反之按大样本分布处理，服从正态分布。

2) 样本比例的抽样分布定理

样本比例的抽样分布与总体分布之间的关系可以用以下 3 个公式描述：

$$p=x/n$$

其中，n 是样本个数，x 是样本中具有某种属性的个数，p 是样本比例。

$$E(p)=\pi$$

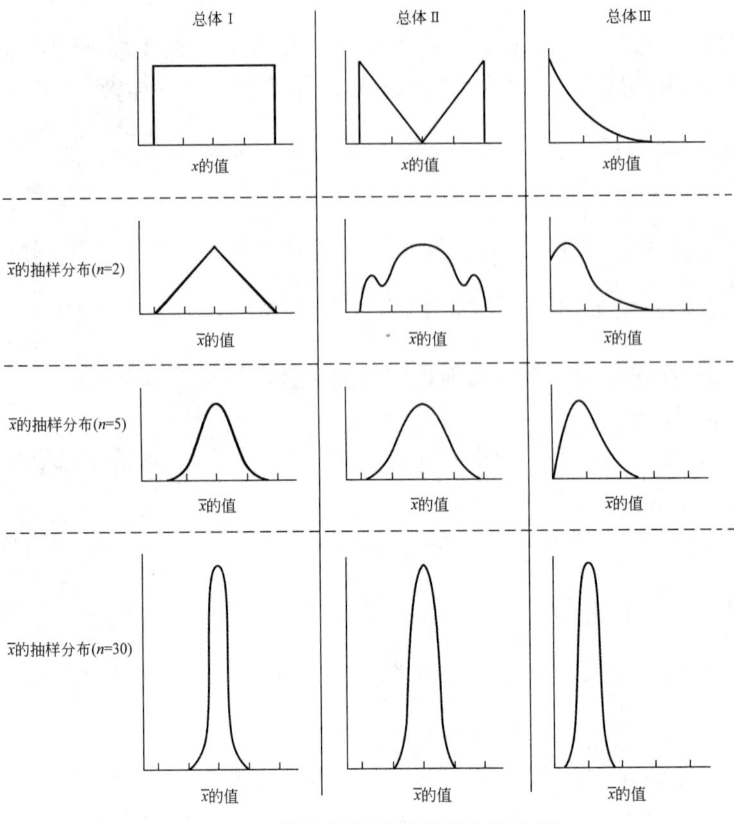

图 4.28　样本均值的抽样分布渐变图

其中,$E(p)$是随机变量的数学期望,π 是总体比例。

$$\sigma_p^2 = \frac{\pi * (1-\pi)}{n}$$

其中,σ_p^2 是 p 的方差,即样本比例的抽样平均误差。

从任一总体比例为 π,方差为 $\pi * (1-\pi)$的总体中抽取样本容量为 n 的样本,样本中具有某种属性的个数 x 是一个服从二项分布的随机变量,样本容量 n 是一个常数,样本比例$\frac{x}{n}$与 x 具有相同的二项分布概率,即样本比例的抽样分布服从二项分布,由于样本比例的抽样分布的样本容量通常都较大,能够满足二项分布均值 $np \geqslant 5$,方差 $np * (1-p) \geqslant 5$ 与正态分布渐进条件,所以样本比例的抽样分布也可以用正态分布来近似。

4.4.3　学生 *t* 分布

学生 t 分布是在 1908 年由英国数学家戈塞特(William S. Gosset)以 Student 的笔名所发表的论文中提出的。

1. 学生 t 分布的基本内容

学生 t 分布的定义如下：设随机变量 X 服从标准正态分布，Y 服从自由度为 n 的卡方分布，且 X 和 Y 相互独立，则 $\frac{X}{\sqrt{Y/n}}$ 服从自由度为 n 的 t 分布，即 $\frac{X}{\sqrt{Y/n}} \sim t(n)$。

学生 t 分布密度函数曲线如图 4.29 所示，其性质如下：

(1) 学生 t 分布是以 0 为中心、左右对称的单峰分布。

(2) 学生 t 分布是一簇曲线，其形态变化与自由度大小有关。自由度越小，学生 t 分布曲线越低平；自由度越大，学生 t 分布曲线越接近标准正态分布曲线。在自由度大于 30 的情况下，学生 t 分布的曲线就很接近正态分布曲线了。$n>100$ 时，t 分布基本与标准正态分布相同；$n \to \infty$ 时，t 分布与标准正态分布完全一致，但对于较小的 n，t 分布与标准正态分布 $N(0,1)$ 分布相差很大，尾端 n 值较小时，学生 t 分布尾端“厚”于标准正态分布，所以学生 t 分布也叫“厚”尾分布。

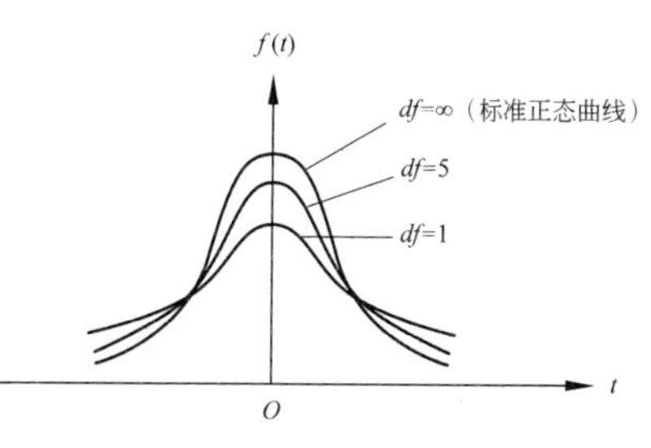

图 4.29　样本均值的抽样分布渐变图

学生 t 分布的概率分布函数与分位数

t 分布的概率分布函数为：$F_{t(df)} = p(t \leqslant t_1) = \int_{-\infty}^{t1} f(x)\mathrm{d}x$，因而 t 在区间$(t_1, +\infty)$取值的概率即右尾概率为 $1-F_{t(\mathrm{d}f)}$；当 $F_{t(\mathrm{d}f)} = 1-\alpha$ 时的点 $t_{1-\alpha}(n)$ 为自由度为 n 学生 t 分布的 $1-\alpha$ 左分位数，$t_\alpha(n)$ 为 $t(n)$ 的 α 右侧分位数，如图 4.30 所示。

根据学生 t 分布的对称性质，在区间$(-\infty, -t_1)$的取值概率为 $1-F_{t(df)}$，所以在$(t_1, +\infty)$与$(-\infty, -t_1)$两个区间概率之和为学生 t 分布的两个尾端概率之和为 $2(1-F_{t(df)})$。

当 $1-F_{t(df)}=\alpha$ 时的点 $-t_\alpha(n)$ 为自由度为 n 学生 t 分布的 α 左分位数，当两个尾端概率值都为 $\alpha/2$ 时，该分布在横坐标上的临界值 $t_\alpha(n)$ 与 $-t_\alpha(n)$ 为学生 t 分布的双尾分位数如图 4.31 所示。

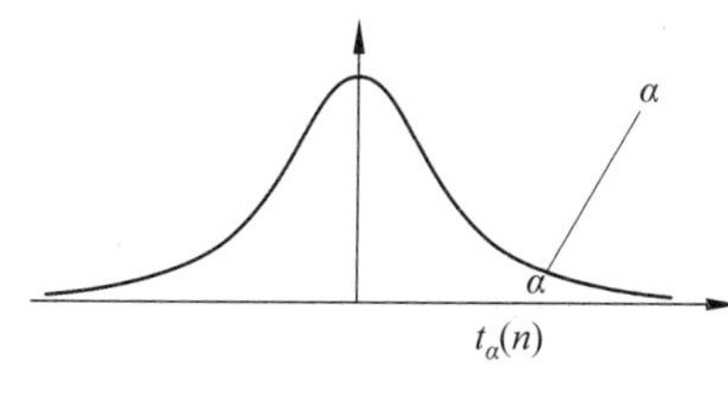

图 4.30　$t_\alpha(n)$ 右单尾分位数

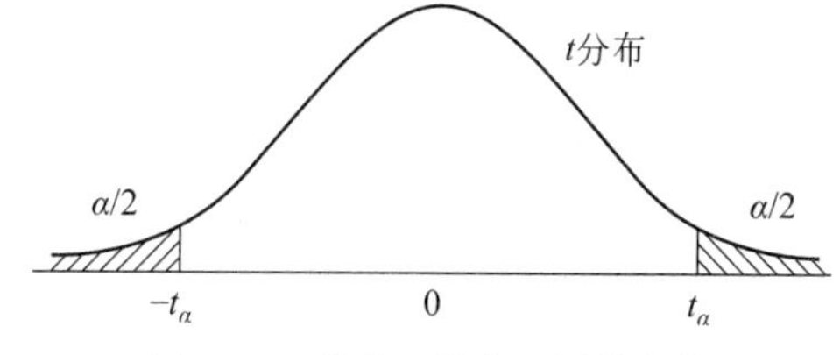

图 4.31　学生 t 分布双尾分位数

2. Excel 中的学生 t 分布函数

Excel 中的学生 t 分布函数有以下 5 个：

(1) 学生 t 分布的左尾分布函数 T.DIST 用于在一定的自由度和显著性水平下得出学生 t 分布的左尾概率，其语法结构为

```
T.DIST(x,deg_freedom,cumulative)
```

其中，x 为需要计算左尾概率的数值；deg_freedom 为自由度；cumulative 为逻辑值，指明函数形式，为 TRUE 时函数为累积分布函数，为 FALSE 时函数为概率密度函数。

(2) 学生 t 分布的右尾分布函数 T.DIST.RT 用于在一定的自由度和显著性水平下得出学生 t 分布的右尾概率，其语法结构为

```
T.DIST.RT(x,deg_freedom)
```

其中，x 为需要计算右尾概率的数值，deg_freedom 为自由度。

(3) 学生 t 分布的双尾分布函数 T.DIST.2T 用于在一定的自由度和显著性水平下得出学生 t 分布的双尾概率，其语法结构为

```
T.DIST.2T(x,deg_freedom)
```

其中，x 为需要计算双尾概率的数值，deg_freedom 为自由度。

(4) 学生 t 分布的左尾反函数 T.INV 用于根据左尾概率返回某给定自由度的学生 t 分布随机变量值，其语法结构为

```
T.INV(probability, deg_freedom)
```

其中，probability 为学生 t 分布左尾概率，deg_freedom 为给定自由度。

(5) 学生 t 分布的双尾反函数 T.INV.2T 用于根据双尾概率返回某给定自由度的学生 t 分布随机变量值，其语法结构为

```
T.INV.2T(probability, deg_freedom)
```

其中，probability 为学生 t 分布双尾概率，deg_freedom 为给定自由度。

例 4.11　$p(|t|>t_{\frac{\alpha}{2}})=0.05$，自由度为 15，计算$t_{\frac{\alpha}{2}}$值。

分析：根据题意和学生 t 分布的对称性，$p(t>t_{\frac{\alpha}{2}})+p(t<-t_{\frac{\alpha}{2}})=0.05$，学生 t 分布两个尾端概率之和 α 为 0.05，每个尾端的概率为$\frac{0.05}{2}=0.025$，自由度 df=15，计算 t 分布的随机变量(双尾中右尾临界值或双尾中右尾分位数)$t_{\frac{\alpha}{2}}$，故本案例选用 Excel 中的双尾反函数 T.INV.2T.

步骤如下：

(1) 打开“第 4 章抽样分布与几种重要分布.xlsx”文件中“学生 t 分布计算”工作表。

(2) 在 A1-A3 单元格中分别输入内容，“双尾概率”、“自由度”、“$t_{\frac{\alpha}{2}}$”，在 B1、B2 单元格中分别输入内容为 0.05、15。

(3) 选中 B3 单元格，在其中插入学生 t 分布 Excel 函数，在“公式”选项卡的“函数库”功能组中依次选择“其他函数”→“统计”→T.INV.2T，在弹出的 T.INV.2T 函数参数设置对话框，如图 4.32 所示，其中 Probability 文本框中输入 B1、Deg_freedom 文本框中

输入 B2，单击“确定”按钮，结果为 2.131。

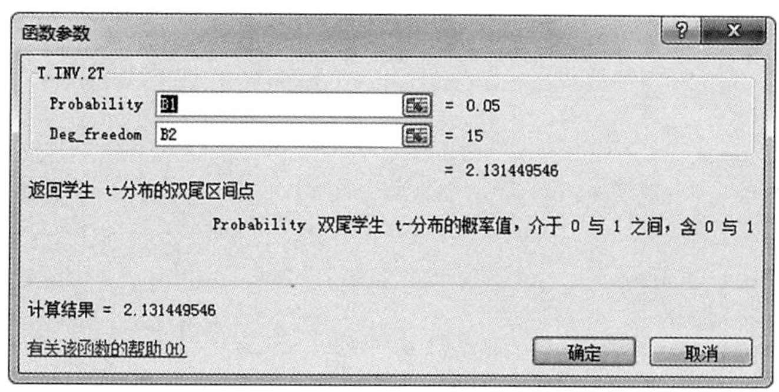

图 4.32 T.INV.2T 的“函数参数”对话框

例 4.12 用 Excel 绘制学生 t 分布概率密度函数散点图，并与正态分布进行比较。

步骤如下：

(1) 打开“第 4 章抽样分布与几种重要分布.xlsx”工作簿中的“学生 t 分布”工作表，如图 4.33 所示。

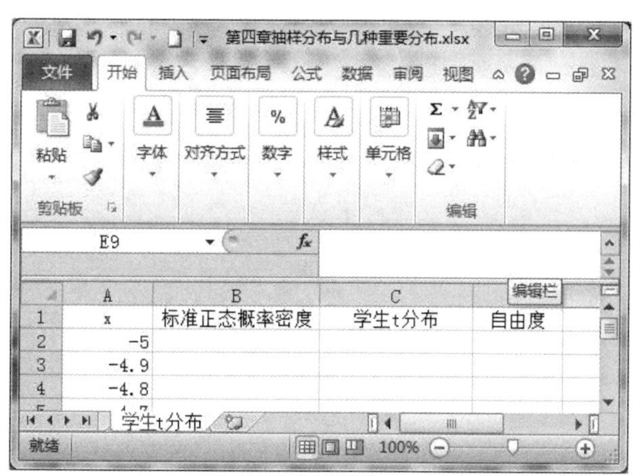

图 4.33 “学生 t 分布”工作表

在该工作表中，A 列为连续型随机变量值，B 列为标准正态概率密度值，C 列为学生 t 分布概率密度值。D2 单元格为给定的可变自由度，可设置为 10。

(2) 选中 B2 单元格，在其中输入公式“=NORM.S.DIST(A2,0)”，然后按回车键，计算标准正态分布概率密度值。

(3) 选中 C2 单元格，在其中插入学生 t 分布函数，在“公式”选项卡的“函数库”功能组中依次选择“其他函数”→“统计”→T.DIST，弹出 T.DIST 的“函数参数”对话框，如图 4.34 所示。在 X 文本框中输入 A2，在 Deg_freedom 文本框中输入 $E$1，在 Cumulative 文本框中输入 0。

(4) 选中 B2:C2 单元格区域，按住鼠标左键向下拖动至 B102:C102 区域为止，计算

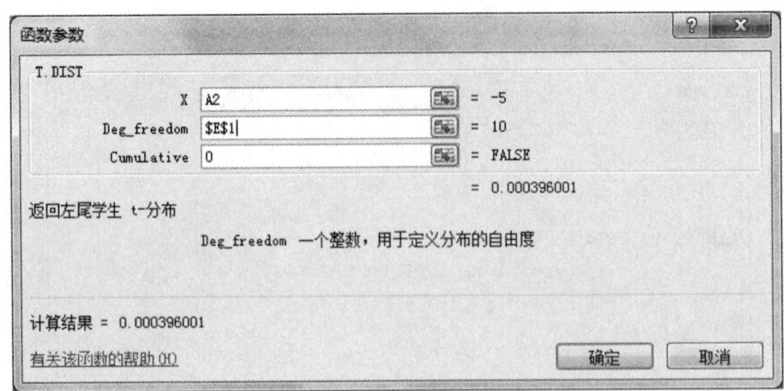

图 4.34 T.DIST 的"函数参数"对话框

出 100 个标准正态分布概率密度值与学生 t 分布概率密度值。

(5) 选中 A1:C102 单元格区域，选择"插入"→"图表"→"散点图"→"仅带数据标记点散点图"命令。

(6) 单击散点图，在"图表工具"选项卡中，选择"布局"→"坐标轴标题"→"主要横坐标轴标题"→"坐标轴下方标题"命令，删除文本框中的"坐标标题"，然后在文本框中输入"x 值"。

(7) 单击散点图，在"图表工具"选项卡中依次选择"布局"→"坐标轴标题"→"主要纵坐标轴标题"→"旋转过的标题"命令，删除文本框中的"坐标标题"，然后在文本框中输入"概率密度"。

(8) 单击散点图，在"图表工具"选项卡中依次选择"布局"→"网格线"→"主要横网格线"→"无"命令，结果为倒扣钟形曲线，在底部显示图例，如图 4.35 所示。

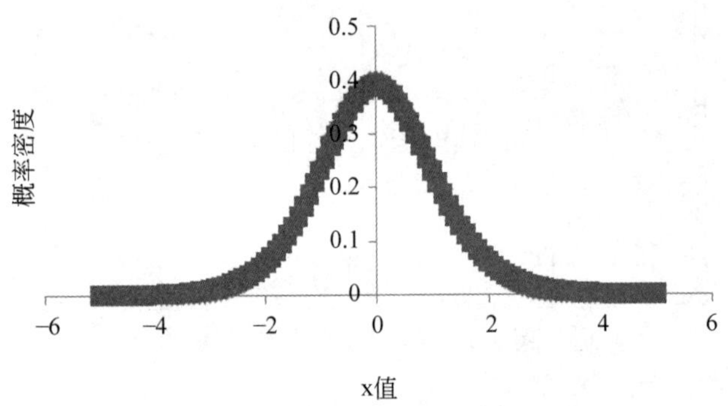

图 4.35 自由度为 10 时的两种概率密度散点图

(9) 当自由度为 30 时，标准正态分布概率密度散点图与学生 t 分布概率密度散点图很接近，如图 4.36 所示。

4.4.4 卡方分布

卡方分布是由阿贝(Abbe)于 1863 年首先给出的，后来由海尔墨特(Hermert)和

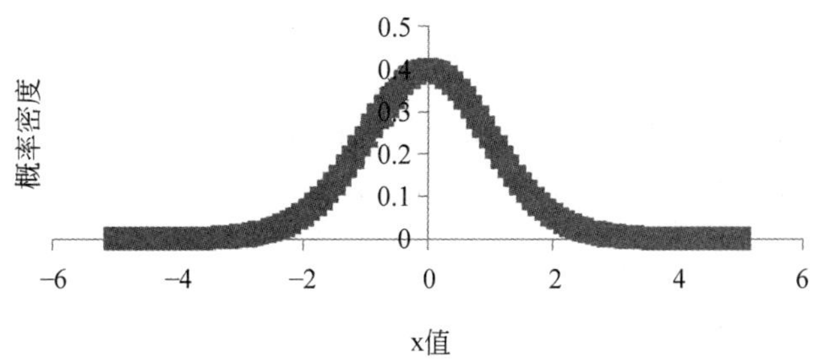

图 4.36　自由度为 30 时的两种概率密度散点图

卡·皮尔逊(K. Pearson)分别于 1875 年和 1900 年推导出来。

1. 卡方分布的基本内容

设 $x \sim N(\mu, \sigma^2)$,则 $z = \dfrac{x-\mu}{\sigma} \sim N(0,1)$。

令 $y = z^2$,则 y 服从自由度为 1 的卡方分布,记作 $y \sim \chi^2(1)$。

当总体 $x \sim N(\mu, \sigma^2)$时,从中抽取容量为 n 的样本,则

$$\frac{\sum_{i=1}^{n}(x_i - \bar{x})^2}{\sigma^2} \sim \chi^2(n-1)$$

卡方分布的特点和性质如下:

(1) 卡方分布的变量值始终为正。其分布的形状取决于其自由度 n 的大小,通常为不对称的正偏分布,但随着自由度的增大逐渐趋于对称。

(2) 卡方分布的期望为 $E(\chi^2) = n$,方差为 $D(\chi^2) = 2n$。

(3) 卡方分布具有可加性。若 u 和 v 为两个独立的卡方分布随机变量,$u \sim \chi^2(n_1)$,$v \sim \chi^2(n_2)$,则 $u+v$ 这一随机变量服从自由度为 n_1+n_2 的卡方分布。

2. 卡方分布分位数

对于给定的随机变量 $Y \sim \chi^2(n)$,当给其上侧(右侧)尾部的概率为 α 时,该分布在横坐标上的临界值,记为 $\chi_\alpha^2(n)$,即满足条件

$$p(Y \geqslant \chi_\alpha^2(n)) = \alpha$$

点 $\chi_\alpha^2(n)$称为 $\chi^2(n)$分布的 α 上侧(右侧)分位数。若要计算下侧(左侧)尾部概率为 α 时的 χ^2 分布的分位数(临界值),只需要计算出上侧(右侧)概率为 $1-\alpha$ 的分位数即可。

3. Excel 中的卡方分布函数

Excel 中的卡方分布函数有以下 4 个:

(1) 卡方分布左尾函数 CHISQ.DIST 用于计算给定自由度的卡方分布的累积左尾概率。其语法结构为

```
CHISQ.DIST(x,deg_freedom,cumulative)
```

其中,x为需要计算左尾概率的数值;deg_freedom为自由度;cumulative为逻辑值,指明函数形式,为TRUE时函数为累积分布函数,为FALSE时函数为概率密度函数。

(2) 卡方分布右尾函数CHISQ.DIST.RT用于计算给定自由度的卡方分布的累积右尾概率。其语法结构为

```
CHISQ.DIST.RT(x,deg_freedom)
```

其中,x为需要计算右尾概率的数值,deg_freedom为自由度。

(3) 卡方分布左尾反函数CHISQ.INV能够根据已知的左尾概率和自由度确定随机变量值,其语法结构为

```
CHISQ.INV(probability, deg_freedom)
```

其中,probability为左尾概率,deg_freedom为自由度。

(4) 卡方分布右尾反函数CHISQ.INV.RT能够根据已知的右尾概率和自由度确定随机变量值,其语法结构为

```
CHISQ.INV.RT(probability, deg_freedom)
```

其中,probability为右尾概率,deg_freedom为自由度。

4. 不同自由度下的卡方分布图

为更好地理解卡方分布,下面利用Excel来描述不同自由度的卡方分布的概率密度图。

例4.13 计算卡方分布概率密度。

(1) 打开"第4章抽样分布与几种重要分布.xlsx"工作簿中的"卡方分布概率密度"工作表,如图4.37所示。

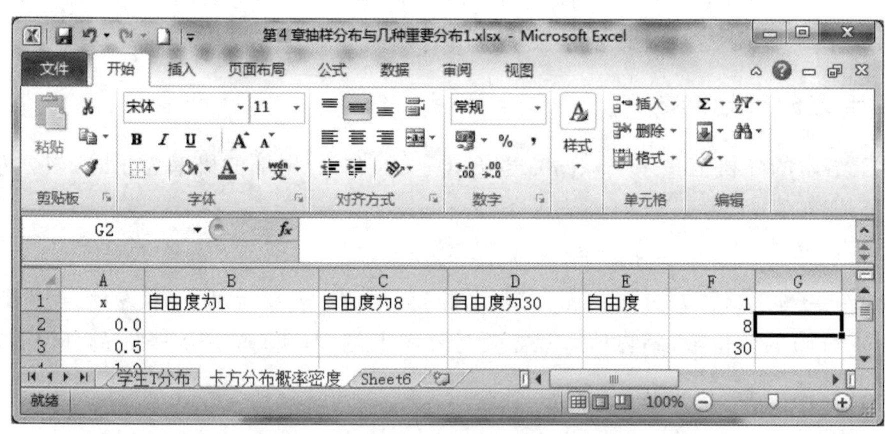

图4.37 "卡方分布概率密度"工作表

在图4.37中,A列为连续型随机变量值,B列为自由度为1的卡方分布概率密度值,

C 列为自由度为 8 的卡方分布概率密度值，D 列为自由度为 30 的卡方分布概率密度值。F1:F3 单元格区域为给定可变自由度，可分别设置为 1、8、30。

(2) 选中 B2 单元格，在其中插入卡方分布函数。在“公式”选项卡的“函数库”功能组中依次选择“其他函数”→“统计”→CHISQ.DIST，弹出 CHISQ.DIST 的“函数参数”对话框，如图 4.38 所示。在 X 文本框中输入为 A2，在 Deg_freedom 文本框中输入 $F$1，在 Cumulative 文本框中输入 0，用左尾概率函数计算出卡方分布概率密度值。

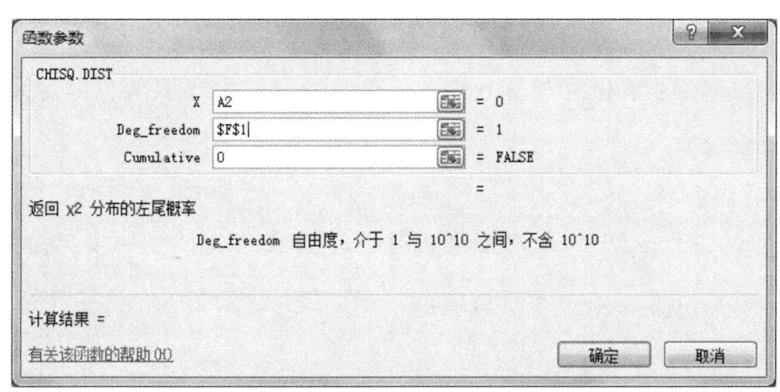

图 4.38　CHISQ.DIST 的“函数参数”对话框

(3) 选中 B2 单元格，按住鼠标左键向下拖动至 B102 单元格，计算出 101 个卡方分布概率密度函数值。

(4) 按步骤(2)和(3)分别求出自由度为 8、30 时的卡方分布概率密度函数值，注意函数参数中自由度的选择。

(5) 选中 A1:D102 单元格区域，选择“插入”→“图表”→“散点图”→“仅带数据标记点散点图”命令。设置散点图横坐标标题为“x 值”，纵坐标标题为“概率密度”，图例位置为“在顶部显示图例”，图表网格线为“无”，图表标题为“不同自由度的卡方分布概率密度图”。最终结果如图 4.39 所示。

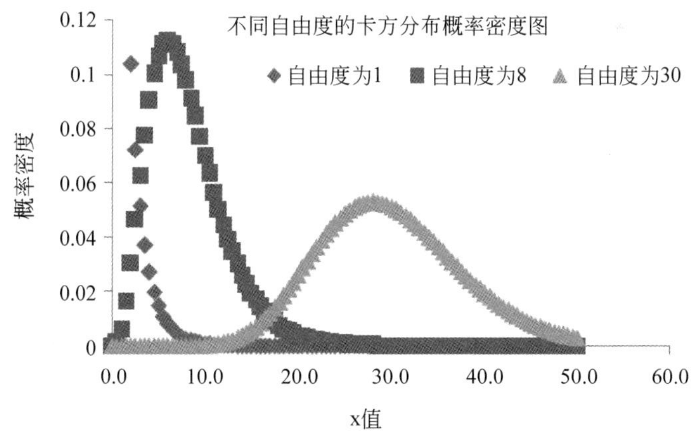

图 4.39　不同自由度的卡方分布概率密度图

当自由度由 1 增大到 30 时，卡方分布由正偏分布变为接近对称分布。

4.4.5 F 分布

F 分布是由统计学家费舍(R.A.Fisher) 提出的,以其姓氏的第一个字母来命名。

1. F 分布的基本内容

设若 U 为服从自由度为 n_1 的卡方分布,即 $U \sim \chi^2(n_1)$,V 为服从自由度为 n_2 的卡方分布,即 $V \sim \chi^2(n_2)$,且 U 和 V 相互独立,则 $F=\dfrac{U/n_1}{U/n_2}$,称 F 服从自由度为 n_1 和 n_2 的 F 分布,记为 $F \sim F(n_1,n_2)$。

F 分布性质如下:

(1) F 分布是对非称分布,其取值范围为$(0,\infty)$,分布曲线受两个自由度的影响。

(2) 若 $F \sim F(n_1,n_2)$,则$\dfrac{1}{F}=F(n_2,n_1)$。

(3) 若 $t \sim t(n)$,则 $t^2=F(1,n)$。

2. F 分布的分位数

对于给定的 $\alpha(0<\alpha<1)$,称满足条件

$$P\{F > F_\alpha(n_1,n_2)\} = \int_{F_\alpha(n_1,n_2)}^{+\infty} \varphi(y)\mathrm{d}x = \alpha$$

的 $F_\alpha(n_1,n_2)$为 $F(n_1,n_2)$分布的上 α 分位数,如图 4.40 和图 4.41 所示。

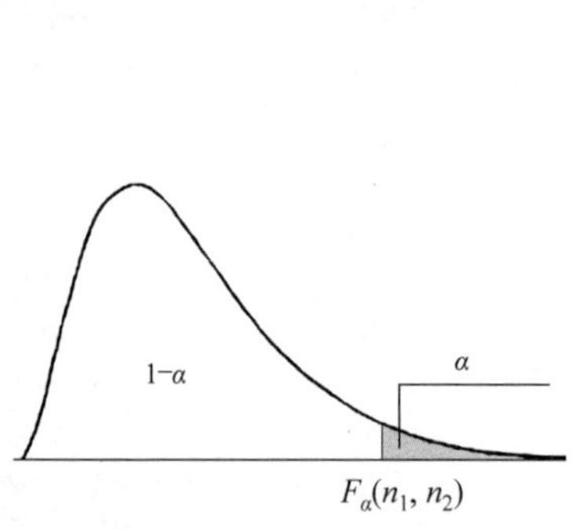

图 4.40 F 分布右侧分位数

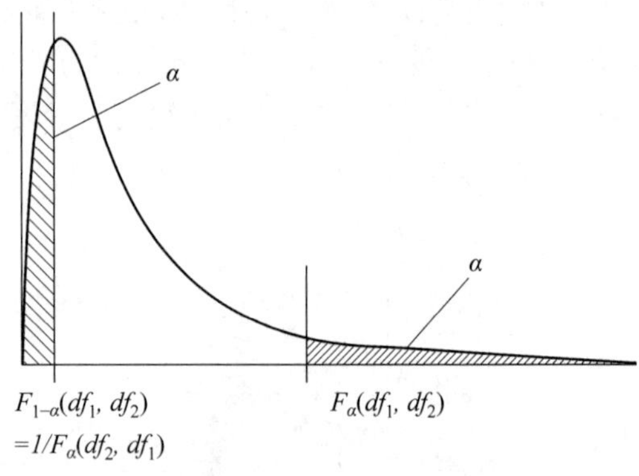

图 4.41 分布双侧分位数

3. Excel 中的 F 分布函数

Excel 中的 F 分布函数有以下 4 个:

(1) F 分布的左尾分布函数 F.DIST 用于计算给定分子自由度和分母自由度的 F 分布左尾概率。其语法结构为

```
F.DIST(x,deg_freedom1, deg_freedom2,cumulative)
```

其中，x 为需要计算左尾概率的数值；deg_freedom1 为分子自由度；deg_freedom2 为分母自由度；cumulative 为逻辑值，指明函数形式，为 TRUE 时函数为累积分布函数，为 FALSE 时函数为概率密度函数。

（2）F 分布的右尾分布函数 F.DIST.RT 用于计算给定分子自由度和分母自由度的 F 分布右尾概率。其语法结构为

```
F.DIST.RT(x,deg_freedom1, deg_freedom2)
```

其中，x 为需要计算右尾概率的数值，deg_freedom1 为分子自由度，deg_freedom2 为分母自由度。

（3）F 分布的左尾分布反函数 F.INV 能够根据已知的左尾概率和自由度确定随机变量值。其语法结构为

```
F.INV(probability, deg_freedom1, deg_freedom2)
```

其中，probability 为左尾概率，deg_freedom1 为分子自由度，deg_freedom 2 为分母自由度。

（4）F 分布的右尾分布反函数 F.INV.RT 能够根据已知的右尾概率和自由度确定随机变量值。其语法结构为

```
F.INV.RT (probability, deg_freedom1, deg_freedom2)
```

其中，probability 为右尾概率，deg_freedom1 为分子自由度，deg_freedom2 为分母自由度。

例 4.14 求 F 分布的右尾概率 $p\{F(20,5)>16\}$ 和右侧分位数 $F_{0.01}(20,5)$。

步骤如下：

（1）打开“第 4 章抽样分布与几种重要分布.xlsx”工作簿中的“F 分布”工作表。

（2）在 A1:A5 单元格区域中输入 n_1、n_2、α、x 和“概率”，在 B1:B4 单元格区域中输入 20、5、0.01、16，如图 4.42 所示。

图 4.42 “F 分布”工作表

（3）在 B5 单元格中插入 F 分布函数。在“公式”选项卡的“函数库”功能组中选择“其他函数”→“统计”→F.DIST.RT，弹出 F.DIST.RT 的“函数参数”对话框，如图 4.43 所示。在 X 文本框中输入为 B4，在 Deg_freedom1 文本框中输入 B1，在 Deg_freedom2 文本框中输入 B2，计算出右尾概率值。

（4）在 A6 单元格中输入“右侧分位数”，在 B6 单元格中输入公式“=F.INV.RT(B3,B1,B2)”，计算出右侧分位数 9.55，如图 4.44 所示。

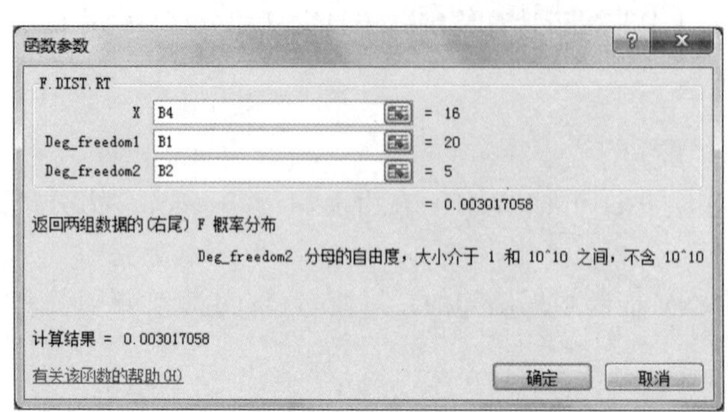

图 4.43 F.DIST.RT 的“函数参数”对话框

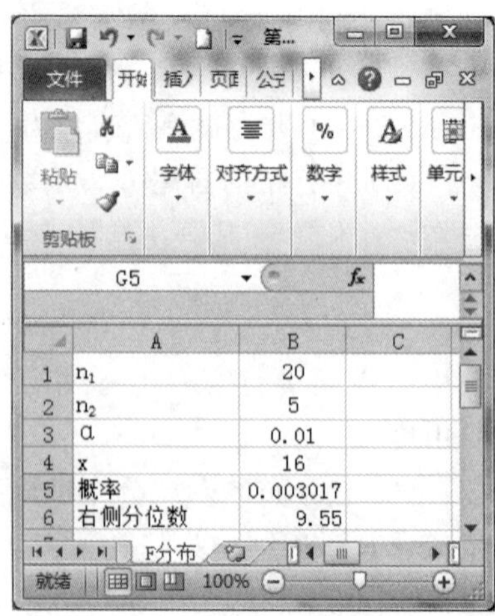

图 4.44 右侧分位数

习 题

1. 从一个容量为 20 的总体中抽取容量为 6 的样本，数据如下：

120 50 36 112 216 219 78 85 65 72

86 89 73 150 155 160 120 82 170 56

用 Excel 模拟抽样。

2. 某单位客服人员为改进工作，对顾客满意度进行调查。顾客满意度分 6 个等级：0 表示非常不满意，1 表示有些不满意，2 表示没有意见，3 表示有些满意，4 表示较为满意，5 表示非常满意。现已知顾客满意度及其概率如表 4.3 所示。

表 4.3 顾客满意度及其概率

顾客满意度	0	1	2	3	4	5
概率	0.05	0.2	0.15	0.3	0.2	0.1

(1) 求顾客满意度的均值。

(2) 求顾客满意度的方差。

3. 根据调查，每一位消费者喝某品牌茶的概率为 20%。现有一个由 20 位消费者组成的随机样本。

(1) 计算恰好 0、10、20 人喝某品牌茶的概率。

(2) 计算至多 0、10、20 人喝某品牌茶的概率。

(3) 计算至少 0、10、20 人喝某品牌茶的概率。

(4) 计算 20 人样本的期望、方差和标准差。

4. 某城市人均月收入是 3500 元。将该数据作为总体均值，并假设总体标准差是 450

元。从总体中随机抽取 100 位市民作为样本。

(1) 均值的标准误差是多少?

(2) 样本均值大于 3000 元的概率是多少?

(3) 样本均值落在总体均值±80 元以内的概率是多少?

(4) 当概率 p 值为 0.12 时,其样本均值是多少?

5. 用 Excel 计算下列数据:

(1) 卡方分布概率 $p\{\chi^2(10)>8\}$ 和右侧分位数 $\chi^2_{0.025}(10)$。

(2) 学生 t 分布 $p\{t(10)>2\}$ 和右侧分位数 $t_{0.025}(10)$。

(3) F 分布右侧 $p\{F(10,2)>13\}$ 和右侧分位数 $F_{0.05}(10,2)$。

第5章 参数估计

在实际应用中,人们常常需要根据手中的数据分析或推断全部数据的本质,即根据样本推断总体的分布或数字特征等,这需要统计推断的相关知识。所谓统计推断是指根据样本对总体分布或分布的数字特征等作出合理的推断。统计推断是数理统计学的一个重要分支。

本章介绍的参数估计是统计推断的重要内容之一。

5.1 参数估计概述

参数估计是用样本统计量估计总体参数。例如,用样本均值 $\bar{x}$ 估计总体均值 μ,用样本方差 s^2 估计总体方差 σ^2,等等。如果用 θ 表示总体参数,参数估计也就是如何用样本统计量来估计总体参数 θ。

用来估计总体参数的统计量称为估计量,用符号 $\hat{\theta}$ 表示。样本均值、样本比例、样本方差等都可以是一个估计量。用来估计总体参数时计算出来的估计量的具体数值称为估计值。例如,要估计一个地区的平均收入,不太可能将该地区的所有人的收入都统计一遍。一般的做法是:选择一部分人员进行收入统计,这部分被选择人员的收入数据就是样本数据。通过样本数据可以求出样本均值 $\bar{x}$,它就是一个估计量 $\hat{\theta}$。假设计算出的样本均值为 10 000,则这个 10 000 就是估计值。一般而言,参数估计可以分为点估计和区间估计两种。

5.1.1 点估计

点估计是依据样本估计总体分布中所含的未知参数或未知参数的函数,通常它们是总体的某个特征值,如期望、方差等。点估计问题就是要构造一个只依赖于样本的量,作为总体的估计量。在用点估计值代表总体参数值的同时,还必须给出点估计值的可靠性,也就是说,必须能说明点估计值与总体参数值的接近程度。

5.1.2 区间估计

区间估计是利用抽取的样本,根据一定的正确度与精确度的要求,构造出适当的区间,作为总体分布的未知参数的值所在范围的估计。与点估计不同,进行区间估计时,根据样本统计量的抽样分布可以对样本统计量与总体参数的接近程度给出一个概率度量。在区间估计中,由样本统计量所构造的总体参数的估计区间称为置信区间。其中,区间的最小值称为置信下限,用 θ_1 表示;区间的最大值称为置信上限,用 θ_2 表示。总体参数落在 $[\theta_1,\theta_2]$ 区间的概率为 $p=1-\alpha$,称为置信水平,α 称为显著性水平。置信区间表明总体参数的误差范围,置信水平表明总体参数落在置信区间的概率。

5.1.3 估计量的评价标准

在参数估计时,可以构造很多估计量,但不是每一个估计量都一样优良。通常评价估计量的标准有无偏性、有效性和一致性。

(1) 无偏性。无偏估计量的抽样分布的数学期望等于被估计的总体参数。设总体参数为 θ,所选估计量为 $\hat{\theta}$,如果 $E(\hat{\theta})=\theta$,则称 $\hat{\theta}$ 为 θ 的无偏估计量。

(2) 有效性。一个无偏的估计量并不意味着就非常接近被估计的参数,它还必须符合与总体参数的离散程度充分小这一标准。同一总体参数的两个无偏估计量中标准差更小的有效性更高。

(3) 一致性。指随着样本量的增大,点估计量的值越来越接近被估计的总体参数。换言之,一个大样本给出的估计量要比一个小样本给出的估计量更接近总体参数。

5.2 总体均值区间估计

总体均值区间估计是一种常见的参数估计问题,例如,根据抽样调查结果对某公司的平均利润率进行估计,根据参与调查学生的每月平均生活消费估计在校大学生月平均生活费等。总体参数的估计区间通常是由样本统计量加减抽样误差而得到的。根据样本统计量的抽样分布,能够对样本统计量与总体参数的接近程度给出一个概率度量。

在对总体均值进行区间估计时,需要考虑总体是否为正态分布、总体方差是否已知、用于构造估计量的样本是大样本还是小样本等情况。

5.2.1 总体方差已知或大样本情况下的估计

当总体服从均值为 μ、方差为 σ^2 的正态分布时,取自该总体的随机样本 $x_1,x_2,\cdots,x_n$ 的样本均值 $\bar{x}$ 应服从均值为 μ、方差为 σ^2/n 的正态分布,即 $\bar{x}\sim N\left(\mu,\dfrac{\sigma^2}{n}\right)$。对 $\bar{x}$ 进行标准化,对应的 z 值为 $z=\dfrac{\bar{x}-\mu}{\sigma/\sqrt{n}}\sim N(0,1)$。在给定显著性水平 α 或置信水平 $p=1-\alpha$ 的条件下,有

$$p(-z_{\alpha/2}<z<z_{\alpha/2})=1-\alpha$$

在总体方差 σ^2 已知的情况下,总体均值 μ 的置信区间为

$$\left[\bar{x}-z_{\alpha/2}\frac{\sigma}{\sqrt{n}},\bar{x}+z_{\alpha/2}\frac{\sigma}{\sqrt{n}}\right]$$

在总体方差未知但为大样本(样本容量 $n\geqslant30$)的情况下,可以用正态分布进行近似计算,使用样本方差 s^2 来代替总体方差 σ^2。此时总体均值 μ 的置信区间为

$$\left[\bar{x}-z_{\alpha/2}\frac{s}{\sqrt{n}},\bar{x}+z_{\alpha/2}\frac{s}{\sqrt{n}}\right]$$

例 5.1 某学校需要了解近几年计算机专业毕业生的月工资情况,现随机抽取了 800 名计算机专业毕业生,通过计算得到他们的平均月工资为 1800 元,总体标准差为 39 元。在 95%的置信水平下,求计算机专业毕业生的平均月工资置信区间。

步骤如下:

(1) 打开"第 5 章参数估计.xlsx"文件,选择"例 5.1"工作表,在 A1:B4 单元格区域中输入本例给出的数据。

(2) 在 A6 单元格中输入"标准误差",在 B6 单元格中输入公式"=B2/SQRT(B3)"。

	A	B
1	样本均值	1800
2	标准差	39
3	样本容量	800
4	置信水平	0.95
5		
6	标准误差	1.378858
7	Z值	1.959964
8		
9	极限误差	2.702512
10		
11	置信上限	1802.703
12	置信下限	1797.297

图 5.1 例 5.1 最终结果

(3) 在 A7 单元格中输入"Z 值",在 B7 单元格中输入公式"=ABS(NORM.S.INV.S((1-B4)/2))"。

(4) 在 A9 单元格中输入"极限误差",在 B9 单元格中输入公式"=B6 * B7"。

(5) 在 A11 单元格中输入"置信上限",在 B11 单元格中输入公式"=B1+B9"。在 A12 单元格中输入"置信下限",在 B12 单元格中输入公式"=B1-B9"。

最终结果如图 5.1 所示。

例 5.2 某快递公司要分析第一季度日均快递件数,为此从第一季度抽取了 40 天的快递件数,如图 5.2 所示。在 95%的置信水平下,求该快递公司第一季度日均快递件数的置信区间。

	A	B	C	D	E	F	G	H	I	J
1	890	873	679	982	1031	760	1130	965	1210	890
2	1502	1210	730	1130	965	977	1320	1452	899	1502
3	1298	899	989	1320	1452	947	847	1109	980	808
4	793	709	823	989	1190	976	1120	1010	1121	1008

图 5.2 从第一季度抽取的 40 天的快递件数

步骤如下:

(1) 打开"第 5 章参数估计.xlsx"文件,选择"例 5.2"工作表,在 A1:J4 单元格区域中输入图 5.2 中的数据。

(2) 计算样本均值。在 A6 单元格中输入"样本均值",在 B6 单元格中输入公式"=AVERAGE(A1:J4)"。

(3) 计算标准差。在 A7 单元格中输入"标准差",在 B7 单元格中输入公式"=STDEV.S(A1:J4)"。

(4) 计算样本容量。在 A8 单元格中输入"样本容量",在 B8 单元格中输入公式"=COUNT(A1:J4)"。

(5) 在 A9 单元格中输入“置信水平”,在 B9 单元格中输入 0.95。

(6) 计算标准误差。在 A11 单元格中输入“标准误差”,在 B11 单元格中输入公式“=B7/SQRT(B8)”。

(7) 计算 Z 值。在 A12 单元格中输入“Z 值”,在 B12 单元格中输入公式“=ABS(NORM.S.INV((1−B9)/2))”。

(8) 计算极限误差。在 A14 单元格中输入“极限误差”,在 B14 单元格中输入公式“=B11 * B12”。

(9) 计算置信上限与置信下限。在 A16 单元格中输入“置信上限”,在 B16 单元格中输入公式“=B6+B14”。在 A17 单元格中输入“置信下限”,在 B17 单元格中输入公式“=B6−B14”。

最终结果如图 5.3 所示。

	A	B	C	D	E	F	G	H	I	J
1	890	873	679	982	1031	760	1130	965	1210	890
2	1502	1210	730	1130	965	977	1320	1452	899	1502
3	1298	899	989	1320	1452	947	847	1109	980	808
4	793	709	823	989	1190	976	1120	1010	1121	1008
5										
6	样本均值	1037.125								
7	标准差	219.0873								
8	样本容量	40								
9	置信水平	0.95								
10										
11	标准误差	34.64074								
12	Z值	1.959964								
13										
14	极限误差	67.89461								
15										
16	置信上限	1105.02								
17	置信下限	969.2304								

图 5.3　例 5.2 最终结果

由上述两个例子可以发现,计算总体方差已知或大样本情况下的均值置信区间的步骤几乎是一样的,可概括如下:

(1) 利用给定的数据计算样本均值、标准差、样本容量和置信水平。

(2) 根据步骤(1)中的标准差和样本容量计算标准误差,计算公式为

标准误差 = 标准差 /SQRT(样本容量)

(3) 根据步骤(1)中的置信水平计算 Z 值,计算公式为

Z 值 = ABS(NORM.S.INV((1 − 置信水平)/2))

(4) 根据步骤(2)求出的标准误差和步骤(3)求出的 Z 值计算极限误差,计算公式为

极限误差 = 标准误差 × Z 值

(5) 根据步骤(1)中的样本均值和步骤(4)求出的极限误差计算置信区间,计算公式为

置信上限 = 样本均值 + 极限误差

置信下限 = 样本均值 − 极限误差

5.2.2 总体方差未知且为小样本情况下的估计

小样本是指样本容量 $n<30$ 的情况。本节讨论的情况的前提为总体方差未知并且样本容量小于 30。在这种情况下,可以使用样本标准差 s 代替未知的总体标准差,新的统计量服从自由度为 $n-1$ 的学生 t 分布,即

$$t=\frac{\bar{x}-\mu}{s/\sqrt{n}}\sim t(n-1)$$

可以根据学生 t 分布来估计总体均值。在给定置信水平的情况下,总体均值 μ 的估计区间为

$$\left[\bar{x}-t_{\alpha/2}\frac{s}{\sqrt{n}},\bar{x}+t_{\alpha/2}\frac{s}{\sqrt{n}}\right]$$

例 5.3 在例 5.2 的基础上,如果假设第一季度仅抽取了 20 天的快递件数,数据如图 5.4 所示。在 95%的置信水平下,求该快递公司第一季度日均快递件数的置信区间。

	A	B	C	D	E	F	G	H	I	J
1	890	873	679	982	1031	760	1130	965	1210	890
2	1502	1210	730	1130	965	977	1320	1452	899	1502

图 5.4 第一季度抽取的 20 天的快递件数

请注意,本例与例 5.2 的唯一不同点在于减少了样本数量,变成小样本的情况。

步骤如下:

(1) 打开"第 5 章参数估计.xlsx"文件,选择"例 5.3"工作表,在 A1:J2 单元格区域中输入图 5.4 中的数据。

(2) 计算样本均值。在 A4 单元格中输入"样本均值",在 B4 单元格中输入公式"=AVERAGE(A1:J2)"。

(3) 计算标准差。在 A5 单元格中输入"标准差",在 B5 单元格中输入公式"=STDEV.S(A1:J2)"

(4) 计算样本容量。在 A6 单元格中输入"样本容量",在 B6 单元格中输入公式"=COUNT(A1:J2)"。

(5) 在 A7 单元格中输入"置信水平",在 B7 单元格中输入 0.95。

(6) 计算标准误差。在 A9 单元格中输入"标准误差",在 B9 单元格中输入公式"=B5/SQRT(B6)"。

(7) 计算 T 值。在 A10 单元格中输入"T 值",在 B10 单元格中输入公式"=T.INV(1-B7,B6-1)"。

(8) 计算极限误差。在 A12 单元格中输入"极限误差",在 B12 单元格中输入公式"=B9*B10"。

(9) 计算置信上限与置信下限。在 A14 单元格中输入"置信上限",在 B14 单元格中输入公式"=B4+B12"。在 A15 单元格中输入"置信下限",在 B15 单元格中输入公式"=B4-B12"。

最终结果如图 5.5 所示。

	A	B	C	D	E	F	G	H	I	J
1	890	873	679	982	1031	760	1130	965	1210	890
2	1502	1210	730	1130	965	977	1320	1452	899	1502
3										
4	样本均值	1054.85								
5	标准差	247.1816								
6	样本容量	20								
7	置信水平	0.95								
8										
9	标准误差	55.2715								
10	T值	2.093024								
11										
12	极限误差	115.6846								
13										
14	置信上限	1170.535								
15	置信下限	939.1654								

图 5.5　例 5.3 最终结果

下面使用 Excel 提供的“函数”对话框计算置信区间。

例 5.4　图 5.6 为某地区 15 户家庭年收入数据(单位：万元)。在 95%的置信水平下,求该地区家庭年收入均值的置信区间。

	A	B	C	D	E
1	20.25	15.32	14.28	17.93	25.98
2	10.28	13.27	18.74	16.23	14.38
3	12.39	11.68	10.42	11.72	16.54

图 5.6　家庭年收入数据

步骤如下：

(1) 打开“第 5 章参数估计.xlsx”文件,选择“例 5.4”工作表,在 A1:E3 单元格区域中输入图 5.6 中的数据。

(2) 计算样本均值。在 A5 单元格中输入“样本均值”,在 B5 单元格中输入公式“=AVERAGE(A1:E3)”。

(3) 计算标准差。在 A6 单元格中输入“标准差”,在 B6 单元格中输入公式“=STDEV.S(A1:E3)”

(4) 计算样本容量。选择 A7 单元格中输入“样本容量”,在 B7 单元格中输入公式“=COUNT(A1:E3)”。

(5) 在 A8 单元格中输入“置信水平”,在 B8 单元格中输入 0.95。

(6) 计算标准误差。在 A10 单元格中输入“标准误差”,在 B10 单元格中输入公式“=B5/SQRT(B6)”。

(7) 计算 T 值。在 A11 单元格中输入“T 值”。选中 B11 单元格,在功能区中单击 *fx* 按钮,打开“插入函数”对话框,如图 5.7 所示,在“或选择类别”下拉菜单中选择“全部”选项,在“选择函数”下拉菜单中找到 T.INV.2T 函数,单击“确定”按钮,打开 TINV 的“函数参数”对话框。在 Probability 文本框中输入 1－B8,在 Deg_freedom 文本框中输入 B7－1,如图 5.8 所示,单击“确定”按钮,得到 T 值。

(8) 计算极限误差。在 A13 单元格中输入“极限误差”,在 B13 单元格中输入公式“=B10 * B11”。

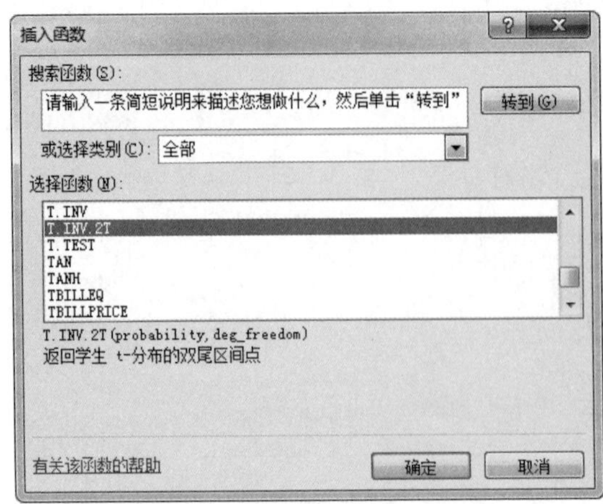

图 5.7 “插入函数”对话框

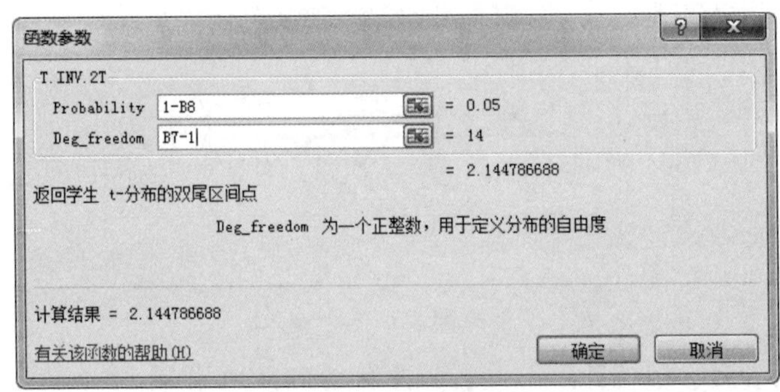

图 5.8 T.INV.2T 的“函数参数”对话框

(9) 计算置信上限与置信下限。在 A15 单元格中输入“置信上限”，在 B15 单元格中输入公式“=B5+B13”。在 A16 单元格中输入“置信下限”，在 B16 单元格中输入公式“=B5−B13”。

最终结果如图 5.9 所示。

	A	B	C	D	E
1	20.25	15.32	14.28	17.93	25.98
2	10.28	13.27	18.74	16.23	14.38
3	12.39	11.68	10.42	11.72	16.54
4					
5	样本均值	15.294			
6	标准差	4.218405			
7	样本容量	15			
8	置信水平	0.95			
9					
10	标准误差	1.089187			
11	T值	2.144787			
12					
13	极限误差	2.336075			
14					
15	置信上限	17.63007			
16	置信下限	12.95793			

图 5.9 例 5.4 最终结果

由上述两个例子可以发现，计算总体方差未知且为小样本情况下的均值置信区间的步骤与计算总体方差已知或大样本情况下的均值置信区间的步骤几乎一样。不同之处在于：在总体方差未知或小样本情况下需要使用 T.INV.2T 函数计算 T 值，而在总体方差已知或大样本情况下使用 NORM.S.INV 函数计算 Z 值。总体方差未知且小样本情况下的均值置信区间的通用计算步骤如下：

(1) 利用给定的数据计算样本均值、标准差、样本容量和置信水平。

(2) 根据步骤(1)中的标准差和样本容量计算标准误差，计算公式为

标准误差＝标准差/SQRT(样本容量)

(3) 根据步骤(1)中的置信水平和样本容量计算 T 值，计算公式为

T 值＝T.INV.2T(1－置信水平，样本容量－1)

(4) 根据步骤(2)求出的标准误差和步骤(3)求出的 T 值计算极限误差，计算公式为

极限误差＝标准误差×T 值

(5) 根据步骤(1)中的样本均值和步骤(4)求出的极限误差计算置信区间，计算公式为

置信上限＝样本均值＋极限误差

置信下限＝样本均值－极限误差

5.2.3 重复抽样情况下的总体比例区间估计

总体比例分布直接来源于二项分布，但是当 n 较大时，概率计算比较复杂。根据中心极限定理，随着样本容量的增加，二项分布逐渐接近正态分布。一般来说，如果 $np \geqslant 5$ 并且 $n(1-p) \geqslant 5$，总体比例的抽样分布可以用正态分布近似。在给定置信水平的情况下置信区间为

$$\left[p - z_{\alpha/2}\sqrt{\frac{p(1-p)}{n}}, p + z_{\alpha/2}\sqrt{\frac{p(1-p)}{n}}\right]$$

其中，p 为样本比例，n 为样本容量。

例 5.5 某市随机抽取了当年 300 名新生儿，其中有 183 名男婴。在 95%的置信水平下，求该市男婴比例的置信区间。

步骤如下：

(1) 打开“第 5 章参数估计.xlsx”文件，选择“例 5.5”工作表，在 A1:B3 单元格区域中输入图 5.10 中的数据。其中，B2 单元格中的计算公式为“＝183/300”。

	A	B
1	n	300
2	p	0.61
3	置信水平	0.95

图 5.10 男婴比例数据

(2) 计算标准误差。在 A5 单元格中输入“标准误差”，在 B5 单元格中输入公式“＝SQRT(B2 * (1－B2)/B1)”。

(3) 计算 Z 值。在 A6 单元格中输入“Z 值”，在 B6 单元格中输入公式“＝ABS(NORM.S.INV((1－B3)/2))”。

(4) 计算极限误差。在 A8 单元格中输入“极限误差”，在 B8 单元格中输入公式“＝B5 * B6”。

（5）计算置信上限与置信下限。在 A10 单元格中输入“置信上限”，在 B10 单元格中输入公式“=B2+B8”。在 A11 单元格中输入“置信下限”，在 B11 单元格中输入公式“=B2-B8”。

最终结果如图 5.11 所示。

	A	B
1	n	300
2	p	0.61
3	置信水平	0.95
4		
5	标准误差	0.02816
6	Z值	1.959964
7		
8	极限误差	0.055193
9		
10	置信上限	0.665193
11	置信下限	0.554807

图 5.11　例 5.5 最终结果

5.3　必要样本容量计算

在实际问题中，通常需要首先确定样本容量。如果样本容量大，通常估计的精确性能有提高，但是也意味着成本的增加；如果样本容量小，成本可以有所节省，但是估计的精确性不能得到保障。故而，选取适当的样本容量，使之既能保障估计的精确性，又不至于使成本过高，就成了每一位数据统计人员必须考虑的问题。一般根据给定的极限误差计算样本容量。在本节中，分别讨论总体方差已知或大样本的情况下和重复抽样总体比例已知的情况下，必要样本的容量计算。

5.3.1　总体方差已知或大样本情况下的必要样本容量计算

假设抽样极限误差为 e，则求极限误差的公式为

$$e = z_{\alpha/2}\frac{\sigma}{\sqrt{n}}$$

通过上述公式可以反推出求样本容量 n 的公式：

$$n = \frac{z_{\alpha/2}^2\sigma^2}{e^2}$$

例 5.6　某公司要了解快递行业的收入情况。假设标准差为 100 元。在 95%的置信水平下，需要多少样本才能让极限误差不超过 30 元？

	A	B
1	标准差	100
2	极限误差	30
3	置信水平	0.95

图 5.12　输入数据

步骤如下：

（1）打开“第 5 章参数估计.xlsx”文件，选择“例 5.6”工作表，在 A1:B3 单元格区域中输入图 5.12 中的数据。

（2）计算 Z 值。在 A5 单元格中输入“Z 值”，在 B5 单元格中

输入公式"=ABS(NORM.S.INV((1-B3)/2))"。

(3) 计算样本容量。在 A6 单元格中输入"样本容量",在 B6 单元格中输入公式"=B5^2 * B1^2/B2^2"。

(4) 取整。在 A7 单元格中输入"取整",在 B7 单元格中输入公式"=CEILING(B6,1)"。

最终结果如图 5.13 所示。

	A	B
1	标准差	100
2	极限误差	30
3	置信水平	0.95
4		
5	Z值	1.959964
6	样本容量	42.68288
7	取整	43

图 5.13 例 5.6 最终结果

通过例 5.6 可以发现,样本容量其实就是通过极限误差的计算公式反向求出的。

可以通过修改例 5.6 中极限误差的值,观察样本容量的变化,例如,观察极限误差分别取 50 和 20 时样本容量的变化。

5.3.2 重复抽样总体比例已知情况下的必要样本容量计算

假设抽样极限误差为 e,则求极限误差的公式为

$$e = z_{\alpha/2}\sqrt{\frac{p(1-p)}{n}}$$

根据该公式可以反推出求样本容量的公式:

$$n = \frac{p(1-p)z_{\alpha/2}^2}{e^2}$$

例 5.7 某公司要调查某一产品的消费者满意度。公司确信消费者的满意度不低于 60%。如果希望极限误差为 2%,在置信水平为 95%的情况下,需要多大的样本容量?

(1) 打开"第 5 章参数估计.xlsx"文件,选择"例 5.7"工作表,在 A1:B3 单元格区域中输入图 5.14 中的数据。

(2) 计算 Z 值。在 A5 单元格中输入"Z 值",在 B5 单元格中输入公式"=ABS(NORM.S.INV((1-B3)/2))"。

(3) 计算样本容量。在 A6 单元格中输入"样本容量",在 B6 单元格中输入公式"=B1 * (1-B1) * B5^2/B2^2"。

(4) 取整。在 A7 单元格中输入"取整",在 B7 单元格中输入公式"=CEILING(B6,1)"。

最终结果如图 5.15 所示。

	A	B
1	比例	60%
2	极限误差	2%
3	置信水平	0.95

图 5.14 输入数据

	A	B
1	比例	60%
2	极限误差	2%
3	置信水平	0.95
4		
5	Z值	1.959964
6	样本容量	2304.875
7	取整	2305

图 5.15 例 5.7 最终结果

由例 5.6 和例 5.7 可以发现,两种情况下计算必要样本容量的步骤基本相同,区别在于求样本容量的公式不同。求必要样本容量的通用步骤可概括如下:

(1) 输入给定的极限误差和置信水平。在总体方差已知或大样本的情况下输入标准差(如例 5.6),在总体比例已知的情况下输入总体比例(如例 5.7)。

(2) 根据步骤(1)中的置信水平计算 Z 值,计算公式为

$$Z\text{ 值}=\text{ABS(NORM.S.INV((1-置信水平)/2))}$$

(3) 根据步骤(1)和步骤(2)计算样本容量。在总体方差已知或大样本情况下,计算公式为“Z 值^2×标准差^2/极限误差^2”(如例 5.6);在总体比例已知的情况下,计算公式为“比例×(1-比例)*Z 值^2/极限误差^2”(如例 5.7)。

(4) 对步骤(4)求出的样本容量取整,得到最终结果。一般情况下使用公式“=CEILING(样本容量,1)”来取整。

5.4 总体方差区间估计

在进行区间估计时,除了需要对总体均值和总体比例进行估计外,有时候还需要对数据的差异情况进行估计。例如,A、B 两个工厂生产的同一种食品重量均值都为 1kg,然而 A 工厂的食品重量只是略有差别,B 工厂的食品重量差别却较大,则顾客往往更愿意购买 A 工厂的食品。更重要的是,在一些精度要求较高的领域,数据差别较大的后果是不可想象的。因此,需要掌握对总体方差区间进行估计的方法。

1. 大样本情况下总体标准差的区间估计

在样本容量较大的情况下,样本标准差 s 服从正态分布,其均值近似等于总体标准差 σ,因此,在置信水平为 $1-\alpha$ 时,总体标准差的置信区间为

$$\left[s-z_{\alpha/2}\frac{\sigma}{\sqrt{2n}},s+z_{\alpha/2}\frac{\sigma}{\sqrt{2n}}\right]$$

2. 小样本情况下正态总体方差的区间估计

如果总体 $X\sim N(\mu,\sigma^2)$,$x_1,x_2,\cdots,x_n$ 为来自 X 的随机样本,μ 和 σ^2 未知,则 σ^2 的点估计值为 s^2,且

$$\frac{(n-1)s^2}{\sigma^2}\sim\chi^2(n-1)$$

从而在置信水平为 $1-\alpha$ 时总体方差的置信区间为

$$\left[\frac{(n-1)s^2}{\chi^2_{1-\alpha/2}},\frac{(n-1)s^2}{\chi^2_{\alpha/2}}\right]$$

其中 $\chi^2_{1-\alpha/2}$ 和 $\chi^2_{\alpha/2}$ 分别为自由度为 $n-1$ 的卡方分布的临界值。在 Excel 中提供了卡方分布反函数 CHI.INV,用于返回卡方分布单侧概率的函数值,其语法结构为

```
CHI.INV(probability,deg_freedom)
```

其中,probability 为卡方分布右侧累积概率;deg_freedom 为自由度,值为 $n-1$。例如,当置信水平为 95%时,卡方密度分布图如图 5.16 所示。

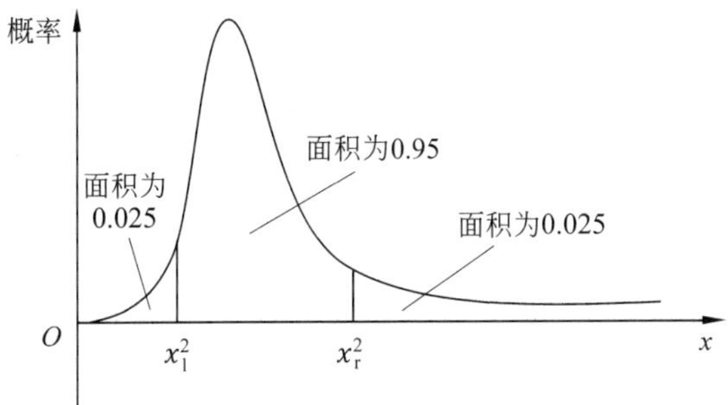

图 5.16　卡方密度分布图

可以注意到,卡方分布是非对称的,x_l^2 为左侧临界值,x_r^2 为右侧临界值,它们与均值的距离不同。x_l^2 右侧的面积为 0.95＋0.025＝0.975,故而计算左侧临界值应使用 CHI.INV(0.975,n－1);x_r^2 右侧的面积为 0.025,故而计算右侧临界值应使用 CHI.INV(0.025,n－1)。

例 5.8　某企业生产一种食品,在生产过程中需要进行较为严格的温度控制。现从某批食品中抽取 20 个样本进行检测,得到温度的标准差为 1.8℃。假设温度的总体服从正态分布,以 95%的置信水平估计该批食品的温度的方差置信区间。

步骤如下:

(1) 打开“第 5 章参数估计.xlsx”文件,选择“例 5.8”工作表,在 A1:B3 单元格区域中输入图 5.17 中的数据。

(2) 计算左侧置信水平和右侧置信水平。在 A5 单元格中输入“右侧置信水平”,在 B5 单元格中输入公式“＝(1－B3)/2”。在 A6 单元格中输入“左侧置信水平”,在 B6 单元格中输入公式“＝1－B5”。

(3) 计算左侧卡方值和右侧卡方值。在 A8 单元格中输入“右侧卡方值”,在 B8 单元格中输入公式“＝CHI.INV(B5,B1－1)”。在 A9 单元格中输入“左侧卡方值”,在 B9 单元格中输入公式“＝CHI.INV(B6,B1－1)”。也可以使用“插入函数”对话框,选择 CHI.INV 函数进行操作。

(4) 计算方差上限和方差下限。在 A11 单元格中输入“方差下限”,在 B11 单元格中输入公式“＝(B1－1) * B2^2/B8”。在 A12 单元格中输入“方差上限”,在 B12 单元格中输入公式“＝(B1－1) * B2^2/B9”。

最终结果如图 5.18 所示。

	A	B
1	样本容量	20
2	样本标准差	1.8
3	置信水平	0.95

图 5.17　输入数据

	A	B
1	样本容量	20
2	样本标准差	1.8
3	置信水平	0.95
4		
5	右侧置信水平	0.025
6	左侧置信水平	0.975
7		
8	右侧卡方值	32.85233
9	左侧卡方值	8.906516
10		
11	方差下限	1.87384
12	方差上限	6.911793

图 5.18　例 5.8 最终结果

习　题

1. 某企业需要了解一批货物的平均重量，为此随机抽取了 50 个样本，测得均值为 53kg。假设总体标准差为 2.6kg。

（1）在 95％的置信水平下，估计该批货物的总体均值置信区间。

（2）在 95％的置信水平下，如果要使极限误差控制在 0.5kg 以内，至少需要多少样本？

2. 某企业需要了解客户满意度，为此进行了一次客户调查，获取的数据如下：

6	5	9	7	8	8	9	7
4	6	5	8	7	6	5	8

在 95％的置信水平下估计客户满意度的置信区间。

3. 某电视台对某个节目进行收视率调查，随机抽取了 500 位观众，调查得知有 230 位观众观看了该节目。

（1）在 95％的置信水平下，估计该节目的收视率置信区间。

（2）在 95％的置信水平下，如果要使收视率极限误差控制在 2％以内，至少需要调查多少位观众？

4. 某企业需要对某一产品的重量进行控制，为此从一批产品中抽取了一组样本，获取了如下数据：

85	86	84	89	83	84	85	86	87	82
80	85	84	83	82	86	85	84	87	79
83	84	85	89	87	85	84	86	88	87

在 95％的置信水平下，估计该批产品的方差置信区间。

第6章 假设检验

假设检验是推断统计的重要内容之一，它与参数估计一样都是抽样分布的应用。本章介绍假设检验的基本思想，并介绍如何通过 Excel 进行假设检验。

6.1 假设检验的基本思想与基本步骤

所谓假设检验，就是对一个总体参数进行假设，利用样本数据来检测假设为真或假的可能性的一种推断统计应用。具体来说，就是首先根据问题提出假设，然后利用样本数据计算检验统计量，最后根据显著性水平确定假设是否成立。所以，假设检验也被称为显著性检验。

6.1.1 假设检验的基本思想

下面通过一个例子来介绍假设检验的基本思想。

例 6.1 某公司需要对产品的重量进行检测。如果符合生产要求，产品应该服从均值为 20kg、标准差为 0.8kg 的正态分布。现随机抽取 35 件产品组成一组样本，测得样本的均值为 19.52kg。以 0.05 为显著性水平，这批产品是否合格？

如果仅从数据表面来看，19.52kg 低于 20kg，这批产品应该是不合格的。但是，实际上导致差异的原因有可能是产品本身的问题，也有可能是随机抽样的因素造成的。例如，该组样本恰好都低于 20kg，但其他的产品可能都高于 20kg，如果仅仅凭借表面数据的判断就作出产品不合格的结论，可能导致公司的重大损失。那么，如何判断产品是否合格呢？其实可以转换一下思路。如果可以认为 19.52kg 和 20kg 的差异在允许范围内，或者说，在一定误差范围内可以认为 19.52kg“等于”20kg，那么这批产品就被认为是合格的；如果认为在一定误差范围内 19.52kg 不等于 20kg，那么这批产品就被认为是不合格的。根据这个思路，问题就变为“能否认定样本均值 19.52kg 等于总体均值 20kg”或者“样本均值是否等于总体均值”。这就是假设检验中的假设，验证该假设成立或不成立就是检验，而上面提到的误差范围就是显著性水平。

6.1.2 原假设与备择假设

在统计学中,假设一般有以下两类:

(1) 原假设 H_0。H_0 是根据经验对总体参数所做的描述。当检验统计量在可接受范围内时,该假设被认为是成立的。一般情况下,原假设是希望根据样本数据推翻的假设。

(2) 备择假设 H_1。H_1 是原假设的否定假设,当原假设被否定时,备择假设被接受,所以备择假设一定是与原假设相反的假设。一般情况下,备择假设是希望根据样本数据接受的假设。

H_0 和 H_1 构成一个完备的事件组,只能有一个成立,接受一个就必然拒绝另一个。一般在建立假设时,首先确定备择假设,然后再确定原假设。

如果备择假设没有方向性并含有符号≠,称为双侧检验。

如果备择假设具有方向性,称为单侧检验。如果符号为<,则称为左侧检验;如果符号为>,则称为右侧检验。

以例 6.1 为例,表 6.1 列出了各种情况下的原假设和备择假设。

表 6.1 各种情况下的原假设和备择假设

检验类型	原假设和备择假设	解　　释
双侧检验	$H_0: \mu=\mu_0$ $H_1: \mu\neq\mu_0$	H_0:样本均值等于总体均值 H_1:样本均值不等于总体均值
左侧检验	$H_0: \mu\geqslant\mu_0$ $H_1: \mu<\mu_0$	H_0:样本均值不小于总体均值 H_1:样本均值小于总体均值
右侧检验	$H_0: \mu\leqslant\mu_0$ $H_1: \mu>\mu_0$	H_0:样本均值不大于总体均值 H_1:样本均值大于总体均值

一般情况下,如果明确希望检验 $\mu=\mu_0$,或不能明确判断 μ 与 μ_0 的关系时,推荐使用双侧检验。如果检验具有明确的方向性,或者已经拒绝了 $\mu=\mu_0$ 假设,推荐使用单侧检验。以例 6.1 为例,问题是"这批产品是否合格",即判断样本均值是否等于总体均值,因此提出 $H_0: \mu=\mu_0$,$H_1: \mu\neq\mu_0$,即检验类型为双侧检验。

6.1.3 显著性水平与检验统计量

提出假设后,下一步就是检验假设是否成立。假设检验的依据是小概率原理。通常认为在一次试验中概率很小的事件(小概率事件)是实际上不可能出现的事件;然而,如果在一次观察中恰好出现小概率事件,那么就需要怀疑该事件是否是小概率事件了。例如,顾客去商场买东西,之前听说该商场货真价实(出现假货的概率是小概率事件),但是顾客买的 5 件商品中有 3 件是假货,那么顾客一定会怀疑该商场货真价实的正确性(怀疑出现假货的概率不是小概率事件),从而否定原来的假设。

那么,如何计算假设是否是小概率事件,或者说如何验证假设是否成立呢?在统计学中采用显著性水平和检验统计量来进行判断。

显著性水平是指当原假设为正确时人们却把它拒绝了的概率或风险。这是公认的小概率事件的概率值,必须在每一次统计检验之前确定,一般用 α 表示。确定显著性水平 α 以后,拒绝区域和接受区域也就确定了。

下面以正态分布为例来说明。对于双侧检验来说,拒绝区域为面积相同的左右两侧区域,面积都为 $\alpha/2$;接受区域为中间区域,面积为 $1-\alpha$。双侧检验的拒绝区域和接受区域如图 6.1 所示。其中 $-z_{\alpha/2}$ 和 $z_{\alpha/2}$ 称为临界值。

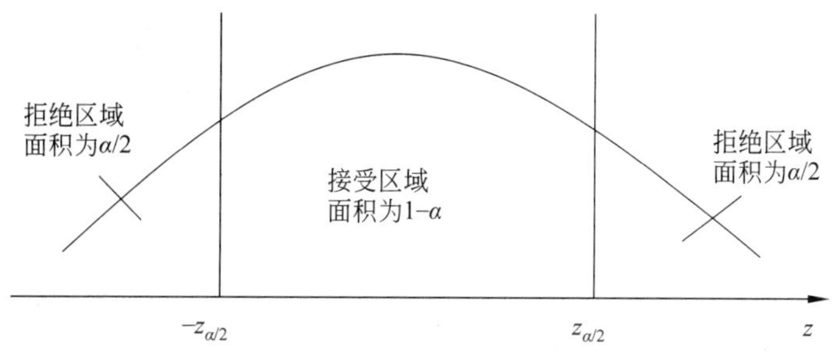

图 6.1　双侧检验的拒绝区域和接受区域

对于左侧检验来说,拒绝区域是面积为 α 的左侧区域,接受区域是面积为 $1-\alpha$ 的剩余区域,如图 6.2 所示。

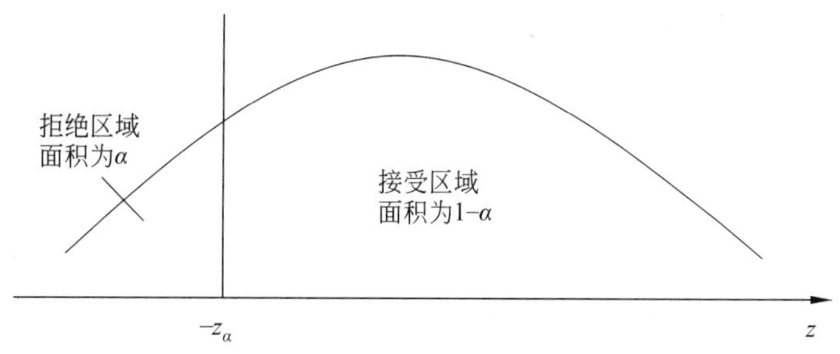

图 6.2　左侧检验的拒绝区域和接受区域

对于右侧检验来说,拒绝区域为面积为 α 的右侧区域,接受区域为面积为 $1-\alpha$ 的剩余区域,如图 6.3 所示。

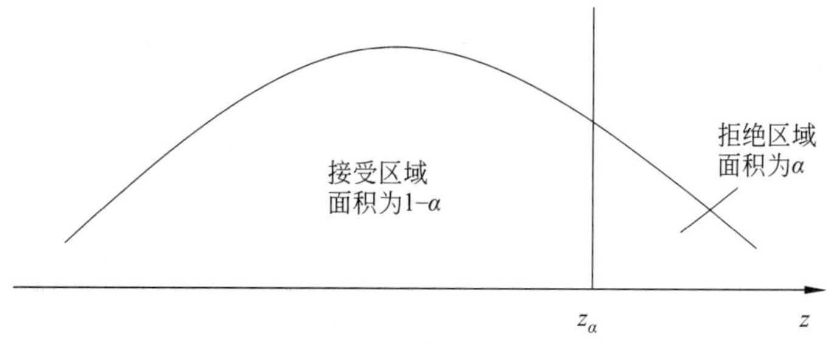

图 6.3　右侧检验的拒绝区域和接受区域

确定拒绝区域和接受区域后，接下来就需要判断样本数据在拒绝区域还是接受区域了。因为图 6.1～图 6.3 都是标准正态分布图，所以需要对样本数据进行标准化。将根据样本数据计算的数值进行标准化后的结果称为检验统计量。

假设总体均值为 μ、总体方差为 σ^2、样本均值为 $\bar{x}$、样本方差为 s^2。与第 5 章相同，对于均值检验来说，在总体方差已知或大样本情况下，数据服从正态分布，可以使用 z 统计量进行计算。一般公式为

$$z=\frac{\bar{x}-\mu}{\frac{\sigma}{\sqrt{n}}}$$

而在总体方差未知且小样本情况下，数据服从学生 t 分布，可以使用 t 统计量进行计算。一般公式为

$$t=\frac{\bar{x}-\mu}{\frac{s}{\sqrt{n}}}$$

仍以例 6.1 为例，可以发现题目中已经给出显著性水平为 0.05，根据 6.1.2 节的分析可以知道检验类型为双侧检验，拒绝区域和接受区域如图 6.1 所示，可以计算出单侧拒绝区域的面积为 0.025，接受区域的面积为 0.95。

因为总体方差已知，数据服从正态分布，所以使用 z 统计量进行计算，将数据带入公式，$z=\frac{19.52-20}{0.8/\sqrt{35}}$，计算得到 z 统计量为 -3.55（精确到两位小数）。

6.1.4 决策规则

确定了显著性水平和检验统计量后，根据检验统计量的分布可以确定检验规则。确定检验规则有两种方法：临界值法和 P 值法。

1. 临界值法

临界值法即使用检验统计量与临界值进行比较。表 6.2 以正态分布为例，列出了临界值法的检验规则。

表 6.2 正态分布临界值法的检验规则

检 验 类 型	原假设和备择假设	检 验 规 则
双侧检验	$H_0: \mu=\mu_0$ $H_1: \mu\neq\mu_0$	$\lvert z\rvert\leqslant z_{\alpha/2}$时接受原假设 $\lvert z\rvert> z_{\alpha/2}$时拒绝原假设
左侧检验	$H_0: \mu\geqslant\mu_0$ $H_1: \mu<\mu_0$	$z\geqslant -z_\alpha$时接受原假设 $z<-z_\alpha$时拒绝原假设
右侧检验	$H_0: \mu\leqslant\mu_0$ $H_1: \mu>\mu_0$	$z\leqslant z_\alpha$时接受原假设 $z>z_\alpha$时拒绝原假设

继续对例 6.1 进行求解，使用临界值法进行统计检验。已知 z 统计量为 -3.55，因为

使用双侧检验，所以对 z 统计量取绝对值为 3.55。下面需要计算临界值，在 Excel 中使用标准反正态函数 NORM.S.INV 可以求出临界值为 1.96(输入公式“=ABS(NORM.S.INV(0.025))”)。比较 z 统计量与临界值，可以发现 3.55>1.96，即 z 统计量大于临界值或者说 $|z|>z_{\alpha/2}$，统计量落在拒绝区域，拒绝原假设而接受备择假设，即结论为“在 0.05 的显著性水平下该批产品的重量均值不等于 20kg”。

下面使用 Excel 完成上述步骤。

(1) 打开“第 6 章假设检验.xlsx”工作簿，选择“例 6.1”工作表，在 A1:B7 单元格区域中输入题目中的数据，如图 6.4 所示。

(2) 计算检验统计量。在 A9 单元格中输入“检验统计量”，在 B9 单元格中输入公式“=ABS((B3−B4)/(B6/SQRT(B5)))”。

(3) 计算临界值。在 D9 单元格中输入“临界值”，在 E9 单元格中输入公式“=ABS(NORM.S.INV(B7/2))”。

(4) 结论。在 A11 单元格中输入“结论”，在 A11 单元格中输入公式“=IF(B9<E9,"接受原假设","拒绝原假设")”，结果如图 6.5 所示。

	A	B
1	$H_0: \mu=\mu_0$	
2	$H_1: \mu\neq\mu_0$	
3	样本均值	19.52
4	总体均值	20
5	样本容量	35
6	标准差	0.8
7	显著性水平	0.05

图 6.4 输入数据

	A	B	C	D	E
1	$H_0: \mu=\mu_0$				
2	$H_1: \mu\neq\mu_0$				
3	样本均值	19.52			
4	总体均值	20			
5	样本容量	35			
6	标准差	0.8			
7	显著性水平	0.05			
8					
9	检验统计量	3.5496479		临界值	1.959964

图 6.5 例 6.1 采用临界值法的最终结果

从以上操作过程可以发现，使用 Excel 函数可以极大地减少计算量，加快计算的速度。

2. *P* 值法

P 值是指检验统计量的观察值至少在原假设为真的条件下得到与该统计量计算值一样极端的概率。如果 *P* 值小，则意味着在原假设下小概率事件发生了。从图形上来说，*P* 值就是检验统计量与标准正态分布曲线所围的图形的面积。

表 6.3 正态分布 *P* 值法的检验规则

检验类型	原假设和备择假设	检验规则
双侧检验	$H_0: \mu=\mu_0$ $H_1: \mu\neq\mu_0$	$P\geqslant\alpha/2$ 时接受原假设 $P<\alpha/2$ 时拒绝原假设
左侧检验	$H_0: \mu\geqslant\mu_0$ $H_1: \mu<\mu_0$	$P\geqslant\alpha$ 时接受原假设 $P<\alpha$ 时拒绝原假设
右侧检验	$H_0: \mu\leqslant\mu_0$ $H_1: \mu>\mu_0$	$P\geqslant\alpha$ 时接受原假设 $P<\alpha$ 时拒绝原假设

利用 P 值进行判断的方法十分简单，只需要将 P 值与单侧拒绝区域的面积进行比较。如果 P 值小于单侧拒绝区域面积，则拒绝原假设；如果 P 值大于或等于单侧拒绝区域面积，则接受原假设。表 6.3 列出了正态分布情况下 P 值法的检验规则。

对例 6.1 使用 P 值法进行统计决策，已知 z 统计量为 -3.55，使用标准正态函数 NORM.S.DIST 可以求出 P 值为 0.0002(输入公式"=NORM.S.DIST(-3.55)")。因为使用双侧检验，在 Excel 中比较 P 值与 $\alpha/2$，可以发现 $0.0002<0.025$，即 $P<\alpha/2$，统计量落在拒绝区域中，因此拒绝原假设而接受备择假设，即结论为"在 0.05 的显著性水平下该批产品的重量均值不同等于 20kg"。

下面使用 Excel 完成上述步骤。

(1) 打开"第 6 章假设检验.xlsx"工作簿，选择"例 6.1"工作表，在 A1:B7 单元格区域中输入题目中的数据。

(2) 计算检验统计量。在 A9 单元格中输入"检验统计量"，在 B9 单元格中输入公式"=((B3-B4)/(B6/SQRT(B5)))"。

(3) 计算 P 值。在 D9 单元格中输入"P 值"，在 E9 单元格中输入公式"=NORM.S.DIST(B9, TRUE)"。

(4) 结论。在 A11 单元格中输入"结论"，在 B11 单元格中输入公式"=IF(E9>B7/2, "接受原假设","拒绝原假设")"，最终结果如图 6.6 所示。

	A	B	C	D	E
1	$H_0:\mu=\mu_0$				
2	$H_1:\mu\neq\mu_0$				
3	样本均值	19.52			
4	总体均值	20			
5	样本容量	35			
6	总体标准差	0.8			
7	显著性水平	0.05			
8					
9	检验统计量	-3.549648		P值	0.000192873
10					
11	结论	拒绝原假设			

图 6.6　例 6.1 采用 P 值法的最终结果

比较临界值法和 P 值法可以发现，两种方法的步骤(1)和(2)是一样的，不同点在于步骤(3)和(4)。在步骤(3)和(4)中，临界值法通过显著性水平计算临界值来与检验统计量进行比较，而 P 值法通过检验统计量计算 P 值来与显著性水平进行比较。

6.2　单个总体假设检验

6.2.1　总体方差已知或大样本情况下的均值假设检验

当总体服从均值为 μ、方差为 σ^2 的正态分布时，取自该总体的随机样本 $x_1, x_2, \cdots, x_n$ 的样本均值 $\bar{x}$ 服从均值为 μ、方差为 σ^2/n 的正态分布，即 $\bar{x}\sim N\left(\mu,\frac{\sigma^2}{n}\right)$，对 $\bar{x}$ 进行标

准化，对应的 z 统计量为

$$z=\frac{\bar{x}-\mu}{\frac{\sigma}{\sqrt{n}}}\sim N(0,1)$$

在总体方差未知但样本容量 $n\geqslant 30$ 的情况下，可以用正态分布来进行近似计算，使用样本方差 s^2 来代替总体方差 σ^2。对应的 z 统计量为

$$z=\frac{\bar{x}-\mu}{\frac{s}{\sqrt{n}}}\sim N(0,1)$$

1. 双侧检验

例 6.2 某学校调查新生的身高。根据经验，新生的历史身高为 168cm，标准差为 3.1cm。现抽取 15 名新生组成样本，得到样本均值为 171cm。在 0.05 的显著性水平下，能否说该学校新生的身高等于历史身高？

步骤如下：

(1) 根据题目提出假设。显然 $H_0:\mu=168$，$H_1:\mu\neq 168$。打开"第 6 章假设检验.xlsx"工作簿，选择"例 6.2"工作表，在 A1:B7 单元格区域中输入题目中的数据，如图 6.7 所示。

(2) 计算检验统计量。在 A9 单元格中输入"检验统计量"，在 B9 单元格中输入公式"=ABS((B3-B4)/(B6/SQRT(B5)))"。

(3) 计算 P 值。在 D9 单元格中输入"P 值"，在 E9 单元格中输入公式"=NORM.S.DIST(-B9)"。

(4) 结论。在 A11 单元格中输入"结论"，在 B11 单元格中输入公式"=IF(E9>B7/2,"接受原假设","拒绝原假设")"，最终结果如图 6.8 所示。

	A	B
1	$H_0:\mu=\mu_0$	
2	$H_1:\mu\neq\mu_0$	
3	样本均值	171
4	总体均值	168
5	样本容量	15
6	标准差	3.1
7	显著性水平	0.05

图 6.7 提出假设并输入数据

	A	B	C	D	E
1	$H_0:\mu=\mu_0$				
2	$H_1:\mu\neq\mu_0$				
3	样本均值	171			
4	总体均值	168			
5	样本容量	15			
6	标准差	3.1			
7	显著性水平	0.05			
8					
9	检验统计量	3.7480484		P值	8.91E-05
10					
11	结论	拒绝原假设			

图 6.8 例 6.2 最终结果

2. 左侧检验

例 6.3 某地区 2018 年 20 户家庭年收入(单位为万元)数据如下：

20.12 16.53 25.98 14.38 11.68 12.12 18.74 13.57 11.72 10.42
9.90 10.28 9.64 13.27 12.34 12.42 18.65 16.52 12.43 15.69

已知该地区家庭年收入的标准差为3.1万元。在0.05的显著性水平下，该地区家庭年收入均值是否低于16万元？

分析：在本例中，问题为“该地区家庭年收入均值是否低于16万元”，由此提出备择假设为$\mu<16$，因此，H_0：$\mu\geqslant16$，H_1：$\mu<16$，采用左侧检验。又因为题目中给出了总体标准差为3.1，故而使用正态分布来计算z统计量。

步骤如下：

(1) 根据题目提出假设。显然H_0：$\mu\geqslant16$，H_1：$\mu<16$。打开“第6章假设检验.xlsx”工作簿，选择“例6.3”工作表，输入题目中的数据，并计算样本均值，如图6.9所示。

	A	B	C	D	E	F	G	H	I	J
1	20.12	16.53	25.98	14.38	11.68	12.12	18.74	13.57	11.72	10.42
2	9.9	10.28	9.64	13.27	12.34	12.42	18.65	16.52	12.43	15.69
3										
4	H0: μ ≥ 16									
5	H1: μ < 16									
6	样本均值	14.32								
7	总体均值	16								
8	样本容量	20								
9	标准差	3.1								
10	显著性水平	0.05								

图6.9　提出假设并输入和计算数据

(2) 计算检验统计量。在A12单元格中输入“检验统计量”，在B12单元格中输入公式“=ABS((B6-B7)/(B9/SQRT(B8)))”。

(3) 计算P值。在D12单元格中输入“P值”，在E12单元格中输入公式“=NORM.S.DIST(-B12)”。

(4) 结论。在A14单元格中输入“结论”，在B14单元格中输入公式“=IF(E12>B10,"接受原假设","拒绝原假设")”，最终结果如图6.10所示。

	A	B	C	D	E	F	G	H	I	J
1	20.12	16.53	25.98	14.38	11.68	12.12	18.74	13.57	11.72	10.42
2	9.9	10.28	9.64	13.27	12.34	12.42	18.65	16.52	12.43	15.69
3										
4	H0: μ ≥ 16									
5	H1: μ < 16									
6	样本均值	14.32								
7	总体均值	16								
8	样本容量	20								
9	标准差	3.1								
10	显著性水平	0.05								
11										
12	检验统计量	2.423609		P值	0.007684					
13										
14	结论	拒绝原假设								

图6.10　例6.3最终结果

3. 右侧检验

例6.4　某网店收到客户关于不按时送货的投诉。该网店怀疑责任在于他们委托的快递公司。快递公司保证他们的平均运输时间不超过4天，标准差为0.5天。网店随机抽取30次运输记录，得知样本均值为4.3天。以0.01为显著性水平，对快递公司的保证做出判断。

分析：在本例中，问题为“对快递公司的保证做出判断”，而快递公司的保证是平均运输时间不超过 4 天，由此提出原假设为 $\mu\leqslant 4$，因此，$H_0: \mu\leqslant 4$，$H_1: \mu>4$，采用右侧检验。又因为题目中给出了总体标准差为 0.5 天，故而使用正态分布来计算 z 统计量。

步骤如下：

（1）根据题目提出假设。显然 $H_0: \mu\leqslant 4$，$H_1: \mu>4$。打开“第 6 章假设检验.xlsx”工作簿，选择“例 6.4”工作表，在 A1:B7 单元格区域中输入题目中的数据，如图 6.11 所示。

（2）计算检验统计量。在 A9 单元格中输入“检验统计量”，在 B9 单元格中输入公式“=ABS((B3-B4)/(B6/SQRT(B5)))”。

（3）计算 P 值。在 D9 单元格中输入“P 值”，在 E9 单元格中输入公式“=NORM.S.DIST(-B9)”。

（4）结论。在 A11 单元格中输入“结论”，在 B11 单元格中输入公式“=IF(E9>B7,"接受原假设","拒绝原假设")”，最终结果如图 6.12 所示。

	A	B
1	H0: μ ≤ 4	
2	H1: μ > 4	
3	样本均值	4.3
4	总体均值	4
5	样本容量	30
6	标准差	0.5
7	显著性水平	0.01

图 6.11　提出假设并输入数据

	A	B	C	D	E
1	H0: μ ≤ 4				
2	H1: μ > 4				
3	样本均值	4.3			
4	总体均值	4			
5	样本容量	30			
6	标准差	0.5			
7	显著性水平	0.01			
8					
9	检验统计量	3.286335		P值	0.000508
10					
11	结论	拒绝原假设			

图 6.12　例 6.4 最终结果

根据以上几个例子可以看出，假设检验的求解步骤为

（1）提出原假设和备择假设。

（2）确定适当的检验统计量。

（3）计算临界值或 P 值。

（4）得出结论。根据检验统计量与临界值的关系，或显著性水平与 P 值的关系，得出“接受原假设”或“拒绝原假设”的结论。

6.2.2　总体方差未知且为小样本情况下的均值假设检验

小样本是指样本容量 $n<30$ 时的情况。本节讨论的情况前提为总体方差未知并且样本容量小于 30。在这种情况下，可以使用样本的标准差 s 代替未知的总体标准差 σ，新的统计量服从自由度为 $n-1$ 的学生 t 分布，即

$$t=\frac{\bar{x}-\mu}{\frac{s}{\sqrt{n}}}\sim t(n-1)$$

小样本均值假设检验同样根据假设的不同分为双侧检验、左侧检验和右侧检验。与

正态分布不同，学生 t 分布分为单尾分布和双尾分布，因此在进行计算时一定要分清楚检验的类型，然后才能选择正确的函数参数。表 6.4 列出了小样本均值假设检验的检验类型和判定方法。

表 6.4　小样本均值检验的检测类型和判定方法

检验类型	双侧检验	左侧检验	右侧检验
假设	$H_0: \mu=\mu_0$ $H_1: \mu\neq\mu_0$	$H_0: \mu\geqslant\mu_0$ $H_1: \mu<\mu_0$	$H_0: \mu\leqslant\mu_0$ $H_1: \mu>\mu_0$
检验统计量	$t=\dfrac{\bar{x}-\mu}{\dfrac{s}{\sqrt{n}}}$		
临界值法拒绝区域判定	$\lvert t\rvert>t_{\alpha/2}(n-1)$	$t<-t_{\alpha}(n-1)$	$t>t_{\alpha}(n-1)$
P 值法拒绝区域判定	$P<\alpha$		

在 Excel 中可以使用 T.DIST 函数计算 P 值，使用 T.INV 函数计算临界值，但是根据不同的假设检验类型，函数的使用方法有一定的区别，在下面的介绍中会详细进行说明。

1. 双侧检验

例 6.5　某银行 B 类账户的平均存款额为 9500 元。现在该银行在异地开设了一家支行，经理随机抽取了 15 个 B 类账户，得到样本均值为 9460 元，样本标准差为 80 元。以 0.05 为显著性水平，经理是否可以确定该支行的 B 类账户的平均存款额不等于 9500 元?

分析：在本例中，问题为"经理是否可以确定该支行的 B 类账户的平均存款额不等于 9500 元"。显然可以提出备择假设 $\mu\neq9500$，因此，$H_0: \mu=9500$，$H_1: \mu\neq9500$，假设检测类型为双侧检验。又因为题目中没有给出总体标准差且样本容量为 15(小于 30)，因而使用学生 t 分布计算 t 统计量。

步骤如下：

(1) 根据题目提出假设。显然 $H_0: \mu=9500$，$H_1: \mu\neq9500$。打开"第 6 章假设检验.xlsx"工作簿，选择"例 6.5"工作表，在 A1:B7 单元格区域中输入题目中的数据，如图 6.13 所示。

(2) 计算检验统计量。在 A9 单元格中输入"检验统计量"，在 B9 单元格中输入公式"=ABS((B3-B4)/(B6/SQRT(B5)))"。

(3) 计算 P 值。在 D9 单元格中输入"P 值"，在 E9 单元格中输入公式"=T.DIST.2T(B9,B5-1,2)"。

(4) 结论。在 A11 单元格中输入"结论"，在 B11 单元格中输入公式"=IF(E9>B7,"接受原假设","拒绝原假设")"，最终结果如图 6.14 所示。

在以上 4 个步骤中，步骤(1)和(2)前面已经介绍过了，这里只解释步骤(3)和(4)。在步骤(3)中，使用 T.DIST.2T 函数来计算学生 t 分布的 P 值，其语法为

	A	B
1	$H_0: \mu = 9500$	
2	$H_1: \mu \neq 9500$	
3	样本均值	9460
4	总体均值	9500
5	样本容量	15
6	标准差	80
7	显著性水平	0.05

图 6.13　提出假设并输入数据

	A	B	C	D	E
1	$H_0: \mu = 9500$				
2	$H_1: \mu \neq 9500$				
3	样本均值	9460			
4	总体均值	9500			
5	样本容量	15			
6	标准差	80			
7	显著性水平	0.05			
8					
9	检验统计量	1.936492		P值	0.073258
10					
11	结论	接受原假设			

图 6.14　例 6.5 最终结果

```
T.DIST.2T(x,deg_freedom)
```

其中,x 表示要计算学生 t 分布的数值,在这里就是检验统计量;deg_freedom 表示自由度,值为 $n-1$。T.DIST.2T 返回学生的双尾 t 分布,如图 6.15 所示。也可以使用 T.DIST.2T 函数的“函数参数”对话框计算 P 值,如图 6.16 所示。

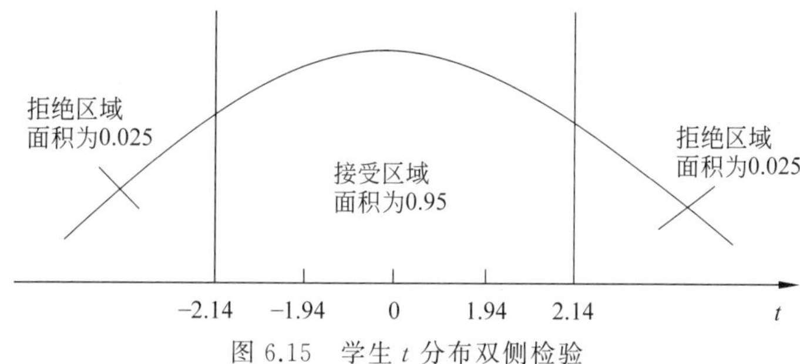

图 6.15　学生 t 分布双侧检验

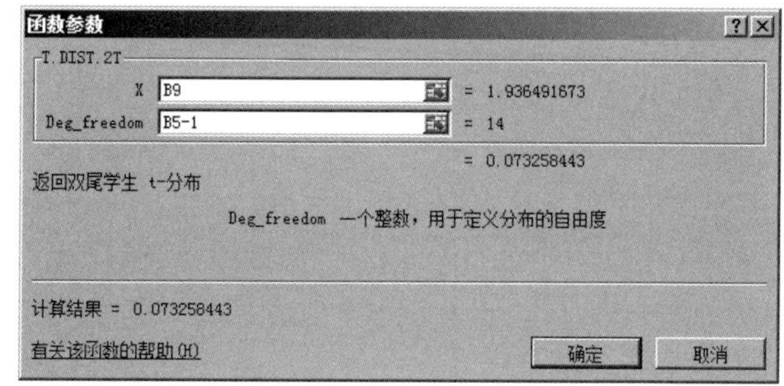

图 6.16　T.DIST.2T 函数的“函数参数”对话框

使用临界值法解题的步骤如下:

(1) 根据题目提出假设。显然 $H_0: \mu=9500$,$H_1: \mu\neq9500$。打开“第 6 章假设检验.xlsx”工作簿,选择“例 6.5-2”工作表,在 A1:B7 单元格区域中输入题目中的数据,如图 6.17 所示。

(2) 计算检验统计量。在 A9 单元格中输入“检验统计量”,在 B9 单元格中输入公式“=ABS((B3-B4)/(B6/SQRT(B5)))”。

(3) 计算临界值。在 D9 单元格中输入“临界值”,在 E9 单元格中输入公式“=T.INV.2T(B7,B5-1)”。

也可以使用 T.INV.2T 函数的“函数参数”对话框计算临界值，如图 6.17 所示。

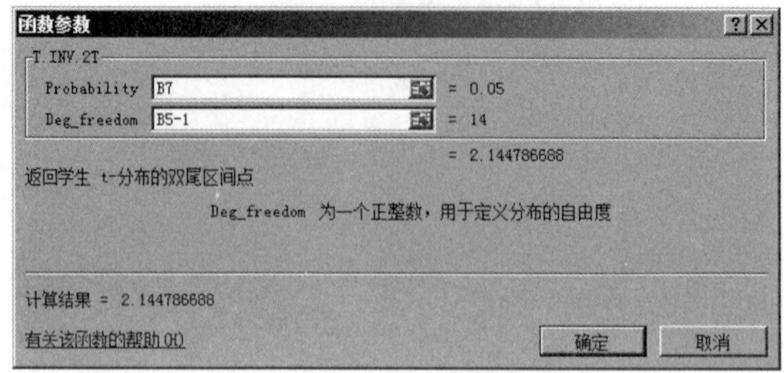

图 6.17　T.INV.2T 函数的“函数参数”对话框

(4) 结论。在 A11 单元格中输入“结论”，在 B11 单元格中输入公式“=IF(B9<E9,"接受原假设","拒绝原假设")”，最终结果如图 6.18 所示。

	A	B	C	D	E
1	$H_0: \mu = 9500$				
2	$H_1: \mu \neq 9500$				
3	样本均值	9460			
4	总体均值	9500			
5	样本容量	15			
6	标准差	80			
7	显著性水平	0.05			
8					
9	检验统计量	1.936492		临界值	2.144787
10					
11	结论	接受原假设			

图 6.18　例 6.5 最终结果

2. 左侧检验

例 6.6　某地区 2018 年 20 户家庭年收入数据见例 6.3。在 0.05 的显著性水平下，该地区家庭年收入均值是否低于 15 万元？

分析：在本例中，问题为“该地区家庭年收入均值是否低于 15 万元”。显然可以提出备择假设为 $\mu<15$，因此，$H_0: \mu \geqslant 15$，$H_1: \mu<15$，假设检测类型为左侧检验。又因为题目中没有给出总体标准差且样本容量为 20(小于 30)，故而使用学生 t 分布计算 t 统计量。

使用 P 值法解题的步骤如下：

(1) 根据题目提出假设。显然 $H_0: \mu \geqslant 15$，$H_1: \mu<15$。打开“第 6 章假设检验.xlsx”工作簿，选择“例 6.6”工作表，在的 A1:J2 单元格区域中输入题目中的数据并在 A4:B10 单元格中进行数据计算，如图 6.19 所示。

(2) 计算检验统计量。在 A12 单元格中输入“检验统计量”，在 B12 单元格中输入公式“=ABS((B6－B7)/(B9/SQRT(B8)))”。

(3) 计算 P 值。在 D9 单元格中输入“P 值”，在 E9 单元格中输入公式“=T.DIST(B12,B8－1,1)”。

	A	B	C	D	E	F	G	H	I	J
1	20.12	16.53	25.98	14.38	11.68	12.12	18.74	13.57	11.72	10.42
2	9.9	10.28	9.64	13.27	12.34	12.42	18.65	16.52	12.43	15.69
3										
4	H0: μ≥15									
5	H1: μ<15									
6	样本均值	14.32								
7	总体均值	15								
8	样本容量	20								
9	标准差	4.128164								
10	显著性水平	0.05								

图 6.19　提出假设并输入数据

(4) 结论。在 A14 单元格中输入“结论”，在 B14 单元格中输入公式“=IF(E12>B10,"接受原假设","拒绝原假设")”，最终结果如图 6.20 所示。

	A	B	C	D	E	F	G	H	I	J
1	20.12	16.53	25.98	14.38	11.68	12.12	18.74	13.57	11.72	10.42
2	9.9	10.28	9.64	13.27	12.34	12.42	18.65	16.52	12.43	15.69
3										
4	H0: μ≥15									
5	H1: μ<15									
6	样本均值	14.32								
7	总体均值	15								
8	样本容量	20								
9	标准差	4.128164								
10	显著性水平	0.05								
11										
12	检验统计量	0.73666		P值	0.297095					
13										
14	结论	接受原假设								

图 6.20　例 6.6 采用 P 值法求解的最终结果

在以上 4 个步骤中，步骤(1)和(2)与例 6.5 没有区别。下面主要解释步骤(3)。在步骤(3)中，使用 T.DIST 函数来计算学生 t 分布的 P 值，其语法为

```
T.DIST(x, deg_freedom, cumulative)
```

T.DIST 返回左尾学生分布。其中，x 表示要计算学生 t 分布的数值，在这里就是检验统计量；deg_freedom 表示自由度，值为 $n-1$；cumulative 决定函数形式的逻辑值，如果 cumulative 为 TRUE，则 T.DIST 返回累积分布函数，如果为 FALSE，则返回概率密度函数。可以参考图 6.21 所示的学生 t 分布左侧检验图来进行分析。从图中可以明显发现拒绝区域为左侧部分，符合学生 t 分布的单尾分布特征，需要使用单尾分布函数求检验统计量的 P 值，这样才能在步骤(4)中将 P 值和显著性水平 α 进行比较。

需要特别注意的是，在左侧检验中，如果使用临界值法进行计算，仅从图 6.21 来看，求出的临界值应该为负值，但是求出的检验统计量为正值，此时不能直接进行比较，必须求临界值的绝对值，并且将判断条件改为 $t<|t_{\alpha}(n-1)|$。

下面介绍使用临界值法解题的步骤：

(1) 根据题目提出假设。显然 $H_0: \mu \geqslant 15$，$H_1: \mu < 15$。打开“第 6 章假设检验.xlsx”工作簿，选择“例 6.6-2”工作表，在 A1:J2 单元格区域中输入题目中的数据并在 A4:B10 单元格中进行数据计算，如图 6.22 所示。

(2) 计算检验统计量。在 A12 单元格中输入“检验统计量”，在 B12 单元格中输入公

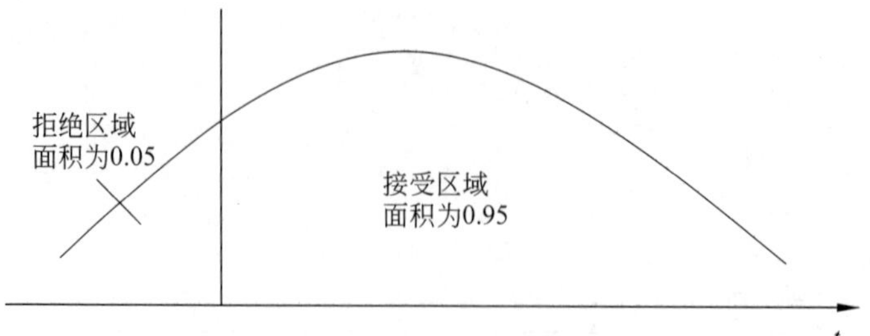

图 6.21　学生 t 分布左侧检验

	A	B	C	D	E	F	G	H	I	J
1	20.12	16.53	25.98	14.38	11.68	12.12	18.74	13.57	11.72	10.42
2	9.9	10.28	9.64	13.27	12.34	12.42	18.65	16.52	12.43	15.69
3										
4	H_0: $\mu \geq 15$									
5	H_1: $\mu < 15$									
6	样本均值	14.32								
7	总体均值	15								
8	样本容量	20								
9	标准差	4.128164								
10	显著性水平	0.05								
11										
12	检验统计量	0.73666		临界值	1.729133					

图 6.22　提出假设并输入数据

式“＝ABS((B6－B7)/(B9/SQRT(B8)))”。

(3) 计算临界值。在 D12 单元格中输入“临界值”，在 E12 单元格中输入公式“＝ABS(T.INV(B10,B19))”。

(4) 结论。在 A14 单元格中输入“结论”，在 B14 单元格中输入公式“＝IF(B12＜E12,"接受原假设","拒绝原假设")”，最终结果如图 6.23 所示。

	A	B	C	D	E	F	G	H	I	J
1	20.12	16.53	25.98	14.38	11.68	12.12	18.74	13.57	11.72	10.42
2	9.9	10.28	9.64	13.27	12.34	12.42	18.65	16.52	12.43	15.69
3										
4	H_0: $\mu \geq 15$									
5	H_1: $\mu < 15$									
6	样本均值	14.32								
7	总体均值	15								
8	样本容量	20								
9	标准差	4.128164								
10	显著性水平	0.05								
11										
12	检验统计量	0.73666		临界值	1.729133					
13										
14	结论	接受原假设								

图 6.23　例 6.6 采用临界值法求解的最终结果

注意：在步骤(3)中，求解临界值时使用的公式为：“＝ABS(T.INV(B10,B19))”，计算 t 分布的左尾反函数。语法为

```
T.INV(probability, deg_freedom)
```

其中，probability 为左尾分布的概率。deg_freedom 为自由度。

3. 右侧检验

例 6.7 已知某航班往返机票的平均折扣额为 660 元。现随机抽取该航班 3 月份 15 个机票折扣额数据如下：

585	468	700	647	710
658	716	669	612	712
610	669	711	712	650

在 0.05 的显著性水平下，3 月份折扣额是否高于平均折扣额？

分析：在本例中，问题为“3 月份折扣额是否高于平均折扣额”。显然可以提出备择假设为 $\mu>660$，因此，H_0：$\mu\leqslant 660$，H_1：$\mu>660$，假设检测类型为右侧检验。又因为题目中没有给出总体标准差且样本容量为 15（小于 30），因此使用学生 t 分布计算 t 统计量。

使用 P 值法解题的步骤如下：

(1) 根据题目提出假设。显然 H_0：$\mu\leqslant 660$，H_1：$\mu>660$。打开“第 6 章假设检验.xlsx”工作簿，选择“例 6.7”工作表，在 A1:E3 单元格区域中输入题目中的数据并在 A7:B11 单元格中进行数据计算，如图 6.24 所示。

	A	B	C	D	E
1	585	468	700	715	710
2	658	716	669	612	712
3	647	750	711	712	670
4					
5	H_0:	μ ⩽ 660			
6	H_1:	μ >660			
7	样本均值	669			
8	总体均值	660			
9	样本容量	15			
10	样本标准差	70.86305			
11	显著性水平	0.05			

图 6.24 提出假设并输入数据

(2) 计算检验统计量。在 A13 单元格中输入“检验统计量”，在 B13 单元格中输入公式“=ABS((B7−B8)/(B10/SQRT(B9)))”。

(3) 计算 P 值。在 D13 单元格中输入“P 值”，在 E13 单元格中输入公式“=T.DIST(−B13,B9−1,TRUE)”。

(4) 结论。在 A15 单元格中输入“结论”，在 B15 单元格中输入公式“=IF(E13>B11,"接受原假设","拒绝原假设")”，最终结果如图 6.25 所示。

步骤(3)中的单尾概率分布函数，可以参考图 6.26 所示的学生 t 分布右侧检验图来进行分析。

下面介绍使用临界值法解题的步骤：

(1) 根据题目提出假设。显然 H_0：$\mu\leqslant 660$，H_1：$\mu>660$。打开“第 6 章假设检验.xlsx”工作簿，选择“例 6.7-2”工作表，在 A1:E3 单元格区域中输入题目中的数据并在 A7:B11 单元格中进行数据计算，如图 6.27 所示。

(2) 计算检验统计量。在 A13 单元格中输入“检验统计量”，在 B13 单元格中输入公式“=ABS((B7−B8)/(B10/SQRT(B9)))”。

	A	B	C	D	E
1	585	468	700	715	710
2	658	716	669	612	712
3	647	750	711	712	670
4					
5	H_0: μ ≤ 660				
6	H_1: μ > 660				
7	样本均值	669			
8	总体均值	660			
9	样本容量	15			
10	标准差	70.86305			
11	显著性水平	0.05			
12					
13	检验统计量	0.49189		P值	0.31521
14					
15	结论	接受原假设			

图 6.25　例 6.7 采用 P 值法求解的最终结果

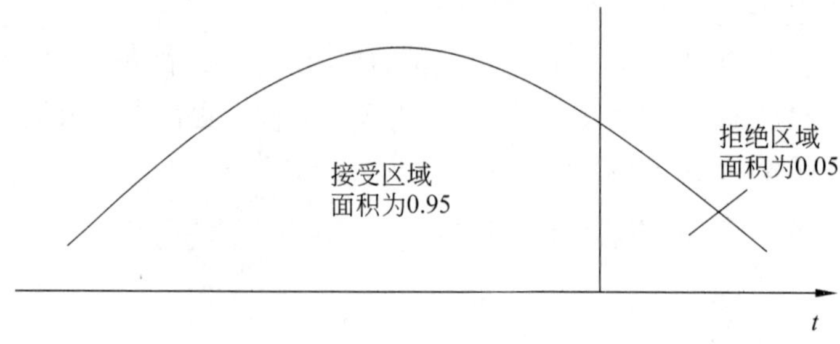

图 6.26　学生 t 分布右侧检验

	A	B	C	D	E
1	585	468	700	715	710
2	658	716	669	612	712
3	647	750	711	712	670
4					
5	H_0:	μ ≤ 660			
6	H_1:	μ > 660			
7	样本均值	669			
8	总体均值	660			
9	样本容量	15			
10	标准差	70.86305			
11	显著性水平	0.05			

图 6.27　提出假设并输入数据

(3) 计算临界值。在 D13 单元格中输入“临界值”，在 E13 单元格中输入公式“=ABS(T.INV(B11,B9−1))”。

(4) 结论。在 A15 单元格中输入“结论”，在 B15 单元格中输入公式“=IF(E13>B11,"接受原假设","拒绝原假设")”，最终结果如图 6.28 所示。

6.2.3　总体比例假设检验

总体比例是指总体中具有某种相同特征的个体所占的比例，通常用 p 表示样本比例，用 π 表示总体比例。总体比例假设检验与大样本总体均值假设检验基本上相同，区别仅在于统计量的计算不同，所以可以参考大样本总体均值检验的步骤。本节仅考虑大

	A	B	C	D	E
1	585	468	700	715	710
2	658	716	669	612	712
3	647	750	711	712	670
4					
5	H_0: $\mu \leqslant 660$				
6	H_1: $\mu > 660$				
7	样本均值	669			
8	总体均值	660			
9	样本容量	15			
10	标准差	70.86305			
11	显著性水平	0.05			
12					
13	检验统计量	0.49189		临界值	1.76131
14					
15	结论	接受原假设			

图 6.28　例 6.7 采用临界值法求解的最终结果

样本情况下的总体比例假设检验。表 6.5 列出了比例假设检验的检验类型和判定方法。

表 6.5　比例假设检验的检验类型和判定方法

检验类型	双侧检验	左侧检验	右侧检验
假设	$H_0: \pi=\pi_0$ $H_1: \pi\neq\pi_0$	$H_0: \pi\geqslant\pi_0$ $H_1: \pi<\pi_0$	$H_0: \pi\leqslant\pi_0$ $H_1: \pi>\pi_0$
检验统计量	$z=\dfrac{p-\pi_0}{\sqrt{\dfrac{\pi_0(1-\pi_0)}{n}}}$		
临界值法拒绝区域判定	$\lvert z\rvert > z_{\alpha/2}$	$z<-z_\alpha$	$z>z_\alpha$
P 值法拒绝区域判定	$P<\alpha$		

1. 双侧检验

例 6.8　某公司以往的市场调查结果显示，顾客满意度一直保持在 65%的水平上。近期，该公司接到一些投诉，由此对目前的顾客满意度产生了怀疑。该公司委托一家市场调查公司进行市场调查，随机抽取了 316 位顾客的样本，其中有 215 位顾客对品牌表示满意。以 0.05 为显著性水平，能否证明顾客满意度仍然保持在 65%的水平上？

分析：在本例中，问题为“能否证明顾客满意度仍然保持在 65%的水平上”。显然可以提出备择假设为 $\pi\neq65\%$，因此，$H_0: \pi=65\%$，$H_1: \pi\neq65\%$，假设检测类型为双侧检验。

使用 P 值法解题的步骤如下：

(1) 根据题目提出假设。显然 $H_0: \pi=65\%$，$H_1: \pi\neq65\%$。打开“第 6 章假设检验.xlsx”工作簿，选择“例 6.8”工作表，在 A1:B6 单元格区域中输入假设和题目中的数据，其中样本比例计算公式为“=215/316”，如图 6.29 所示。

(2) 计算检验统计量。在 A8 单元格中输入“检验统计量”，在 B8 单元格中输入公式“=(B3-B4)/SQRT(B4*(1-B4)/B5)”。

(3) 计算 P 值。在 D8 单元格中输入“P 值”，在 E8 单元格中输入公式“=NORM.S.

DIST(－B8,TRUE)”。

(4) 结论。在 A10 单元格中输入“结论”,在 B10 单元格中输入公式“＝IF(E8＞B6/2,"接受原假设","拒绝原假设")”,最终结果如图 6.30 所示。

	A	B
1	H_0:	π = 65%
2	H_1:	π ≠ 65%
3	样本比例	68.04%
4	总体比例	65%
5	样本容量	316
6	显著性水平	0.05

图 6.29 提出假设并输入数据

	A	B	C	D	E
1	H_0:	π = 65%			
2	H_1:	π ≠ 65%			
3	样本比例	68.04%			
4	总体比例	65%			
5	样本容量	316			
6	显著性水平	0.05			
7					
8	检验统计量	1.132236		P值	0.128768
9					
10	结论	接受原假设			

图 6.30 最终结果

2. 单侧检验

由于该类问题在 6.2.1 节中有较为详细的描述,因此这里就不展开叙述了。

例 6.9 将例 6.8 的问题修改为“能否证明顾客满意度比过去有所提高”。由于管理者关心的是顾客满意度是否提高,明显应为单侧检验中的右侧检验。

下面仅列出 P 值法的解题步骤:

(1) 根据题目提出假设。显然 $H_0: \pi \leqslant 65\%$, $H_1: \pi > 65\%$。打开“第 6 章假设检验.xlsx”工作簿,选择“例 6.8”工作表,在 A1:B6 单元格区域中输入假设和题目中的数据,其中样本比例计算公式为“＝215/316”,如图 6.31 所示。

(2) 计算检验统计量。在 A8 单元格中输入“检验统计量”,在 B8 单元格中输入公式“＝(B3－B4)/SQRT(B4＊(1－B4)/B5)”。

(3) 计算 P 值。在 D8 单元格中输入“P 值”,在 E8 单元格中输入公式“＝NORM.S.DIST(－B8,TRUE)”。

(4) 结论。在 A10 单元格中输入“结论”,在 B10 单元格中输入公式“＝IF(E8＞B6/2,"接受原假设","拒绝原假设")”,最终结果如图 6.32 所示。

	A	B
1	H_0:	π ≤ 65%
2	H_1:	π > 65%
3	样本比例	68.04%
4	总体比例	65%
5	样本容量	316
6	显著性水平	0.05

图 6.31 提出假设并输入数据

	A	B	C	D	E
1	H_0:	π ≤ 65%			
2	H_1:	π > 65%			
3	样本比例	68.04%			
4	总体比例	65%			
5	样本容量	316			
6	显著性水平	0.05			
7					
8	检验统计量	1.132236		P值	0.128768
9					
10	结论	接受原假设			

图 6.32 例 6.9 最终结果

6.3 总体方差假设检验

6.3.1 总体方差假设检验的基本内容

在假设检验中，有时需要检验总体的方差，本节中介绍的方差假设检验要求总体服从正态分布。方差假设检验的基本步骤与均值假设检验相似，主要差别是使用的分布不同。方差假设检验主要使用卡方分布计算。其基本思想为：利用样本方差建立一个 χ^2 统计量并构造接受区域和拒绝区域。在单侧检验中，拒绝区域在 χ^2 统计量的分布曲线的一边；在双侧检验中，拒绝区域在 χ^2 统计量的分布曲线的两边。如果检验统计量大于或等于临界值而落入拒绝区域或 P 值小于显著性水平而落入拒绝区域，便拒绝原假设，否则不能拒绝原假设。假设 σ^2 表示总体方差，s^2 表示样本方差，检验统计量的计算公式为

$$\chi^2=\frac{(n-1)s^2}{\sigma^2}$$

方差假设检验的检验类型和判定方法如表 6.6 所示。

表 6.6 方差假设检验的检验类型和判定方法

检验类型	双侧检验	左侧检验	右侧检验
假设	$H_0:\sigma=\sigma_0$ $H_1:\sigma\neq\sigma_0$	$H_0:\sigma\geqslant\sigma_0$ $H_1:\sigma<\sigma_0$	$H_0:\sigma\leqslant\sigma_0$ $H_1:\sigma>\sigma_0$
检验统计量	$\chi^2=\frac{(n-1)s^2}{\sigma^2}$		
临界值法拒绝区域判定	$\chi^2<\chi^2_{1-\alpha/2}(n-1)$ 或 $\chi^2>\chi^2_{1-\alpha/2}(n-1)$	$\chi^2<\chi^2_{1-\alpha/2}(n-1)$	$\chi^2>\chi^2_{1-\alpha/2}(n-1)$
P 值法拒绝区域判定	$P<\alpha$		

6.3.2 总体方差双侧检验

例 6.10 某机床用于生产某种零件，按要求，该零件外径的标准差为 0.03mm。现从生产的零件中随机抽取 12 个，它们的外径数据如下：

0.0378　0.0528　0.0314　0.0178　0.0315　0.0534

0.0344　0.0334　0.0289　0.0179　0.0290　0.0412

在 0.05 的显著性水平下，该机床的加工精度是否达到要求？

分析：在本例中，问题为“该机床的加工精度是否达到要求”。显然可以提出备择假设为 $\sigma\neq0.03$，因此，$H_0:\sigma=0.03$，$H_1:\sigma\neq0.03$，假设检测类型为双侧检验。

使用 P 值法解题的步骤如下：

(1) 根据题目提出假设。显然 $H_0:\sigma=0.03$，$H_1:\sigma\neq0.03$，打开“第 6 章假设检验.xlsx”工作簿，选择“例 6.9”工作表，在 A1:F2 的单元格区域中输入题目中的数据，并计算样本

标准差，如图 6.33 所示。

	A	B	C	D	E	F
1	0.0378	0.0528	0.0314	0.0178	0.0315	0.0534
2	0.0344	0.0334	0.0289	0.0179	0.029	0.0412
3						
4	H_0:	σ = 0.03				
5	H_1:	σ ≠ 0.03				
6	样本标准差	0.011209				
7	总体标准差	0.03				
8	样本容量	12				
9	显著性水平	0.05				

图 6.33 提出假设并输入数据

(2) 计算检验统计量。在 A11 单元格中输入“检验统计量”，在 B11 单元格中输入公式“=(B8−1)*B6^2/B7^2”。

(3) 计算 *P* 值。在 D11 单元格中输入“P 值”，在 E11 单元格中输入公式“=CHISQ.DIST(B11,B8−1,TRUE)”。

(4) 结论。在 A13 单元格中输入“结论”，在 B13 单元格中输入公式“=IF(E11*2>B9,"接受原假设","拒绝原假设")”，最终结果如图 6.34 所示。

	A	B	C	D	E	F
1	0.0378	0.0528	0.0314	0.0178	0.0315	0.0534
2	0.0344	0.0334	0.0289	0.0179	0.029	0.0412
3						
4	H_0:	σ = 0.03				
5	H_1:	σ ≠ 0.03				
6	样本标准差	0.011209				
7	总体标准差	0.03				
8	样本容量	12				
9	显著性水平	0.05				
10						
11	检验统计量	1.535647		P值	0.000426	
12						
13	结论	拒绝原假设				

图 6.34 例 6.10 采用 *P* 值法求解的最终结果

在以上 4 个步骤中，步骤(2)使用了统计量计算公式进行计算，步骤(3)使用了 CHISQ.DIST 函数。除了手动输入函数外，还可以使用 CHISQ.DIST 函数的“函数参数”对话框，如图 6.35 所示。

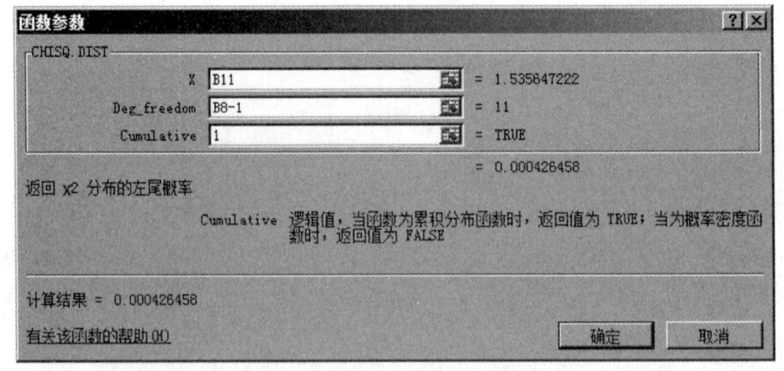

图 6.35 CHISQ.DIST 函数的“函数参数”对话框

请注意，CHISQ.DIST 函数用来计算卡方分布的左尾概率，可以参考图 6.36 所示的卡方分布概率密度图来进行分析。

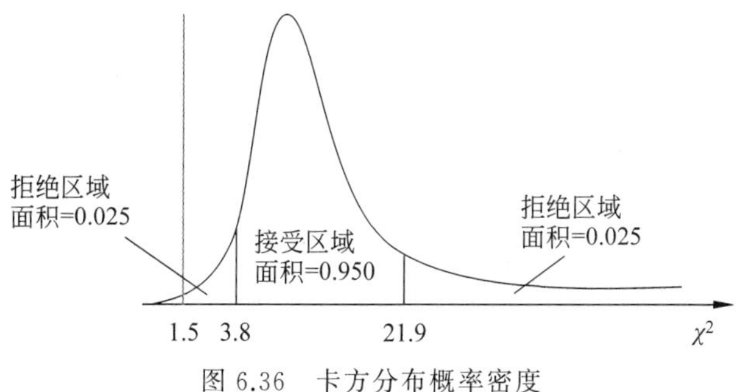

图 6.36　卡方分布概率密度

下面介绍临界值法解题的步骤：

(1) 根据题目提出假设。显然 H_0：$\sigma=0.03$，H_1：$\sigma\neq0.03$。打开“第 6 章假设检验.xlsx”工作簿，选择“例 6.9-2”工作表，在 A1:F2 的单元格区域中输入题目中的数据，并计算样本标准差，如图 6.37 所示。

	A	B	C	D	E	F
1	0.0378	0.0528	0.0314	0.0178	0.0315	0.0534
2	0.0344	0.0334	0.0289	0.0179	0.029	0.0412
3						
4	H_0:	$\sigma\leqslant0.03$				
5	H_1:	$\sigma>0.03$				
6	样本标准差	0.011209				
7	总体标准差	0.03				
8	样本容量	12				
9	显著性水平	0.05				

图 6.37　提出假设并输入数据

(2) 计算检验统计量。在 A11 单元格中输入“检验统计量”，在 B11 单元格中输入公式“=(B8−1) * B6^2/B7^2”。

(3) 计算左侧卡方值与右侧卡方值。在 A13 单元格中输入“左侧卡方值”，在 B13 单元格中输入公式“=CHISQ.INV(B9/2,B8−1)”。在 A14 单元格中输入“右侧卡方值”，在 B14 单元格中输入公式“=CHISQ.INV.RT(B9/2,B8−1)”。

(4) 结论。在 A16 单元格中输入“结论”，在 B16 单元格中输入公式“=IF(AND(B11>B13,B11<B14),"接受原假设","拒绝原假设")”，最终结果如图 6.38 所示。

6.3.3　总体方差单侧检验

例 6.11　继续例 6.10，在 0.05 的显著性水平下，该机床的加工精度是否高于 0.03mm？

分析：在本例中，问题为“该机床的加工精度是否高于 0.03mm”。显然可以提出备择假设为 $\sigma>0.03$，因此，H_0：$\sigma\leqslant0.03$，H_1：$\sigma>0.03$，假设检测类型为右侧检验。

使用 P 值法解题的步骤如下：

	A	B	C	D	E	F
1	0.0378	0.0528	0.0314	0.0178	0.0315	0.0534
2	0.0344	0.0334	0.0289	0.0179	0.029	0.0412
3						
4	H_0:	σ = 0.03				
5	H_1:	σ ≠ 0.03				
6	样本标准差	0.011209				
7	总体标准差	0.03				
8	样本容量	12				
9	显著性水平	0.05				
10						
11	检验统计量	1.535647				
12						
13	左侧卡方值	3.815748				
14	右侧卡方值	21.92005				
15						
16	结论	拒绝原假设				

图 6.38　例 6.10 采用临界值法求解的最终结果

（1）根据题目提出假设。显然 $H_0: \sigma \leqslant 0.03, H_1: \sigma > 0.03$。打开“第 6 章假设检验.xlsx”工作簿，选择“例 6.10”工作表，在 A1:F2 单元格区域中输入题目中的数据，并计算样本标准差，如图 6.39 所示。

	A	B	C	D	E	F
1	0.0378	0.0528	0.0314	0.0178	0.0315	0.0534
2	0.0344	0.0334	0.0289	0.0179	0.029	0.0412
3						
4	H_0:	σ ≤ 0.03				
5	H_1:	σ > 0.03				
6	样本标准差	0.011209				
7	总体标准差	0.03				
8	样本容量	12				
9	显著性水平	0.05				

图 6.39　提出假设并输入数据

（2）计算检验统计量。在 A11 单元格中输入“检验统计量”，在 B11 单元格中输入公式“=(B8－1) * B6^2/B7^2”。

（3）计算 P 值。在 D11 单元格中输入“P 值”，在 E11 单元格中输入公式“=CHISQ.DIST.RT(B11,B8－1)”。

（4）结论。在 A13 单元格中输入“结论”，在 B13 单元格中输入公式“=IF(E11<B9,"拒绝原假设","接受原假设")”，最终结果如图 6.40 所示。

	A	B	C	D	E	F
1	0.0378	0.0528	0.0314	0.0178	0.0315	0.0534
2	0.0344	0.0334	0.0289	0.0179	0.029	0.0412
3						
4	H_0:	σ ≤ 0.03				
5	H_1:	σ > 0.03				
6	样本标准差	0.011209				
7	总体标准差	0.03				
8	样本容量	12				
9	显著性水平	0.05				
10						
11	检验统计量	1.535647		P值	0.999574	
12						
13	结论	接受原假设				

图 6.40　例 6.11 采用 P 值法求解的最终结果

使用临界值法解题的步骤如下：

（1）同 P 值法的步骤(1)。

（2）同 P 值法的步骤(2)。

（3）计算 P 值。在 A13 单元格中输入“右侧卡方值”，在 B13 单元格中输入公式“=CHISQ.INV.RT(B9,B8−1)”。

（4）结论。在 A15 单元格中输入“结论”，在 B15 单元格中输入公式“=IF(B11>B13,"拒绝原假设","接受原假设")”，最终结果如图 6.41 所示。

	A	B	C	D	E	F
1	0.0378	0.0528	0.0314	0.0178	0.0315	0.0534
2	0.0344	0.0334	0.0289	0.0179	0.029	0.0412
3						
4	H0:	σ ≤ 0.03				
5	H1:	σ > 0.03				
6	样本标准差	0.011209				
7	总体标准差	0.03				
8	样本容量	12				
9	显著性水平	0.05				
10						
11	检验统计量	1.535647				
12						
13	右侧卡方值	19.67514				
14						
15	结论	接受原假设				

图 6.41　例 6.11 采用临界值法求解的最终结果

6.4　两个总体均值之差假设检验

两个总体均值之差假设检验是以两组样本的均值之差的抽样分布为基础来构造统计量的方法。本节所说的总体都服从正态分布。

1. 大样本的情况

假设总体 1 的标准差为σ_1，均值为$\bar{x}_1$，样本 1 的容量为n_1，标准差为s_1，均值为$\bar{\mu}_1$，总体 2 的标准差为σ_2，均值为$\bar{x}_2$，样本 2 的容量为n_2，标准差为s_2，均值为 $\bar{\mu}_2$。

如果总体 1 和总体 2 的方差已知，则统计量的计算公式为

$$z=\frac{(\bar{x}_1-\bar{x}_2)-(\bar{\mu}_1-\bar{\mu}_2)}{\sqrt{\dfrac{\sigma_1^2}{n_1}+\dfrac{\sigma_2^2}{n_2}}}$$

如果总体 1 和总体 2 的方差未知，则统计量的计算公式为

$$z=\frac{(\bar{x}_1-\bar{x}_2)-(\bar{\mu}_1-\bar{\mu}_2)}{\sqrt{\dfrac{s_1^2}{n_1}+\dfrac{s_2^2}{n_2}}}$$

2. 小样本的情况

在小样本情况下，统计量的公式较为复杂。可以分为两种情况讨论。

(1) 总体方差未知,但有 $\sigma_1^2=\sigma_2^2$。

抽样分布服从自由度为 n_1+n_2-2 的学生 t 分布,统计量的计算公式为

$$t=\frac{(\bar{x}_1-\bar{x}_2)-(\bar{\mu}_1-\bar{\mu}_2)}{s_p\sqrt{\dfrac{1}{n_1}+\dfrac{1}{n_2}}}$$

其中

$$s_p=\sqrt{\frac{(n_1-1)s_1^2-(n_2-1)s_2^2}{n_1+n_2-2}}$$

(2) 总体方差未知,但有 $\sigma_1^2\neq\sigma_2^2$。

如果 $n_1=n_2$,抽样分布服从自由度为 n_1+n_2-2 的学生 t 分布。

如果 $n_1\neq n_2$,抽样分布服从自由度为 df 的学生 t 分布,其中 df 的计算公式为

$$\mathrm{df}=\frac{\left(\dfrac{s_1^2}{n_1}+\dfrac{s_2^2}{n_2}\right)^2}{\dfrac{\left(\dfrac{s_1^2}{n_1}\right)^2}{n_1-1}+\dfrac{\left(\dfrac{s_2^2}{n_2}\right)^2}{n_2-1}}$$

统计量的计算公式为

$$t=\frac{(\bar{x}_1-\bar{x}_2)-(\bar{\mu}_1-\bar{\mu}_2)}{\sqrt{\dfrac{s_1^2}{n_1}+\dfrac{s_2^2}{n_2}}}$$

从上面的介绍可以得知,两个总体均值之差假设检验是较为复杂的,尤其是各种情况下的公式运用,稍不注意就会出错。为此,Excel 提供了数据分析工具,大大减少了计算量。本节后续的内容将使用数据分析工具进行计算。

例 6.12 某食品公司生产的一种食品有微辣和爆辣两种口味,该公司想知道消费者更喜欢哪种口味。现选择 35 位消费者进行评分,得分如下:

微辣样本数据:

4 5 2 5 5 5 5 5 5 4 5 5 4 4 4 5 5 5 5 4

5 5 5 4 5 5 4 4 4 4 5 5 5 5 4

爆辣样本数据:

4 5 4 5 3 3 4 5 5 2 5 3 3 4 4 5 4 5 2 3

4 5 5 5 5 1 3 3 4 4 4 5 3 4 3

在 0.05 的显著性水平下,两种口味是否有差别?

分析:在本例中,问题为"两种口味是否有差别"。显然可以提出备择假设为 $\mu_1-\mu_2\neq0$,因此,H_0:$\mu_1-\mu_2=0$,H_1:$\mu_1-\mu_2\neq0$,假设检测类型为双侧检验。又因为样本容量 35(大于 30),为大样本,可以使用"z-检验:双样本平均差检验"分析工具来计算。

步骤如下:

(1) 根据题目提出假设。显然 H_0:$\mu_1-\mu_2=0$,H_1:$\mu_1-\mu_2\neq0$。打开"第 6 章假设检验.xlsx"工作簿,选择"例 6.11"工作表,在 A2:A36 和 C2:C36 两个单元格区域中输入

题目中的数据,并计算两组数据的方差,如图 6.42 所示。

	A	B	C	D	E	F
1	微辣		爆辣		H_0:	$\mu_1-\mu_2=0$
2	4		4		H_1:	$\mu_1-\mu_2\neq 0$
3	5		5		方差1	0.428571
4	2		4		方差2	1.104202
5	5		5		显著性水平	0.05

图 6.42　提出假设并输入数据

(2) 在“数据”选项卡中单击“数据分析”按钮,在弹出的“数据分析”对话框中选择“z-检验:双样本平均差检验”分析工具,如图 6.43 所示,单击“确定”按钮,弹出如图 6.44 所示的“z-检验:双样本平均差检验”对话框。

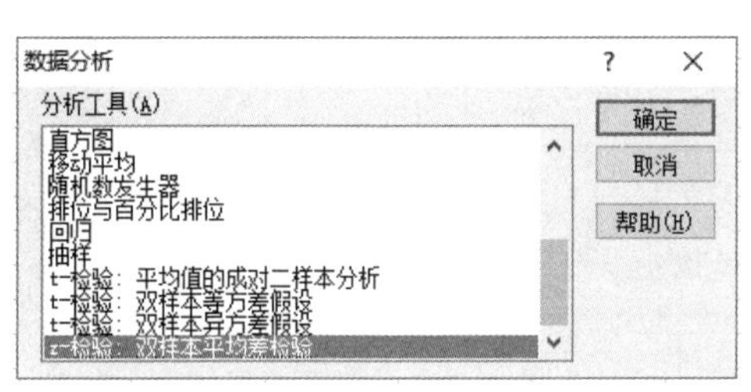

图 6.43　“数据分析”对话框

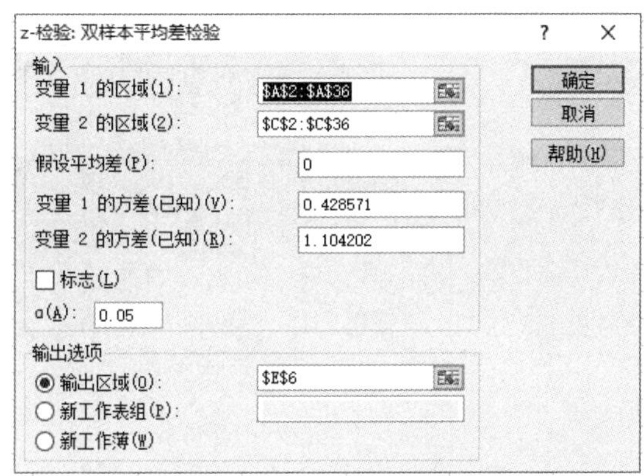

图 6.44　“z-检验:双样本平均差检验”对话框

(3) 在“z-检验:双样本平均差检验”对话框“变量 1 的区域”文本框中输入“$A$2:$A$36”,表示引用微辣样本数据;在“变量 2 的区域”文本框中输入“$C$2:$C$36”,表示引用爆辣样本数据;在“假设平均差”文本框中输入 0,表示原假设为 $\mu_1-\mu_2=0$;在 α 文本框中输入 0.05,表示显著性水平为 0.05;在“输出选项”下选择“输出区域”单选按钮,并在右侧的文本框中输入 $E$6,表示数据输出到 E6 单元格。单击“确定”按钮完成设置,最后输出结果如图 6.45 所示。

(4) 结论。在 E20 单元格中输入“结论”,在 F20 单元格中输入公式“=IF(F17>F5,"接受原假设","拒绝原假设")”,最终结果如图 6.46 所示。

例 6.13　某公司使用新技术生产了一种新灯泡。该公司有旧灯泡的检验数据,也有新灯泡的检验数据,如下所示:

旧灯泡样本数据:

42　46　64　53　38　44　61　44　50　60　39　51　42　37　45　65　54　46　42　44

新灯泡样本数据:

55　45　58　52　54　47　51　61　49　56　52　49

根据这些数据,在显著性水平为 0.05 的情况下,能否认定新灯泡的平均寿命比旧灯泡长?

	A	B	C	D	E	F	G
1	微辣		爆辣		H_0:	$\mu_1-\mu_2=0$	
2	4		4		H_1:	$\mu_1-\mu_2\neq 0$	
3	5		5		方差1	0.428571	
4	2		4		方差2	1.104202	
5	5		5		显著性水平	0.05	
6	5		3				
7	5		3		z-检验：双样本均值分析		
8	5		4				
9	5		5			变量 1	变量 2
10	5		5		平均	4.571429	3.885714
11	4		2		已知协方差	0.428571	1.104202
12	5		5		观测值	35	35
13	5		3		假设平均差	0	
14	4		3		z	3.276712	
15	4		4		P(Z<=z) 单尾	0.000525	
16	4		4		z 单尾临界	1.644854	
17	5		5		P(Z<=z) 双尾	0.00105	
18	5		4		z 双尾临界	1.959964	

图 6.45 “z-检验：双样本平均差检验”分析工具的输出结果

	A	B	C	D	E	F	G
1	微辣		爆辣		H_0:	$\mu_1-\mu_2=0$	
2	4		4		H_1:	$\mu_1-\mu_2\neq 0$	
3	5		5		方差1	0.428571	
4	2		4		方差2	1.104202	
5	5		5		显著性水平	0.05	
6	5		3				
7	5		3		z-检验：双样本均值分析		
8	5		4				
9	5		5			变量 1	变量 2
10	5		5		平均	4.571429	3.885714
11	4		2		已知协方差	0.428571	1.104202
12	5		5		观测值	35	35
13	5		3		假设平均差	0	
14	4		3		z	3.276712	
15	4		4		P(Z<=z) 单尾	0.000525	
16	4		4		z 单尾临界	1.644854	
17	5		5		P(Z<=z) 双尾	0.00105	
18	5		4		z 双尾临界	1.959964	
19	5		5				
20	5		2		结论	拒绝原假设	

图 6.46 例 6.12 最终结果

分析：在本例中，问题为“能否认定新灯泡的平均寿命比旧灯泡长”。显然可以提出备择假设为$\mu_1-\mu_2>0$，因此，H_0：$\mu_1-\mu_2\leqslant 0$，H_1：$\mu_1-\mu_2>0$，假设检测类型为右侧检验。又因为样本容量小于 30，为小样本，故需按照小样本计算方法进行计算。首先需要使用“F-检验 双样本方差”分析工具判断总体方差是否相等。如果相等，则可以使用“t-检验：双样本等方差假设”分析工具来计算；如果不相等，则需使用“t-检验：双样本异方差假设”分析工具来计算。

步骤如下：

(1) 判断方差是否相等。显然 H_0：$\sigma_1-\sigma_2=0$，H_1：$\sigma_1-\sigma_2\neq 0$。打开“第 6 章假设检验.xlsx”工作簿，选择“例 6.12”工作表，在 A2:A21 和 B2:B13 单元格区域中输入题目中的数据，如图 6.47 所示。

(2) 在“数据”选项卡中单击“数据分析”按钮，在弹出的“数据分析”对话框中选择

“F-检验 双样本方差”分析工具，单击“确定”按钮，弹出如图 6.48 所示的“F-检验 双样本方差”对话框。

	A	B
1	旧灯泡	新灯泡
2	42	55
3	46	45
4	64	58
5	53	52
6	38	54
7	44	47
8	61	51
9	44	61
10	50	49
11	60	56
12	39	52
13	51	49
14	42	

图 6.47　输入数据

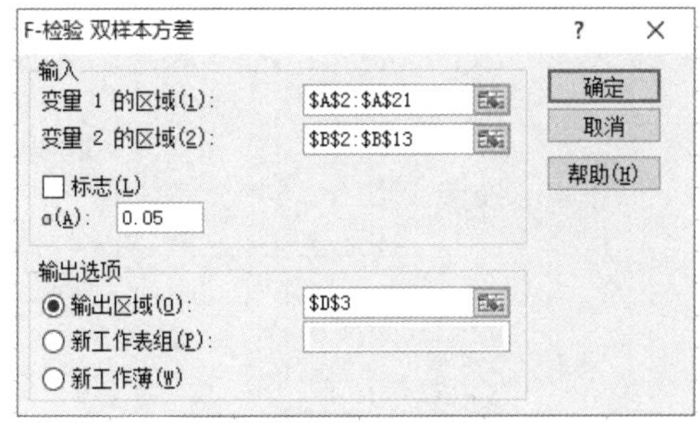

图 6.48　“F-检验 双样本方差”对话框

(3) 在“F-检验 双样本方差”对话框“变量 1 的区域”文本框中输入 \$A\$2:\$A\$21，表示引用旧灯泡的数据；在“变量 2 的区域”文本框中输入 \$B\$2:\$B\$13，表示引用新灯泡的数据；在 α 文本框中输入 0.05，表示显著性水平为 0.05；在“输出选项”下选择“输出区域”单选按钮，并在后面的文本框中输入 \$D\$3，表示数据输出到 D3 单元格，单击“确定”按钮完成设置，输出结果如图 6.49 所示。

	A	B	C	D	E	F
1	旧灯泡	新灯泡		显著性水平	0.05	
2	42	55				
3	46	45		F-检验 双样本方差分析		
4	64	58				
5	53	52			变量 1	变量 2
6	38	54		平均	48.35	52.41667
7	44	47		方差	73.92368	21.53788
8	61	51		观测值	20	12
9	44	61		df	19	11
10	50	49		F	3.432264	
11	60	56		P(F<=f) 单尾	0.020282	
12	39	52		F 单尾临界	2.65808	
13	51	49				
14	42			结论		

图 6.49　“F-检验 双样本方差”分析工具的输出结果

(4) 结论。在 D14 单元格中输入“结论”，在 E14 单元格中输入公式“=IF(E11>E1,"等方差","异方差")”，最终结果如图 6.50 所示。

(5) 在“数据”选项卡中单击“数据分析”按钮，在弹出的“数据分析”对话框中选择“t-检验：双样本异方差假设”分析工具，单击“确定”按钮，弹出如图 6.51 所示的“t-检验：双样本异方差假设”对话框。

(6) 在“t-检验：双样本异方差假设”对话框的“变量 1 的区域”文本框中输入 \$A\$2:\$A\$21，表示引用旧灯泡的数据；在“变量 2 的区域”文本框中输入 \$B\$2:\$B\$13，表示引用新灯泡的数据；在 α 文本框中输入 0.05，表示显著性水平为 0.05；在“输出选项”下选择“输出区域”单选按钮，并在后面的文本框中输入 \$D\$16，表示数据输出到 D16 单元格，单击“确定”按钮完成设置。

	A	B	C	D	E	F
1	旧灯泡	新灯泡		显著性水平	0.05	
2	42	55				
3	46	45		F-检验 双样本方差分析		
4	64	58				
5	53	52			变量 1	变量 2
6	38	54		平均	48.35	52.41667
7	44	47		方差	73.92368	21.53788
8	61	51		观测值	20	12
9	44	61		df	19	11
10	50	49		F	3.432264	
11	60	56		P(F<=f) 单尾	0.020282	
12	39	52		F 单尾临界	2.65808	
13	51	49				
14	42			结论	异方差	

图 6.50 方差检验结果

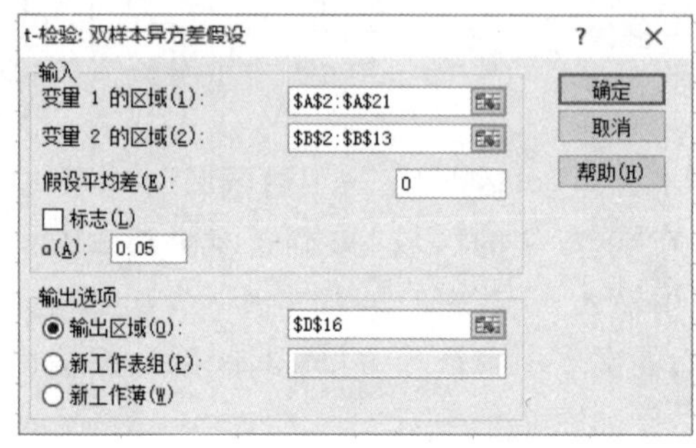

图 6.51 "t-检验：双样本异方差假设"对话框

(7) 结论。在 D30 单元格中输入"结论"，在 E30 单元格中输入公式"=IF(E11>E1,"接受原假设","拒绝原假设")"，最终结果如图 6.52 所示。

	A	B	C	D	E	F
1	旧灯泡	新灯泡		显著性水平	0.05	
2	42	55				
3	46	45		F-检验 双样本方差分析		
4	64	58				
5	53	52			变量 1	变量 2
6	38	54		平均	48.35	52.41667
7	44	47		方差	73.92368	21.53788
8	61	51		观测值	20	12
9	44	61		df	19	11
10	50	49		F	3.432264	
11	60	56		P(F<=f) 单尾	0.020282	
12	39	52		F 单尾临界	2.65808	
13	51	49				
14	42			结论	异方差	
15	37					
16	45			t-检验: 双样本异方差假设		
17	65					
18	54				变量 1	变量 2
19	46			平均	48.35	52.41667
20	42			方差	73.92368	21.53788
21	44			观测值	20	12
22				假设平均差	0	
23				df	30	
24				t Stat	-1.73545	
25				P(T<=t) 单尾	0.046462	
26				t 单尾临界	1.697261	
27				P(T<=t) 双尾	0.092924	
28				t 双尾临界	2.042272	
29						
30				结论	拒绝原假设	

图 6.52 例 6.13 最终结果

习　　题

1. 某地区年平均工资为 40 000 元。在一个行业中随机抽取 500 人作为一组样本，样本的年平均工资为 41 000 元。假设总体标准差为 7500 元。以 0.05 为显著性水平。

(1) 使用 P 值法检验该行业年平均工资是否与该地区相等。

(2) 使用临界值法检验该行业年平均工资是否与该地区相等。

2. 某农药厂生产某种农药，假定其浓度服从正态分布，浓度标准为 120mg/L。现从该厂抽取 5 包农药，测得其浓度指标为

119.1　121.1　119.9　119.7　118.6

(1) 使用 P 值法，能否以 0.05 的显著性水平判断该厂的农药符合标准？

(2) 使用临界值法，能否以 0.05 的显著性水平判断该厂的农药符合标准？

3. 某电视台预测某个节目的收视率至少为 60%。现对该节目进行收视率调查，随机抽取 200 位观众，调查得知有 140 位观众观看了该节目。以 0.05 为显著性水平。

(1) 使用 P 值法检验该电视台的预测是否成立。

(2) 使用临界值法检验该电视台的预测是否成立。

4. A、B 两个城市比较人均年收入水平，抽取两个城市的样本数据。

A 城市样本数据如下：

56 400　50 600　52 400　55 800　54 000　52 400　56 200　49 400　50 400
58 400　59 400　58 600　58 100　52 100　54 200　53 400　55 600　58 000
51 000　52 100　55 600　50 600　58 000　55 800　51 000　54 000　56 000
56 100　59 600　57 000　58 000　56 000　56 200　57 100　56 000　55 000
54 100　52 000　51 000　51 000

B 城市样本数据如下：

52 600　47 200　50 000　46 000　55 800　49 000　58 000　54 800　47 000
53 800　52 400　48 000　51 000　54 000　48 000　48 100　61 000　58 100
47 000　62 000　59 000　61 000　48 100　47 200　51 000　53 000　47 000
51 000　54 000　51 200　57 100　51 000　51 200　57 100　54 200　53 400
50 600　56 100　52 000　48 000

在 0.05 的显著性水平下，A 城市的人均年收入是否高于 B 城市？

5. 某企业的两个分厂生产同一种产品，分别抽取两个分厂的工人的生产效率数据。

A 分厂样本数据如下：

151　154　160　172　165　175　168　143　162 145　167　153　159　172　143
166　167　176

B 分厂样本数据如下：

153　147　165　160　148　154　156　172　159 173　157　177　157

在 0.05 的显著性水平下，两个分厂的生产效率均值是否相等？

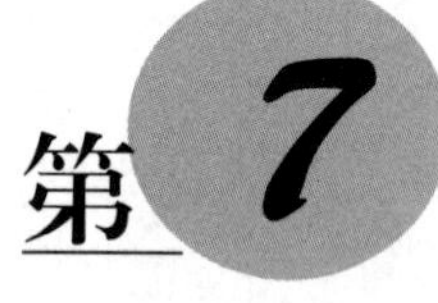

第7章 方差分析

方差分析又称变异数分析或F检验，由费希尔(R.A.Fisher)首先提出，其功能是推断两组或多组数据的均值是否相同，检验两个或多个样本均值的差异是否有统计学意义。由于各种因素的影响，研究所得的数据会有波动。造成波动的原因一般可分为两类，一类是不可控的随机因素，另一类是研究中施加的对结果形成影响的可控因素。本章主要介绍单因素方差分析和双因素方差分析。

7.1 方差分析简介

方差分析是从观测变量的方差入手，研究诸多控制变量中哪些对观测变量有显著影响。

一个复杂的事物，其中往往有许多因素既互相制约又互相依存。方差分析的目的是通过数据分析找出对该事物有显著影响的因素、各因素之间的相互作用以及显著影响因素的最佳水平等。方差分析是在可比较的数组中，把数据间总的差异按各指定的差异来源进行分解的一种技术。对变量的度量采用离差平方和的方式。方差分析方法就是从总离差平方和分解出可追溯到指定来源的部分离差平方和，这就是该方法的基本思想。经过方差分析，若拒绝了检验假设，只能说明多个样本均值不相等或不完全相等。若要得到各组均值间更详细的信息，应在方差分析的基础上进行多个样本均值的两两比较。

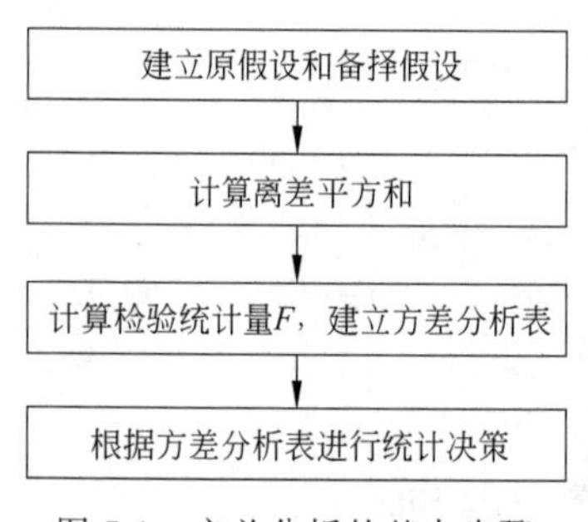

图7.1　方差分析的基本步骤

在进行方差检验时，首先假设总体各样本间的均值无差异。如果这一假设不能成立，则接受其反面假设，即总体至少有一个样本的均值与其余样本不相等。方差分析通过分析数据误差的来源判断不同样本的均值是否相等，在此基础上判断自变量对因变量是否具有显著影响。基于此，方差分析的基本步骤如图7.1所示。

7.2 单因素方差分析

方差分析最简单的形式就是单因素方差分析。单因素方差分析可用于检验两个或多个总体均值相等的原假设。单因素方差分析假定总体均值是正态分布的，总体方差是相等的，并且随机样本是相互独立的。

7.2.1 单因素方差分析的构想

例 7.1 某公司要对新销售人员进行不同的销售训练。为了比较训练的效果，随机选择了 3 组销售人员，每组 5 人。第一组接受 A 课程的销售训练，第二组接受 B 课程的销售训练，第三组没有参与任何训练。训练结束后，收集训练后两个星期内的各组销售人员的销售业绩，如表 7.1 所示。

表 7.1 3 组销售人员销售业绩 单位/元

参加 A 课程人员销售业绩	参加 B 课程人员销售业绩	未参加培训人员销售业绩
2018	3342	2231
2168	2678	2532
3042	3041	1189
2567	2563	2019
1022	3022	1762

根据该数据，(数据见“第 7 章方差分析.xlsx”工作簿中的“销售课程”工作表)，在显著性水平为 0.1 的条件下，是否有理由证明 3 组销售人员的销售水平有所不同?

在本例中，销售训练是要检验的因素，3 种不同销售训练可看作该因素的 3 种水平。这是一个单因素三水平的实验。若 3 种训练对销售量的影响没有显著差异，则说明无须训练即可达到较好的销售业绩；若有显著差异，则需要从中选取一种较优的方案，以取得更好的销售业绩。

如何判断销售训练是否对销售业绩有显著影响呢? 由表 7.1 的数据可以看到下面两个特点：一是在同一种销售训练下，销售业绩有所不同；二是接受不同的销售训练，销售业绩是不同的。这可能是由于训练方法与训练内容不同造成的，也可能是由于随机原因造成的。因此，判断销售训练对销售业绩的影响是否显著的问题，可以归结为检验销售业绩的差异是何种原因引起的。这一问题可以转化为销售人员来自 3 个不同的总体，通常假定这 3 个不同的总体服从正态分布，且各个总体的方差也相同。因此，该问题就可以简化为检验几个具有相同方差的正态分布总体均值是否相等的问题。

操作如下：

(1) 打开“第 7 章方差分析.xlsx”工作簿，选择“销售课程”工作表，如图 7.2 所示。

(2) 在 A7 单元格中输入“样本均值”，在 A8 单元格中输入“总体均值”。

(3) 在 B7 单元格中输入公式“=AVERAGE(B2:B6)”，计算样本均值，并将其复制到 C7 和 D7 中单元格中。3 个值分别是 2163.4、2929.2 和 1946.6。

(4) 在 D8 单元格中输入公式“=AVERAGE(B2:D6)”，计算 B2:D6 单元格区域中 15 个数据的均值，值为 2346.4。

为了得到方差分析所需要的数据，需要将“销售课程”工作表中的数据复制到另一个工作表中，操作如下：

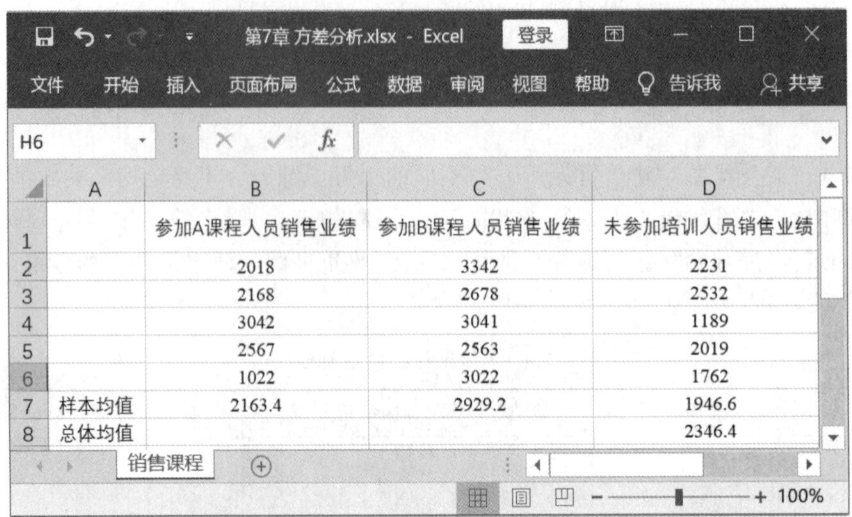

	A	B	C	D
1		参加A课程人员销售业绩	参加B课程人员销售业绩	未参加培训人员销售业绩
2		2018	3342	2231
3		2168	2678	2532
4		3042	3041	1189
5		2567	2563	2019
6		1022	3022	1762
7	样本均值	2163.4	2929.2	1946.6
8	总体均值			2346.4

图 7.2 “销售课程”工作表

(1) 创建“计算表”工作表,在 A1 单元格中输入“样本”,在 B1 单元格中输入 x,在 C1 单元格中输入 xbar(x 为小写),在 D1 单元格中输入 Xbar(X 为大写)。

(2) 选择“销售课程”工作表,选择 B2:B6 单元格区域,在“开始”功能区中单击“复制”按钮,切换到“计算表”工作表。选择 B2 单元格,在“开始”功能区中选择“选择性粘贴”选项,打开“选择性粘贴”对话框,如图 7.3 所示。

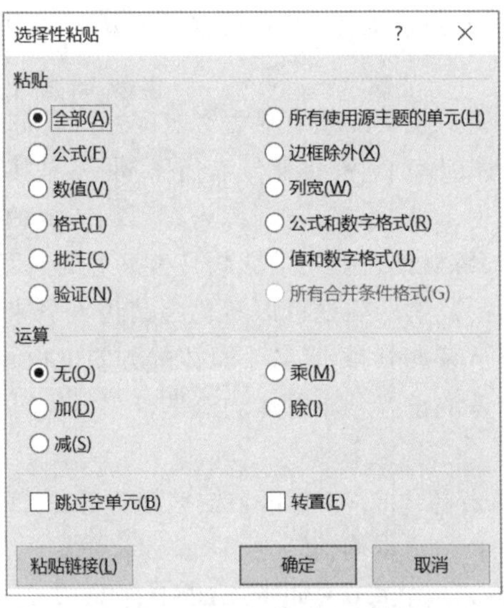

图 7.3 “选择性粘贴”对话框

(3) 在“粘贴”选项组中选择“全部”单选按钮,在“运算”选项组中选择“无”单选按钮,单击“粘贴链接”按钮,数据从“销售课程”工作表中被复制到“计算表”中的 B2:B6 单元格区域中。

(4) 在“销售课程”工作表中选择 B7 单元格,在“开始”功能区中单击“复制”按钮。切换到“计算表”工作表，选择 C2:C6 单元格区域，在“开始”功能区中选择“选择性粘贴”选项，打开“选择性粘贴”对话框。

（5）在“粘贴”选项组中选择“全部”单选按钮，在“运算”选项组中选择“无”单选按钮，单击“粘贴链接”按钮，这时在 C2:C6 单元格区域中每一个单元格将显示第一组均值 2163.4，这种操作同样可以使用公式“=销售课程！$B$7”实现。

（6）在“计算表”工作表的 A2:A6 单元格区域中输入 1，表示是第一组的样本。

（7）按照步骤（2）～（6）的方法，将“参加 B 课程人员销售业绩”和“未参加培训人员销售业绩”的数据及均值复制到“计算表”中 B7:B11、C7:C11、B12:B16、C12:C16 单元格的相应位置。

（8）在“计算表”工作表中，在 A7:A11 单元格区域中输入 2，在 A12:A16 单元格区域中输入 3。

（9）在“销售课程”工作表中选择 D8 单元格，它是所有 15 名销售人员数据的均值，在工具栏中单击“复制”按钮，切换至“计算表”工作表，选择 D2:D16 单元格区域，在工具栏中选择“选择性粘贴”选项，打开“选择性粘贴”对话框，“粘贴”和“运算”选项组保持默认设置，单击“粘贴链接”按钮，在 D2:D16 单元格区域的每一单元格中将显示所有数据的均值，具体如图 7.4 所示。

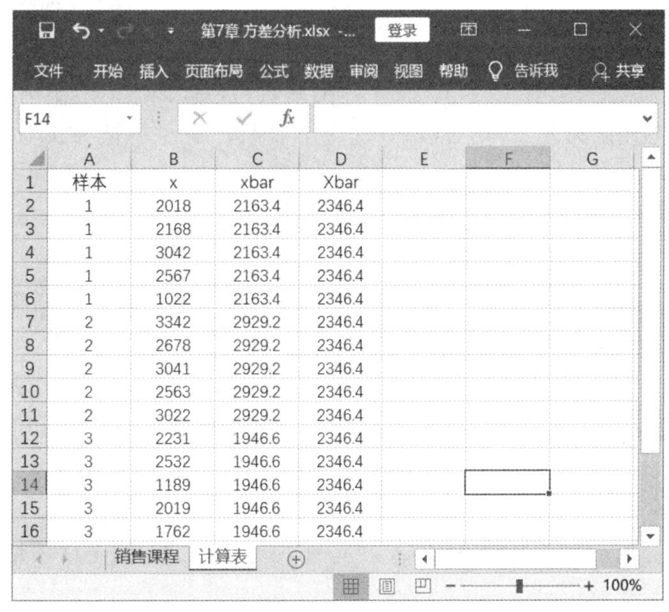

	A	B	C	D
1	样本	x	xbar	Xbar
2	1	2018	2163.4	2346.4
3	1	2168	2163.4	2346.4
4	1	3042	2163.4	2346.4
5	1	2567	2163.4	2346.4
6	1	1022	2163.4	2346.4
7	2	3342	2929.2	2346.4
8	2	2678	2929.2	2346.4
9	2	3041	2929.2	2346.4
10	2	2563	2929.2	2346.4
11	2	3022	2929.2	2346.4
12	3	2231	1946.6	2346.4
13	3	2532	1946.6	2346.4
14	3	1189	1946.6	2346.4
15	3	2019	1946.6	2346.4
16	3	1762	1946.6	2346.4

图 7.4 “计算表”工作表

7.2.2 检验模型

1. 检验原理

假定 3 组数据分别来自 3 个相互独立的服从正态分布的总体，且方差相等，观察值

x_{ij}是从总体中随机抽取的样本，则可以通过3个总体均值是否相等的检验来判断销售训练效果。一般而言，应用方差分析时要符合两个前提条件：一是各个水平的观察数据要能够看作从服从正态分布的总体中随机抽取的样本；二是各组观察数据是从具有相同方差的相互独立的总体中抽取的。假设检验则是在满足方差分析假定条件的基础上，检验 r 个正态总体的均值是否相等，应建立的假设组如下。

原假设：$H_0:\mu_1=\mu_2=\cdots=\mu_r$。

备择假设：$H_a:\mu_i(i=1,2,\cdots,r)$不完全相等。

使用 F 统计量进行方差分析检验：

$$F=\frac{Q_2(r-1)}{Q_1(n-r)}=\frac{s_2^2}{s_1^2}$$

其中，Q_1 是每个样本数据 x_{ij} 与其组均值 $\bar{x}_i$（或 xbar）的离差平方和，它反映了数据x_{ij}抽样误差的大小，属于随机误差；Q_2是各组均值 $\bar{x}_i$（或 xbar）与总体均值 $\bar{x}$（或 Xbar）离差的平方和，反映了总体中各组样本均值之间的差异程度，属于系统误差，被称为组间离差的平方和。若 H_0成立，表明没有系统误差，各总体的样本均值之间的差异是由随机原因产生的，则 Q_1和 Q_2的差异不会太大；若 Q_1显著大于 Q_2，说明各组均值之间的差异与抽样误差显著不同，即差异不是由随机原因产生的，这种情况下，H_0可能不成立。F 统计量就是方差分析中判断 H_0是否成立的检验统计量。对于给定的显著性水平 α，根据自由度确定相应的临界值 $F_\alpha(r-1,n-r)$。若 $F>F_\alpha$，则拒绝 H_0，即各总体均值不等，表明各总体之间的差异是显著的，也就是说，有 $1-\alpha$ 的把握认为检验因素具有显著影响；若 $F\leqslant F_\alpha$，则不能拒绝 H_0，不能认为各总体之间有显著差异，即有 $1-\alpha$ 的把握认为检验因素无显著差异。

2. 计算离差平方和

构造 F 统计量，进行检验，需要利用“计算表”工作表中的数据计算离差平方和。

例 7.2 利用“计算表”工作表中的数据计算离差平方和。

步骤如下：

(1) 打开“第7章 方差分析.xlsx”工作簿，选择“计算表”工作表。其中，用 xbar 来表示样本均值，用 Xbar 来表示总体均值。

(2) 在 E1 单元格中输入 x－xbar，在 F1 单元格中输入$(x-xbar)^2$，在 G1 单元格中输入 xbar－Xbar，在 H1 单元格中输入$(xbar-Xbar)^2$，在 I1 单元格中输入 x－Xbar，在 J1 单元格中输入$(x-Xbar)^2$。

(3) 在 E2 单元格中输入公式“＝B2－C2”，计算 B 列 x 值和样本均值(C 列)的差，所得值是－145.4，在方差分析中，它是样本均值的离差。在 F2 单元格中输入公式“＝E2^2”，值为 21141.16。

(4) 在 G2 单元格中输入公式“＝C2－D2”，计算样本均值(C 列)与总体均值(D 列)的差，所得值是－183，它是样本均值与总体均值的离差。在 H2 单元格中输入公式“＝G2^2”，它是 G2 单元格的平方，值为 33 489。

(5) 在 I2 单元格中输入公式“＝B2－D2”，计算每个 x 值与总体均值(D 列)的差，所得值是－328.4。在J2单元格中输入公式"＝I2^2"，计算每个 X 值与总体均值的离差的平方，值为107 846.6。

（6）选择E2：J2单元格区域，并复制到E3：J16单元格区域中，具体如图7.5所示。

第7章 方差分析.xlsx

	A	B	C	D	E	F	G	H	I	J
1	样本	x	xbar	Xbar	x-xbar	(x-xbar)^2	xbar-Xbar	(xbar-Xbar)^2	x-Xbar	(x-Xbar)^2
2	1	2018	2163.4	2346.4	-145.4	21141.16	-183	33489	-328.4	107846.56
3	1	2168	2163.4	2346.4	4.6	21.16	-183	33489	-178.4	31826.56
4	1	3042	2163.4	2346.4	878.6	771937.96	-183	33489	695.6	483859.36
5	1	2567	2163.4	2346.4	403.6	162892.96	-183	33489	220.6	48664.36
6	1	1022	2163.4	2346.4	-1141.4	1302793.96	-183	33489	-1324.4	1754035.36
7	2	3342	2929.2	2346.4	412.8	170403.84	582.8	339655.84	995.6	991219.36
8	2	2678	2929.2	2346.4	-251.2	63101.44	582.8	339655.84	331.6	109958.56
9	2	3041	2929.2	2346.4	111.8	12499.24	582.8	339655.84	694.6	482469.16
10	2	2563	2929.2	2346.4	-366.2	134102.44	582.8	339655.84	216.6	46915.56
11	2	3022	2929.2	2346.4	92.8	8611.84	582.8	339655.84	675.6	456435.36
12	3	2231	1946.6	2346.4	284.4	80883.36	-399.8	159840.04	-115.4	13317.16
13	3	2532	1946.6	2346.4	585.4	342693.16	-399.8	159840.04	185.6	34447.36
14	3	1189	1946.6	2346.4	-757.6	573957.76	-399.8	159840.04	-1157.4	1339574.76
15	3	2019	1946.6	2346.4	72.4	5241.76	-399.8	159840.04	-327.4	107190.76
16	3	1762	1946.6	2346.4	-184.6	34077.16	-399.8	159840.04	-584.4	341523.36

销售课程 计算表

图7.5 "计算表"工作表的数据

（7）在A17单元格中输入"合计"，在E17单元格中输入"组内方差"，在G17单元格中输入"组间方差"，在I17单元格中输入"总方差"。

（8）在F17单元格中输入公式"＝SUM(F2：F16)"，对F列中的所有数值求和，值为3 684 359.2，它是每个样本值与其样本均值的离差平方和。在H17和J17单元格中分别输入公式"＝SUM(H2：H16)"和"＝SUM(J2：J16)"，分别计算H列和J列的平方和，值分别为2 664 924.4和6 349 283.6。这3个平方和将用于方差分析的计算，具体如图7.6所示。

第7章 方差分析.xlsx

	A	B	C	D	E	F	G	H	I	J
1	样本	x	xbar	Xbar	x-xbar	(x-xbar)^2	xbar-Xbar	(xbar-Xbar)^2	x-Xbar	(x-Xbar)^2
2	1	2018	2163.4	2346.4	-145.4	21141.16	-183	33489	-328.4	107846.56
3	1	2168	2163.4	2346.4	4.6	21.16	-183	33489	-178.4	31826.56
4	1	3042	2163.4	2346.4	878.6	771937.96	-183	33489	695.6	483859.36
5	1	2567	2163.4	2346.4	403.6	162892.96	-183	33489	220.6	48664.36
6	1	1022	2163.4	2346.4	-1141.4	1302793.96	-183	33489	-1324.4	1754035.36
7	2	3342	2929.2	2346.4	412.8	170403.84	582.8	339655.84	995.6	991219.36
8	2	2678	2929.2	2346.4	-251.2	63101.44	582.8	339655.84	331.6	109958.56
9	2	3041	2929.2	2346.4	111.8	12499.24	582.8	339655.84	694.6	482469.16
10	2	2563	2929.2	2346.4	-366.2	134102.44	582.8	339655.84	216.6	46915.56
11	2	3022	2929.2	2346.4	92.8	8611.84	582.8	339655.84	675.6	456435.36
12	3	2231	1946.6	2346.4	284.4	80883.36	-399.8	159840.04	-115.4	13317.16
13	3	2532	1946.6	2346.4	585.4	342693.16	-399.8	159840.04	185.6	34447.36
14	3	1189	1946.6	2346.4	-757.6	573957.76	-399.8	159840.04	-1157.4	1339574.76
15	3	2019	1946.6	2346.4	72.4	5241.76	-399.8	159840.04	-327.4	107190.76
16	3	1762	1946.6	2346.4	-184.6	34077.16	-399.8	159840.04	-584.4	341523.36
17	合计				组内方差	3684359.2	组间方差	2664924.4	总方差	6349283.6

销售课程 计算表

图7.6 3个方差的计算结果

7.2.3 方差分析表

当要分析研究的问题满足应用方差分析的条件时，便可以建立原假设，计算离差平方和，确定 F 统计量，通过将 F 统计量与 F 临界值比较进行判断。在实际分析中，通常将有关计算结果归纳为方差分析表。下面介绍建立方差分析表的步骤。

例 7.3 建立方差分析表。

步骤如下：

(1) 打开"第 7 章 方差分析.xlsx"工作簿，选择"销售课程"工作表。

(2) 分别在 B10:F10 单元格区域中输入"平方和""自由度""均方差""F 值""P 值"；在 A11:A13 单元格区域中输入"组间方差""组内方差"和"总方差"。

(3) 打开"计算表"工作表，选择 H17 单元格，单击工具栏中的"复制"按钮，切换到"销售课程"工作表，选择 B11 单元格，在工具栏中选择"选择性粘贴"选项，打开"选择性粘贴"对话框，单击"粘贴链接"按钮，此时，数据便复制到 B11 单元格中。

(4) 按照(3)的步骤重复操作，分别把"计算表"工作表中的"组内方差"和"总方差"的数值链接到"销售课程"工作表的 B12 和 B13 单元格中，具体如图 7.7 所示。

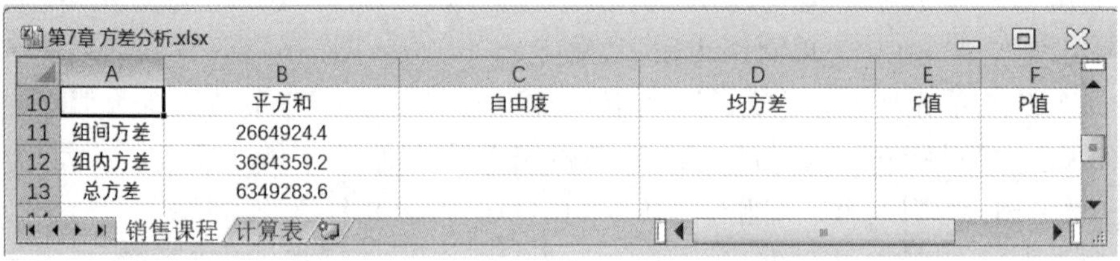

第7章 方差分析.xlsx

	A	B	C	D	E	F
10		平方和	自由度	均方差	F值	P值
11	组间方差	2664924.4				
12	组内方差	3684359.2				
13	总方差	6349283.6				

销售课程 计算表

图 7.7 "销售课程"工作表的数据

(5) 每个方差对应着各自的样本，每个样本的自由度都是样本容量减 1。因此，本例中样本容量为 15，总方差的自由度为 14，即 C13 单元格中的数据为 14。组间方差的自由度为样本数减 1，样本数为 3，因此 C11 单元格中的数据为 2。组内方差自由度是样本容量之和减去样本的个数，本例中样本容量和是 15，样本个数为 3，因此组内方差自由度为 12，即 C12 单元格中的数据为 12。

(6) 在 D11:D13 单元格区域中分别输入公式"=B11/C11""=B12/C12""=B13/C13"，即方差除以相应的自由度来计算均方差，所得数值分别为 1 332 462.20、307 029.93 和 453 520.26。在 E11 单元格中输入公式"=D11/D12"，计算 F 值，所得数值为 4.34。

组间方差比组内方差大时，表明样本观测值相当接近样本均值(样本方差小)，而样本均值与总体均值相差较远(样本均值存在很大的差异)，即具有显著差异。

例 7.4 在 Excel 中使用 F 分布确定 P 值，得出一个大于或等于 E11 单元格中的数值发生的概率。

步骤如下：

(1) 选择 E11 单元格，选择"公式"功能区中的"插入函数"工具，打开"插入函数"对话框，如图 7.8 所示。

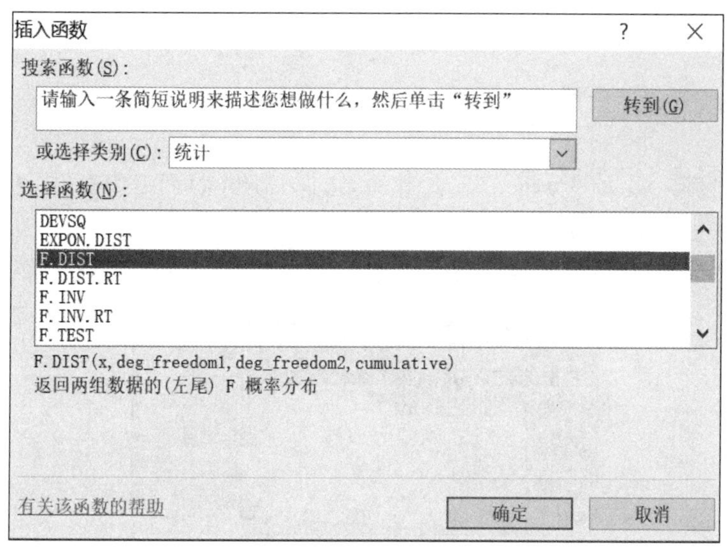

图 7.8 “插入函数”对话框

(2) 在“或选择类别”下拉列表中选择“统计”选项，在“选择函数”列表中选择 F.DIST 函数，单击“确定”按钮，打开 F.DIST 的“函数参数”对话框。在 X 文本框中输入 E11，求超过 E11 单元格中的值的概率。在 Deg_freedom1 文本框中输入 C11，即分子方差的自由度。在 Deg_freedom2 文本框中输入 C12，它是分母方差的自由度。在 Cumulative 文本框中输入 FALSE，它是函数形式的逻辑值。具体如图 7.9 所示。

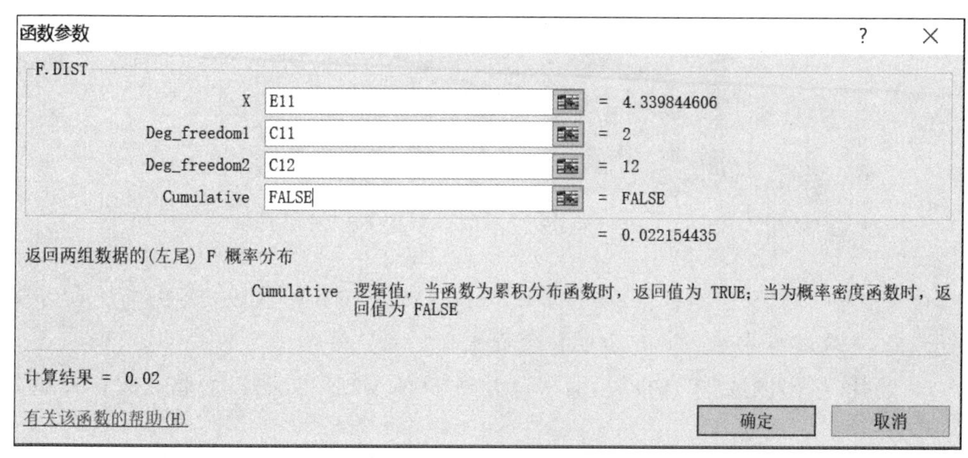

图 7.9 F.DIST 的“函数参数”对话框

(3) 单击“确定”按钮，F11 单元格显示的值为 0.02。

因为 P 值低于显著性水平 0.10，拒绝原假设，说明接受销售训练的销售人员的销售业绩与没有接受销售训练的销售人员的销售业绩是具有显著差异的。

7.2.4　运用单因素方差分析工具

分析工具中有方差分析模块，利用它分析例 7.1，也可以得到同样的结果。具体操作方法如下。

(1) 打开“第 7 章 方差分析.xlsx”工作簿，选择“销售课程”工作表(在例 7.1 所得工作表基础上操作)。

(2) 选择“数据”菜单中的“数据分析”选项，弹出“数据分析”对话框，如图 7.10 所示。

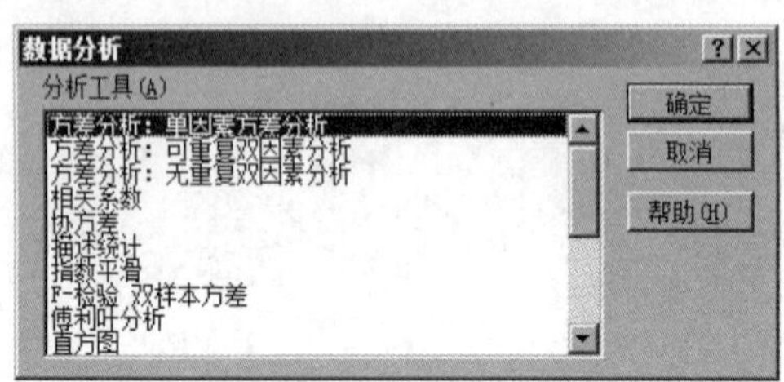

图 7.10　“数据分析”对话框

(3) 在“分析工具”列表中选择“方差分析：单因素方差分析”选项，单击“确定”按钮，打开“方差分析：单因素方差分析”对话框，如图 7.11 所示。

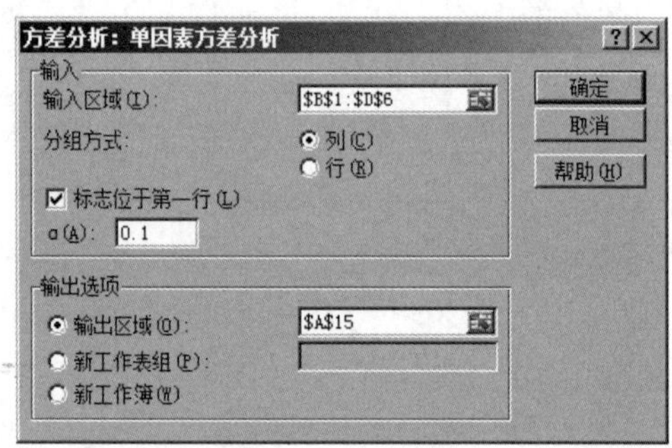

图 7.11　“方差分析：单因素方差分析”对话框

(4) 在“输入区域”文本框中输入“$B$1:$D$6”单元格区域，选中“标志位于第一行”复选框，在文本框中输入 0.1，表明显著性水平。

(5) 选择“输出区域”单选按钮，输入单元格“$A$15”，表明以为起点放置方差分析结果。

(6) 单击“确定”按钮，输出结果如图 7.12 所示。

图 7.12 中上部分是创建公式得到的方差分析表，下部分是利用分析工具得到的方差分析表，可以看出两种方法的输出结果相同，当然方差分析的解释也相同。

应当指出，方差分析的结果只能说明至少有两种训练方式存在显著差异，但并不能指出哪两种训练方式存在差异。所以，如果想具体分析是哪两种训练方式存在差异，还需要

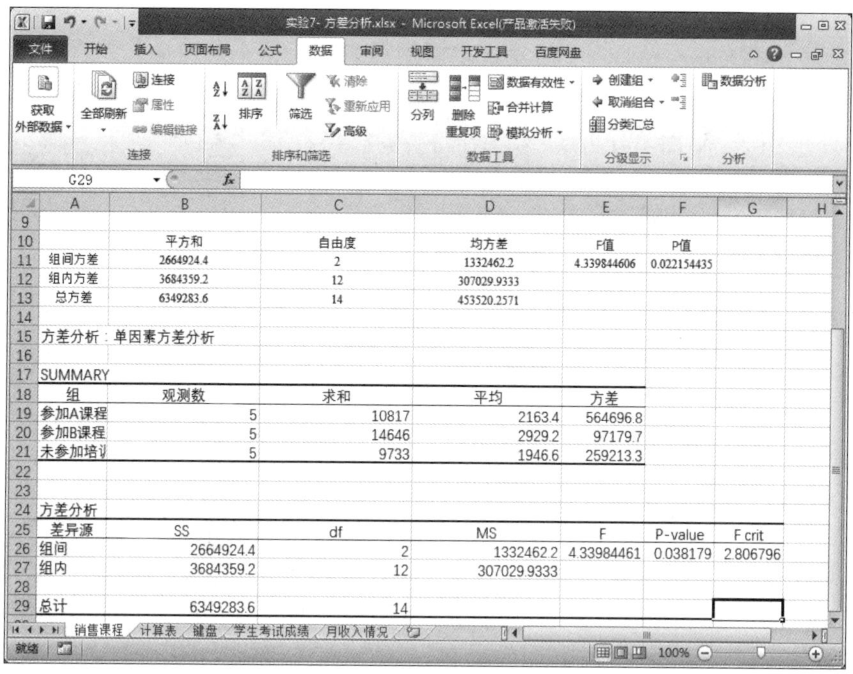

图 7.12　运用单因素方差分析工具得到的结果

使用检验进行两两比较。

7.3　双因素方差分析

在实际应用中,不能只考虑一个因素。一个实验指标(实验结果)往往受多个因素的影响。当方差分析中涉及两个因素的影响时,称为双因素方差分析。双因素方差分析可以分为两种:无重复双因素方差分析和可重复双因素方差分析。双因素方差分析的研究步骤与单因素方差分析相同。

7.3.1　无重复双因素方差分析

无重复双因素方差分析是最基本的双因素方差分析,它不考虑两个因素之间的相互影响。

例 7.5　随着计算机硬件技术的发展,对键盘的要求越来越严格。某公司拟研究现有键盘设计是否影响打字员的速度。现随机选择能力不同的 5 位打字员。每位打字员用 4 种键盘进行测试。测试结果数据见“第 7 章 方差分析.xlsx”工作簿中的“键盘”工作表,表中数值表明打字员每分钟打字个数。判断 4 种键盘的打字速度在显著性水平为 0.01(或 99%的置信度)时是否相同。

影响打字速度的一个重要因素是打字员个人的技能，假设双因素方差分析能够提供数据，解释打字速度的差异归因于打字员之间的能力差异而不是键盘差异。

操作如下：

(1) 打开“第 7 章 方差分析.xlsx”工作簿，选择“键盘”工作表，如图 7.13 所示。

第7章 方差分析.xlsx

	A	B	C	D	E
1	打字员	键盘1	键盘2	键盘3	键盘4
2	A	102	110	120	115
3	B	60	62	65	63
4	C	52	55	59	57
5	D	81	82	86	84
6	E	93	96	98	97

销售课程 计算表 键盘

图 7.13 “键盘”工作表

(2) 选择“数据”菜单工具栏中的“数据分析”工具，弹出“数据分析”对话框，在“分析工具”列表中选择“方差分析：无重复双因素分析”选项，单击“确定”按钮，打开“方差分析：无重复双因素分析”对话框。

(3) 在“输入区域”文本框中输入 \$A\$1:\$E\$6，该单元格区域为所处理的数据的行和列的范围。选择“标志”复选框，在 α 文本框中输入 0.01，它将相应地输出临界值 F。

(4) 在“输出选项”下选择“输出区域”单选按钮，在其后的文本框中输入 F1，然后单击“确定”按钮，计算结果如图 7.14 所示。

方差分析：无重复双因素分析

SUMMARY	观测数	求和	平均	方差
A	4	447	111.75	58.91667
B	4	250	62.5	4.333333
C	4	223	55.75	8.916667
D	4	333	83.25	4.916667
E	4	384	96	4.666667
键盘1	5	388	77.6	452.3
键盘2	5	405	81	526
键盘3	5	428	85.6	617.3
键盘4	5	416	83.2	574.2

方差分析

差异源	SS	df	MS	F	P-value	F crit
行	8607.3	4	2151.825	359.1363	2.25E-12	5.411951
列	173.35	3	57.78333	9.64395	0.001611	5.952545
误差	71.9	12	5.991667			
总计	8852.55	19				

图 7.14 无重复双因素方差分析结果

无重复双因素方差分析的输出形式与单因素方差分析的输出形式相似，其方差分析表比单因素方差分析表多一个记录，具体说明如下：

(1) SS 为平方和。本例中行平方和为 8607.3，列平方和为 173.35。它的含义与组间方差相似，是每行均值或每列均值与总体均值的离差平方和。

(2) df 是平方和的自由度，分别为行数据个数或列数据个数减 1。本例中行平方和的自由度为 4，列平方和的自由度为 3。

(3) MS 为均方差，值为行或列的平方和除以其自由度。本例中行均方差为 2151.825，列均方差为 57.78333。

在本例中，每行对应不同的打字员，行 P 值(2.25E－12)小于显著性水平，说明不同的打字员的平均打字速度存在实际的差异。每列对应不同的键盘，列 P 值(0.001 611)小于显著性水平 0.01，说明不同的键盘对平均打字速度有实际影响。

7.3.2 可重复双因素方差分析

可重复双因素方差分析是指影响实验结果的两个因素之间存在交互效应，也就是说影响因素的不同组合可能会对结果有不同影响。

例 7.6 某教师为了分析 3 名学生的学习情况，将这 3 名学生 4 门课程的 3 次考试成绩进行了记录，如图 7.15 所示，数据见“第 7 章 方差分析.xlsx”工作簿中的“学生考试成绩”工作表。在显著性水平为 0.05 的条件下，分析 3 名学生的学习成绩是否有差异，不同课程成绩是否有差异，学生和课程是否有交互作用，即学生有无偏科现象。

第7章 方差分析.xlsx

	A	B	C	D	E
1	学生	高等数学	英语	大学计算机基础	Java程序设计
2	A	90	84	88	85
3	A	92	86	86	93
4	A	95	88	84	90
5	B	61	53	70	42
6	B	62	62	72	47
7	B	65	60	71	50
8	C	62	71	75	64
9	C	63	75	74	65
10	C	65	74	73	68

销售课程 / 计算表 / 键盘 / 学生考

图 7.15 “学生考试成绩”工作表

步骤如下：

(1) 打开“第 7 章 方差分析.xlsx”工作簿，选择“学生考试成绩”工作表，选择“数据”选项卡中的“数据分析”工具，弹出“数据分析”对话框，在“分析工具”列表中选择“方差分析：可重复双因素分析”选项，单击“确定”按钮，如图 7.16 所示。

(2) 在弹出的“方差分析：可重复双因素分析”对话框中，在“输入区域”文本框中选

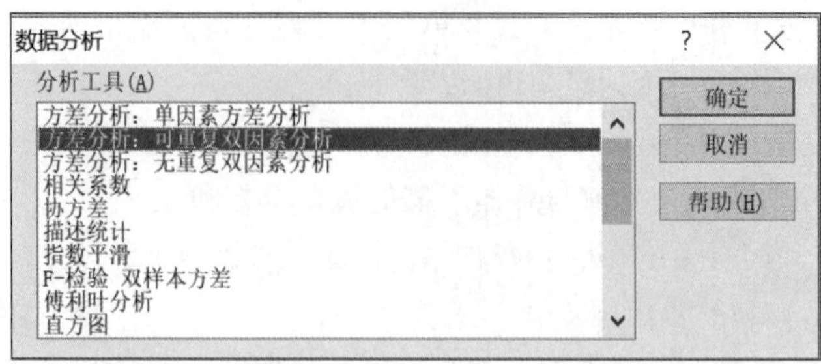

图 7.16 “数据分析”对话框

择＄A＄1：＄E＄10 单元格区域，在“每一样本的行数”文本框中输入数字 3，在在 α 文本框中输入 0.05，在“输出选项”下选择“输出区域”单选按钮，选择 A12 单元格，如图 7.17 所示，再单击“确定”按钮。

方差分析：可重复双因素分析
输入
输入区域(I)： $A$1:$E$10
每一样本的行数(R)： 3
α(A)： 0.05
输出选项
输出区域(O)： $A$12
新工作表组(P)：
新工作薄(W)
确定
取消
帮助(H)

图 7.17 “方差分析：可重复双因素分析”对话框

得到的可重复双因素方差分析结果分为两部分。

第一部分是 SUMMARY，给出了不同的行和列的观测数、和、均值以及方差，如图 7.18 所示。

第二部分是方差分析，以方差分析表的形式给出了方差分析的结果，例如 F 统计量的值、P 值、F_α 值等，如图 7.19 所示。

(3) 单击 A50 单元格，在单元格编辑栏中输入公式“＝IF(F42＜0.05，"不同学生成绩有差异","不同学生成绩无差异")”；单击 A51 单元格，在单元格编辑栏中输入公式“＝IF(F43＜0.05，"不同课程之间有差异","不同课程之间无差异")”；单击 A52 单元格，在单元格编辑栏中输入公式“＝IF(F44＜0.05，"学生有偏科现象","学生无偏科现象")”。检验结果如图 7.20 所示。

从图 7.20 可以看出，在显著性水平为 0.05 的条件下，不同学生成绩有差异，不同课程之间有差异，学生有偏科现象。

例 7.7 已知在某城市调查中，对不同学历、不同职业的从业人员的月收入情况进行了抽查，数据见“第 7 章 方差分析.xlsx”工作簿中的“月收入情况”工作表。要求检验不同学历、不同职业二者的交互效果在 0.05 显著性水平下对月薪是否具有影响。具体数据如图 7.21 所示。

SUMMARY	高等数学	英语	大学计算机基础	Java程序设计	总计
A					
观测数	3	3	3	3	12
求和	277	258	258	268	1061
平均	92.33333	86	86	89.33333333	88.41667
方差	6.333333	4	4	16.33333333	13.17424
B					
观测数	3	3	3	3	12
求和	188	175	213	139	715
平均	62.66667	58.33333	71	46.33333333	59.58333
方差	4.333333	22.33333	1	16.33333333	94.44697
C					
观测数	3	3	3	3	12
求和	190	220	222	197	829
平均	63.33333	73.33333	74	65.66666667	69.08333
方差	2.333333	4.333333	1	4.333333333	25.90152
总计					
观测数	9	9	9	9	
求和	655	653	693	604	
平均	72.77778	72.55556	77	67.11111111	
方差	218.4444	151.5278	48.75	357.1111111	

图 7.18 SUMMARY 部分

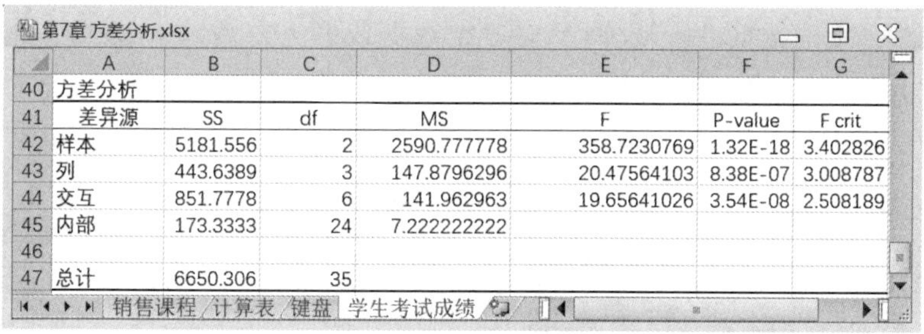

第7章 方差分析.xlsx

	A	B	C	D	E	F	G
40	方差分析						
41	差异源	SS	df	MS	F	P-value	F crit
42	样本	5181.556	2	2590.777778	358.7230769	1.32E-18	3.402826
43	列	443.6389	3	147.8796296	20.47564103	8.38E-07	3.008787
44	交互	851.7778	6	141.962963	19.65641026	3.54E-08	2.508189
45	内部	173.3333	24	7.222222222			
46							
47	总计	6650.306	35				

销售课程 / 计算表 / 键盘 / 学生考试成绩

图 7.19 方差分析部分

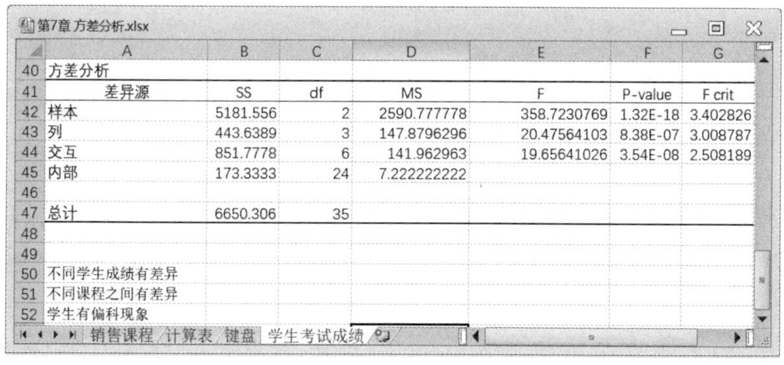
第7章 方差分析.xlsx

	A	B	C	D	E	F	G
40	方差分析						
41	差异源	SS	df	MS	F	P-value	F crit
42	样本	5181.556	2	2590.777778	358.7230769	1.32E-18	3.402826
43	列	443.6389	3	147.8796296	20.47564103	8.38E-07	3.008787
44	交互	851.7778	6	141.962963	19.65641026	3.54E-08	2.508189
45	内部	173.3333	24	7.222222222			
46							
47	总计	6650.306	35				
48							
49							
50	不同学生成绩有差异						
51	不同课程之间有差异						
52	学生有偏科现象						

销售课程 / 计算表 / 键盘 / 学生考试成绩

图 7.20 检验结果

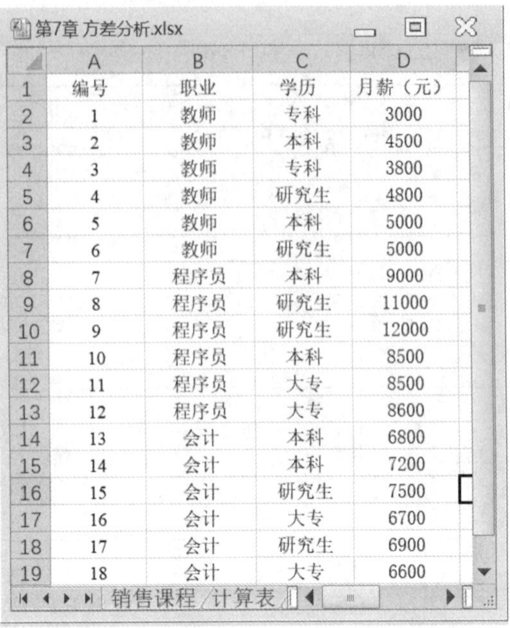

第7章 方差分析.xlsx

	A	B	C	D
1	编号	职业	学历	月薪（元）
2	1	教师	专科	3000
3	2	教师	本科	4500
4	3	教师	专科	3800
5	4	教师	研究生	4800
6	5	教师	本科	5000
7	6	教师	研究生	5000
8	7	程序员	本科	9000
9	8	程序员	研究生	11000
10	9	程序员	研究生	12000
11	10	程序员	本科	8500
12	11	程序员	大专	8500
13	12	程序员	大专	8600
14	13	会计	本科	6800
15	14	会计	本科	7200
16	15	会计	研究生	7500
17	16	会计	大专	6700
18	17	会计	研究生	6900
19	18	会计	大专	6600

销售课程 / 计算表

图 7.21 “月收入情况”工作表

步骤如下：

(1) 先对已知的数据进行整理，要对原始数据依据主要关键字“职业”和次要关键字“学历”排序，具体如图 7.22 所示。

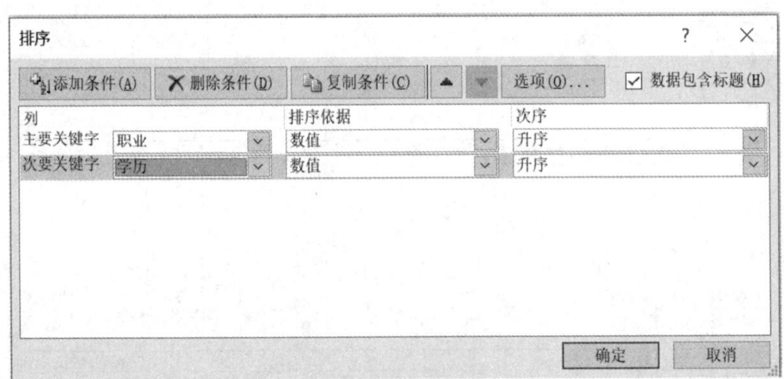

图 7.22 “排序”对话框

(2) 在排序的基础上，为方便使用数据分析工具，将 3 种职业——教师、程序员、会计和 3 种学历——大专、本科、研究生的月薪数据复制到 F3:I11 单元格区域中，具体如图 7.23 所示。

(3) 打开“第 7 章 方差分析.xlsx”工作簿，选择“月收入情况”工作表，选择“数据”选项卡中的“数据分析”工具，弹出“数据分析”对话框，在“分析工具”列表中选择“方差分析：可重复双因素分析”选项，单击“确定”按钮。

第7章 方差分析.xlsx

	A	B	C	D	E	F	G	H	I
1	编号	职业	学历	月薪（元）					
2	7	程序员	本科	9000					
3	10	程序员	本科	8500		学历		职业	
4	11	程序员	大专	8500					
5	12	程序员	大专	8600			程序员	会计	教师
6	8	程序员	研究生	11000		大专	8500	6700	3000
7	9	程序员	研究生	12000			8600	6600	3800
8	13	会计	本科	6800		本科	9000	6800	4500
9	14	会计	本科	7200			8500	7200	5000
10	16	会计	大专	6700		研究生	11000	7500	4800
11	18	会计	大专	6600			12000	6900	5000
12	15	会计	研究生	7500					
13	17	会计	研究生	6900					
14	2	教师	本科	4500					
15	5	教师	本科	5000					
16	1	教师	大专	3000					
17	3	教师	大专	3800					
18	4	教师	研究生	4800					
19	6	教师	研究生	5000					

销售课程 / 计算表 / 键盘 / 学生考试成绩 / 月收入情

图 7.23　数据整理

(4) 在弹出的“方差分析：可重复双因素分析”对话框中，在“输入区域”文本框中，选择$F$5:$I$11 单元格区域，由于每种职业的学历人数为 2，在“每一样本的行数”文本框中输入数字 2，在 α 文本框中输入 0.05，在“输出选项”下选择“输出区域”单选按钮，在其右侧选择 A22 单元格，如图 7.24 所示，再单击“确定”按钮。

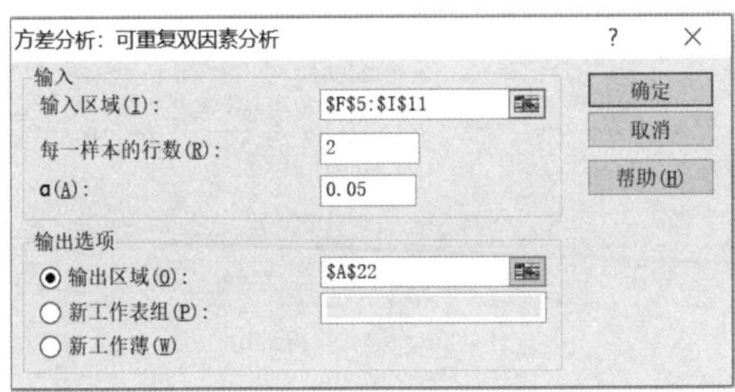

图 7.24　“方差分析：可重复双因素分析”对话框

同样，得到的可重复方差分析结果分为两部分。

第一部分是 SUMMARY，给出了不同的行和列的观测数、和、均值以及方差，如图 7.25 所示。

第二部分是方差分析，以方差分析表的形式给出了方差分析的结果，例如 F 统计量的值、P 值、F_α 值等，如图 7.26 所示。

从图 7.26 可以看出，在显著性水平为 0.05 的条件下，不同学历的从业人员收入有差异，不同职业的从业人员收入之间有差异，学历和职业导致的收入差异现象明显。

22	方差分析：可重复双因素分析				
23					
24	SUMMARY	程序员	会计	教师	总计
25	大专				
26	观测数	2	2	2	6
27	求和	17100	13300	6800	37200
28	平均	8550	6650	3400	6200
29	方差	5000	5000	320000	5492000
31	本科				
32	观测数	2	2	2	6
33	求和	17500	14000	9500	41000
34	平均	8750	7000	4750	6833.333
35	方差	125000	80000	125000	3282667
37	研究生				
38	观测数	2	2	2	6
39	求和	23000	14400	9800	47200
40	平均	11500	7200	4900	7866.667
41	方差	500000	180000	20000	9118667
43	总计				
44	观测数	6	6	6	
45	求和	57600	41700	26100	
46	平均	9600	6950	4350	
47	方差	2300000	115000	639000	

图 7.25　SUMMARY 部分

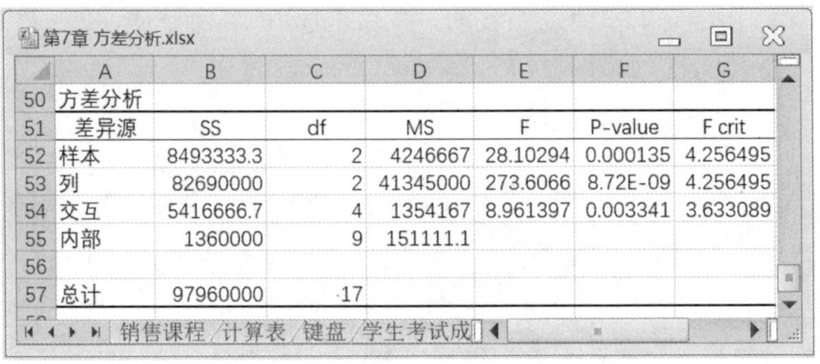

第7章 方差分析.xlsx

	A	B	C	D	E	F	G
50	方差分析						
51	差异源	SS	df	MS	F	P-value	F crit
52	样本	8493333.3	2	4246667	28.10294	0.000135	4.256495
53	列	82690000	2	41345000	273.6066	8.72E-09	4.256495
54	交互	5416666.7	4	1354167	8.961397	0.003341	3.633089
55	内部	1360000	9	151111.1			
56							
57	总计	97960000	17				

销售课程 / 计算表 / 键盘 / 学生考试成

图 7.26　方差分析部分

习　　题

1. 让 5 名学生分别做 3 门不同课程的试卷，成绩如表 7.2 所示。分析这 3 门课程的平均分是否有显著差异。

2. 假如某工厂的 A、B、C、D 4 名工人操作 E、F、G 3 台机器各一天，具体产量如表 7.3 所示。在显著性水平 0.01 的条件下，分析工人对产量的影响是否显著以及机器对产量的影响是否显著。

表 7.2　5 名学生 3 门课程成绩

学　生	课　　程		
	C 语言程序设计	数据结构	编译原理
1	80	85	75
2	66	65	60
3	56	50	40
4	95	90	88
5	68	69	70

表 7.3　4 名工人 3 台机器的产量

工 人	机　　器		
	E	F	G
A	60	85	70
B	58	82	68
C	65	86	72
D	66	82	79

3. 某销售公司按照 4 种不同的营销方案对 A、B、C、D 4 个不同的顾客群体进行了营销，营销后的销售额如表 7.4 所示。在显著性水平为 0.05 的条件下，分析不同的顾客群体对销售额是否有显著影响，不同的营销方案对销售额是否有显著影响，不同的顾客群体和营销方案之间的交互作用对销售额是否有显著影响。

表 7.4　4 种营销方案下 4 个顾客群体的销售额

营销方案	顾 客 群 体			
	A	B	C	D
1	9	9	11	10
	12	12	12	11
2	14	13	16	10
	15	18	12	12
3	17	17	20	20
	18	16	23	22
4	19	20	20	18
	22	21	21	20

第8章 相关分析

相关分析是研究现象之间是否存在某种依存关系，并探讨具有依存关系的现象之间的相关方向以及相关程度，进而研究随机变量之间的相关关系的一种统计方法。本章主要介绍如何使用 Excel 2016 分析统计变量的相关关系，包括双变量相关分析、Spearman 秩相关分析、多重相关及偏相关分析。

8.1 相关分析简介

无论是在自然界还是社会经济领域，一种现象与另一种现象之间往往存在着依存关系，当用变量来反映这些现象的特征时，便表现为变量之间的依存关系。如某种商品的销售额与销售量之间的关系，商品销售额与人员工资之间的关系以及粮食亩产量与施肥量、降雨量、温度之间的关系等。统计学的主要研究对象是随机变量，在有多个变量时，至少有一个变量是随机变量，因此对变量之间关系的分析是随机变量之间的关系或随机变量与确定变量之间的关系。

变量之间的依存关系可以分为两种：一种是函数关系，指变量之间保持的严格的、确定的关系，即当一个或几个变量取一定的值时，另一个变量有确定值与这相对应。如圆的周长与半径之间的关系，当圆的半径的值确定后，其圆的周长也随之确定。另一种是相关关系，指变量之间保持着不确定的依存关系或数量关系，即变量间关系不能用函数关系精确表达，一个变量的取值不能由另一个变量唯一确定，当一个变量取某个值时，另一变量的取值可能有几个或无穷多个。例如，某教师的工资与学历这两个变量一般而言是相互依存的，但它们并不表现为确定的函数的关系。因为制约这两个变量的还有其他因素，如职称、工作年限和课时量等。变量间的这种不严格的依存关系就构成了相关分析的对象。

变量之间的相关关系需要用相关分析方法来识别和判断。相关分析方法主要有图示法和计算法。图示法是通过绘制相关散点图进行相关分析，计算法则是根据不同类型的数据，选择不同的计算方法求出相关系数进行相关分析。

8.2 双变量相关分析

双变量相关分析是分析两个变量间的相关关系，即通过计算两个变量之间的相关系数，对两个变量之间是否显著相关做出判断。

在进行相关分析时，散点图是重要的工具。分析前应先做散点图，以初步确定两个变量间是否存在相关趋势，该趋势是否为直线趋势，以及数据中是否存在异常点；否则可能出现错误结论。

通过相关函数法，也可确定两个变量的相关系数，再根据相关系数的大小，判断两个变量的相关性。

在 Excel 2016 中，还提供了相关系数的分析工具，通过这些工具同样可确定相关系数，判断两个变量的相关关系。

8.2.1 散点图

散点图是观察两个变量之间关系程度最为直观的工具之一，通过 Excel 图表工具绘制出两个变量的散点图，根据散点图中点的分布情况可以确定两变量的相关关系。不过需要说明的是，散点图并不能给出两个变量相关关系的定量度量，只能定性地确定相关关系。

在 Excel 散点图中，横轴（x 轴）为自变量，纵轴（y 轴）为因变量。在双变量相关分析中，简单线性相关的两个变量主要有 4 种关系：线性正相关、线性负相关、中度相关和线性无关。

下面通过具体例子介绍如何通过绘制散点图确定两变量间的相关关系。

例 8.1 以某高校 2009—2018 年各年财政收入与固定资产支出的数据为例，创建一个数据文件，试用散点图观察财政收入与固定资产支出的相关性。具体数据如表 8.1 所示。

表 8.1 2009—2018 年某高校财政收入与固定资产支出情况

年 份	财政收入/万元	固定资产支出/万元
2009	22 358	8563
2010	23 582	8657
2011	25 639	9352
2012	28 932	9538
2013	29 356	9742
2014	32 543	11 210
2015	34 673	11 225
2016	38 451	12 323
2017	39 421	13 456
2018	45 057	14 523

使用 Excel 2016 绘制散点图进行相关分析的步骤如下。

（1）打开“第 8 章 相关分析.xlsx”工作簿，选择“固定资产支出”工作表，选择 B2:C11 单元格区域，单击“插入”菜单工具栏中的“散点图”工具，弹出下拉列表，再选择第一个子图表类型“仅带数据标记的散点图”，插入图表，如图 8.1 所示。

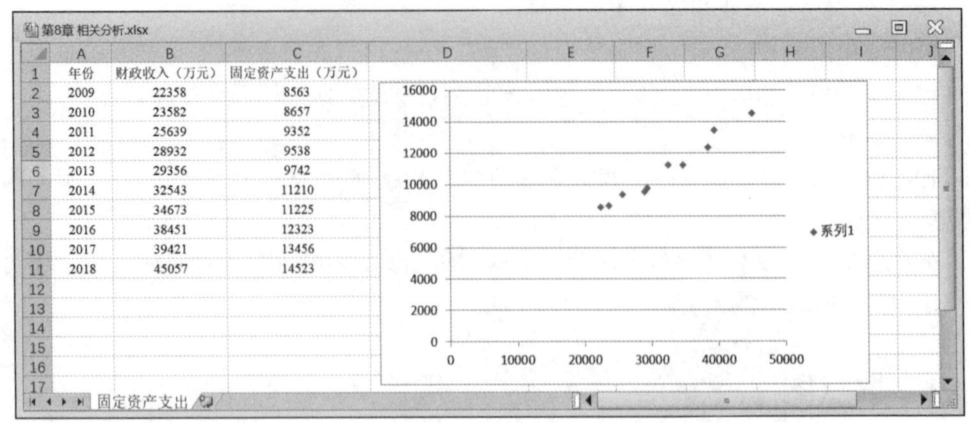

	A	B	C
1	年份	财政收入（万元）	固定资产支出（万元）
2	2009	22358	8563
3	2010	23582	8657
4	2011	25639	9352
5	2012	28932	9538
6	2013	29356	9742
7	2014	32543	11210
8	2015	34673	11225
9	2016	38451	12323
10	2017	39421	13456
11	2018	45057	14523

图 8.1　插入散点图

（2）更改图表布局。选中生成的散点图，单击“设计”菜单工具栏中的“图表布局”工具，弹出下列拉表，再选择第一个子图表类型“布局 1”，图表中添加了“图表标题”、“坐标轴标题”和“系列 1”图例，如图 8.2 所示。

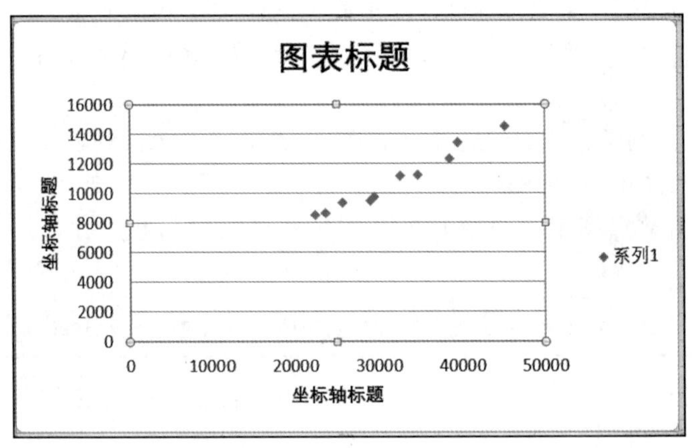

图 8.2　更改图表布局

（3）设置纵坐标轴格式。在图表中选中纵坐轴数据，右击，在弹出的快捷菜单中选择“设置坐标轴格式”，弹出“设置坐标轴格式”对话框，在“坐标轴选项”下选择“最小值”为“固定”单选按钮，在文本框中输入数值 8000.0，再在“主要刻度线类型”下拉菜单中选择“内部”，如图 8.3 所示。

（4）用同样的方法设置横坐标轴格式。在图表中选中横坐标轴数据，右击，在弹出的快捷菜单中选择“设置坐标轴格式”命令，弹出“设置坐标轴格式”对话框，在“坐标轴选项”下，选择“最小值”为“固定”单选按钮，在文本框中输入数值 20000，再在“主要刻度线类型”下拉菜单中选择“内部”，如图 8.4 所示。此时，单击“关闭”按钮完成坐标轴设置，如图 8.5 所示，通过此操作，可以看到散点图更加清晰。

（5）继续设置散点图，删除网络线和图例。右击任意一条网络线，在弹出的快捷菜单中选择“删除”命令，即可删除网络线。同样，右击图例，在弹出的快捷菜单中选择“删除”命令，删除图例。

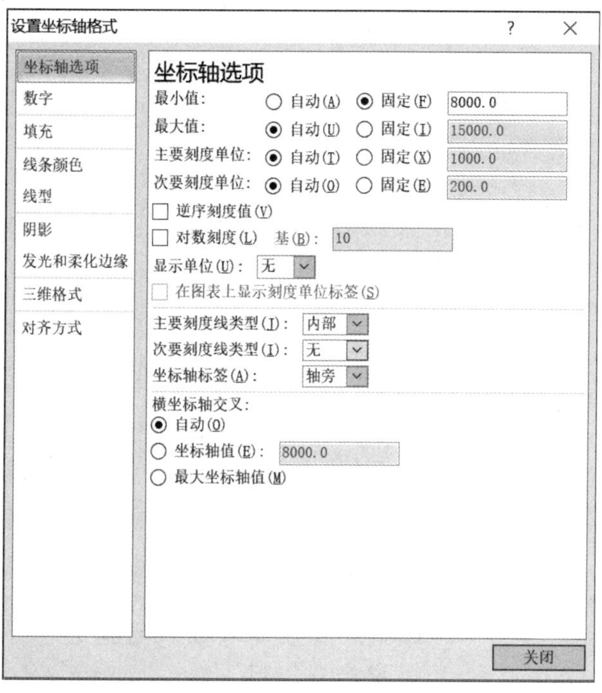

图 8.3　设置纵坐标轴格式

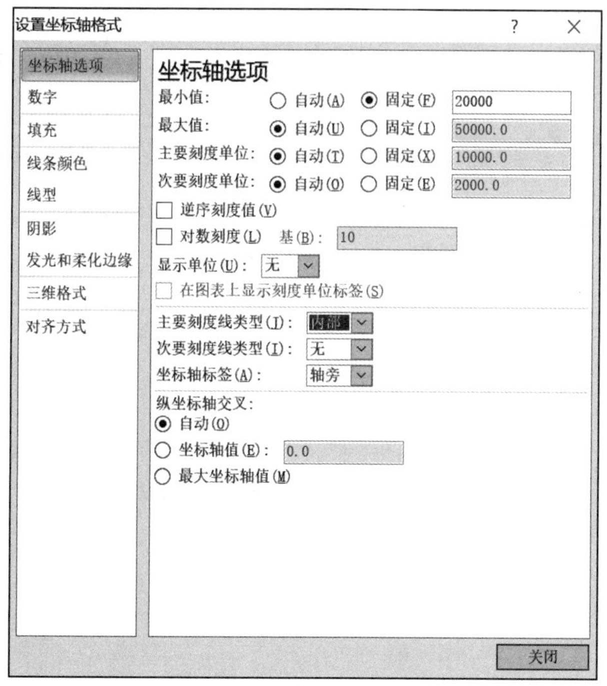

图 8.4　设置横坐标轴格式

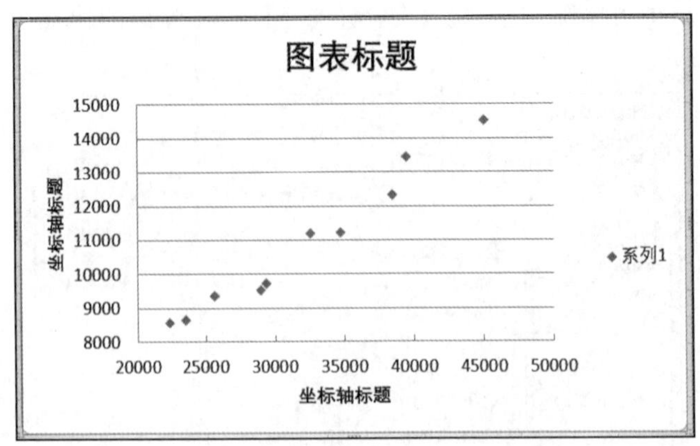

图 8.5　修改坐标轴格式后的散点图

(6) 修改散点图图表标题、横坐标轴标题、纵坐标轴标题。单击“图表标题”，激活其编辑状态，输入“2009—2018 年某高校财政收入与固定资产支出情况”。用同样的方法将横坐标轴标题和纵坐标轴标题分别修改为“财政收入(万元)”和“固定资产支出(万元)”，具体如图 8.6 所示。

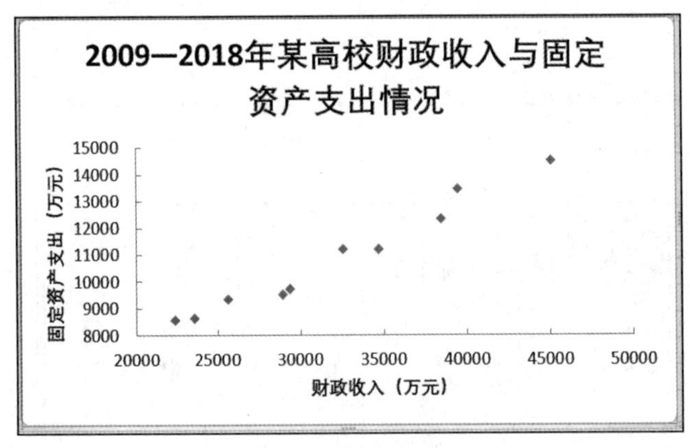

图 8.6　修改后的散点图

(7) 设置绘图区边框。右击图表，在弹出的快捷菜单中选择“设置图表区域格式”命令，打开“设置图表区格式”对话框，单击左侧的“边框颜色”选项，在右侧选择“实线”单选按钮，并设置边框颜色为黑色，如图 8.7 所示。

(8) 单击“设置图表区格式”对话框的“关闭”按钮，形成如图 8.8 所示的散点图。

通过图 8.8 所示的散点图，可以看出 2009—2018 年某高校财政收入与固定资产支出呈现显著的正相关关系。

8.2.2　相关系数

散点图只能给出两个变量相关关系的定性分析，如果需要对两个变量相关关系进行

图 8.7　设置图表区格式

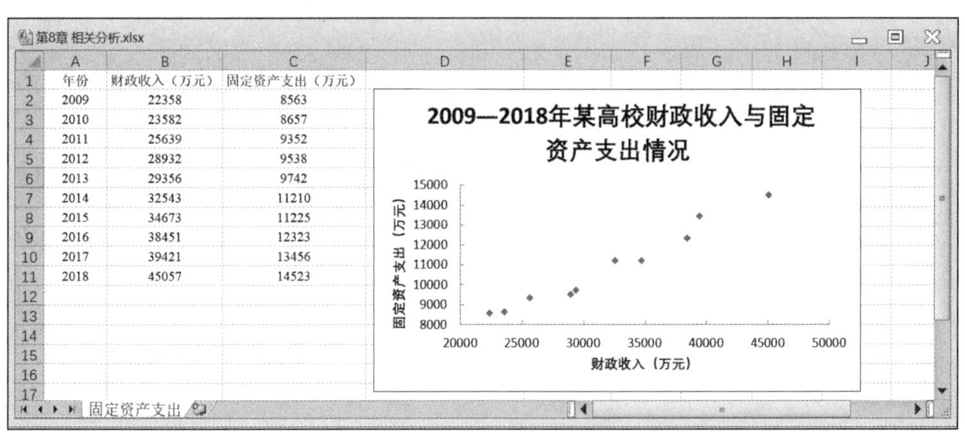

年份	财政收入（万元）	固定资产支出（万元）
2009	22358	8563
2010	23582	8657
2011	25639	9352
2012	28932	9538
2013	29356	9742
2014	32543	11210
2015	34673	11225
2016	38451	12323
2017	39421	13456
2018	45057	14523

图 8.8　2009—2018 年某高校财政收入与固定资产支出情况散点图

定量分析，就需要采用相关系数方法。相关系数法又称为 Pearson 相关系数法，它是在描述两个变量间线性相关关系的方向和密切程度时使用最多的一种方法，它是用无量纲的系数形式度量两个变量之间的相关关系。

若随机变量 x、y 的联合分布是二维正态分布，x_i 和 y_i $(i=1,2,\cdots,n)$ 分别为 n 次独立观测值，则用式(8.1)和式(8.2)分别计算 ρ 和 r 值。

$$\rho=\frac{E\left[x-E(x)\right]\left[y-E(y)\right]}{\sqrt{D(x)}\sqrt{D(y)}} \tag{8.1}$$

$$r = \frac{\sum_{i=1}^{n}(x_i - \bar{x})(y_i - \bar{y})}{\sqrt{\sum_{i=1}^{n}(x_i - \bar{x})^2}\sqrt{\sum_{i=1}^{n}(y_i - \bar{y})^2}} \tag{8.2}$$

其中，$\bar{x} = \frac{1}{n}\sum_{i=1}^{n} x_i, \bar{y} = \frac{1}{n}\sum_{i=1}^{n} y_i$。

可以证明，样本相关系数 r 为总体相关系数 ρ 的最大似然估计量，并具有如下性质。

(1) 若 $-1 \leqslant r \leqslant 1$，$r$ 的绝对值越大，表明两个变量之间的相关程度越强。

(2) 若 $0 < r \leqslant 1$，表明两个变量之间存在正相关。$r=1$ 时，表明两个变量间存在完全正相关关系。

(3) 若 $-1 \leqslant r < 0$，表明两个变量之间存在负相关。$r=-1$ 时，表明两个变量间存在完全负相关关系。

(4) 若 $r=0$，表明两个变量之间非线性相关。

应当注意的是，相关系数所反映的仅仅是一种线性相关关系。

协方差同样可以计算两个变量之间的相关关系，对于随机变量 x、y，x_i 和 y_i $(i=1,2,\cdots,n)$ 分别为 n 次独立观测值，计算协方差 $\text{cov}(x,y)$ 的方法如式(8.3)所示。

$$\text{cov}(x,y) = \sum_{i=1}^{n}(x_i - \bar{x})(y_i - \bar{y})/n \tag{8.3}$$

其中，$\bar{x} = \frac{1}{n}\sum_{i=1}^{n} x_i, \bar{y} = \frac{1}{n}\sum_{i=1}^{n} y_i$。

协方差具有如下性质：

(1) $\text{cov}(x,y)$ 的绝对值越大，表明两个变量之间相关程度越高。

(2) 若 $\text{cov}(x,y) > 0$，表明两个变量之间存在正相关。

(3) 若 $\text{cov}(x,y) < 0$，表明两个变量之间存在负相关。

(4) 若 $\text{cov}(x,y) = 0$，表明两个变量之间非线性相关。

根据式(8.2)和式(8.3)，协方差与相关系数存在同向变化关系。协方差为 0 时，相关系数为 0；协议差为正时，相关系数为正；协方差为负时，相关系数也为负。因此协方差只能判断变量的相关方向，而较难判断相关程度。

8.2.3 用 Excel 描述相关系数

1. 描述相关性的函数

在 Excel 2016 中，一般使用 COVAR(array1，array2) 函数计算变量的协方差，使用 CORREL(array1，array2) 函数计算变量的相关系数，其中，array1 和 array2 是两组数列。

2. 相关性函数的使用

例 8.2 使用例 8.1 中的数据，利用相关函数求解某高校财政收入与固定资产支出间的相关关系。

具体操作步骤如下。

(1) 打开“第 8 章 相关分析.xlsx”工作簿,建立“固定资产支出 2”工作表,把“固定资产支出”工作表中的数据复制过来。再在“固定资产支出 2”工作表中建立如图 8.9 所示的数据表格。

第8章 相关分析.xlsx

	A	B	C	D	E	F
1	年份	财政收入(万元)	固定资产支出(万元)			
2	2009	22358	8563		标准差	
3	2010	23582	8657		财政收入	固定资产支出
4	2011	25639	9352			
5	2012	28932	9538		公式	
6	2013	29356	9742		协方差:	
7	2014	32543	11210		相关系数:	
8	2015	34673	11225			
9	2016	38451	12323		CORREL函数	
10	2017	39421	13456		相关系数:	
11	2018	45057	14523			

固定资产支出 固定资产支出2

图 8.9 2009—2018 年某高校财政收入与固定资产支出情况数据

(2) 求财政收入和固定资产支出的标准差。分别在 E4 和 F4 单元格中输入公式“=STDEVP(B2:B11)”和“=STDEVP(C2:C11)”,按 Enter 键,结果如图 8.10 所示。

(3) 求协方差和相关系数。分别在 F6 和 F7 单元格中输入“=COVAR(B2:B11,C2:C11)”和“=F6/E4/F4”,得到结果如图 8.11 所示。

标准差	
财政收入	固定资产支出
7037.813749	1948.17753
公式	
协方差:	
相关系数:	
CORREL函数	
相关系数:	

图 8.10 标准差

标准差	
财政收入	固定资产支出
7037.813749	1948.17753
公式	
协方差:	13499303.22
相关系数:	0.984566496
CORREL函数	
相关系数:	

图 8.11 协方差与相关系数

应用 CORREL 函数求相关系数。在 F10 单元格中输入公式“=CORREL(B2:B11,C2:C11)”,按 Enter 键,结果如图 8.12 所示。

由前述公式知道,两个函数得到的相关系数一致,且大于 0 小于 1,说明两个因素正相关,即财政收入和固定资产支出存在正相关关系。

3. 相关分析工具的使用

在 Excel 2016 数据分析工具中提供了“相关系数”工具,此分析工具可用于判断两组数据之间的相关关系,可以使用其来确定两个区域中数据的变化是否相关。当然,也可以用“协方差”工具进行简单相关分析。

下面继续沿用例 8.1 的数据来讲解如何在 Excel 2016 中利用相关系数和协方差分析

	A	B	C
1	年份	财政收入（万元）	固定资产支出（万元）
2	2009	22358	8563
3	2010	23582	8657
4	2011	25639	9352
5	2012	28932	9538
6	2013	29356	9742
7	2014	32543	11210
8	2015	34673	11225
9	2016	38451	12323
10	2017	39421	13456
11	2018	45057	14523

图 8.12　最终结果

工具进行相关分析。具体步骤如下。

(1) 打开“第 8 章 相关分析.xlsx”工作簿，建立“固定资产支出 3”工作表，把“固定资产支出”工作表中的数据复制过去。单击“数据”选项卡中的“数据分析”工具，打开“数据分析”对话框，选中“相关系数”选项，如图 8.13 所示。

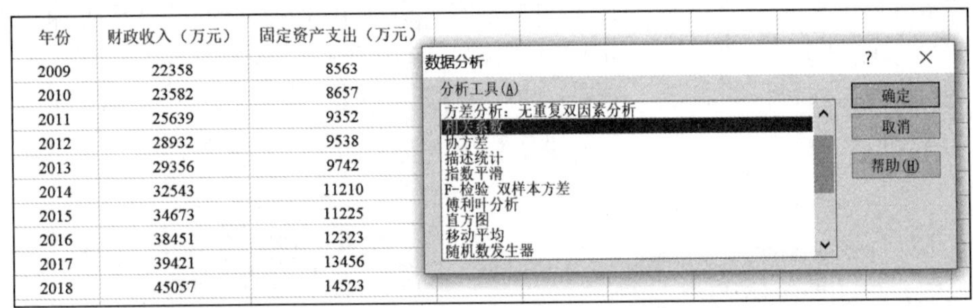

年份	财政收入（万元）	固定资产支出（万元）
2009	22358	8563
2010	23582	8657
2011	25639	9352
2012	28932	9538
2013	29356	9742
2014	32543	11210
2015	34673	11225
2016	38451	12323
2017	39421	13456
2018	45057	14523

图 8.13　原始数据与数据分析对话框

(2) 在“数据分析”对话框中单击“确定”按钮，打开“相关系数”对话框，在“输入”选项区的“输入区域”文本框中输入“$C$20”，选择“标志位于第一行”复选框，在“输出”选项区的“输出区域”文本框中输入“$E$2”，具体如图 8.14 所示。

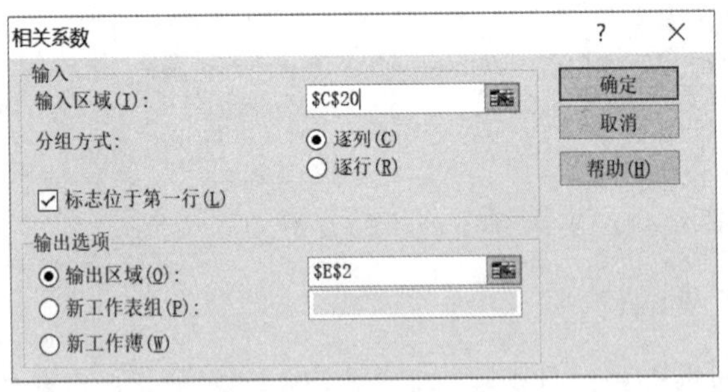

图 8.14　相关系数对话框

(3) 单击“相关系数”对话框中的“确定”按钮，得到相关系数的最终结果，如图 8.15

所示。

	A	B	C	D	E	F	G
1	年份	财政收入（万元）	固定资产支出（万元）				
2	2009	22358	8563			财政收入（万元）	固定资产支出（万元）
3	2010	23582	8657		财政收入（万元）	1	
4	2011	25639	9352		固定资产支出（万元）	0.984566496	1
5	2012	28932	9538				
6	2013	29356	9742				
7	2014	32543	11210				
8	2015	34673	11225				
9	2016	38451	12323				
10	2017	39421	13456				
11	2018	45057	14523				

图 8.15　相关系数计算结果

从图 8.15 可以看出，应用相关系数分析工具同使用函数 CORREL 函数计算结果相同，当然得到的结论也相同。

下面将使用协方差工具进行相关分析。

(1) 打开“第 8 章 相关分析.xlsx”工作簿，打开“固定资产支出 3”工作表，单击“数据”选项卡中的“数据分析”工具，打开“数据分析”对话框，选择“协方差”选项，如图 8.16 所示。

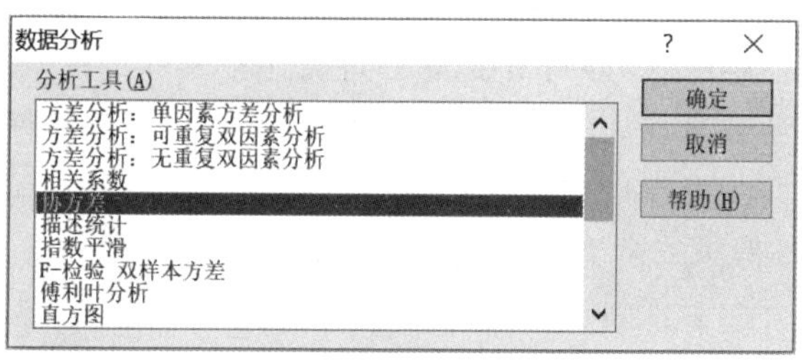

图 8.16　“数据分析”对话框

(2) 在“数据分析”对话框上单击“确定”按钮，打开“协方差”对话框，在“输入”选项区的“输入区域”文本框中输入“ $B$1:$C$11”。选择“标志位于第一行”复选框，在“输出”选项区的“输出区域”文本框中输入“$E$6”。具体如图 8.17 所示。

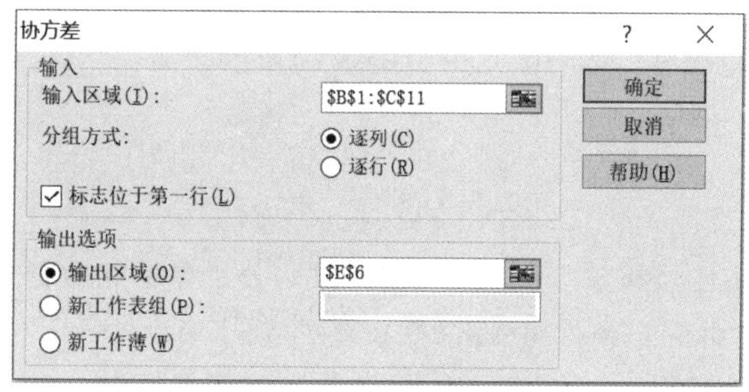

图 8.17　协方差对话框

(3) 单击“协方差”对话框中的“确定”按钮，得到相关系数的最终结果，如图 8.18 所示。

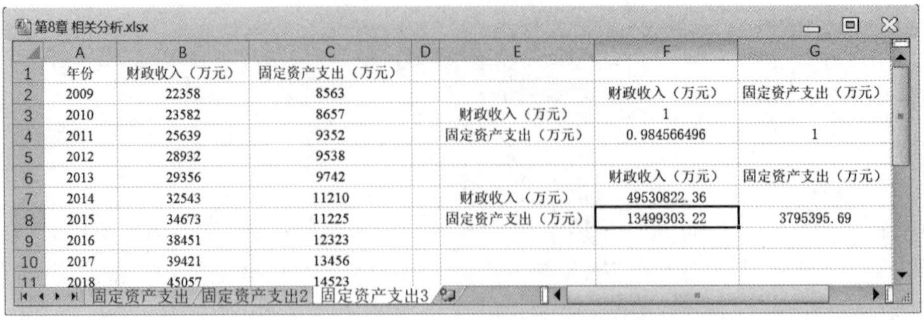

第8章 相关分析.xlsx

	A	B	C	D	E	F	G
1	年份	财政收入（万元）	固定资产支出（万元）				
2	2009	22358	8563			财政收入（万元）	固定资产支出（万元）
3	2010	23582	8657		财政收入（万元）	1	
4	2011	25639	9352		固定资产支出（万元）	0.984566496	1
5	2012	28932	9538				
6	2013	29356	9742			财政收入（万元）	固定资产支出（万元）
7	2014	32543	11210		财政收入（万元）	49530822.36	
8	2015	34673	11225		固定资产支出（万元）	13499303.22	3795395.69
9	2016	38451	12323				
10	2017	39421	13456				
11	2018	45057	14523				

固定资产支出 / 固定资产支出2 / 固定资产支出3

图 8.18　协方差计算结果

从图 8.18 可以看出，协方差计算结果为 13499303.22，与“固定资产支出 2”工作表中的协方差值相同，根据前述统计理论，协方差 $\mathrm{cov}(x,y)>0$，表明两个变量之间存在正相关关系，即某高校财政收入与固定资产支出存在正相关关系。

8.3　Spearman 秩相关分析

Spearman 秩相关系数是度量两个变量之间统计相关性的一种无参数（即与分布无关）指标，评估用单调函数来描述两个变量之间的相关关系。在没有重复数据的情况下，如果一个变量是另外一个变量的严格单调函数，则二者之间的 Spearman 秩相关系数就是 +1 或 −1，此时，称变量完全 Spearman 秩相关。

本节将通过实例介绍如何通过 Excel 2016 常用的一些函数来实现 Spearman 秩相关系数的求解。

8.3.1　Spearman 秩相关分析简介

Spearman 秩相关分析是一种无参数（与分布无关）检验方法，用于度量变量之间联系的强弱。它用 Spearman 秩相关系数 r_s 来说明两个变量间相关关系的密切程度与相关方向。Spearman 秩相关系数 r_s 的计算方法如式(8.4)所示。

$$r_s = 1 - \frac{6\sum_{i=1}^{n} d_i^2}{n(n^2-1)} \tag{8.4}$$

其中，原始数据 x_i 和 y_i 已经按从小到大排序，x_i' 和 y_i' 分别是原始数据 x_i 和 y_i 在排列后数据所在的位置。x_i' 和 y_i' 称为 x_i 和 y_i 的秩次，秩次差 $d_i = x_i' - y_i'$。

Spearman 秩相关系数的正负符号表示 x 和 y 之间联系的方向。如果 Spearman 秩相关系数是正的，那么 y 随着 x 的增加而增加；如果 Spearman 秩相关系数是负的，那么 y 随着 x 的增加而减小；如果 Spearman 秩相关系数为 0，表示 y 没有随着 x 的增加而增大或减小的趋势。随着 Spearman 秩相关系数在数值上越来越大，x 和 y 越来越接近严格单调的函数关系。当 Spearman 秩相关系数为 1 时，x、y 存在严格单调递增的函数关系；当 Spearman 秩相关系数为－1 时，则 x、y 存在严格单调递减的函数关系。

8.3.2 用 Excel 描述 Spearman 秩相关的函数

1. 描述 Spearman 秩相关的函数

一般而言，使用 Spearman 秩相关方法要用到 RANK 和 SUMXMY2 函数。RANK (number，ref，order) 返回一个表示在一组数中的排名位置的数。函数有三个参数，number 为排序的数字，ref 为数字列表数组或数字列表的引用，order 为排位的方式。如果 order 为 0(零)或省略，Excel 对数字的排位是基于 ref 为按照降序排列的列表；如果 order 不为零，Excel 对数字的排位是基于 ref 为按照升序排列的列表。函数 RANK 对重复数的排位相同，但重复数的存在将影响后续数值的排位。例如，在一列按升序排列的整数中，如果整数 10 出现两次，其排位为 5，则 11 的排位为 7(没有排位为 6 的数值)。SUMXMY2(array_x，array_y)函数是求两数组对应数值之差的平方和的函数，有两个参数，分别为两个数值区域。

2. Spearman 秩相关函数的使用

例 8.3 以 10 所高校学生人数与挂课门数为例创建一个数据文件，试使用 Spearman 秩相关分析方法分析高校学生人数与挂课门数的关系。具体数据如表 8.2 所示。

表 8.2 10 所高校学生人数与挂课门数情况

高校名称	学生人数	挂课门数	高校名称	学生人数	挂课门数
1	9652	1238	6	18 320	2832
2	9231	1326	7	20 032	2921
3	12 323	1435	8	22 328	2832
4	13 082	2232	9	23 292	2738
5	15 328	2032	10	25 832	2897

使用 Spearman 秩相关系数求解，具体步骤如下。

(1) 打开“第 8 章 相关分析.xlsx”工作簿，选择“挂课门数”工作表，选择单元格 E2，这里要用到 Excel 2016 RANK 函数，在 E2 单元格输入“=RANK(A2,$A$2:$A$11,0)+(COUNT($A$2:$A$11)+1-RANK(A2,$A$2:$A$11,0)-RANK(A2,$A$2:$A$11,1))/2”，按 Enter 键，利用此公式，按住鼠标左键拖动，复制出 E3 到 E11 的值。在 E1 位置输入“高校名称”，居中显示数据，如图 8.19 所示。

(2) 单击 F2 单元格，用同样的方法在 F2 单元格区域输入“=RANK(B2,$B$2:$B$11,0)+(COUNT($B$2:$B$11)+1-RANK(B2,$B$2:$B$11,0)-RANK(B2,$B$2:$B$11,1))/2”，用同样的公式计算 G2 单元格的值，计算完毕后，分别按住鼠标左键拖动复制出 F3 到 F11 的值以及 G3 到 G11 的值。最后在 F1 位置输入“学生人数”，G1 位置输入“挂课门数”，居中显示数据，如图 8.20 所示。

	A	B	C	D	E
1	高校名称	学生人数	挂课门数		高校名称
2	1	9652	1238		10
3	2	9231	1326		9
4	3	12323	1435		8
5	4	13082	2232		7
6	5	15328	2032		6
7	6	18320	2832		5
8	7	20032	2921		4
9	8	22328	2832		3
10	9	23292	2738		2
11	10	25832	2897		1

图 8.19　高校名称秩次计算结果

	A	B	C	D	E	F	G
1	高校名称	学生人数	挂课门数		高校名称	学生人数	挂课门数
2	1	9652	1238		10	9	10
3	2	9231	1326		9	10	9
4	3	12323	1435		8	8	8
5	4	13082	2232		7	7	6
6	5	15328	2032		6	6	7
7	6	18320	2832		5	5	4
8	7	20032	2921		4	4	1
9	8	22328	2837		3	3	3
10	9	23292	2738		2	2	5
11	10	25832	2897		1	1	2

图 8.20　学生人数和挂课门数的秩次计算结果

(3) 单击 F13 单元格，在编辑栏中输入公式"＝SUMXMY2($E$2:$E$11,F2:F11)"，得到对应数值的平方和。同理单击 G13 单元格，在编辑栏中输入公式"＝SUMXMY2($E$2:$E$11,G2:G11)"，最后在 E13 单元格填写"$\sum d_i^2$"，结果如图 8.21 所示。

	A	B	C	D	E	F	G
1	高校名称	学生人数	挂课门数		高校名称	学生人数	挂课门数
2	1	9652	1238		10	9	10
3	2	9231	1326		9	10	9
4	3	12323	1435		8	8	8
5	4	13082	2232		7	7	6
6	5	15328	2032		6	6	7
7	6	18320	2832		5	5	4
8	7	20032	2921		4	4	1
9	8	22328	2837		3	3	3
10	9	23292	2738		2	2	5
11	10	25832	2897		1	1	2
12							
13					$\sum d_i^2$	2	22

图 8.21　秩次差平方和的计算结果

(4) 单击 F14 单元格，在编辑栏输入公式"＝1－6＊F13/(10^3－12)"，用鼠标拖动的方法复制出 G14 数据，得到 Spearman 秩相关系数，最后在 E14 单元格填写"Spearman 秩相关系数"，如图 8.22 所示。

第8章 相关分析.xlsx

	A	B	C	D	E	F	G
1	高校名称	学生人数	挂课门数		高校名称	学生人数	挂课门数
2	1	9652	1238		10	9	10
3	2	9231	1326		9	10	9
4	3	12323	1435		8	8	8
5	4	13082	2232		7	7	6
6	5	15328	2032		6	6	7
7	6	18320	2832		5	5	4
8	7	20032	2921		4	4	1
9	8	22328	2837		3	3	3
10	9	23292	2738		2	2	5
11	10	25832	2897		1	1	2
12							
13					$\sum d_i^2$	2	22
14					Spearman秩相关系数	0.987854	0.866397

固定资产支出3 | 挂课门数

图 8.22 Spearman 秩相关系数计算结果

从图 8.22 可以看出，由于 Spearman 秩相关系数为正数，即$r_s>0$，说明高校学生人数与挂课门数呈正相关关系。

习 题

1.下面给出两种股票连续 15 个工作日的价格模拟数据，如表 8.3 所示。给出这两种股票价格的散点图，并求出两种股票价格的相关系数。

表 8.3 两种股票连续 15 个工作日的价格

日 期	股票 1 价格/元	股票 2 价格/元	日 期	股票 1 价格/元	股票 2 价格/元
20190101	17.88	30.42	20190109	15.87	39.42
20190102	17.58	32.38	20190110	14.93	40.55
20190103	18.10	33.56	20190111	15.21	39.41
20190104	18.32	35.42	20190112	15.92	37.22
20190105	18.54	34.28	20190113	16.13	36.32
20190106	17.15	35.26	20190114	15.32	35.48
20190107	16.68	36.47	20190115	14.50	36.21
20190108	16.37	38.08			

第9章 回归分析

回归分析作为统计学中常用的数据统计分析方法,在自然科学和社会科学的研究及商业统计分析中应用广泛。对于两个或更多变量之间的关系,相关分析考虑的只是变量之间是否相关和相关的程度,而回归分析关心的问题是变量之间的因果关系如何。回归分析是处理一个或多个自变量与因变量间线性因果关系的统计方法。

本章将详细介绍回归分析的基本思想以及如何使用 Excel 2016 的散点图与趋势线、回归函数以及数学工具进行一元线性回归分析、多元线性回归分析和非线性回归分析。

9.1 回归分析简介

回归分析是基于大量现有数据,利用数理统计方法建立因变量与自变量之间的回归关系函数表达式(称回归方程式)。回归分析的作用是分析现象之间相关的具体形式,确定其因果关系,并用数学模型来表现其具体关系。

回归分析是对具有因果关系的影响因素(自变量)和预测对象(因变量)所进行的数理统计分析处理。只有当变量与因变量确实存在某种关系时,建立的回归方程才有意义。因此,作为自变量的影响因素与作为因变量的预测对象是否有关,相关程度如何,以及判断这种相关程度的把握性多大,就成为进行回归分析必须要解决的问题。

一般来说,回归分析是通过规定因变量和自变量来确定变量之间的因果关系,建立回归模型,并根据实测数据来求解模型的各个参数,然后评价回归模型是否能够很好地拟合实测数据。如果能够很好地拟合,则可以根据自变量作进一步预测。在正交设计、均匀设计、配方设计、复合设计等实验设计中都需要通过回归分析来寻找因素与相应变量间的关系。回归分析侧重于考查变量之间的数量伴随关系,并通过一定的数学表达式将这种关系表述出来,进而确定一个或几个变量的变化对另一个变量的影响程度。

从回归分析的变量角度考察,回归分析大致具有一元线性回归和多元线性回归。

9.2 一元线性回归分析

一元线性回归(unitary linear regression)是描述两个变量之间相互联系的最简单的回归模型(regression model)。本节将详细讨论一元线性回归的建模思想、最小二乘估计及其性质。

9.2.1 一元线性回归分析的主要内容

1. 一元线性回归分析模型的参数估计

1）回归模型

为进一步探讨变量 y 与 x 之间的统计规律性，我们用下面的数学模型来描述它，这就是回归模型：

$$y = \beta_0 + \beta_1 x + \varepsilon$$

上式中称为模型的参数，ε 是一个随机变量，称为模型的误差项，它是包含在 y 里面，但不能被 y 和 x 之间的线性关系所解释的差异项。

该模型是在以下条件成立的情况下才存在的：

（1）y 于 x 存在线性关系；

（2）在重复抽样中，自变量的取值是固定的；

（3）通常假定 ε 服从期望为 0、方差为 1 的正态分布，且是独立的；

（4）对于所有的 x 值，ε 的方差相同。

2）回归方程

根据回归模型的假定，ε 期望为 0，因此 y 的期望是 $E(y)=\beta_0+\beta_1 x$，因此，一元线性回归方程的形式为

$$E(y) = \beta_0 + \beta_1 x$$

回归方程中，β_0 和 β_1 分别是回归方程在 y 轴的截距和斜率，对于一个给定的 x 值，$E(y)$ 是 y 的平均值或者期望。

3）估计的回归方程

如果总体参数 β_0 和 β_1 的值已知，则给定一个 x 就可以计算 y 的均值。但在实际中，β_0 和 β_1 的值一般是未知的，需要使用样本数据进行估计，使用样本统计量 b_0 和 b_1 作为总体参数 β_0 和 β_1 的估计值，则可以得到一元线性回归的估计的回归方程

$$\hat{y} = b_0 + b_1 x$$

通常使用最小二乘法可以计算出估计回归方程中的 b_0 和 b_1 的值。

$$b_1 = \frac{\sum (x_i - \bar{x})(y_i - \bar{y})}{\sum (x_i - \bar{x})^2}$$

$$b_0 = \bar{y} - b_1 \bar{x}$$

上式中，x_i 表示第 i 个自变量，y_i 表示第 i 个因变量的值；$\bar{x}$ 表示 x 的均值；$\bar{y}$ 表示 y 的均值。

2. 回归方程拟合效果评价

任何两组数据均可以拟合出一个回归方程，但是这个回归方程的质量如何则需要使用参数来评价。

1）测定系数

测定系数是对估计的回归方程的拟合程度的测量，一般用R^2来表示。测定系数的表达式如下：

$$R^2=\frac{\sum(\hat{y}_i-\bar{y})^2}{\sum(y_i-\bar{y})^2}=1-\frac{\sum(y_i-\hat{y}_i)^2}{\sum(y_i-\bar{y})^2}$$

测定系数R^2测定了估计回归直线观测数据的拟合程度。如果所有的点落在一条直线上，则R^2为1，拟合是完全的；如果自变量 x 的变化与 y 的变化无关，则自变量不能决定因变量的变化，即R^2为0。R^2越接近1拟合程度越好，反之则拟合程度较差。

2）相关系数

相关系数是度量两个变量之间的线性关系强度的测定指标，在第8章有详细的讲解，此处不再赘述。表达式如下：

$$r=\frac{\sum(x_i-\bar{x})(y_i-\bar{y})}{\sqrt{\sum(x_i-\bar{x})^2}\sqrt{\sum(y_i-\bar{y})^2}}$$

3）估计标准误差

测定系数和相关系数均可用于度量一元线性回归的拟合程度，实际观测值y_i和回归估计值$\hat{y}_i$之间的差异程度使用估计标准误差来进行估量。公式如下：

$$s_y=\sqrt{\frac{\sum(y_i-\hat{y}_i)^2}{n-2}}$$

估计标准误差越小，拟合程度就越好。

3. 一元回归参数的确定

Excel提供了许多回归方法和工具来确定一元回归参数，此处介绍四种常用的方法。

（1）利用图表进行回归分析；

（2）利用Excel提供的函数进行回归分析；

（3）利用最小乘方法进行回归分析；

（4）利用Excel回归工具进行回归分析。

9.2.2 Excel图表分析和回归函数分析一元线性回归

1. 用Excel图表方法进行回归分析

例9.1 在研究我国人均消费水平的问题时，把全国人均消费记为 y，把人均国内生产总值(人均GDP)记为 x。根据数据集采集的1995—2003年样本数据如表9.1所示。两者之间存在什么样的相关关系？

步骤如下：

（1）选择例9.1工作表，选定B1:C10的数据，单击“插入”→“图表”，选择“散点图”，得到图9.1所示的散点图。

表 9.1　1995—2003 年我国人均国内生产总值与人均消费数据

年份	人均国内生产总值/元	人均消费/元	年份	人均国内生产总值/元	人均消费/元
1995	4854	2236	2000	7086	3397
1996	5576	2641	2001	7651	3609
1997	6054	2834	2002	8214	3818
1998	6308	2972	2003	9101	4089
1999	6551	3138			

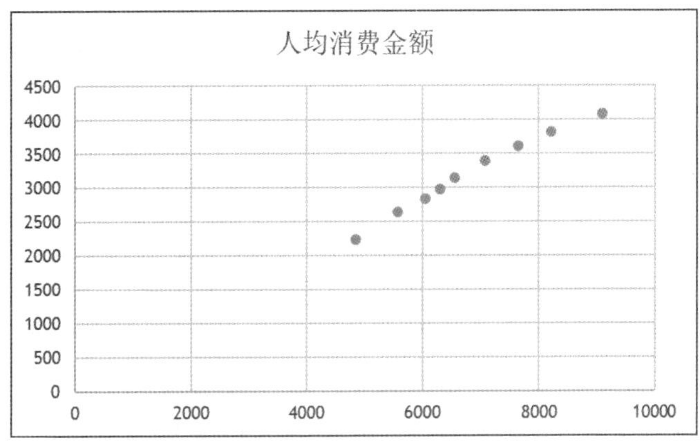

图 9.1　人均消费额和人均国内生产总值的散点图

(2) 对着绘图区的散点单击右键，选择“设置趋势线格式”，在窗口右侧弹出“设置趋势线格式”对话框，选择“显示公式”→“显示 R 平方值”，则得到趋势回归曲线和测定系数 R^2 的值，如图 9.2 所示。

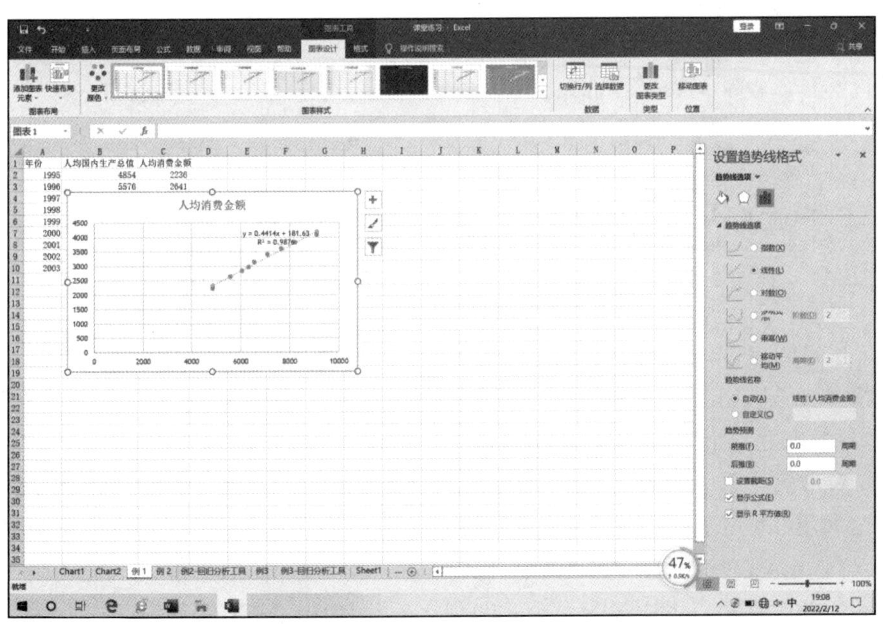

图 9.2　添加趋势回归曲线和测定系数

从趋势回归曲线可以看出，其斜率为 0.4414，截距为 181.63。也就是人均国内生产总值增加 1，人均消费金额则增加 0.4414 元；$R^2=0.9876$ 表明人均消费金额的变化中可以用人均国内生产总值的变化来解释 98.76%，人均消费总额和人均国内生产总值存在高度正相关的关系，即人均国内生产总值越大，人均消费金额就越多。

例 9.2 家庭收支关系的回归分析。一个假想的社区由 100 户收入水平不同的家庭组成。要研究该社区每月家庭消费支出 y 与每月家庭可支配收入 x 的关系，即如果知道了家庭的月收入，能否预测该社区家庭的平均月消费支出水平。为达到此目的，将该 100 户家庭分为组内收入差不多的 10 组，以分析每一收入组的家庭消费支出，如表 9.2 所示。

表 9.2 某社区 9 组家庭每月收入与支出调查统计表

家庭收入/元	家庭支出/元	家庭收入/元	家庭支出/元
800	630	1800	1250
1000	760	2000	1370
1200	890	2200	1490
1400	1010	2400	1610
1600	1130		

步骤如下：

(1) 打开"家庭收支数据.xlsx"，选中 A1：B10 的数据，单击菜单栏"插入"→"散点图"命令，在弹出的"散点图"对话框中单击"仅带数据标记的散点图"按钮，如图 9.3 所示。生成一个初始散点图，如图 9.4 所示。

图 9.3 散点图对话框路径

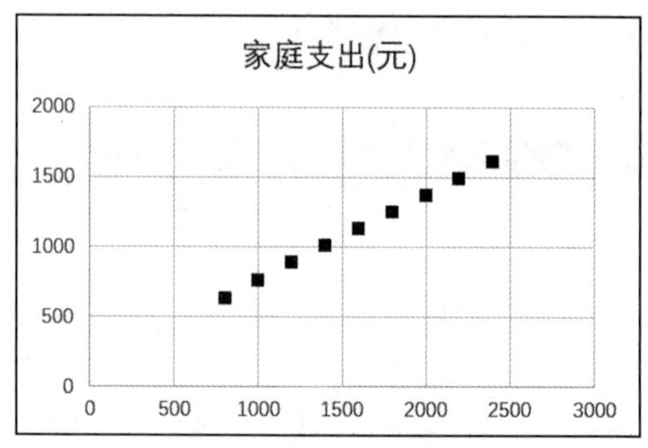

图 9.4 初始散点图

(2) 选定图表，单击"图表工具"→"图表设计"→"添加图表元素"旁的下拉箭头，修改图表标题"收入与支出回归分析"；添加"坐标轴标题"，将 x 轴命名为"每月家庭收入"；y 轴命名为"每月家庭支出"。散点图变为如图 9.5 所示。

(3) 右击散点图中的菱形散点，在弹出的快捷菜单中选择"添加趋势线"命令，在窗口右侧弹出如图 9.6 所示的设置界面，在此设置关于趋势线的选项。在"趋势预测/回归分析类型"栏选中"线性"，单击选中"显示公式""显示 R 平方值"复选框，单击"关闭"按钮返回散点图。此时在散点图中显示了公式和判定系数，如图 9.7 所示。

从图 9.7 中可以看出，对应的回归方程为：$y=0.609x+152$，即斜率为 0.609，截距为

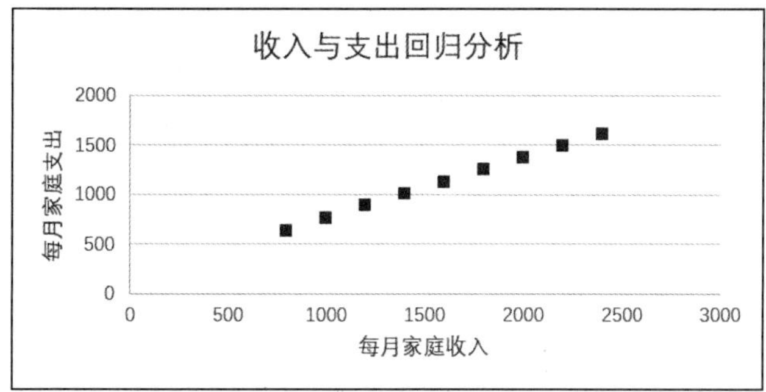

图 9.5　修改坐标轴后的散点图

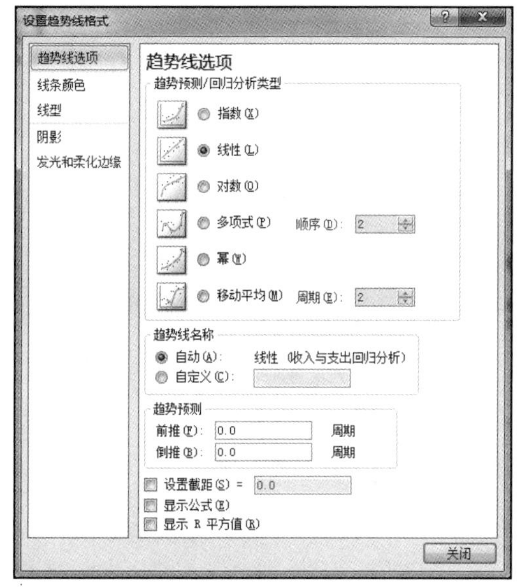

图 9.6　设置趋势线格式对话框

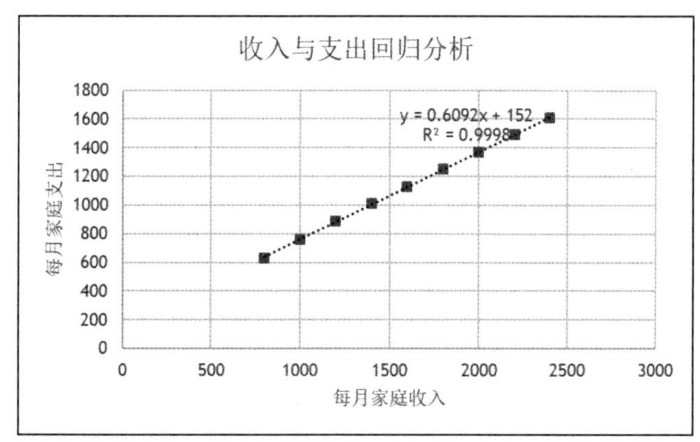

图 9.7　散点图及趋势线

152,测定系数为：$R^2=0.999$,说明拟合很好,趋势线的数据解释能力达到 99.9%。

2. 应用 Excel 中的回归函数进行回归分析

本书主要介绍以下四个 Excel 2016 提供的进行回归分析的函数。

1）截距函数 INTERCEPT

INTERCEPT 的功能就是根据给定的 x 和 y 数据，求出回归直线的截距，其使用方法是：INTERCEPT(known_y's，known_x's)，其中，known_y's 是因变量即 y 的数据，known_x's 是自变量即 x 的数据。

2）斜率函数 SLOPE

SLOPE 的功能就是根据给定的 x 和 y 数据，求出回归直线的斜率，其使用方法是：SLOPE(known_y's，known_x's)，其中，known_y's 是因变量即 y 的数据，known_x's 是自变量即 x 的数据。

3）测定系数函数 RSQ

RSQ 的功能就是根据给定的 x 和 y 数据，求出回归直线的测定系数，其使用方法是：RSQ(known_y's，known_x's)，其中，known_y's 是因变量即 y 的数据，known_x's 是自变量即 x 的数据。对于一元线性回归，测定系数为相关系数的平方值。因此此处不再讲述相关系数的求解函数，感兴趣的读者可以参考第 8 章。

4）估计标准误差函数 STEYX

其功能是通过线性回归方法计算 y 预测值时所产生的标准误差。其使用方法是：RSQ(known_y's，known_x's)，其中，known_y's 是因变量即 y 的数据，known_x's 是自变量即 x 的数据。

3. 利用 Excel 工作表函数进行回归分析

下面使用 Excel 2016 综合回归函数对例 9.2 进行回归分析，具体操作步骤如下。

（1）打开"家庭收支数据.xlsx"工作表，在 C1:C4 分别输入截距、斜率、测定系数、估计标准误差。

（2）单击 D1 单元格，单击"公式"→"插入函数"，找到 INTERCEPT 函数，在弹出的对话框中分别选中 B2：B10 和 A2:A10 的数据，如图 9.8 所示。

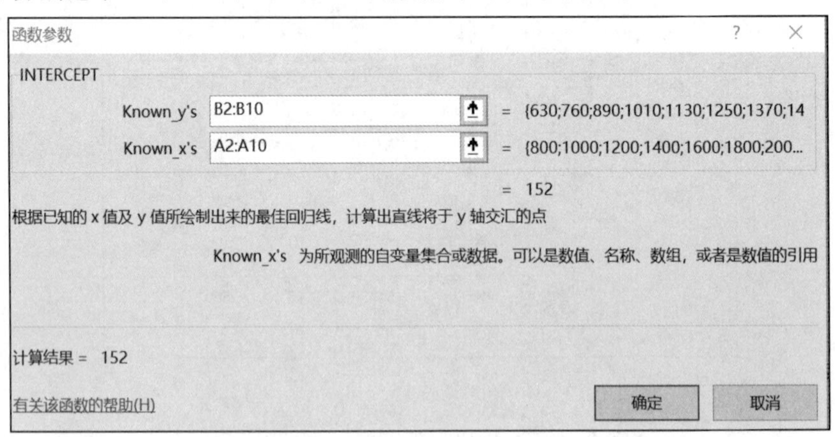

图 9.8　INTERCEPT 函数窗口

需要注意的是因变量和自变量的数据不要选错。

（3）单击 D2 单元格，单击“公式”→“插入函数”，找到 SLOPE 函数，在弹出的对话框中分别选中 B2:B10 和 A2:A10 的数据。

（4）单击 D3 单元格，单击“公式”→“插入函数”，找到 RSQ 函数，在弹出的对话框中分别选中 B2:B10 和 A2:A10 的数据。

（5）单击 D3 单元格，单击“公式”→“插入函数”，找到 STEYX 函数，在弹出的对话框中分别选中 B2:B10 和 A2:A10 的数据。最终结果如图 9.9 所示。

	A	B	C	D
1	家庭收入（元）	家庭支出（元）	截距	152
2	800	630	斜率	0.609167
3	1000	760	测定系数	0.999777
4	1200	890	估计标准误差	5.322906
5	1400	1010		
6	1600	1130		
7	1800	1250		
8	2000	1370		
9	2200	1490		
10	2400	1610		
11				

图 9.9　最终结果截图

9.2.3　利用最小二乘法在 Excel 中实现一元线性回归分析

9.2.2 节讲的两种分析一元回归的方法，操作简单，易于实现，但是整个回归分析的过程省略掉了数学计算过程。利用最小二乘法也称为最小平方法可以得到同样的结果。

1. 回归分析各参数的计算公式

自变量离差平方和的公式：

$$L_{xx}=\sum(x_i-\bar{x})^2$$

因变量离差平方和的公式：

$$L_{yy}=\sum(y_i-\bar{y})^2$$

自变量和因变量的协方差公式：

$$L_{xy}=\sum(x_i-\bar{x})(y_i-\bar{y})$$

因此相关系数可以表示为：

$$r=\frac{L_{xy}}{\sqrt{L_{xx}L_{yy}}}$$

回归系数的公式可以表示为：

$$b_1=\frac{L_{xy}}{L_{xx}}$$

$$b_0=\bar{y}-b_1\bar{x}$$

估计标准误差

$$s_y=\sqrt{\frac{\sum(y_i-\hat{y}_i)^2}{n-2}}$$

2. 各回归参数在 Excel 表中的计算

下面使用例 9.2 进行回归分析，具体操作步骤如下。

(1) 打开“家庭收支数据.xlsx”工作表，在 F1:J1 分别输入 xi、yi、$(xi-\overline{x})^2$、$(yi-\overline{y})^2$ 和 $(yi-(b0+b1xi))^2$，分别表示家庭收入、家庭支出、L_{xx}、L_{yy}、L_{xy} 和误差项的平方。

(2) 把 A2:B10 的数据复制到 F2:G10，在 E11 和 E12 分别输入求和和均值，在单元格 F11 中输入公式“=SUM(F2:F10)”。在单元格 F12 中输入公式“=F11/9”。同样的方式求出 yi 列的和和均值。

(3) 在单元格 H2:J2 中分别输入公式“=(F2-$F$12)^2”、“=(G2-$G$12)^2”和“=(F2-$F$12) * (G2-$G$12)”。选定 H2:J2，进行拖拉填充到 J10。

(4) 将单元格 J3:L3 中的公式复制到单元格 H11:J12 中。

(5) 在单元格 E2 中输入公式“=J11/H11”并单击 Enter 键。

(6) 在单元格 E1 中输入公式“=G12-E2 * F12”并单击 Enter 键。

(7) 在单元格 E3 中输入公式“=(J11)^2/(H11 * I11)”并单击 Enter 键。

(8) 在单元格 K2 中输入公式“=(G2-($E$1+$E$2 * F2))^2”，单击 Enter 键。将单元格 K2 中的公式复制到 K3:K10 中。在单元格 KK11 中输入公式“=SUM(K2:K10)”。

(9) 在单元格 E4 中输入公式“=(K11/(9-2))^0.5”，单击 Enter 键。计算结果如图 9.10 所示。

	A	B	C	D	E	F	G	H	I	J	K
1	家庭收入(元)	家庭支出(元)	截距	152	152	xi	yi	$(xi-\overline{x})^2$	$(yi-\overline{y})^2$	(xi-x)(yi-y)	$(yi-(b0+b1xi))^2$
2	800	630	斜率	0.609167	0.609167	800	630	640000	246677.8	397333.3333	87.11111111
3	1000	760	测定系数	0.999777	0.999777	1000	760	360000	134444.4	220000	1.361111111
4	1200	890	估计标准误差	5.322906	:))^0.5	1200	890	160000	56011.11	94666.66667	49
5	1400	1010				1400	1010	40000	13611.11	23333.33333	26.69444444
6	1600	1130				1600	1130	0	11.11111	0	11.11111111
7	1800	1250				1800	1250	40000	15211.11	24666.66667	2.25
8	2000	1370				2000	1370	160000	59211.11	97333.33333	0.111111111
9	2200	1490				2200	1490	360000	132011.1	218000	4.694444444
10	2400	1610				2400	1610	640000	233611.1	386666.6667	16
11					求和	14400	10140	2400000	890800	1462000	198.3333333
12					均值	1600	1126.667	266666.7	98977.78	162444.4444	
13											

图 9.10　最小二乘法计算结果图

9.3　一元线性回归分析的检验和预测

9.3.1　一元线性回归分析检验的内容

1. 回归参数β_1的检验

上节内容讲到，对于一元线性回归，y 的均值或者期望是 x 的一个线性函数：

$$E(y)=\beta_0+\beta_1 x$$

在上述表达式中，如果β_1的值为 0，那么 y 与 x 则不再存在线性关系，因此为了检验两个变量是否存在显著的回归关系，必须对β_1是否为 0 进行假设检验。一般使用自由度为 $n-2$ 的 t 统计量来对β_1是否为 0 进行假设检验。具体检验步骤如下。

(1) 建立假设。

$$H_0:\beta_1=0,\qquad H_1:\beta_1\neq 0$$

(2) 确定检验统计量。

一元线性回归分析的假设检验统计量有两种,分布是 t 统计量检验和 F 检验。

t 统计量检验的表达式

$$t=\frac{b_1}{s_{b_1}}=\frac{b_1}{\frac{s_y}{\sqrt{\sum(x_i-\bar{x})^2}}}$$

其中,s_{b_1} 是b_1的抽样分布的标准差,s_y是因变量 y 的估计标准误差。

F 检验的表达公式是

$$F=\frac{R^2}{(1-R^2)/(n-2)}$$

R^2是测定系数 ,n 是样本个数。

(3) 假设的判断准则。

此假设检验的判断准则和前面章节介绍的一致。

P 值法:如果 P 小于α,则拒绝原假设(此检验既适应于 t 检验法也适应于F 检验)。

临界值法:如果 $t\leqslant -t_{\alpha/2}$或者 $t\geqslant t_{\alpha/2}$,则拒绝原假设。$t_{\alpha/2}$是自由度为 $n-2$ 的 t 的临界值。

2. 回归参数$\boldsymbol{\beta}_1$的置信区间

β_1的置信区间的公式是

$$b_1\pm t_{\alpha/2}\,s_{b_1}=b_1\pm t_{\alpha/2}\frac{s_y}{\sqrt{\sum(x_i-\bar{x})^2}}$$

9.3.2 一元线性回归分析检验在 Excel 中的应用

利用例 9.2 的数据,以 95%的置信度进行一元线性回归分析的参数检验。

(1) 选择"家庭收支数据"工作表。在 N1、N2 输入回归分析的检验、假设条件;在 N5:N9 分布输入显著性水平、临界 t 值、结论、P 值法、临界值法;在 P5:P6 输入 P 值、t 统计量。

(2) 在单元格 O2 中输入"H0:β1=0,H1:β1≠0"。

(3) 在单元格 O5 中输入"0.05"。

(4) 在单元格 O6 中输入公式"=T.INV.2T(O5,9-2)"。

(5) 在单元格 Q5 中输入公式"=T.DIST.2T(Q6,7)"。

(6) 在单元格 Q6 中输入公式"=E2/(E4/(H11)^0.5)"。

(7) 在单元格 O8 中输入公式"=IF(Q5<O5,"拒绝","不能拒绝")"。

(8) 在单元格 O9 中输入公式"=IF(Q6>O6,"拒绝","不能拒绝")" 。

结果拒绝零假设，回归方程是显著的。

9.3.3 一元线性回归分析预测的理论知识

一元线性回归方程的质量可以通过测定系数进行评价，满足要求的回归方程可以用来进行估计和预测，这就是建立一元回归分析的目的。

一元线性回归方程的预测方式有两种。根据点估计，即给定一个 x 的值，根据回归方程，可以得到一个估计值 y；但是点估计不能提供有关预测精度的任何信息，因此必须建立一个预测区间来度量回归方程的精度，分别是均值的预测区间和个别值的预测区间。

1. y 的平均值的预测区间

平均值的预测区间公式为

$$[\hat{y_p} - t_{\alpha/2}\, s_{\hat{y_p}}, \hat{y_p} + t_{\alpha/2}\, s_{\hat{y_p}}]$$

其中，α 表示显著性水平，$t_{\alpha/2}$是自由度为 $n-2$ 的 t 值，$\hat{y_p}=b_0+b_1x_p$，即x_p的点估计，x_p为给定的值。

$s_{\hat{y_p}}$是$\hat{y_p}$的估计标准误差，其表达式为

$$s_{\hat{y_p}} = s_y\sqrt{\frac{1}{n}+\frac{(x_p-\bar{x})^2}{\sum(x_i-\bar{x})^2}}$$

2. y 的个别值的预测区间

个别值的预测区间公式为

$$[\hat{y_p} - t_{\alpha/2}\, s_{ind}, \hat{y_p} + t_{\alpha/2}\, s_{s_{ind}}]$$

s_{ind}为 y 的个别值关于均值的方差，它的公式为

$$s_{ind} = s_y\sqrt{1+\frac{1}{n}+\frac{(x_p-\bar{x})^2}{\sum(x_i-\bar{x})^2}}$$

9.3.4 一元线性回归分析预测在 Excel 中的应用

例 9.3 以 95%的置信度预测当家庭收入为 580 时，家庭支出的区间范围。

(1) 选择“家庭收支数据”工作表。合并单元格 R1:S1、T1:U1，在两个合并后的单元格分布输入“个别值的预测区间”“平均值的预测区间”。

(2) 在 R2:R8 分别输入：“xp”“yp”“Sind”“临界值 t”“临界值 t * Sind”“上限”“下限”；在 T4 输入 Sy；在 T6:T8 输入“临界值 t * Sy”“上限”“下限”。

(3) 在单元格 S2 中输入“580”。

(4) 在单元格 S3 中输入公式“=E1+E2 * S2”。

(5) 在单元格 S4 中输入公式“=E4 * (1+1/9+(S2-F12)^2/(H11))^0.5”。

(6) 在单元格 S5 中输入公式“=T.INV.2T(0.05,7)”。

(7) 在单元格 S6 中输入公式“=S5 * S4”。

(8) 在单元格 S7 中输入公式“=S3+S6”。

(9) 在单元格 S8 中输入公式“=S3−S6”

(10) 在单元格 U4 中输入公式“= E4 * (1/9+(S2−F12)^2/(H11))^0.5”。

(11) 在单元格 U6 中输入公式“=U4 * S5”。

(12) 在单元格 U7 中输入公式“=S3+U6”。

(13) 在单元格 U8 中输入公式“=S3−U6”。

计算结果如图 9.11 所示。

	R	S	T	U
1	个别值的预测区间		平均值的预测区间	
2	xp	580		
3	yp	505.3167		
4	Sind	6.615435	Sy	3.928186
5	临界值t	2.364624		
6	临界值t*Sind	15.64302	临界值t*Sy	9.288685
7	上限	520.9597	上限	514.6054
8	下限	489.6736	下限	496.028

图 9.11　两种预测结果

9.3.5　利用 Excel 2016 的分析工具进行回归分析

下面使用 Excel 2016 回归分析工具对例 9.2 进行回归分析，具体操作步骤如下。

(1) 打开“家庭收支数据”工作表，单击菜单栏的“文件”中的“选项”，如图 9.12 所示。

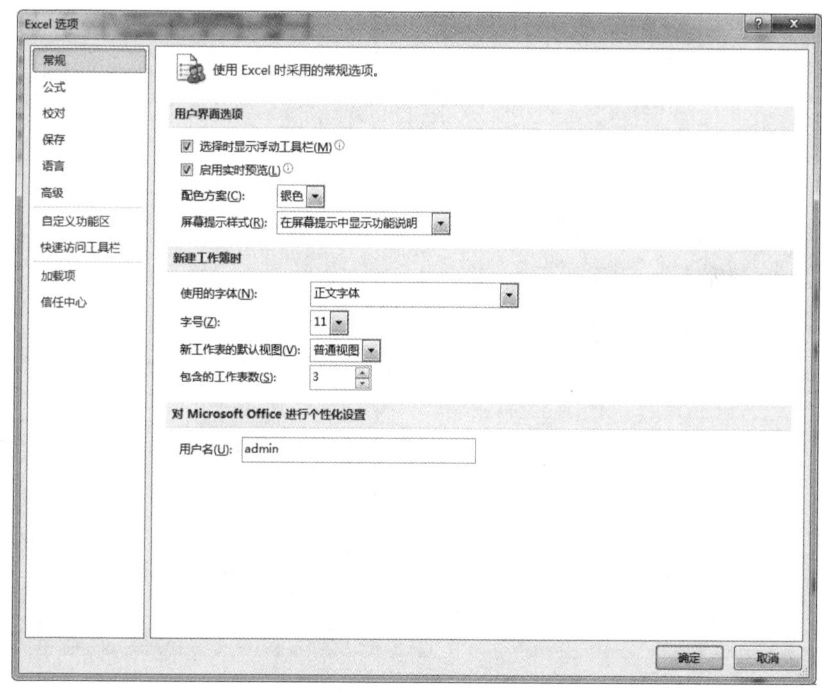

图 9.12　“Excel 选项”对话框

单击“加载项”出现新的弹窗，如图 9.13 所示，单击对话框最下面的“转到”，弹出“加载宏”对话框，并将所有复选框全部选中，如图 9.14 所示。单击“确定”按钮。

单击菜单栏“数据”→“数据分析”命令，在弹出“数据分析”对话框的“分析工具”栏中选择“回归”选项，单击“确定”按钮，如图 9.15 所示。

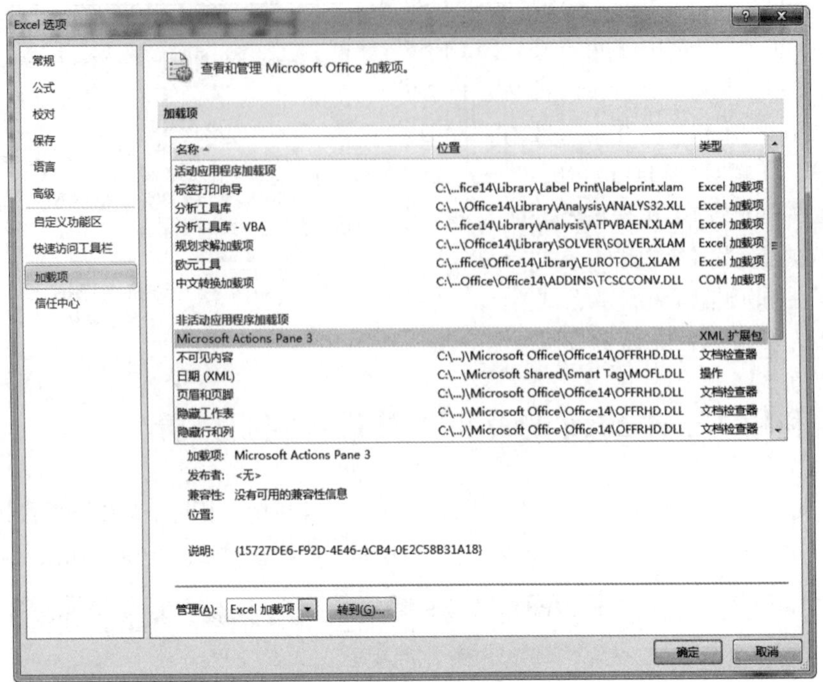

图 9.13 “加载项”对话框

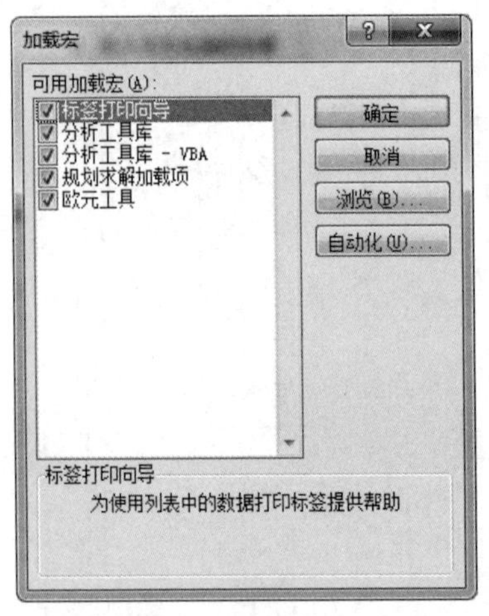

图 9.14 “加载宏”对话框

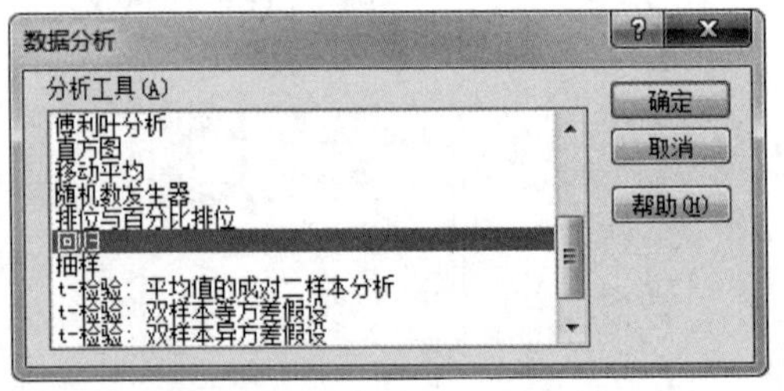

图 9.15 “数据分析”对话框

(2) 在弹出的“回归”对话框中输入各项参数，单击“Y 值输入区域”后的折叠按钮，选择 B2:B10 单元格；单击“X 值输入区域”后的折叠按钮，选择 A2:A10 单元格；输出选项为“新工作表组”，以及选中“线性拟合图”复选框，如图 9.16 所示。

“回归”对话框中各个参数及其属性的含义如下述：

Y 值输入区域：输入依因变量数据区域的引用。区域必须只含单独一列的数据。

X 值输入区域：输入依自变量数据区域的引用。Excel 2016 会以递增的顺序排列这

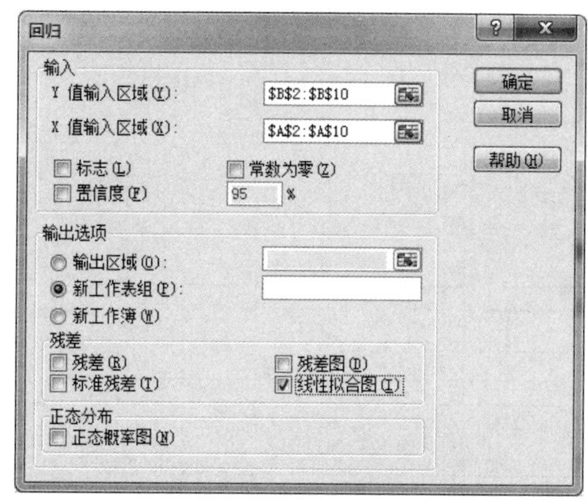

图 9.16 “回归”对话框

个区域内自变量的顺序。

标志：如果输入区域的第 1 行或列内或区域里面包含了标志，就选取这个复选框；如果输入区域中没有标志，则清除这个复选框。Excel 2016 会为输出表格产生适当的数据标志。

置信度：选取这个复选框，在其后的文本框中可以选择置信度等级。

常数为零：选取这个复选框可以强制回归线通过原点。

输出区域：在输出表格左上角输入引用。

新工作表组：选择该单选按键可以在当前的工作簿中插入新的工作表组，并从新工作表的 A1 单元格开始粘贴结果。若要给新的工作表命名，请在其后面的文本框中输入名称。

新工作簿：选择该单选按键可以建立新的工作簿，并将新工作表中的结果粘贴到新工作簿中。

残差：选择该复选框可在残差输出表格中包含残差。

标准残差：选择该复选框可在残差输出表格中包含标准残差。

残差图：选取这个复选框可产生每个独立变量与残差的对比图。

线性拟合图：选择该复选框可产生预测值与观测值的对比图。

正态概率图：选择该复选框可产生正态概率图。

(3) 单击图 9.16 所示的“确定”按钮，即可得到回归分析结果，如图 9.17 所示。

(4) 对图 9.17 进行分析。在回归分析表中，“Multiple R”和“R Square”是一元线性回归的参数，分别指的是相关系数和测定系数；“Adjusted R Square”是多元线性回归的测定系数，对一元线性回归没有意义。第三个表格中，“Intercept”的第一个参数 152 表示截距，家庭收入的第一个参数表示截距，后边各参数分别为截距和斜率的相关参数。由上面分析结果可知，b0=152，b1=0.609167，因此线性拟合为 y=152+0.609167x。在线性拟合图上可以添加趋势线，其结果如图 9.18 所示。

	I	J	K	L	M	N	O	P	Q
16	SUMMARY OUTPUT								
17									
18	回归统计								
19	Multiple	0.999888671							
20	R Square	0.999777354							
21	Adjusted	0.999745547							
22	标准误差	5.322906474							
23	观测值	9							
24									
25	方差分析								
26		df	SS	MS	F	Significance F			
27	回归分析	1	890601.6667	890601.7	31433	4.79318E-14			
28	残差	7	198.3333333	28.33333					
29	总计	8	890800						
30									
31		Coefficients	标准误差	t Stat	P-value	Lower 95%	Upper 95%	下限 95.0%	上限 95.0%
32	Intercep	152	5.776709303	26.31256	2.93E-08	138.3402531	165.6597	138.3403	165.6597469
33	家庭收入	0.609166667	0.003435921	177.2935	4.79E-14	0.601042004	0.617291	0.601042	0.61729133
34									

图 9.17　回归分析输出结果

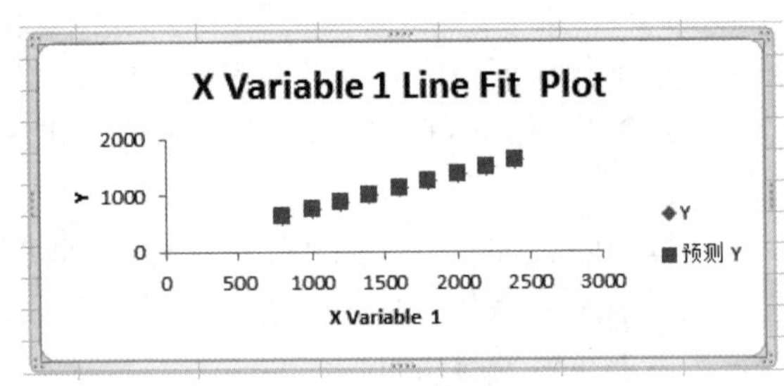

图 9.18　趋势线

9.4　多元线性回归分析

前面主要介绍了涉及一个自变量和一个因变量的简单线性回归模型，实际生活中，客观现象非常复杂，现象之间的联系方式和性质各不相同。影响因变量变化的自变量往往不止一个，而是多个。在线性回归分析中，如果有两个或两个以上的自变量，就称为多元线性回归。事实上，一种现象常常是与多个因素相联系的，由多个自变量的最优组合共同来预测或估计因变量，比只用一个自变量进行预测或估计更有效，更符合实际。

9.4.1　多元线性回归模型

1. 多元线性回归模型的一般形式

多元线性回归模型的一般形式为

$$y=\beta_0+\beta_1x_1+\beta_2x_2+\cdots+\beta_px_p+\varepsilon$$

其中，$\beta_0,\beta_1,\beta_2,\cdots\beta_p$ 是 $p+1$ 个未知参数，称为回归系数。y 称为被解释变量（因变量）。

$x_1, x_2, \cdots, x_p$ 是 p 个可以精确测量并可控制的一般变量，称为解释变量(自变量)。$p=1$ 时，即为前面介绍的一元线性回归模型；$p \geqslant 2$ 时，即为多元线性回归模型。ε 是随机误差。与一元线性回归模型一样，对多元线性回归模型随机误差项，常假定其服从期望值为 0、方差为 σ^2 的正态分布 $N(0, \sigma^2)$。

对一个实际问题，如果获得 n 组观测数据$(x_{i1}, x_{i2}, \cdots, x_{ip})$，$(i=1,2,\cdots,n)$，把这些观测值代入多元线性回归的一般模型，可得样本形式的多元线性回归模型：

$$\begin{cases} y_1 = \beta_0 + \beta_1 x_{11} + \beta_2 x_{12} + \cdots + \beta_p x_{1p} + \varepsilon_1 \\ y_2 = \beta_0 + \beta_1 x_{21} + \beta_2 x_{22} + \cdots + \beta_p x_{2p} + \varepsilon_2 \\ \qquad \vdots \\ y_n = \beta_0 + \beta_1 x_{n1} + \beta_2 x_{n2} + \cdots + \beta_p x_{np} + \varepsilon_n \end{cases}$$

写成矩阵形式为

$$\boldsymbol{Y} = \boldsymbol{X\beta} + \boldsymbol{\varepsilon}$$

其中：

$$\boldsymbol{Y} = \begin{bmatrix} y_1 \\ y_2 \\ \vdots \\ y_n \end{bmatrix}, \quad \boldsymbol{X} = \begin{bmatrix} 1 & x_{11} & x_{12} & \cdots & x_{1p} \\ 1 & x_{21} & x_{22} & \cdots & x_{2p} \\ \vdots & \vdots & \vdots & \ddots & \vdots \\ 1 & x_{n1} & x_{n2} & \cdots & x_{np} \end{bmatrix}, \quad \boldsymbol{\beta} = \begin{bmatrix} \beta_0 \\ \beta_1 \\ \vdots \\ \beta_p \end{bmatrix}, \quad \boldsymbol{\varepsilon} = \begin{bmatrix} \varepsilon_1 \\ \varepsilon_2 \\ \vdots \\ \varepsilon_n \end{bmatrix}$$

2. 多元线性回归模型的基本假定

为了对多元线性回归模型的参数进行估计和推断，常常要对多元线性回归模型做如下基本假定：

(1) 解释变量 $x_1, x_2, \cdots, x_p$ 是确定性变量，不是随机变量，且要求矩阵 $\boldsymbol{X}$ 中的自变量列之间不相关，样本容量的个数应大于解释变量的个数。

(2) 随机误差项具有零均值和同方差，即

$$E(\varepsilon_i) = 0 \quad (i=1,2,\cdots,n)$$

$$\operatorname{cov}(\varepsilon_i, \varepsilon_j) = \begin{cases} \sigma^2, i=j \\ 0, i \neq j \end{cases} \qquad (i,j=1,2,\cdots,n)$$

(3) 正态分布的假设条件如下：

$$\varepsilon_i \sim N(0, \sigma^2) \quad (i=1,2,\cdots,n)$$

由上述假定和多元正态分布的性质可知：$\boldsymbol{Y}$ 服从 n 维正态分布，且 $\boldsymbol{Y} \sim N(\boldsymbol{X\beta}, \sigma^2 \boldsymbol{I})$。

以建立彩电销售量的二元线性回归模型为例，彩电的销售量用 y 表示，用 x_1 表示彩电的价格，用 x_2 表示消费者收入，则可建立以下二元线性回归模型：

$$y = \beta_0 + \beta_1 x_1 + \beta_2 x_2 + \varepsilon$$

$$E(y) = \beta_0 + \beta_1 x_1 + \beta_2 x_2$$

$E(y)$对 x_2 求偏导得

$$\frac{\partial E(y)}{\partial x_2} = \beta_2$$

即 β_2 可解释为：当彩电的价格 x_1 保持不变时，消费者收入 $y=a\mathrm{e}^{bx}$ 每变动(增加或减少)

一个单位对彩电的平均销售量 $E(y)$ 的影响程度。一般来说，随着消费者收入的增加，对彩电的需求是增加的，因此 β_2 应该是正的。

9.4.2 多元回归模型的参数估计

多元线性回归方程未知参数 $\beta_0,\beta_1,\cdots,\beta_p$ 的估计与一元线性回归方程的参数估计原理一样，所选择的估计方法应该使得估计值 $\hat{y}$ 与观测值 y 之间的残差在所有样本点上达到最小，即使 Q 达到最小，求 $\beta_0,\beta_1,\cdots,\beta_p$，使得

$$Q(\beta_0,\beta_1,\cdots,\beta_p)=\sum_{i=1}^{n}(y_i-\beta_0-\beta_1x_{i1}-\beta_px_{ip})^2=\min$$

即

$$\sum_{i=1}^{n}(y_i-\hat{y}_i)^2=\sum_{i=1}^{n}e_1^2=\mathbf{e}'\mathbf{e}=(Y-X\hat{B})'(Y-X\hat{B})=\min\sum_{i=1}^{n}(y_i-\beta_0-\beta_1x_{i1}-\beta_px_{ip})^2$$

由多元函数求极值点的方法可求得回归系数的最小二乘估计值为

$$\hat{B}^2=(X'X)^{-1}X'Y$$

另外，未知参数 σ^2 的一个无偏估计为

$$\hat{\sigma}^2=\frac{\sum_{i=1}^{n}(y_i-\hat{y}_i)^2}{n-p-1}=\frac{\text{SEE}}{n-p-1}$$

实际就是均方误差(Mean Square Error，MSE)。上式中，SEE(Standard Estimated Error)表示标准估计误差。

9.4.3 对多元线性回归方程的评价

1. 拟合程度检验

在多元线性回归分析中，总离差平方和的分解公式依然成立：

总离差平方和＝残差平方和＋误差平方和

可以用判定系数来评价多元线性回归模型的拟合程度，即

$$r^2=\frac{\text{残差平方和}}{\text{总离差平方和}}=\frac{\sum_{i=1}^{n}(\hat{y}-\bar{y})^2}{\sum_{i=1}^{n}\hat{y}(y_i-\bar{y})^2}$$

由判定系数的定义可知，r^2 的大小取决于残差平方和在总离差平方和中的比重。在样本量一定的条件下，总离差平方和与自变量的个数无关，而残差平方和则会随着回归方程中自变量个数的增加而减小。因此 r^2 是自变量个数的非递减函数。在一元线性回归方程中，由于所有回归方程中包含的变量个数都相同，判定系数便可以直接作为评价一元线性回归方程拟合程度的尺度。而在多元线性回归方程中，各回归方程所包含的变量个

数未必相同，以判定系数作为衡量拟合程度的尺度是不合适的。因此，在多元线性回归分析中，通常采用修正自由度判定系数来判定现行多元回归方程的拟合程度：

$$r_a^2 = 1 - (1 - r^2) \times \frac{n-1}{n-p-1}$$

其中，p 是解释变量的个数，n 为样本容量。可以看出，对于给定的 r^2 值和 n 值，k 值越大，r_a^2 越小。在进行回归分析时，一般总是希望以尽可能少的自变量达到尽可能高的拟合程度。r_a^2 作为综合评价这方面情况的一个指标显然比 r^2 更为合适。但要注意：当 $n<30$ 且解释变量的个数很多时，r_a^2 为负。

同样，可以导出多元线性回归模型标准误差的计算公式：

$$S_{y(x_1, x_2, \cdots, x_p)} = \sqrt{\frac{\sum_{i=1}^{n}(y_i - \hat{y}_i)^2}{n-p-1}}$$

这里的 $n-p-1$ 是自由度，这是因为 p 元线性回归模型有 $p+1$ 个参数，求解该线性回归方程时将失去 $p+1$ 个自由度。后面在构建预测区间时要用到这个指标。

2. 多元线性回归模型的显著性检验

多元线性回归模型的显著性检验包括两方面的内容：一个是对整个回归方程的显著性检验(F 检验)，另一个是对各回归系数的显著性检验(t 检验)。在一元线性回归方程的检验中，这两者是等价的；但在多元线性回归模型的检验中，这两者是不同的。

整个回归模型的显著性检验步骤如下：

(1) 提出假设：

$$H_0: \beta_1 = \beta_2 = \cdots = \beta_p$$
$$H_1: \beta_i (i = 1, 2, \cdots, p) \text{ 不全为 } 0$$

(2) 根据表 9.3 构建 F 统计量。

表 9.3　多元线性回归模型的方差分析

方差来源	平方和	自由度	均方和	F 值
回归	SSR	p	$MSR=\frac{SSR}{p}$	$F=\frac{MSR}{MSE}$
误差	SSE	$n-p-1$	$MSE=\frac{SSE}{n-p-1}$	
总计	SST	$n-1$		

(3) 给定显著性水平 α，查 F 检验表，得临界值 $F_\alpha(p, n-p-1)$。

(4) 若 $F \geqslant F_\alpha(p, n-p-1)$，则拒绝 H_0，接受 H_1，说明总体回归系数 β_i 不全为 0，即回归方程是显著的；反之，则认为回归方程不显著。

回归系数的显著性检验步骤如下。

(1) 提出假设：

$$H_0: \beta_1 = 0$$

$$H_1: \beta_i \neq 0 \quad (i=1,2,\cdots,p)$$

(2) t 检验的计算公式为

$$t_{\beta_i} = \frac{\hat{\beta}_i}{s_i}$$

其中，$s_i=\sqrt{\text{var}(\hat{\beta}_i)}=\sqrt{c_{ii}}\hat{\sigma}$ 是回归系数标准差，c_{ii} 是 $(\boldsymbol{X}^{\mathrm{T}}\boldsymbol{X})^{-1}$ 中第 $i+1$ 个主对角线元素。t 值应该有 p 个，对每一个 $i=1,2,\cdots,p$，可以计算一个 t 值。

(3) 给定显著性水平 α，确定临界值 $t_{\alpha/2}(n-p-1)$。

(4) 若 $|t_{\beta_i}| \geqslant t_{\alpha/2}(n-p-1)$，则拒绝 H_0，接受 H_1，即总体回归系数 β_i 不全为 0。

有多少个回归系数，就要做多少次 t 检验。

类似于一元线性回归模型，通过检验后的多元线性模型也可以用来进行预测。

9.4.4 利用 Excel 2016 实现多元线性回归分析

在 Excel 2016 中，可以通过回归分析函数和回归分析工具来实现多元线性回归分析。

例 9.4 某公司的管理者认为公司每周的总收入是广告费用的函数，并想对公司每周的总收入作出估计。由 8 周的历史数据组成的样本如表 9.4 所示。通过表 9.4 中的数据给出广告费用与每周的总收入的多元线性回归方程，并在 0.05 显著性水平下对回归方程进行总体显著性和回归系数的显著性检验。

表 9.4 每周的总收入与广告费用数据

每周的总收入/千元	电视广告费用/千元	报纸广告费用/千元
96	5.0	1.5
90	2.0	2.0
95	4.0	1.5
92	2.5	2.5
95	3.0	3.5
94	3.5	2.3
94	2.5	4.2
94	3.0	2.5

Excel 2016 分析工具中的回归分析工具可以进行多元线性回归分析，且能给出详细的回归参数值及统计量，还可以给出残差和残差图等多种分析结果。

下面使用回归分析工具对例 9.4 进行多元回归分析，具体操作步骤如下。

(1) 打开“收入与广告费用数据.xlsx”工作表，单击“数据”→“数据分析”命令，在弹出的“数据分析”对话框的“分析工具”栏中选择“回归”，单击“确定”按钮，如图 9.19 所示。

(2) 在弹出的“回归”对话框中输入各项参数，单击“Y 值输入区域”后的折叠按钮，选择 B1:B9 单元格；单击“x 值输入区域”后的折叠按钮，选择 C1:D9 单元格；单击选中“标志”和“置信度”复选框，并在“置信度”后的文本框中输入“95”；在“输出选项”下选择“新工作表组”单选按钮；在“残差”选项组中选中“残差”、“残差图”和“标准残差”复选框，如图 9.20 所示。

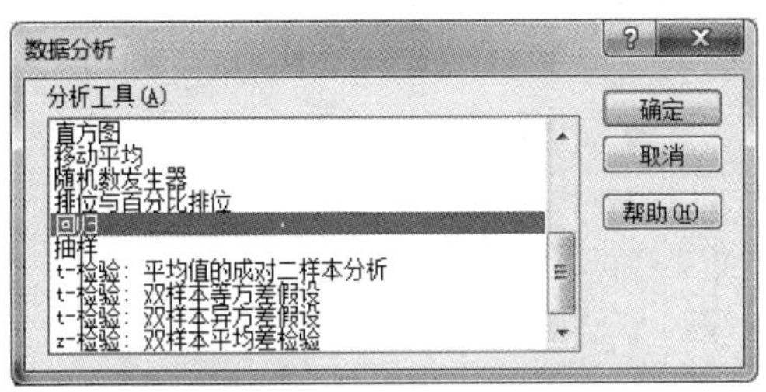

图 9.19 “数据分析”对话框

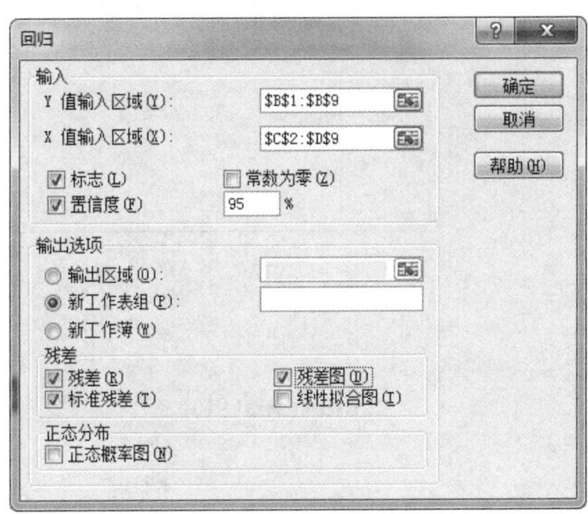

图 9.20 “回归”对话框

(3) 单击“确定”按钮，输出回归分析结果。回归分析中的回归汇总输出(SUMMARY OUTPUT)结果，如图 9.21 所示。可以看出，测定系数为 0.9008956，这说明电视广告费和报纸广告费能解释总收入的 90.1%；估计标准误差为 0.600852041，是实际值与估计值之间的误差。b_0 是 83.2828245，电视广告费用的系数用 b_1 表示，为 2.283844253，报纸广告费用的系数用 b_2 表示，为 1.27496159754224，因此多元线性回归方程可以写成：

$$\hat{y}=83.2828245+2.283844253\,x_1+1.27496159754224\,x_2$$

SUMMARY OUTPUT								
回归统计								
Multiple R	0.963956							
R Square	0.9292111							
Adjusted R S	0.9008956							
标准误差	0.600852							
观测值	8							
方差分析								
	df	SS	MS	F	nificance F			
回归分析	2	23.69488412	11.84744	32.81629	0.00133			
残差	5	1.805115875	0.361023					
总计	7	25.5						
	Coefficient	标准误差	t Stat	P-value	Lower 95%	Upper 95%	下限 95.0	上限 95.0%
Intercept	83.282842	1.442065966	57.75245	2.94E-08	79.5759	86.98979	79.57589	86.98979
电视广告费用	2.2838443	0.281907565	8.101394	0.000465	1.55918	3.008511	1.559178	3.008511
报纸广告费	1.2749616	0.288418209	4.420531	0.006889	0.53356	2.016364	0.533559	2.016364

图 9.21 回归汇总输出结果

(4) 回归分析中的残差输出(RESIDUAL OUTPUT)结果如图 9.22 所示。

(5) 对应回归分析结果中，电视广告费用与报纸广告费用的残差图如图 9.23 所示。

RESIDUAL OUTPUT			
观测值	预测 每周的总收入 / 千元	残差	标准残差
1	96.61450611	-0.614506111	-1.2101
2	90.40045415	-0.400454151	-0.78859
3	94.33066186	0.669338142	1.318081
4	92.17985708	-0.179857076	-0.35418
5	94.5967408	0.4032592	0.79411
6	94.20870901	-0.20870901	-0.411
7	94.34729179	-0.347291792	-0.6839
8	93.3217792	0.678220797	1.335573

图 9.22　残差输出结果

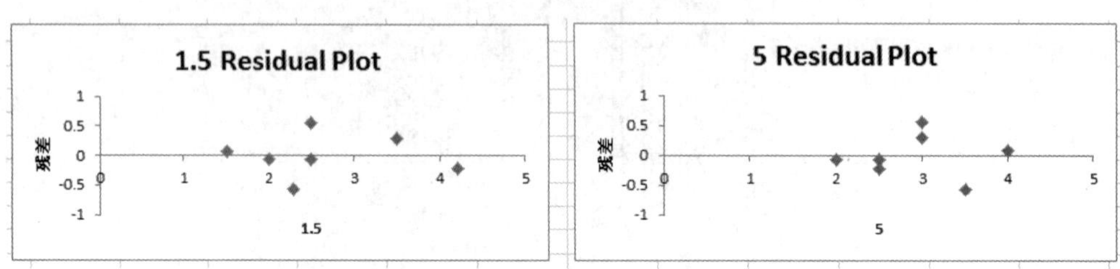

图 9.23　电视广告费用与报纸广告费用的残差图

9.5　非线性回归分析

在上述一元和多元线性回归分析问题中,因变量和自变量之间是线性关系,预测模型简单明了。但是在实际问题中,当变量之间不是线性关系时,不能用线性回归方程描述,需要进行非线性回归分析。以最小平方法分析非线性关系的数据在数量变化上的规律,叫作非线性回归分析。从非线性回归分析的角度来看,线性回归分析仅是其中的一种特例。

9.5.1　常见的几种非线性回归分析和预测模型

在复杂的现象中,根据实际的分析建立的模型往往不符合线性特点,这类模型称为非线性模型。下面介绍几种常见的非线性回归分析和预测模型:指数回归模型、对数回归模型、多项式回归模型。

1. 指数回归模型

指数回归模型应用于拟合曲线显示以越来越高的速率上升或下降的数据值。值得注意的是,数据不应该包含 0 或负数。指数回归方程为

$$y = a\mathrm{e}^{bx}$$

其中,a 和 b 是常量,e 是自然对数的底数。

对于指数回归模型，主要有两种分析方法：

(1) 绘制数据散点图，然后添加趋势线，拟合出指数回归曲线，并能得到拟合程度。这种方法简单快捷。

(2) 将非线性回归问题转化为线性回归问题。对于指数曲线，通过两边取对数即可将其线性化为一元线性回归问题：

$$\ln y = \ln(a + bx)$$

运用一元线性回归得到回归参数 a 和 b。

2. 对数回归模型

对数回归模型应用于拟合曲线显示稳定、快速增加或减少的数据值。对于对数回归方程，数据可以包含负数和正数。对数回归方程为

$$y = a + b \ln x$$

同样，可以通过添加趋势线得到回归方程，也可以将 $\ln x$ 作为新的变量直接进行一元线性回归分析，得到样本回归方程：

$$y = \hat{a} + \hat{b} \ln x$$

通过得到的回归方程即可计算相应的预测值。

3. 多项式回归模型

在多项式回归模型中，数据可以包含 0 或负数。一般二次多项式回归模型即可满足回归要求，三次或更高次多项式回归模型仅在能明显提高回归效果时才考虑使用。多项式回归方程为

$$y = a + b_1 x + b_2 x^2 + \cdots + b_n x^n$$

对于二次多项式回归分析问题，可以通过添加趋势线得到回归方程，也可以令 $x_2 = x^2$，将样本回归方程化为多元线性回归方程：

$$y = a + b_1 x + b_2 x_2$$

通过多元线性回归分析可得到回归方程的参数。

4. 幂函数

幂函数的方程形式为

$$Y = a X^b$$

对两边同时取自然对数可以化为线性形式

$$\ln y = \ln a + b \ln X$$

9.5.2 利用 Excel 实现非线性回归分析

在 Excel 中，可以通过散点图、趋势线和回归分析工具实现非线性回归分析。

例 9.5 商店销售额与流通率的非线性分析。某商店经理认为商店的销售额与流通率存在某种非线性关系，由 9 个月的历史数据组成的样本如表 9.5 所示。通过样本数据

给出销售额与流通率的非线性回归方程。

表 9.5　销售额与流通率关系表

月　份	销售额/万元	流通率/%	月　份	销售额/万元	流通率/%
1	1.5	7.0	6	16.5	2.5
2	4.5	4.8	7	19.5	2.4
3	7.5	3.6	8	22.5	2.3
4	10.5	3.1	9	25.5	2.2
5	13.5	2.7			

新建“销售额与流通率数据”工作表，输入表 9.5 中的数据，如图 9.24 所示。

首先进行指数回归分析。

利用散点图及指数回归趋势线对本例进行分析，步骤如下。

(1) 打开“销售额与流通率数据”工作表，生成散点图，将 X 坐标轴标题设置为“销售额”，将 Y 坐标轴标题设置为“流通率”，将图表名称设置为“指数回归分析”，如图 9.25 所示。

	A	B	C
1	样本	销售额	流通率
2	1	1.5	7
3	2	4.5	4.8
4	3	7.5	3.6
5	4	10.5	3.1
6	5	13.5	2.7
7	6	16.5	2.5
8	7	19.5	2.4
9	8	22.5	2.3
10	9	25.5	2.2

图 9.24　销售额和流通率数据

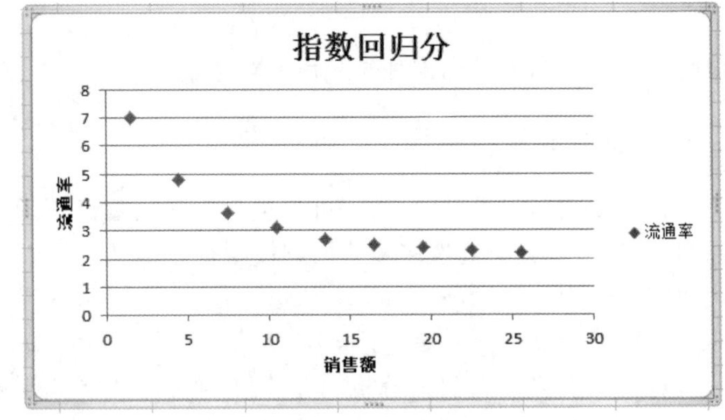

图 9.25　生成的散点图

(2) 右击散点图中的菱形点，在快捷菜单中选择“添加趋势线”命令，弹出如图 9.26 所示的“设置趋势线格式”对话框，在此设置关于趋势线的选项，在“趋势预测/回归分析类型”下选择“指数”单选按钮，选择“显示公式”“显示 R 平方值”复选框，单击“关闭”按钮返回散点图。此时在散点图中显示回归方程和 R^2，如图 9.27 所示。

从图 9.27 中可以看出，对应的回归方程为 $y=5.6852e^{-0.044x}$，$R^2=0.8502$，回归方程拟合效果显著。

其次进行对数回归分析。

下面使用回归分析工具对例 9.5 进行对数回归分析，步骤如下。

(1) 将对数回归模型化为一元线性回归模型后得到回归参数。选择流通率对应的 C3:C11 单元格区域，按 Ctrl+C 键进行复制，再单击 F3 单元格，按 Ctrl+V 键进行粘贴。单击 E3 单元格，在单元格编辑栏中输入公式“=LN(B3)”。再次单击 E3 单元格，将鼠标光标移动到单元格右下角，当鼠标光标变为黑十字形时，按住鼠标左键，拖动至 E11 单元格，自动求出所有 LN(X)的值，如图 9.28 所示。

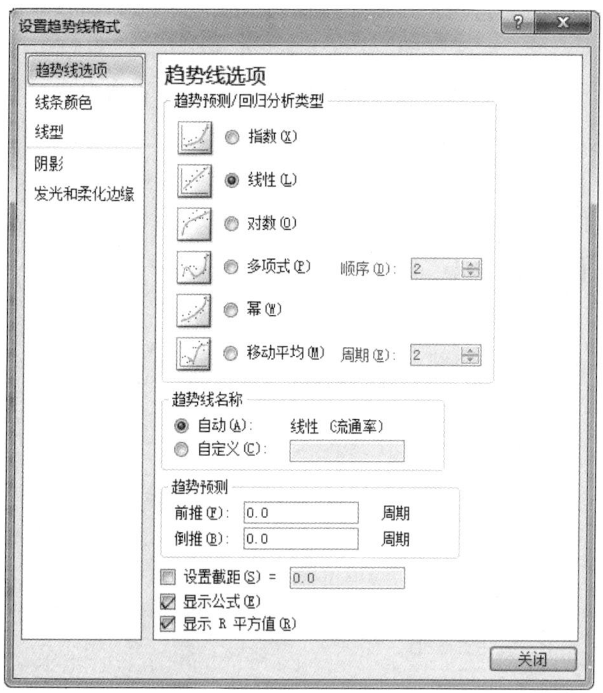

图 9.26 “设置趋势线格式”对话框

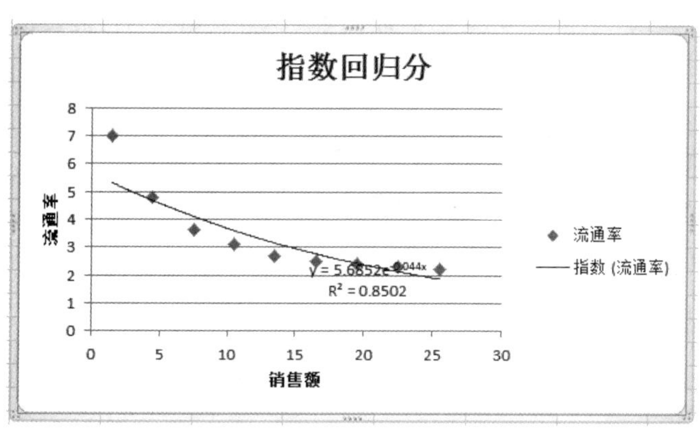

图 9.27 散点图及趋势线

	A	B	C	D	E	F
1	销售额与流通性的非线性分析					
2	样本	销售额	流通率		LN（X）	Y
3	1	1.5	7		0.405465	7
4	2	4.5	4.8		1.504077	4.8
5	3	7.5	3.6		2.014903	3.6
6	4	10.5	3.1		2.351375	3.1
7	5	13.5	2.7		2.60269	2.7
8	6	16.5	2.5		2.80336	2.5
9	7	19.5	2.4		2.970414	2.4
10	8	22.5	2.3		3.113515	2.3
11	9	25.5	2.2		3.238678	2.2

图 9.28 LN(X)的值

(2) 运用回归分析功能进行一元线性回归分析。在“数据”选项卡中选择“数据分析”工具，在弹出的“数据分析”对话框的“分析工具”列表中选择“回归”，单击“确定”按钮。

(3) 在弹出的“回归”对话框中输入各项参数。单击“Y 值输入区域”文本框后的按钮，选择 F2:F11 单元格；单击“X 值输入区域”文本框后的按钮，选择 E2:E11 单元格区域；选择“标志”和“置信度”复选框，并在“置信度”复选框后的文本框中输入 95；在“输出选项”下选择“新工作表组”单选按钮。回归参数设置如图 9.29 所示。

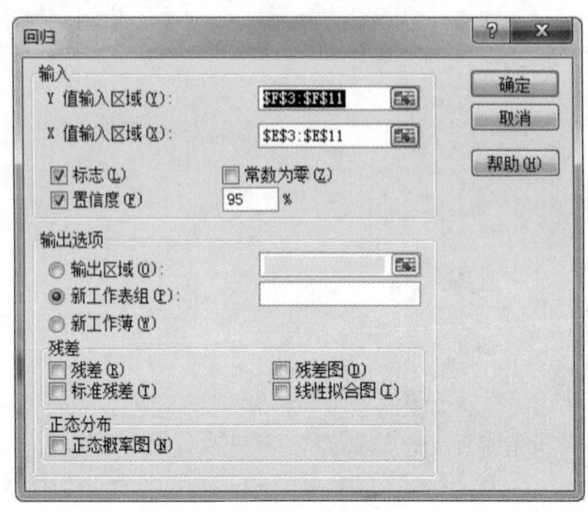

图 9.29 “回归”对话框

(4) 单击“确定”按钮，回归分析中的回归汇总输出(SUMMARY OUTPUT)结果如图 9.30 所示。

	I	J	K	L	M	N	O	P	Q
16	SUMMARY OUTPUT								
17									
18	回归统计								
19	Multiple	0.98656							
20	R Square	0.973301							
21	Adjusted	0.969486							
22	标准误差	0.276196							
23	观测值	9							
24									
25	方差分析								
26		df	SS	MS	F	gnificance F			
27	回归分析	1	19.46601	19.46601	255.1773	9.15E-07			
28	残差	7	0.53399	0.076284					
29	总计	8	20						
30									
31		Coefficien	标准误差	t Stat	P-value	Lower 95%	Upper 95%	下限 95.0	上限 95.0%
32	Intercep	7.397868	0.266666	27.74208	2.03E-08	6.767303	8.028433	6.767303	8.028433
33	LN (X)	-1.71301	0.107235	-15.9743	9.15E-07	-1.96658	-1.45944	-1.96658	-1.45944
34									

图 9.30 回归汇总输出结果

从图 9.30 中可以看出，回归方程为 $y=-1.71301\ln(x)+7.397868$，判定系数为 0.973，总体拟合效果显著。

习　题

1. 根据要求进行操作。

（1）我国 1982—2007 年的进出口总值与固定资产投资总额的数据如图 9.31 所示，分析固定资产投资总额对进出口总值是否有显著影响以及有什么样的影响。

① 使用趋势线进行回归分析，并分析回归结果。

② 使用回归分析函数进行回归分析，并分析回归结果。

③ 使用回归分析工具进行回归分析，并分析回归结果。

④ 实用最小二乘法建立回归方程。

⑤ 对模型中的回归系数斜率进行假设检验（显著性水平为 0.05）。

⑥ 对模型中的回归系数斜率进行区间估计（置信水平为 95%）。

⑦ 评估回归模型的代表性。

（2）我国 1982—2007 年的进出口总值、固定资产投资总额和社会消费零售总额的数据如图 9.32 所示，分析固定资产投资总额及社会消费零售总额对进出口总值是否有显著影响以及有什么样的影响。

① 使用回归分析函数进行回归分析。

② 使用回归分析工具进行回归分析。

③ 比较两种方法的回归的结果并分析回归结果。

年份	进出口总值	固定资产投资总额
1982	416.1	1230.4
1983	436.2	1430.1
1984	535.5	1832.9
1985	696	2543.2
1986	738.5	3120.6
1987	826.5	2448.8
1988	1027.9	3020
1989	1116.8	2808.2
1990	1154.4	2986.3
1991	1356.3	3713.8
1992	1655.3	5498.7
1993	1857	13072.3
1994	2366.2	17042.1
1995	2808.6	20019.3
1996	2898.8	22913.5
1997	3251.6	24941.1
1998	3240.5	28406.2
1999	3607	29854.71
2000	4550	32917.73
2001	5098	37213.49
2002	6208	43499.91
2003	8509.9	55566.6059
2004	11854	70477.4
2005	14221	88773.6
2006	17607	109870
2007	21735	117414

图 9.31　我国 1982—2007 年的进出口总值与固定资产投资总额的数据

年份	进出口总值	固定资产投资总额	社会消费零售总额
1982	416.1	1230.4	2570
1983	436.2	1430.1	2849.4
1984	535.5	1832.9	3376.4
1985	696	2543.2	4305
1986	738.5	3120.6	4950
1987	826.5	2448.8	5820
1988	1027.9	3020	7440
1989	1116.8	2808.2	8101.4
1990	1154.4	2986.3	8300.1
1991	1356.3	3713.8	9415.6
1992	1655.3	5498.7	10993.7
1993	1857	13072.3	12462.1
1994	2366.2	17042.1	16264.7
1995	2808.6	20019.3	20620
1996	2898.8	22913.5	24774.1
1997	3251.6	24941.1	27298.9
1998	3240.5	28406.2	29152.5
1999	3607.0	29854.71	31134.7
2000	4550.0	32917.73	34152.6
2001	5098.0	37213.49	37595.2
2002	6208.0	43499.91	42027.1
2003	8509.9	55566.61	45842
2004	11854.0	70477.40	53950.1
2005	14221.0	88773.6	63686.6
2006	17607.0	109870	76410
2007	21735.0	117414	81721.7

图 9.32　我国 1982—2007 年的进出口总值、固定资产投资总额和社会消零售总额的数据

第10章 聚类分析

聚类分析是一种多元统计分析方法，用于研究样本或变量之间的相似程度。样本的聚类方法称为Q型聚类，变量的聚类方法称为R型聚类。本书重点讨论对样本的聚类分析。在大数据时代，人们经常要面对成千上万的样本，对每个样本都进行分析并非明智之举。聚类分析给人们提供了一种大样本分类的方法。通过无监督学习，将大样本聚合成不同类别，有利于人们更加清晰地分析问题，得出更具针对性的结论。

"物以类聚，人以群分。"可以用相关系数度量变量之间的相关关系，而样本的不同类之间用距离定义其相似程度。直观地看，距离较近的样本可以划归一类，认为其具有相似的特征。例如，在分析顾客的消费行为数据时，可以利用聚类分析将顾客划分为不同的类别，然后根据其特征采取相应的营销策略。在经济发展领域，综合考量各城市的经济发展指标，利用聚类分析得到不同的城市经济发展水平分类。聚类分析避免了人为的、主观的分类方法的缺点，很好地揭示了样本中客观存在的联系和规律。

常用的聚类分析方法有系统聚类法和 K 均值聚类法。系统聚类法不断计算类与类之间的距离，将距离最短的类合并成新类，直到最终归并为一类为止。而 K 均值聚类法则在初始阶段便确定要合并为多少类，并按照一定的准则，动态、快速地修改初始分类，直至得到最终收敛的分类结果为止。

10.1 相似性度量

10.1.1 样本相似性度量

为探究变量间的相似程度，通常用相关系数进行度量。而样本与样本之间的相似程度用距离进行度量。设 $x_{ij}(i=1,2,\cdots,n;j=1,2,\cdots,p)$ 是 p 维空间的 n 个样本点，即由 p 个变量、n 个样本组成的 $n\times p$ 矩阵：

$$\begin{bmatrix} x_{11} & x_{12} & \cdots & x_{1p} \\ x_{21} & x_{22} & \cdots & x_{2p} \\ \vdots & \vdots & \ddots & \vdots \\ x_{n1} & x_{n2} & \cdots & x_{np} \end{bmatrix}$$

令 d_{ij} 为样本 x_i 与样本 x_j 的距离，最直观的距离可以表示为

$$d_{ij}(1)=\sum_{k=1}^{p}|x_{ik}-x_{jk}|$$

$$d_{ij}(2)=\left[\sum_{k=1}^{p}(x_{ik}-x_{jk})^2\right]^{\frac{1}{2}}$$

前者为绝对值距离，后者为欧几里得(Euclid)距离。其实二者都是闵可夫斯基(Minkowski)距离的特殊形式，闵可夫斯基距离为

$$d_{ij}(q)=\left[\sum_{k=1}^{p}|x_{ik}-x_{jk}|^q\right]^{\frac{1}{q}}$$

当 q 趋于无穷时，闵可夫斯基距离为切比雪夫(Chebyshev)距离：

$$d_{ij}(\infty)=\max_{1\leqslant k\leqslant p}|x_{ik}-x_{jk}|$$

闵可夫斯基距离的优点为简单、直观，但是没有考虑量纲对距离的影响，也没有考虑变量间相关性对距离的影响。为了消除量纲对距离的影响，常常对原始数据标准化后再进行计算，即原变量减去均值后除以样本标准差。但是，这样也并不能消除变量间相关性对距离的影响。因此，又引入马哈拉诺比斯(Mahalanobis)距离：

$$d_{ij}(M)=[(\boldsymbol{x}_i-\boldsymbol{x}_j)^{\mathrm{T}}\boldsymbol{S}^{-1}(\boldsymbol{x}_i-\boldsymbol{x}_j)]^{\frac{1}{2}}$$

其中，$\boldsymbol{S}$ 为样本的协方差矩阵。马哈拉诺比斯距离消除了变量相关性与量纲对距离的影响。当各变量相互独立，即样本的协方差矩阵为对角矩阵时，马哈拉诺比斯距离退化为欧几里得距离。

兰斯距离最早由兰斯(Lance)和威廉姆斯(Williams)提出，它可以消除量纲对距离的影响，但不能消除变量间相关性对距离的影响。兰斯距离为

$$d_{ij}(\mathrm{LM})=\frac{1}{p}\sum_{k=1}^{p}\frac{|x_{ik}-x_{jk}|}{x_{ik}+x_{jk}}$$

例 10.1 根据表 10.1 中 5 名学生的各科成绩，分别计算 James 和 Joe 成绩的欧几里得距离及切比雪夫距离。

表 10.1 5 名学生的各科成绩

学生姓名	英 语	数 学	科 学	计 算 机
James	85	67	79	89
Tina	83	70	82	84
Joe	91	95	88	93
Frank	90	92	86	90
Christina	86	75	83	88

欧几里得距离为

$$\begin{aligned}d_{13}(2)&=\left[\sum_{k=1}^{4}(x_{ik}-x_{jk})^2\right]^{\frac{1}{2}}\\&=[(85-91)^2+(67-95)^2+(79-88)^2+(89-93)^2]^{\frac{1}{2}}\\&=30.28\end{aligned}$$

切比雪夫距离为

$$d_{13}(\infty)=\max_{1\leqslant k\leqslant 4}|x_{1k}-x_{3k}|=|67-95|=28$$

10.1.2　变量相似性度量

R 型聚类为对变量的聚类，当原始数据中变量较多且变量间的相关系数较大时，通常采用变量聚类的方法降低数据的维度。相关系数及夹角余弦都可以用来衡量变量间的相关关系。

$$r_{jk}=\frac{\sum_{i=1}^{n}(x_{ij}-\bar{x}_j)(x_{ik}-\bar{x}_k)}{\left[\sum_{i=1}^{n}(x_{ij}-\bar{x}_j)^2\sum_{i=1}^{n}(x_{ik}-\bar{x}_k)^2\right]^{\frac{1}{2}}}\quad(j,k=1,2,\cdots,p)$$

$$\cos\theta_{jk}=\frac{\sum_{i=1}^{n}x_{ij}x_{ik}}{\left(\sum_{i=1}^{n}x_{ij}^2\sum_{i=1}^{n}x_{ik}^2\right)^{\frac{1}{2}}}\quad(j,k=1,2,\cdots p)$$

相关系数是标准化后的夹角余弦，二者的绝对值都小于 1。二者的绝对值越接近 1 时，变量的相似程度越高。在实际聚类中，仍然用 d_{jk} 来衡量变量间的距离：

$$d_{jk}=1-|c_{jk}|$$

$$d_{jk}^2=1-c_{jk}^2$$

其中，c_{jk} 表示相关系数 r_{jk} 或夹角余弦 $\cos\theta_{jk}$。d_{jk} 越小，则越倾向于将 $\boldsymbol{x}_j$ 与 $\boldsymbol{x}_k$ 聚成一类，这符合人们的思维习惯。

10.2　系统聚类

10.2.1　系统聚类的基本思想

系统聚类分析也叫分层聚类分析，是最基本的聚类方法。其基本思想为：在类与类之间定义距离，不断合并距离近、相似程度高的类别，直到所有的样本都聚集到相应的类中。

系统聚类分析的基本步骤如下：

(1) 将每个样本看成一类，此时，初始分类数为 n。

(2) 计算样本两两间距离 d_{ij}，将距离最近的两个样本聚为新类，其余样本仍然自成一类。

(3) 计算新类与其他类的距离，合并最近的两类为新类。

(4) 重复步骤(3)，直到所有样本都被划分到合适的类为止。

(5) 画聚类谱系图，并确定类的个数和各类中包含的样本。

10.2.2 类间距离与系统聚类法

在系统聚类分析的步骤(2)中,计算样本之间的距离时可以采用前面提到的欧几里得距离、马哈拉诺比斯距离等,但是在计算类与类之间的距离时,由于每一类中的样本多种多样,如何定义类间距离是要思考的问题。例如,经过若干系统聚类步骤后,得到若干类,其中,类 p 包含 3 个样本,类 q 包含 2 个样本,显然,此时无法直接用计算两两样本间距离的公式来计算类与类之间的距离。因此,我们采用最短距离法、最长距离法、重心法、类平均法、离差平方和法定义并计算类与类之间的距离。

1. 最短距离法

d_{pq} 表示类 p 与类 q 之间的距离,最短距离法定义类 p 与类 q 中相距最近的两个样本之间的距离为类 p 与类 q 的距离,即

$$d_{pq}=\min_{i\in p,j\in q}\{d_{ij}\}$$

2. 最长距离法

最长距离法定义类 p 与类 q 中相距最远的两个样本之间的距离为类 p 与类 q 的距离,即

$$d_{pq}=\max_{i\in p,j\in q}\{d_{ij}\}$$

3. 重心法

重心法定义类 p 与类 q 的重心之间的距离为类 p 与类 q 的距离。设类 p 与类 q 的重心分别为 $\bar{\boldsymbol{x}}_p$ 与 $\bar{\boldsymbol{x}}_q$,则类 p 与类 q 的距离为

$$d_{pq}=d_{\bar{x}_p\bar{x}_q}$$

其中,n_{p}、n_q 为类 p 和类 q 的样本数,类 p 和类 q 的重心分别为

$$\bar{\boldsymbol{x}}_p=\frac{1}{n_p}\sum_{i\in p}\boldsymbol{x}_i,\quad \bar{\boldsymbol{x}}_q=\frac{1}{n_q}\sum_{j\in q}\boldsymbol{x}_j$$

4. 类平均法

类平均法定义类 p 与类 q 各点之间的平均距离为类 p 与类 q 的距离。其中 n_p、n_q 分别为类 p 与类 q 包含的样本数。计算公式如下:

$$d_{pq}^2=\frac{1}{n_pn_q}\sum_{i\in p}\sum_{j\in q}d_{ij}^2$$

5. 离差平方和法

离差平方和法衡量每一类内部的差异程度,离差平方和越大,类的内部差异程度越大。容易想到,在合并成新类的过程中必然会增大类的内部差异程度。D_p、D_q 分别表示类 p、类 q 的离差平方和,D_{p+q} 表示将类 p、类 q 合并成新类的离差平方和。

$$D_p = \sum_{i \in p} (\boldsymbol{x}_i - \bar{\boldsymbol{x}}_p)^{\mathrm{T}} (\boldsymbol{x}_i - \bar{\boldsymbol{x}}_p)$$

$$D_q = \sum_{j \in q} (\boldsymbol{x}_j - \bar{\boldsymbol{x}}_q)^{\mathrm{T}} (\boldsymbol{x}_j - \bar{\boldsymbol{x}}_q)$$

$$D_{p+q} = \sum_{i \in p \cup q} (\boldsymbol{x}_i - \bar{\boldsymbol{x}})^{\mathrm{T}} (\boldsymbol{x}_i - \bar{\boldsymbol{x}})$$

其中，n_{p}、n_q 为类 p 和类 q 的样本数，类 p、类 q 和合并后的新类的重心分别为

$$\bar{\boldsymbol{x}}_p = \frac{1}{n_p} \sum_{i \in p} \boldsymbol{x}_i, \quad \bar{\boldsymbol{x}}_q = \frac{1}{n_q} \sum_{j \in q} \boldsymbol{x}_j, \quad \bar{\boldsymbol{x}} = \frac{1}{n_p + n_q} \sum_{i \in p \cup q} \boldsymbol{x}_i$$

类 p 和类 q 之间的距离平方和为

$$d_{pq}^2 = D_{p+q} - D_p - D_q$$

d_{pq}^2 越小，表示合并成新类后类内部差异的增大幅度越小，越有可能合并为一类。

除了上述定义类间距离的方法外，还有中间距离法、可变类平均法等，由于这些方法用得比较少，在此不再赘述。一般来说，采取不同的类间距离定义方式，得到的聚类结果可能不同。最短距离法的聚类效果一般，因为它在合并过程中缩短了类与类之间的距离，使得大部分样本被聚集到同一类当中；而最长距离法克服了这一缺点。重心法由于采用重心距离代表类间距离，并没有充分利用样本信息；而类平均法为类间所有样本点的距离的均值，因此聚类效果较好，得到了广泛应用。离差平方和法只能得到局部最优解。

例 10.2 利用最短距离法，对例 10.1 中的 5 名学生成绩进行系统聚类。

设 James、Tina、Joe、Frank、Christina 的成绩分别为样本 1～5。首先计算 5 个样本两两之间的欧几里得距离 d_{ij}，得到距离矩阵：

	1	2	3	4	5
1	0	6.86	30.28	26.46	9.06
2	6.86	0	28.39	24.19	7.14
3	30.28	28.39	0	4.8	21.79
4	26.46	24.19	4.80	0	17.83
5	9.06	7.14	21.79	17.83	0

由于 $d_{43}=4.80$ 距离最近，故将样本 4 与样本 3 合并为一类，用(4,3)表示，采用最短距离法计算类(4,3)与样本 1、2、5 的距离：

$$d_{(4,3)1} = \min\{d_{41}, d_{31}\} = \min\{26.46, 30.28\} = 26.46$$

$$d_{(4,3)2} = \min\{d_{42}, d_{32}\} = \min\{24.19, 28.39\} = 24.19$$

$$d_{(4,3)5} = \min\{d_{45}, d_{35}\} = \min\{17.83, 21.79\} = 17.83$$

得到新的距离矩阵：

	(4,3)	1	2	5
(4,3)	0	26.46	24.19	17.83
1	26.46	0	6.86	9.06
2	24.19	6.86	0	7.14
5	17.83	9.06	7.14	0

由于 $d_{21}=6.86$ 最小，故将样本 2 与样本 1 合并为一类，用(2,1)表示，采用最短距离

法计算类(2,1)与样本 5 及类(4,3)的距离：

$$d_{(2,1)5}=\min\{d_{25},d_{15}\}=\min\{7.14,9.06\}=7.14$$

$$d_{(2,1)(4,3)}=\min\{d_{2(4,3)},d_{1(4,3)}\}=\min\{24.19,26.46\}=24.19$$

得到新的距离矩阵：

$$\begin{array}{c} \\ (4,3) \\ (2,1) \\ 5 \end{array}\begin{array}{c} \begin{array}{ccc}(4,3) & (2,1) & 5\end{array} \\ \begin{bmatrix} 0 & 24.19 & 17.83 \\ 24.19 & 0 & 7.14 \\ 17.83 & 7.14 & 0 \end{bmatrix}\end{array}$$

由于 $d_{2,15}=7.14$ 最小，故将样本 5 与类(2,1)聚为一类。最终得到的聚类谱系图如图 10.1 所示。

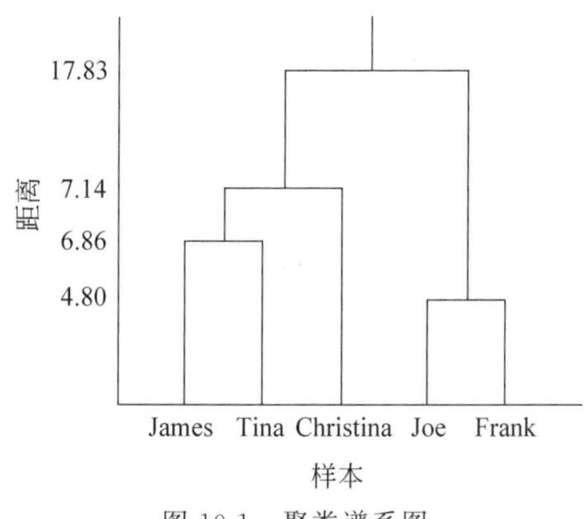

图 10.1　聚类谱系图

观察聚类谱系图，可以把{1,2}{3,4}{5}归为一类。

10.3　上机实践

我国区域经济发展呈现出以下特点：新兴产业日益成为我国经济稳定增长的重要支撑，区域供给侧结构性改革深入推进，区域创新能力建设步伐加快，国家级新区对区域经济发展的引领作用逐渐显现；区域经济增长格局仍延续“西快东慢”的分化态势；东部省份多以发展外向型经济为主，然而近几年受全球经济发展低迷的影响，经济增速有所下降。

下面使用最短距离法对 2017 年度我国各地区经济统计数据进行聚类分析。

打开“第 10 章聚类分析.xlsx”工作簿，其中是 2017 年我国各省级行政区经济统计数据，如图 10.2 所示(国家统计局公布的数据中未包括香港特别行政区、澳门特别行政区和台湾省的 2017 年经济统计数据)。

按照欧几里得距离公式计算样本距离。新建一个工作表，将其命名为“距离矩阵”，在 A2:A32 单元格区域中分别输入“北京市”“天津市”……“新疆维吾尔自治区”，在 B1:AF1 单元格区域中分别输入“北京市”“天津市”……“新疆维吾尔自治区”，在 B2 单元格中输入公式“=SQRT((数据!$B$4－数据!B4)^2＋(数据!$C$4－数据!C4)^2＋(数据!$D$4－

数据库：分省年度数据			
时间：2017			
地区	人均地区生产总值(元/人)	居民消费水平(元)	城镇单位就业人员平均工资(元)
北京市	128994	52912	131700
天津市	118944	38975	94534
河北省	45387	15893	63036
山西省	42060	18132	60061
内蒙古自治区	63764	23909	66679
辽宁省	53527	24866	61153
吉林省	54838	15083	61451
黑龙江省	41916	18859	56067
上海市	126634	53617	129795
江苏省	107150	39796	78267
浙江省	92057	33851	80750
安徽省	43401	17141	65150
福建省	82677	25969	67420
江西省	43424	17290	61429
山东省	72807	28353	68081
河南省	46674	17842	55495
湖北省	60199	21642	65912
湖南省	49558	19418	63690
广东省	80932	30762	79183
广西壮族自治区	38102	16064	63821
海南省	48430	20939	67727
重庆市	63442	22927	70889
四川省	44651	17920	69419
贵州省	37956	16349	71795
云南省	34221	15831	69106
西藏自治区	39267	10990	108817
陕西省	57266	18485	65181
甘肃省	28497	14203	63374
青海省	44047	18020	75701
宁夏回族自治区	50765	21058	70298
新疆维吾尔自治区	44941	16736	67932
数据来源：国家统计局			

图 10.2　2017 年我国各省级行政区经济统计数据

数据!D4)^2)”，计算出第一个距离，即北京市和北京市的样本距离，结果为 0。复制公式至 B3:B32 单元格区域中，得出第一列数据，其中，B3 单元格中的数据是北京市和天津市的样本距离，以此类推。在 C2 单元格中输入公式“=SQRT((数据!$B$5－数据!B4)^2+(数据!$C$5－数据!C4)^2+(数据!$D$5－数据!D4)^2)”，得到天津市和北京市的样本距离，和 B3 单元格中的数值一致。复制公式至 C3:C32 单元格区域中，得出第二列数据。以此类推，直至 AF 列，AF2 和 AF34 单元格中的公式分别为“=SQRT((数据!$B$34－数据!B4)^2+(数据!$C$34－数据!C4)^2+(数据!$D$34－数据!D4)^2)”和“=SQRT((数据!$B$34－数据!B34)^2+(数据!$C$34－数据!C34)^2+(数据!$D$34－数据!D34)^2)”。

至此,第一步完成,可以看到,对角线上的数据均为 0,如图 10.3 所示。

	北京市	天津市	河北省	山西省	内蒙古自治	辽宁省	吉林省	黑龙江省	上海市	江苏省	浙江省	安徽省	福建省	江西省	山东省
北京市	0	40945.74	114347.2	117895.4	96560.12	107045.4	108926.9	120260.3	3113.784	59196.92	65753.83	114169.3	83684.58	116314.9	88360.06
天津市	40945.74	0	83279.86	86798.43	63621.68	74784.62	75992.71	88417.62	38946.92	20109.39	30645.8	83945.74	47112.85	85261.07	54232.93
河北省	114347.2	83279.86	0	4993.263	20377.48	12260.51	9617.158	8331.384	111718.1	67955.9	53050.58	3157.641	38875.3	2896.105	30537.85
山西省	117895.4	86798.43	4993.263	0	23414.42	13342.84	13210.06	4062.179	115216.2	70975.32	56345.56	5355.211	42015.64	2107.341	33379.14
内蒙古自治区	96560.12	63621.68	20377.48	23414.42	0	11672.56	13597.93	24808.31	93908.63	47634.27	33125.98	21512.68	19039.28	22024.74	10173.03
辽宁省	107045.4	74784.62	12260.51	13342.84	11672.56	0	9874.949	14027.36	104321.5	58234.18	44151.26	13348.69	29836.46	12631.02	20781.6
吉林省	108926.9	75992.71	9617.158	13210.06	13597.93	9874.949	0	14499.09	106350.5	60249.94	45934.12	12195.2	30481.86	11625.43	23300.96
黑龙江省	120260.3	88417.62	8331.384	4062.179	24808.31	14027.36	14499.09	0	117563.1	72018.56	57863.03	9362.566	42905.73	5786.784	34477.91
上海市	3113.784	38946.92	111718.1	115216.2	93908.63	104321.5	106350.5	117563.1	0	56795.96	63179.71	111522.2	81162	113655	85698.5
江苏省	59196.92	20109.39	67955.9	70975.32	47634.27	58234.18	60249.94	72018.56	56795.96	0	16410.57	68914.73	30129.24	69649.42	37605.03
浙江省	65753.83	30645.8	53050.58	56345.56	33125.98	44151.26	45934.12	57863.03	63179.71	16410.57	0	53758.63	18105.23	54888.4	23691.65
安徽省	114169.3	83945.74	3157.641	5355.211	21512.68	13348.69	12195.2	9362.566	111522.2	68914.73	53758.63	0	40319.85	3724.053	31607.16
福建省	83684.58	47112.85	38875.3	42015.64	19039.28	29836.46	30481.86	42905.73	81162	30129.24	18105.23	40319.85	0	40644.99	10175.33
江西省	116314.9	85261.07	2896.105	2107.341	22024.74	12631.02	11625.43	5786.784	113655	69649.42	54888.4	3724.053	40644.99	0	32093.61
山东省	88360.06	54232.93	30537.85	33379.14	10173.03	20781.6	23300.96	34477.91	85698.5	37605.03	23691.65	31607.16	10175.33	32093.61	0
河南省	117531.7	84815.09	7894.406	6497.804	21306.3	11327.54	10475.54	4898.983	114864.9	68248.73	54348.14	10218.76	38787.49	6788.193	30851.62
湖北省	100192.9	67606.41	16146.76	19379.83	4293.81	8806.693	9573.992	20950.83	97555.36	51832.52	37204.28	17407.25	22940.3	17900.78	14446.58
湖南省	109805.7	78410.75	5500.053	8428.727	15195.84	7202.085	7189.141	10808.46	107145.5	62805.97	48015.83	6724.952	33966.11	6875.061	25290.93
广东省	74556.11	41809.31	41776.31	45124.27	22317.12	33329.83	35229.98	46885.81	71920.78	27745.91	11651.74	42320.59	12821.31	43629.68	13966.86
广西壮族自治区	119275.7	89463.02	7329.167	5837.807	26986.12	17958.95	16931.42	9082.023	116622.1	74427.96	59279.93	5568.265	45803.85	5962.25	37062.17
海南省	107728.2	77563.76	7531.762	10354.89	15654.1	9198.816	10711.83	13517.18	105053.1	62567.69	47324.77	6808.566	34615.78	8834.027	25481.97
重庆市	94308.76	62426.73	20907.65	24442.33	4334.987	14030.56	14987.76	26450.12	91678.91	47427.71	32177.5	21634.59	19780.62	22847.05	11181.66
四川省	110531	81200.53	6737.441	9712.383	20215.9	13977.02	13240.57	13661.55	107892.3	66805.47	51278.82	4515.939	38919.91	8108.177	30056.58
贵州省	114949.5	87109.44	11495.55	12558.21	27374.8	20694.14	19839.43	16411.94	112324	73344.79	57562.4	8627.358	45952.72	11757.49	37047.02
云南省	119477.7	91434.21	12709.38	12188.38	30723.5	22750.89	22004.98	15440.12	116837.9	77310.31	61687.16	10081.59	49533.88	12073.12	40579.93
西藏自治区	101646.5	85648.05	46447.75	49355.41	50424.35	51650.25	50027.46	53399.45	99449.13	79819.73	64009.11	44291.44	61826.45	47985.34	55550.22
陕西省	103705.8	71313.49	12346.26	16048.72	8595.8	8421.524	5601.936	17855.74	101099.7	55801.57	41096.49	13930.02	26584.63	14391.19	18636.26
甘肃省	127540.1	98819.32	16977.7	14504.07	36727.25	27297.13	26425.76	15973.11	124884.3	84042.24	68759.31	15294.29	55590.3	15366.45	46752.05
青海省	107560.8	80020.96	12912.09	15766.11	22468.58	18665.01	18114.47	19767.12	104947.2	66803.95	50804.26	10607.24	40299.36	14304.23	31495.6
宁夏回族自治区	104425.4	74543.8	10408.49	13752.62	13791.28	10283.99	11426.26	16901.53	101764.9	59949.03	44473.97	9801.698	32415.68	12113.93	23323.42
新疆维吾尔自治区	111534.6	81723.21	4988.024	8497.154	20182.35	13629.79	11945.14	12427.23	108908.2	67145.63	51741.1	3205.487	38852.49	6700.538	30190.91
	3113.784	20109.39	2896.105	2107.341	4293.81	7202.085	5601.936	4898.983	56795.96	16410.57	11651.74	3205.487	10175.33	5962.25	11181.66

河南省	湖北省	湖南省	广东省	广西壮族自	海南省	重庆市	四川省	贵州省	云南省	西藏自治区	陕西省	甘肃省	青海省	宁夏回族自	新疆维吾尔
117531.7	100192.9	109805.7	74556.11	119275.7	107728.2	94308.76	110531	114949.5	119477.7	101646.5	103705.8	127540.1	107560.8	104425.4	111534.6
84815.09	67606.41	78410.75	41809.31	89463.02	77563.76	62426.73	81200.53	87109.44	91434.21	85648.05	71313.49	98819.32	80020.96	74543.8	81723.21
7894.406	16146.76	5500.053	41776.31	7329.167	7531.762	20907.65	6737.441	11495.55	12709.38	46447.75	12346.26	16977.7	12912.09	10408.49	4988.024
6497.804	19379.83	8428.727	45124.27	5837.807	10354.89	24442.33	9712.383	12558.21	12188.38	49355.41	16048.72	14504.07	15766.11	13752.62	8497.154
21306.3	4293.81	15195.84	22317.12	26986.12	15654.1	4334.987	20215.9	27374.8	30723.5	50424.35	8595.8	36727.25	22468.58	13791.28	20182.35
11327.54	8806.693	7202.085	33329.83	17958.95	9198.816	14030.56	13977.02	20694.14	22750.89	51650.25	8421.524	27297.13	18665.01	10283.99	13629.79
10475.54	9573.992	7189.141	35229.98	16931.42	10711.83	14987.76	13240.57	19839.43	22004.98	50027.46	5601.936	26425.76	18114.47	11426.26	11945.14
4898.983	20950.83	10808.46	46885.81	9082.023	13517.18	26450.12	13661.55	16411.94	15440.12	53399.45	17855.74	15973.11	19767.12	16901.53	12427.23
114864.9	97555.36	107145.5	71920.78	116622.1	105053.1	91678.91	107892.3	112324	116837.9	99449.13	101099.7	124884.3	104947.2	101764.9	108908.2
68248.73	51832.52	62805.97	27745.91	74427.96	62567.69	47427.71	66805.47	73344.79	77310.31	79819.73	55801.57	84042.24	66803.95	59949.03	67145.63
54348.14	37204.28	48015.83	11651.74	59279.93	47324.77	32177.5	51278.82	57562.4	61687.16	64009.11	41096.49	68759.31	50804.26	44473.97	51741.1
10218.76	17407.25	6724.952	42320.59	5568.265	6808.566	21634.59	4515.939	8627.358	10081.59	44291.44	13930.02	15294.29	10607.24	9801.698	3205.487
38787.49	22940.3	33966.11	12821.31	45803.85	34615.78	19780.62	38919.91	45952.72	49533.88	61826.45	26584.63	55590.3	40299.36	32415.68	38852.49
6788.193	17900.78	6875.061	43629.68	5962.25	8834.027	22847.05	8108.177	11757.49	12073.12	47985.34	14391.19	15366.45	14304.23	12113.93	6700.538
30851.62	14446.58	25290.93	13966.86	37062.17	25481.97	11181.66	30056.58	37047.02	40579.93	55550.22	18636.26	46752.05	31495.6	23323.42	30190.91
0	17489.41	8829.454	43608.01	12081.5	12739.57	23323.77	14070.41	18545.15	18557.5	54268.31	14367.41	20142.6	20376.83	15691.01	12605.77
17489.41	0	11095.69	26251.69	22885.89	11928.86	6077.73	16367.43	23608.82	26810.93	48912.71	4370.755	32661.86	19230.98	10420.1	16154.13
8829.454	11095.69	0	36783.79	11937.6	4459.058	16028.23	7690.52	14481.58	16656.03	47046.59	7906.126	21699.35	13288.7	6914.63	6819.412
43608.01	26251.69	36783.79	0	47816.64	35834.5	20882.47	39705.96	45926.61	50063.94	54818.59	30114.12	57214.98	39178.9	32911.38	40232.65
12081.5	22885.89	11937.6	47816.64	0	12070.21	27187.74	8813.157	7980.427	6561.073	45296.17	19364.14	9793.832	13427.71	15074.59	8007.735
12739.57	11928.86	4459.058	35834.5	12070.21	0	15469.66	5124.262	12137.6	15162.09	43258.89	9517.307	21485.97	9555.937	3475.115	5466.293
23323.77	6077.73	16028.23	20882.47	27187.74	15469.66	0	19502.12	26336.8	30123.07	46534.46	9510.815	36793.16	20576.69	12827.66	19732.19
14070.41	16367.43	7690.52	39705.96	8813.157	5124.262	19502.12	0	7275.743	10641.75	40363.53	13319.84	17643.97	6311.762	6928.252	1922.791
18545.15	23608.82	14481.58	45926.61	7980.427	12137.6	26336.8	7275.743	0	4631.336	37430.82	20522.76	12844.89	7426.261	13729.03	7991.418
18557.5	26810.93	16656.03	50063.94	6561.073	15162.09	30123.07	10641.75	4631.336	0	40321.97	23527.03	8262.589	12034.78	17390.98	10822
54268.31	48912.71	47046.59	54818.59	45296.17	43258.89	46534.46	40363.53	37430.82	40321.97	0	47793.72	46812.2	34189.75	41440.1	41674.86
14367.41	4370.755	7906.126	30114.12	19364.14	9517.307	9510.815	13319.84	20522.76	23527.03	47793.72	0	29142	16900.55	8664.123	12748.83
20142.6	32661.86	21699.35	57214.98	9793.832	21485.97	36793.16	17643.97	12844.89	8262.589	46812.2	29142	0	20207.1	24306.31	17250.99
20376.83	19230.98	13288.7	39178.9	13427.71	9555.937	20576.69	6311.762	7426.261	12034.78	34189.75	16900.55	20207.1	0	9140.754	7924.977
15691.01	10420.1	6914.63	32911.38	15074.59	3475.115	12827.66	6928.252	13729.03	17390.98	41440.1	8664.123	24306.31	9140.754	0	7628.671
12605.77	16154.13	6819.412	40232.65	8007.735	5466.293	19732.19	1922.791	7991.418	10822	41674.86	12748.83	17250.99	7924.977	7628.671	0
8829.454	4370.755	4459.058	20882.47	6561.073	3475.115	9510.815	1922.791	4631.336	8262.589	34189.75	8664.123	17250.99	7924.977	7628.671	1922.791

图 10.3　样本距离

接下来找出非 0 的最小值,有两个方案。

方案一

选择 B2:AF32 单元格区域,右击该单元格区域,在快捷菜单中选择"新建格式规则"命令,打开"新建格式规则"对话框。在"选择规则类型"列表框中选择"仅对排名靠前或靠后的数值设置格式"。在"编辑规则说明"中,在左侧的下拉列表框中选择"后",在中间的文本框中输入 32,如图 10.4 所示。之所以要在文本框中输入 32,是因为数据中有 31 个 0,要找出非 0 最小值,就要将这里设置为 32。

单击"确定"按钮后,对角线(均为 0)、X32 和 AF24 单元格的背影被填充为淡蓝色,这样就找到了第一个非 0 的最小值 1922.791,如图 10.5 所示。

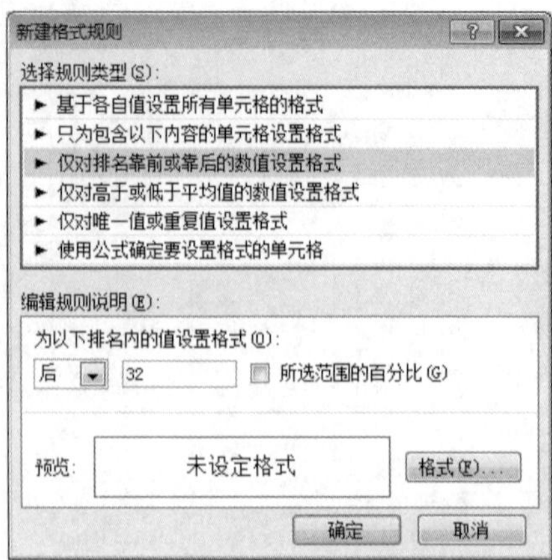

图 10.4 "新建格式规则"对话框

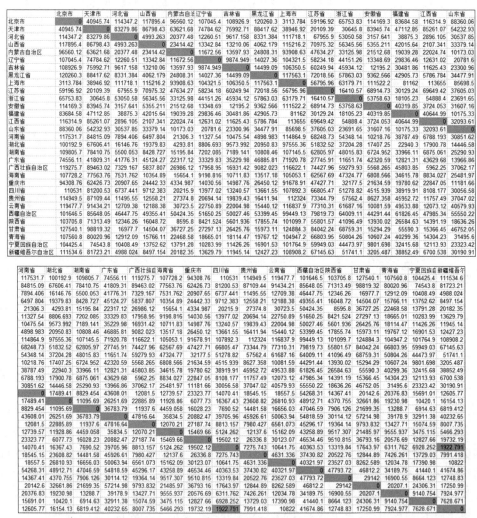

	北京市	天津市	河北省	山西省	内蒙古自治	辽宁省	吉林省	黑龙江省	上海市	江苏省	浙江省	安徽省	福建省	江西省	山东省
北京市	0	40945.74	114347.2	117895.4	96560.12	107045.4	108926.9	120260.3	3113.784	59196.92	65753.83	114169.3	83684.58	116314.9	88360.06
天津市	40945.74	0	83279.86	86798.43	63621.68	74784.62	75992.71	88417.62	38946.92	20109.39	30645.8	83945.74	47112.85	85261.07	54232.93
河北省	114347.2	83279.86	0	4993.263	20377.48	12260.51	9617.158	8331.384	111718.1	67955.9	53050.58	3157.641	38875.3	2896.105	30537.85
山西省	117895.4	86798.43	4993.263	0	23414.42	13342.84	13210.06	4062.179	115216.2	70975.32	56345.56	5355.211	42015.64	2107.341	33379.14
内蒙古自治区	96560.12	63621.68	20377.48	23414.42	0	11672.56	13597.93	24808.31	93908.63	47634.27	33125.98	21512.68	19039.28	22024.74	10173.03
辽宁省	107045.4	74784.62	12260.51	13342.84	11672.56	0	9874.949	14027.36	104321.5	58234.18	44151.26	13348.69	29836.46	12631.02	20781.6
吉林省	108926.9	75992.71	9617.158	13210.06	13597.93	9874.949	0	14499.09	106350.5	60249.94	45934.12	12195.2	30481.86	11625.43	23300.96
黑龙江省	120260.3	88417.62	8331.384	4062.179	24808.31	14027.36	14499.09	0	117563.1	72018.56	57863.03	9362.566	42905.73	5786.784	34477.91
上海市	3113.784	38946.92	111718.1	115216.2	93908.63	104321.5	106350.5	117563.1	0	56795.96	63179.71	111522.2	81162	113655	85698.5
江苏省	59196.92	20109.39	67955.9	70975.32	47634.27	58234.18	60249.94	72018.56	56795.96	0	16410.57	68914.73	30129.24	69649.42	37605.03
浙江省	65753.83	30645.8	53050.58	56345.56	33125.98	44151.26	45934.12	57863.03	63179.71	16410.57	0	53758.63	18105.23	54888.4	23691.65
安徽省	114169.3	83945.74	3157.641	5355.211	21512.68	13348.69	12195.2	9362.566	111522.2	68914.73	53758.63	0	40319.85	3724.053	31607.16
福建省	83684.58	47112.85	38875.3	42015.64	19039.28	29836.46	30481.86	42905.73	81162	30129.24	18105.23	40319.85	0	40644.99	10175.33
江西省	116314.9	85261.07	2896.105	2107.341	22024.74	12631.02	11625.43	5786.784	113655	69649.42	54888.4	3724.053	40644.99	0	32093.61
山东省	88360.06	54232.93	30537.85	33379.14	10173.03	20781.6	23300.96	34477.91	85698.5	37605.03	23691.65	31607.16	10175.33	32093.61	0
河南省	117531.7	84815.09	7894.406	6497.804	21306.3	11327.54	10475.54	4898.983	114864.9	68248.73	54348.14	10218.76	38787.49	6788.193	30851.62
湖北省	100192.9	67606.41	16146.76	19379.83	4293.81	8806.693	9573.992	20950.83	97555.36	51832.52	37204.28	17407.25	22940.3	17900.78	14446.58
湖南省	109805.7	78410.75	5500.053	8428.727	15195.84	7202.085	7189.141	10808.46	107145.5	62805.97	48015.83	6724.952	33966.11	6875.061	25290.93
广东省	74556.11	41809.31	41776.31	45124.27	22317.12	33329.83	35229.98	46885.81	71920.78	27745.91	11651.74	42320.59	12821.31	43629.68	13966.86
广西壮族自治区	119275.7	89463.02	7329.167	5837.807	26986.12	17958.95	16931.42	9082.023	116622.1	74427.96	59279.93	5568.265	45803.85	5962.25	37062.17
海南省	107728.2	77563.76	7531.762	10354.89	15654.1	9198.816	10711.83	13517.18	105053.1	62567.69	47324.77	6808.566	34615.78	8834.027	25481.97
重庆市	94308.76	62426.73	20907.65	24442.33	4334.987	14030.56	14987.76	26450.12	91678.91	47427.71	32177.5	21634.59	19780.62	22847.05	11181.66
四川省	110531	81200.53	6737.441	9712.383	20215.9	13977.02	13240.57	13661.55	107892.3	66805.47	51278.82	4515.939	38919.91	8108.177	30056.58
贵州省	114949.5	87109.44	11495.55	12558.21	27374.8	20694.14	19839.43	16411.94	112324	73344.79	57562.4	8627.358	45952.72	11757.49	37047.02
云南省	119477.7	91434.21	12709.38	12188.38	30723.5	22750.89	22004.98	15440.12	116837.9	77310.31	61687.16	10081.59	49533.88	12073.12	40579.93
西藏自治区	101646.5	85648.05	46447.75	49355.41	50424.35	51650.25	50027.46	53399.45	99449.13	79819.73	64009.11	44291.44	61826.45	47985.34	55550.22
陕西省	103705.8	71313.49	12346.26	16048.72	8595.8	8421.524	5601.936	17855.74	101099.7	55801.57	41096.49	13930.02	26584.63	14391.19	18636.26
甘肃省	127540.1	98819.32	16977.7	14504.07	36727.25	27297.13	26425.76	15973.11	124884.3	84042.24	68759.31	15294.29	55590.3	15366.45	46752.05
青海省	107560.8	80020.96	12912.09	15766.11	22468.58	18665.01	18114.47	19767.12	104947.2	66803.95	50804.26	10607.24	40299.36	14304.23	31495.6
宁夏回族自治区	104425.4	74543.8	10408.49	13752.62	13791.28	10283.99	11426.26	16901.53	101764.9	59949.03	44473.97	9801.698	32415.68	12113.93	23323.42
新疆维吾尔自治区	111534.6	81723.21	4988.024	8497.154	20182.35	13629.79	11945.14	12427.23	108908.2	67145.63	51741.1	3205.487	38852.49	6700.538	30190.91

河南省	湖北省	湖南省	广东省	广西壮族自	海南省	重庆市	四川省	贵州省	云南省	西藏自治区	陕西省	甘肃省	青海省	宁夏回族自	新疆维吾尔
117531.7	100192.9	109805.7	74556.11	119275.7	107728.2	94308.76	110531	114949.5	119477.7	101646.5	103705.8	127540.1	107560.8	104425.4	111534.6
84815.09	67606.41	78410.75	41809.31	89463.02	77563.76	62426.73	81200.53	87109.44	91434.21	85648.05	71313.49	98819.32	80020.96	74543.8	81723.21
7894.406	16146.76	5500.053	41776.31	7329.167	7531.762	20907.65	6737.441	11495.55	12709.38	46447.75	12346.26	16977.7	12912.09	10408.49	4988.024
6497.804	19379.83	8428.727	45124.27	5837.807	10354.89	24442.33	9712.383	12558.21	12188.38	49355.41	16048.72	14504.07	15766.11	13752.62	8497.154
21306.3	4293.81	15195.84	22317.12	26986.12	15654.1	4334.987	20215.9	27374.8	30723.5	50424.35	8595.8	36727.25	22468.58	13791.28	20182.35
11327.54	8806.693	7202.085	33329.83	17958.95	9198.816	14030.56	13977.02	20694.14	22750.89	51650.25	8421.524	27297.13	18665.01	10283.99	13629.79
10475.54	9573.992	7189.141	35229.98	16931.42	10711.83	14987.76	13240.57	19839.43	22004.98	50027.46	5601.936	26425.76	18114.47	11426.26	11945.14
4898.983	20950.83	10808.46	46885.81	9082.023	13517.18	26450.12	13661.55	16411.94	15440.12	53399.45	17855.74	15973.11	19767.12	16901.53	12427.23
114864.9	97555.36	107145.5	71920.78	116622.1	105053.1	91678.91	107892.3	112324	116837.9	99449.13	101099.7	124884.3	104947.2	101764.9	108908.2
68248.73	51832.52	62805.97	27745.91	74427.96	62567.69	47427.71	66805.47	73344.79	77310.31	79819.73	55801.57	84042.24	66803.95	59949.03	67145.63
54348.14	37204.28	48015.83	11651.74	59279.93	47324.77	32177.5	51278.82	57562.4	61687.16	64009.11	41096.49	68759.31	50804.26	44473.97	51741.1
10218.76	17407.25	6724.952	42320.59	5568.265	6808.566	21634.59	4515.939	8627.358	10081.59	44291.44	13930.02	15294.29	10607.24	9801.698	3205.487
38787.49	22940.3	33966.11	12821.31	45803.85	34615.78	19780.62	38919.91	45952.72	49533.88	61826.45	26584.63	55590.3	40299.36	32415.68	38852.49
6788.193	17900.78	6875.061	43629.68	5962.25	8834.027	22847.05	8108.177	11757.49	12073.12	47985.34	14391.19	15366.45	14304.23	12113.93	6700.538
30851.62	14446.58	25290.93	13966.86	37062.17	25481.97	11181.66	30056.58	37047.02	40579.93	55550.22	18636.26	46752.05	31495.6	23323.42	30190.91
0	17489.41	8829.454	43608.01	12081.5	12739.57	23323.77	14070.41	18545.15	18557.5	54268.31	14367.41	20142.6	20376.83	15691.01	12605.77
17489.41	0	11095.69	26251.69	22885.89	11928.86	6077.73	16367.43	23608.82	26810.93	48912.71	4370.755	32661.86	19230.98	10420.1	16154.13
8829.454	11095.69	0	36783.79	11937.6	4459.058	16028.23	7690.52	14481.58	16656.03	47046.59	7906.126	21699.35	13288.7	6914.63	6819.412
43608.01	26251.69	36783.79	0	47816.64	35834.5	20882.47	39705.96	45926.61	50063.94	54818.59	30114.12	57214.98	39178.9	32911.38	40232.65
12081.5	22885.89	11937.6	47816.64	0	12070.21	27187.74	8813.157	7980.427	6561.073	45296.17	19364.14	9793.832	13427.71	15074.59	8007.735
12739.57	11928.86	4459.058	35834.5	12070.21	0	15469.66	5124.262	12137.6	15162.09	43258.89	9517.307	21485.97	9555.937	3475.115	5466.293
23323.77	6077.73	16028.23	20882.47	27187.74	15469.66	0	19502.12	26336.8	30123.07	46534.46	9510.815	36793.16	20576.69	12827.66	19732.19
14070.41	16367.43	7690.52	39705.96	8813.157	5124.262	19502.12	0	7275.743	10641.75	40363.53	13319.84	17643.97	6311.762	6928.252	1922.791
18545.15	23608.82	14481.58	45926.61	7980.427	12137.6	26336.8	7275.743	0	4631.336	37430.82	20522.76	12844.89	7426.261	13729.03	7991.418
18557.5	26810.93	16656.03	50063.94	6561.073	15162.09	30123.07	10641.75	4631.336	0	40321.97	23527.03	8262.589	12034.78	17390.98	10822
54268.31	48912.71	47046.59	54818.59	45296.17	43258.89	46534.46	40363.53	37430.82	40321.97	0	47793.72	46812.2	34189.75	41440.1	41674.86
14367.41	4370.755	7906.126	30114.12	19364.14	9517.307	9510.815	13319.84	20522.76	23527.03	47793.72	0	29142	16900.55	8664.123	12748.83
20142.6	32661.86	21699.35	57214.98	9793.832	21485.97	36793.16	17643.97	12844.89	8262.589	46812.2	29142	0	20207.1	24306.31	17250.99
20376.83	19230.98	13288.7	39178.9	13427.71	9555.937	20576.69	6311.762	7426.261	12034.78	34189.75	16900.55	20207.1	0	9140.754	7924.977
15691.01	10420.1	6914.63	32911.38	15074.59	3475.115	12827.66	6928.252	13729.03	17390.98	41440.1	8664.123	24306.31	9140.754	0	7628.671
12605.77	16154.13	6819.412	40232.65	8007.735	5466.293	19732.19	1922.791	7991.418	10822	41674.86	12748.83	17250.99	7924.977	7628.671	0

图 10.5 最小值

方案二

在 B33 单元格中使用 MIN 函数计算出 B3:B32 单元格区域中的最小值,在 C33 单元格中使用 MIN 函数计算出 C4:C32 单元格区域中的最小值,在 D33 单元格中使用 MIN 函数计算出 D5:D32 单元格区域中的最小值,以此类推,在 AE33 单元格中使用 MIN 函数计算出 AE32:AE32 单元格区域(即 AE32 单元格本身)中的最小值 1922.791。

下面把新疆维吾尔自治区和四川省归为新类 1。使用 IF 函数求出 X2 和 AF2 单元格中的较小值,填入 AG2 单元格,在 IF 的"函数参数"对话框中的设置如图 10.6 所示。复制公式到 AG32 单元格。新类 1 的数据算出后,删除 X 列和 AF 列。

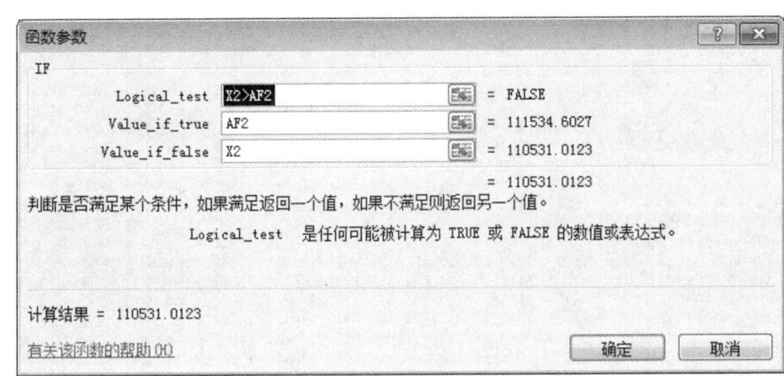

图 10.6 IF 的"函数参数"对话框

在 A33 单元格中输入"新类 1"。在 B33 单元格中使用 IF 函数求出 B24 和 B32 单元格中的较小值。复制公式到 AG33 单元格。选择工作表中的所有数据,打开"新建格式规则"对话框。在"选择规则类型"列表框中选择"仅对排名靠前或靠后的数值设置格式"。在"编辑规则说明"中,在左侧的下拉列表框中选择"后",在中间的文本框中输入 31。单击"确定"按钮后,对角线、E15 和 O5 单元格的背影被填充为淡蓝色,这样就找到了非 0 的最小值 2107.341,如图 10.7 所示。

把江西省和山西省归为新类 2。在 AF1 单元格中输入"新类 2"。在 AF2 单元格中使用 IF 函数求出 E2 和 O2 单元格中的较小值,复制公式到 AF32 单元格。在 A32 单元格中输入"新类 2"。在 B32 单元格中使用 IF 函数求出 B5 和 B15 单元格中的较小值。复制公式到 AF32 单元格。

复制数据到新工作表,仅粘贴数值,粘贴时上边不空行,左边不空列。删除江西省和山西省所在的第 5 行和第 15 行,删除江西省和山西省所在的 E 列和 O 列。选择工作表中的所有数据,打开"新建格式规则"对话框。在"选择规则类型"列表框中选择"仅对排名靠前或靠后的数值设置格式"。在"编辑规则说明"中,在左侧的下拉列表框中选择"后",在中间的文本框中输入 30。单击"确定"按钮后,对角线、D30 和 AD4 单元格的背景被填充为淡蓝色,这样就找到了非 0 的最小值 2896.105,如图 10.8 所示。

把河北省和新类 2 归为新类 3。在 AE1 单元格中输入"新类 3"。在 AE2 单元格中使用 IF 函数求出 D2 和 AD2 单元格中的较小值。复制公式到 AE31 单元格。在 A31 单元格中输入"新类 3"。在 B31 单元格中使用 IF 函数求出 B4 和 B30 单元格中的较小值。复制公式到 AE31 单元格。

	北京市	天津市	河北省	山西省	内蒙古自治	辽宁省	吉林省	黑龙江省	上海市	江苏省	浙江省	安徽省	福建省	江西省	山东省
北京市	0	40945.74	114347.2	117895.4	96560.12	107045.4	108926.9	120260.3	3113.784	59196.92	65753.83	114169.3	83684.58	116314.9	88360.06
天津市	40945.74	0	83279.86	86798.43	63621.68	74784.62	75992.71	88417.62	38946.92	20109.39	30645.8	83945.74	47112.85	85261.07	54232.93
河北省	114347.2	83279.86	0	4993.263	20377.48	12260.51	9617.158	8331.384	111718.1	67955.9	53050.58	3157.641	38875.3	2896.105	30537.85
山西省	117895.4	86798.43	4993.263	0	23414.42	13342.84	13210.06	4062.179	115216.2	70975.32	56345.56	5355.211	42015.64	2107.341	33379.14
内蒙古自治	96560.12	63621.68	20377.48	23414.42	0	11672.56	13597.93	24808.31	93908.63	47634.27	33125.98	21512.68	19039.28	22024.74	10173.03
辽宁省	107045.4	74784.62	12260.51	13342.84	11672.56	0	9874.949	14027.36	104321.5	58234.18	44151.26	13348.69	29836.46	12631.02	20781.6
吉林省	108926.9	75992.71	9617.158	13210.06	13597.93	9874.949	0	14499.09	106350.5	60249.94	45934.12	12195.2	30481.86	11625.43	23300.96
黑龙江省	120260.3	88417.62	8331.384	4062.179	24808.31	14027.36	14499.09	0	117563.1	72018.56	57863.03	9362.566	42905.73	5786.784	34477.91
上海市	3113.784	38946.92	111718.1	115216.2	93908.63	104321.5	106350.5	117563.1	0	56795.96	63179.71	111522.2	81162	113655	85698.5
江苏省	59196.92	20109.39	67955.9	70975.32	47634.27	58234.18	60249.94	72018.56	56795.96	0	16410.57	68914.73	30129.24	69649.42	37605.03
浙江省	65753.83	30645.8	53050.58	56345.56	33125.98	44151.26	45934.12	57863.03	63179.71	16410.57	0	53758.63	18105.23	54888.4	23691.65
安徽省	114169.3	83945.74	3157.641	5355.211	21512.68	13348.69	12195.2	9362.566	111522.2	68914.73	53758.63	0	40319.85	3724.053	31607.16
福建省	83684.58	47112.85	38875.3	42015.64	19039.28	29836.46	30481.86	42905.73	81162	30129.24	18105.23	40319.85	0	40644.99	10175.33
江西省	116314.9	85261.07	2896.105	2107.341	22024.74	12631.02	11625.43	5786.784	113655	69649.42	54888.4	3724.053	40644.99	0	32093.61
山东省	88360.06	54232.93	30537.85	33379.14	10173.03	20781.6	23300.96	34477.91	85698.5	37605.03	23691.65	31607.16	10175.33	32093.61	0
河南省	117531.7	84815.09	7894.406	6497.804	21306.3	11327.54	10475.54	4898.983	114864.9	68248.73	54348.14	10218.76	38787.49	6788.193	30851.62
湖北省	100192.9	67606.41	16146.76	19379.83	4293.81	8806.693	9573.992	20950.83	97555.36	51832.52	37204.28	17407.25	22940.3	17900.78	14446.58
湖南省	109805.7	78410.75	5500.053	8428.727	15195.84	7202.085	7189.141	10808.46	107145.5	62805.97	48015.83	6724.952	33966.11	6875.061	25290.93
广东省	74556.11	41809.31	41776.31	45124.27	22317.12	33329.83	35229.98	46885.81	71920.78	27745.91	11651.74	42320.59	12821.31	43629.68	13966.86
广西壮族自	119275.7	89463.02	7329.167	5837.807	26986.12	17958.95	16931.42	9082.023	116622.1	74427.96	59279.93	5568.265	45803.85	5962.25	37062.17
海南省	107728.2	77563.76	7531.762	10354.89	15654.1	9198.816	10711.83	13517.18	105053.1	62567.69	47324.77	6808.566	34615.78	8834.027	25481.97
重庆市	94308.76	62426.73	20907.65	24442.33	4334.987	14030.56	14987.76	26450.12	91678.91	47427.71	32177.5	21634.59	19780.62	22847.05	11181.66
贵州省	114949.5	87109.44	11495.55	12558.21	27374.8	20694.14	19839.43	16411.94	112324	73344.79	57562.4	8627.358	45952.72	11757.49	37047.02
云南省	119477.7	91434.21	12709.38	12188.38	30723.5	22750.89	22004.98	15440.12	116837.9	77310.31	61687.16	10081.59	49533.88	12073.12	40579.93
西藏自治区	101646.5	85648.05	46447.75	49355.41	50424.35	51650.25	50027.46	53399.45	99449.13	79819.73	64009.11	44291.44	61826.45	47985.34	55550.22
陕西省	103705.8	71313.49	12346.26	16048.72	8595.8	8421.524	5601.936	17855.74	101099.7	55801.57	41096.49	13930.02	26584.63	14391.19	18636.26
甘肃省	127540.1	98819.32	16977.7	14504.07	36727.25	27297.13	26425.76	15973.11	124884.3	84042.24	68759.31	15294.29	55590.3	15366.45	46752.05
青海省	107560.8	80020.96	12912.09	15766.11	22468.58	18665.01	18114.47	19767.12	104947.2	66803.95	50804.26	10607.24	40299.36	14304.23	31495.6
宁夏回族自	104425.4	74543.8	10408.49	13752.62	13791.28	10283.99	11426.26	16901.53	101764.9	59949.03	44473.97	9801.698	32415.68	12113.93	23323.42
新类1	110531	81200.53	4988.024	8497.154	20182.35	13629.79	11945.14	12427.23	107892.3	66805.47	51278.82	3205.487	38852.49	6700.538	30056.58
新类2	116314.9	85261.07	2896.105	0	22024.74	12631.02	11625.43	4062.179	113655	69649.42	54888.4	3724.053	40644.99	0	32093.61

河南省	湖北省	湖南省	广东省	广西壮族自	海南省	重庆市	贵州省	云南省	西藏自治区	陕西省	甘肃省	青海省	宁夏回族自	新类1	新类2
117531.7	100192.9	109805.7	74556.11	119275.7	107728.2	94308.76	114949.5	119477.7	101646.5	103705.8	127540.1	107560.8	104425.4	110531	116314.9
84815.09	67606.41	78410.75	41809.31	89463.02	77563.76	62426.73	87109.44	91434.21	85648.05	71313.49	98819.32	80020.96	74543.8	81200.53	85261.07
7894.406	16146.76	5500.053	41776.31	7329.167	7531.762	20907.65	11495.55	12709.38	46447.75	12346.26	16977.7	12912.09	10408.49	4988.024	2896.105
6497.804	19379.83	8428.727	45124.27	5837.807	10354.89	24442.33	12558.21	12188.38	49355.41	16048.72	14504.07	15766.11	13752.62	8497.154	0
21306.3	4293.81	15195.84	22317.12	26986.12	15654.1	4334.987	27374.8	30723.5	50424.35	8595.8	36727.25	22468.58	13791.28	20182.35	22024.74
11327.54	8806.693	7202.085	33329.83	17958.95	9198.816	14030.56	20694.14	22750.89	51650.25	8421.524	27297.13	18665.01	10283.99	13629.79	12631.02
10475.54	9573.992	7189.141	35229.98	16931.42	10711.83	14987.76	19839.43	22004.98	50027.46	5601.936	26425.76	18114.47	11426.26	11945.14	11625.43
4898.983	20950.83	10808.46	46885.81	9082.023	13517.18	26450.12	16411.94	15440.12	53399.45	17855.74	15973.11	19767.12	16901.53	12427.23	4062.179
114864.9	97555.36	107145.5	71920.78	116622.1	105053.1	91678.91	112324	116837.9	99449.13	101099.7	124884.3	104947.2	101764.9	107892.3	113655
68248.73	51832.52	62805.97	27745.91	74427.96	62567.69	47427.71	73344.79	77310.31	79819.73	55801.57	84042.24	66803.95	59949.03	66805.47	69649.42
54348.14	37204.28	48015.83	11651.74	59279.93	47324.77	32177.5	57562.4	61687.16	64009.11	41096.49	68759.31	50804.26	44473.97	51278.82	54888.4
10218.76	17407.25	6724.952	42320.59	5568.265	6808.566	21634.59	8627.358	10081.59	44291.44	13930.02	15294.29	10607.24	9801.698	3205.487	3724.053
38787.49	22940.3	33966.11	12821.31	45803.85	34615.78	19780.62	45952.72	49533.88	61826.45	26584.63	55590.3	40299.36	32415.68	38852.49	40644.99
6788.193	17900.78	6875.061	43629.68	5962.25	8834.027	22847.05	11757.49	12073.12	47985.34	14391.19	15366.45	14304.23	12113.93	6700.538	0
30851.62	14446.58	25290.93	13966.86	37062.17	25481.97	11181.66	37047.02	40579.93	55550.22	18636.26	46752.05	31495.6	23323.42	30056.58	32093.61
0	17489.41	8829.454	43608.01	12081.5	12739.57	23323.77	18545.15	18557.5	54268.31	14367.41	20142.6	20376.83	15691.01	12605.77	6497.804
17489.41	0	11095.69	26251.69	22885.89	11928.86	6077.73	23608.82	26810.93	48912.71	4370.755	32661.86	19230.98	10420.1	16154.13	17900.78
8829.454	11095.69	0	36783.79	11937.6	4459.058	16028.23	14481.58	16656.03	47046.59	7906.126	21699.35	13288.7	6914.63	6819.412	6875.061
43608.01	26251.69	36783.79	0	47816.64	35834.5	20882.47	45926.61	50063.94	54818.59	30114.12	57214.98	39178.9	32911.38	39705.96	43629.68
12081.5	22885.89	11937.6	47816.64	0	12070.21	27187.74	7980.427	6561.073	45296.17	19364.14	9793.832	13427.71	15074.59	8007.735	5837.807
12739.57	11928.86	4459.058	35834.5	12070.21	0	15469.66	12137.6	15162.09	43258.89	9517.307	21485.97	9555.937	3475.115	5124.262	8834.027
23323.77	6077.73	16028.23	20882.47	27187.74	15469.66	0	26336.8	30123.07	46534.46	9510.815	36793.16	20576.69	12827.66	19502.12	22847.05
18545.15	23608.82	14481.58	45926.61	7980.427	12137.6	26336.8	0	4631.336	37430.82	20522.76	12844.89	7426.261	13729.03	7275.743	11757.49
18557.5	26810.93	16656.03	50063.94	6561.073	15162.09	30123.07	4631.336	0	40321.97	23527.03	8262.589	12034.78	17390.98	10641.75	12073.12
54268.31	48912.71	47046.59	54818.59	45296.17	43258.89	46534.46	37430.82	40321.97	0	47793.72	46812.2	34189.75	41440.1	40363.53	47985.34
14367.41	4370.755	7906.126	30114.12	19364.14	9517.307	9510.815	20522.76	23527.03	47793.72	0	29142	16900.55	8664.123	12748.83	14391.19
20142.6	32661.86	21699.35	57214.98	9793.832	21485.97	36793.16	12844.89	8262.589	46812.2	29142	0	20207.1	24306.31	17250.99	14504.07
20376.83	19230.98	13288.7	39178.9	13427.71	9555.937	20576.69	7426.261	12034.78	34189.75	16900.55	20207.1	0	9140.754	6311.762	14304.23
15691.01	10420.1	6914.63	32911.38	15074.59	3475.115	12827.66	13729.03	17390.98	41440.1	8664.123	24306.31	9140.754	0	6928.252	12113.93
12605.77	16154.13	6819.412	39705.96	8007.735	5124.262	19502.12	7275.743	10641.75	40363.53	12748.83	17250.99	6311.762	6928.252	0	6700.538
6497.804	17900.78	6875.061	43629.68	5837.807	8834.027	22847.05	11757.49	12073.12	47985.34	14391.19	14504.07	14304.23	12113.93	6700.538	0

图 10.7　新类 1 和新类 2

	北京市	天津市	河北省	山西省	内蒙古自治	辽宁省	吉林省	黑龙江省	上海市	江苏省	浙江省	安徽省	福建省	江西省	山东省
北京市	0	40945.74	114347.2	117895.4	96560.12	107045.4	108926.9	120260.3	3113.784	59196.92	65753.83	114169.3	83684.58	116314.9	88360.06
天津市	40945.74	0	83279.86	86798.43	63621.68	74784.62	75992.71	88417.62	38946.92	20109.39	30645.8	83945.74	47112.85	85261.07	54232.93
河北省	114347.2	83279.86	0	4993.263	20377.48	12260.51	9617.158	8331.384	111718.1	67955.9	53050.58	3157.641	38875.3	2896.105	30537.85
山西省	117895.4	86798.43	4993.263	0	23414.42	13342.84	13210.06	4062.179	115216.2	70975.32	56345.56	5355.211	42015.64	2107.341	33379.14
内蒙古自治区	96560.12	63621.68	20377.48	23414.42	0	11672.56	13597.93	24808.31	93908.63	47634.27	33125.98	21512.68	19039.28	22024.74	10173.03
辽宁省	107045.4	74784.62	12260.51	13342.84	11672.56	0	9874.949	14027.36	104321.5	58234.18	44151.26	13348.69	29836.46	12631.02	20781.6
吉林省	108926.9	75992.71	9617.158	13210.06	13597.93	9874.949	0	14499.09	106350.5	60249.94	45934.12	12195.2	30481.86	11625.43	23300.96
黑龙江省	120260.3	88417.62	8331.384	4062.179	24808.31	14027.36	14499.09	0	117563.1	72018.56	57863.03	9362.566	42905.73	5786.784	34477.91
上海市	3113.784	38946.92	111718.1	115216.2	93908.63	104321.5	106350.5	117563.1	0	56795.96	63179.71	111522.2	81162	113655	85698.5
江苏省	59196.92	20109.39	67955.9	70975.32	47634.27	58234.18	60249.94	72018.56	56795.96	0	16410.57	68914.73	30129.24	69649.42	37605.03
浙江省	65753.83	30645.8	53050.58	56345.56	33125.98	44151.26	45934.12	57863.03	63179.71	16410.57	0	53758.63	18105.23	54888.4	23691.65
安徽省	114169.3	83945.74	3157.641	5355.211	21512.68	13348.69	12195.2	9362.566	111522.2	68914.73	53758.63	0	40319.85	3724.053	31607.16
福建省	83684.58	47112.85	38875.3	42015.64	19039.28	29836.46	30481.86	42905.73	81162	30129.24	18105.23	40319.85	0	40644.99	10175.33
江西省	116314.9	85261.07	2896.105	2107.341	22024.74	12631.02	11625.43	5786.784	113655	69649.42	54888.4	3724.053	40644.99	0	32093.61
山东省	88360.06	54232.93	30537.85	33379.14	10173.03	20781.6	23300.96	34477.91	85698.5	37605.03	23691.65	31607.16	10175.33	32093.61	0
河南省	117531.7	84815.09	7894.406	6497.804	21306.3	11327.54	10475.54	4898.983	114864.9	68248.73	54348.14	10218.76	38787.49	6788.193	30851.62
湖北省	100192.9	67606.41	16146.76	19379.83	4293.81	8806.693	9573.992	20950.83	97555.36	51832.52	37204.28	17407.25	22940.3	17900.78	14446.58
湖南省	109805.7	78410.75	5500.053	8428.727	15195.84	7202.085	7189.141	10808.46	107145.5	62805.97	48015.83	6724.952	33966.11	6875.061	25290.93
广东省	74556.11	41809.31	41776.31	45124.27	22317.12	33329.83	35229.98	46885.81	71920.78	27745.91	11651.74	42320.59	12821.31	43629.68	13966.86
广西壮族自治区	119275.7	89463.02	7329.167	5837.807	26986.12	17958.95	16931.42	9082.023	116622.1	74427.96	59279.93	5568.265	45803.85	5962.25	37062.17
海南省	107728.2	77563.76	7531.762	10354.89	15654.1	9198.816	10711.83	13517.18	105053.1	62567.69	47324.77	6808.566	34615.78	8834.027	25481.97
重庆市	94308.76	62426.73	20907.65	24442.33	4334.987	14030.56	14987.76	26450.12	91678.91	47427.71	32177.5	21634.59	19780.62	22847.05	11181.66
四川省	110531	81200.53	6737.441	9712.383	20215.9	13977.02	13240.57	13661.55	107892.3	66805.47	51278.82	4515.939	38919.91	8108.177	30056.58
贵州省	114949.5	87109.44	11495.55	12558.21	27374.8	20694.14	19839.43	16411.94	112324	73344.79	57562.4	8627.358	45952.72	11757.49	37047.02
云南省	119477.7	91434.21	12709.38	12188.38	30723.5	22750.89	22004.98	15440.12	116837.9	77310.31	61687.16	10081.59	49533.88	12073.12	40579.93
西藏自治区	101646.5	85648.05	46447.75	49355.41	50424.35	51650.25	50027.46	53399.45	99449.13	79819.73	64009.11	44291.44	61826.45	47985.34	55550.22
陕西省	103705.8	71313.49	12346.26	16048.72	8595.8	8421.524	5601.936	17855.74	101099.7	55801.57	41096.49	13930.02	26584.63	14391.19	18636.26
甘肃省	127540.1	98819.32	16977.7	14504.07	36727.25	27297.13	26425.76	15973.11	124884.3	84042.24	68759.31	15294.29	55590.3	15366.45	46752.05
青海省	107560.8	80020.96	12912.09	15766.11	22468.58	18665.01	18114.47	19767.12	104947.2	66803.95	50804.26	10607.24	40299.36	14304.23	31495.6
宁夏回族自治区	104425.4	74543.8	10408.49	13752.62	13791.28	10283.99	11426.26	16901.53	101764.9	59949.03	44473.97	9801.698	32415.68	12113.93	23323.42
新疆维吾尔自治区	111534.6	81723.21	4988.024	8497.154	20182.35	13629.79	11945.14	12427.23	108908.2	67145.63	51741.1	3205.487	38852.49	6700.538	30190.91
	3113.784	20109.39	2896.105	2107.341	4293.81	7202.085	5601.936	4898.983	56795.96	16410.57	11651.74	3205.487	10175.33	5962.25	11181.66

河南省	湖北省	湖南省	广东省	广西壮族自	海南省	重庆市	四川省	贵州省	云南省	西藏自治区	陕西省	甘肃省	青海省	宁夏回族自	新疆维吾尔
117531.7	100192.9	109805.7	74556.11	119275.7	107728.2	94308.76	110531	114949.5	119477.7	101646.5	103705.8	127540.1	107560.8	104425.4	111534.6
84815.09	67606.41	78410.75	41809.31	89463.02	77563.76	62426.73	81200.53	87109.44	91434.21	85648.05	71313.49	98819.32	80020.96	74543.8	81723.21
7894.406	16146.76	5500.053	41776.31	7329.167	7531.762	20907.65	6737.441	11495.55	12709.38	46447.75	12346.26	16977.7	12912.09	10408.49	4988.024
6497.804	19379.83	8428.727	45124.27	5837.807	10354.89	24442.33	9712.383	12558.21	12188.38	49355.41	16048.72	14504.07	15766.11	13752.62	8497.154
21306.3	4293.81	15195.84	22317.12	26986.12	15654.1	4334.987	20215.9	27374.8	30723.5	50424.35	8595.8	36727.25	22468.58	13791.28	20182.35
11327.54	8806.693	7202.085	33329.83	17958.95	9198.816	14030.56	13977.02	20694.14	22750.89	51650.25	8421.524	27297.13	18665.01	10283.99	13629.79
10475.54	9573.992	7189.141	35229.98	16931.42	10711.83	14987.76	13240.57	19839.43	22004.98	50027.46	5601.936	26425.76	18114.47	11426.26	11945.14
4898.983	20950.83	10808.46	46885.81	9082.023	13517.18	26450.12	13661.55	16411.94	15440.12	53399.45	17855.74	15973.11	19767.12	16901.53	12427.23
114864.9	97555.36	107145.5	71920.78	116622.1	105053.1	91678.91	107892.3	112324	116837.9	99449.13	101099.7	124884.3	104947.2	101764.9	108908.2
68248.73	51832.52	62805.97	27745.91	74427.96	62567.69	47427.71	66805.47	73344.79	77310.31	79819.73	55801.57	84042.24	66803.95	59949.03	67145.63
54348.14	37204.28	48015.83	11651.74	59279.93	47324.77	32177.5	51278.82	57562.4	61687.16	64009.11	41096.49	68759.31	50804.26	44473.97	51741.1
10218.76	17407.25	6724.952	42320.59	5568.265	6808.566	21634.59	4515.939	8627.358	10081.59	44291.44	13930.02	15294.29	10607.24	9801.698	3205.487
38787.49	22940.3	33966.11	12821.31	45803.85	34615.78	19780.62	38919.91	45952.72	49533.88	61826.45	26584.63	55590.3	40299.36	32415.68	38852.49
6788.193	17900.78	6875.061	43629.68	5962.25	8834.027	22847.05	8108.177	11757.49	12073.12	47985.34	14391.19	15366.45	14304.23	12113.93	6700.538
30851.62	14446.58	25290.93	13966.86	37062.17	25481.97	11181.66	30056.58	37047.02	40579.93	55550.22	18636.26	46752.05	31495.6	23323.42	30190.91
0	17489.41	8829.454	43608.01	12081.5	12739.57	23323.77	14070.41	18545.15	18557.5	54268.31	14367.41	20142.6	20376.83	15691.01	12605.77
17489.41	0	11095.69	26251.69	22885.89	11928.86	6077.73	16367.43	23608.82	26810.93	48912.71	4370.755	32661.86	19230.98	10420.1	16154.13
8829.454	11095.69	0	36783.79	11937.6	4459.058	16028.23	7690.52	14481.58	16656.03	47046.59	7906.126	21699.35	13288.7	6914.63	6819.412
43608.01	26251.69	36783.79	0	47816.64	35834.5	20882.47	39705.96	45926.61	50063.94	54818.59	30114.12	57214.98	39178.9	32911.38	40232.65
12081.5	22885.89	11937.6	47816.64	0	12070.21	27187.74	8813.157	7980.427	6561.073	45296.17	19364.14	9793.832	13427.71	15074.59	8007.735
12739.57	11928.86	4459.058	35834.5	12070.21	0	15469.66	5124.262	12137.6	15162.09	43258.89	9517.307	21485.97	9555.937	3475.115	5466.293
23323.77	6077.73	16028.23	20882.47	27187.74	15469.66	0	19502.12	26336.8	30123.07	46534.46	9510.815	36793.16	20576.69	12827.66	19732.19
14070.41	16367.43	7690.52	39705.96	8813.157	5124.262	19502.12	0	7275.743	10641.75	40363.53	13319.84	17643.97	6311.762	6928.252	1922.791
18545.15	23608.82	14481.58	45926.61	7980.427	12137.6	26336.8	7275.743	0	4631.336	37430.82	20522.76	12844.89	7426.261	13729.03	7991.418
18557.5	26810.93	16656.03	50063.94	6561.073	15162.09	30123.07	10641.75	4631.336	0	40321.97	23527.03	8262.589	12034.78	17390.98	10822
54268.31	48912.71	47046.59	54818.59	45296.17	43258.89	46534.46	40363.53	37430.82	40321.97	0	47793.72	46812.2	34189.75	41440.1	41674.86
14367.41	4370.755	7906.126	30114.12	19364.14	9517.307	9510.815	13319.84	20522.76	23527.03	47793.72	0	29142	16900.55	8664.123	12748.83
20142.6	32661.86	21699.35	57214.98	9793.832	21485.97	36793.16	17643.97	12844.89	8262.589	46812.2	29142	0	20207.1	24306.31	17250.99
20376.83	19230.98	13288.7	39178.9	13427.71	9555.937	20576.69	6311.762	7426.261	12034.78	34189.75	16900.55	20207.1	0	9140.754	7924.977
15691.01	10420.1	6914.63	32911.38	15074.59	3475.115	12827.66	6928.252	13729.03	17390.98	41440.1	8664.123	24306.31	9140.754	0	7628.671
12605.77	16154.13	6819.412	40232.65	8007.735	5466.293	19732.19	1922.791	7991.418	10822	41674.86	12748.83	17250.99	7924.977	7628.671	0
8829.454	4370.755	4459.058	20882.47	6561.073	3475.115	9510.815	1922.791	4631.336	8262.589	34189.75	8664.123	17250.99	7924.977	7628.671	1922.791

图 10.8　新类 3

复制数据到新工作表，仅粘贴数值。删除河北省和新类 2 所在的第 4 行和第 30 行，删除河北省和新类 2 所在的 D 列和 AD 列。选择表格中的所有数据，打开“新建格式规则”对话框。在“选择规则类型”列表框中选择“仅对排名靠前或靠后的数值设置格式”。在“编辑规则说明”中，在左侧的下拉列表框中选择“后”，在中间的文本框中输入 29。单击“确定”按钮后，对角线、B8 和 H2 单元格的背景被填充为淡蓝色，这样就找到了非 0 的最小值 3113.784，如图 10.9 所示。

把北京市和上海市归为新类 4。在 AD1 单元格中输入“新类 4”。在 AD2 单元格中使用 IF 函数求出 B2 和 H2 单元格中的较小值。复制公式到 AD30 单元格。在 A30 单元格中输入“新类 4”。在 B30 单元格中使用 IF 函数求出 B2 和 B8 单元格中的较小值。复制公式到 AD30 单元格。

	北京市	天津市	内蒙古自治	辽宁省	吉林省	黑龙江省	上海市	江苏省	浙江省	安徽省	福建省	山东省	河南省	湖北省
北京市	0	40945.74	96560.12	107045.4	108926.9	120260.3	3113.784	59196.92	65753.83	114169.3	83684.58	88360.06	117531.7	100192.9
天津市	40945.74	0	63621.68	74784.62	75992.71	88417.62	38946.92	20109.39	30645.8	83945.74	47112.85	54232.93	84815.09	67606.41
内蒙古自治	96560.12	63621.68	0	11672.56	13597.93	24808.31	93908.63	47634.27	33125.98	21512.68	19039.28	10173.03	21306.3	4293.81
辽宁省	107045.4	74784.62	11672.56	0	9874.949	14027.36	104321.5	58234.18	44151.26	13348.69	29836.46	20781.6	11327.54	8806.693
吉林省	108926.9	75992.71	13597.93	9874.949	0	14499.09	106350.5	60249.94	45934.12	12195.2	30481.86	23300.96	10475.54	9573.992
黑龙江省	120260.3	88417.62	24808.31	14027.36	14499.09	0	117563.1	72018.56	57863.03	9362.566	42905.73	34477.91	4898.983	20950.83
上海市	3113.784	38946.92	93908.63	104321.5	106350.5	117563.1	0	56795.96	63179.71	111522.2	81162	85698.5	114864.9	97555.36
江苏省	59196.92	20109.39	47634.27	58234.18	60249.94	72018.56	56795.96	0	16410.57	68914.73	30129.24	37605.03	68248.73	51832.52
浙江省	65753.83	30645.8	33125.98	44151.26	45934.12	57863.03	63179.71	16410.57	0	53758.63	18105.23	23691.65	54348.14	37204.28
安徽省	114169.3	83945.74	21512.68	13348.69	12195.2	9362.566	111522.2	68914.73	53758.63	0	40319.85	31607.16	10218.76	17407.25
福建省	83684.58	47112.85	19039.28	29836.46	30481.86	42905.73	81162	30129.24	18105.23	40319.85	0	10175.33	38787.49	22940.3
山东省	88360.06	54232.93	10173.03	20781.6	23300.96	34477.91	85698.5	37605.03	23691.65	31607.16	10175.33	0	30851.62	14446.58
河南省	117531.7	84815.09	21306.3	11327.54	10475.54	4898.983	114864.9	68248.73	54348.14	10218.76	38787.49	30851.62	0	17489.41
湖北省	100192.9	67606.41	4293.81	8806.693	9573.992	20950.83	97555.36	51832.52	37204.28	17407.25	22940.3	14446.58	17489.41	0
湖南省	109805.7	78410.75	15195.84	7202.085	7189.141	10808.46	107145.5	62805.97	48015.83	6724.952	33966.11	25290.93	8829.454	11095.69
广东省	74556.11	41809.31	22317.12	33329.83	35229.98	46885.81	71920.78	27745.91	11651.74	42320.59	12821.31	13966.86	43608.01	26251.69
广西壮族自	119275.7	89463.02	26986.12	17958.95	16931.42	9082.023	116622.1	74427.96	59279.93	5568.265	45803.85	37062.17	12081.5	22885.89
海南省	107728.2	77563.76	15654.1	9198.816	10711.83	13517.18	105053.1	62567.69	47324.77	6808.566	34615.78	25481.97	12739.57	11928.86
重庆市	94308.76	62426.73	4334.987	14030.56	14987.76	26450.12	91678.91	47427.71	32177.5	21634.59	19780.62	11181.66	23323.77	6077.73
贵州省	114949.5	87109.44	27374.8	20694.14	19839.43	16411.94	112324	73344.79	57562.4	8627.358	45952.72	37047.02	18545.15	23608.82
云南省	119477.7	91434.21	30723.5	22750.89	22004.98	15440.12	116837.9	77310.31	61687.16	10081.59	49533.88	40579.93	18557.5	26810.93
西藏自治区	101646.5	85648.05	50424.35	51650.25	50027.46	53399.45	99449.13	79819.73	64009.11	44291.44	61826.45	55550.22	54268.31	48912.71
陕西省	103705.8	71313.49	8595.8	8421.524	5601.936	17855.74	101099.7	55801.57	41096.49	13930.02	26584.63	18636.26	14367.41	4370.755
甘肃省	127540.1	98819.32	36727.25	27297.13	26425.76	15973.11	124884.3	84042.24	68759.31	15294.29	55590.3	46752.05	20142.6	32661.86
青海省	107560.8	80020.96	22468.58	18665.01	18114.47	19767.12	104947.2	66803.95	50804.26	10607.24	40299.36	31495.6	20376.83	19230.98
宁夏回族自	104425.4	74543.8	13791.28	10283.99	11426.26	16901.53	101764.9	59949.03	44473.97	9801.698	32415.68	23323.42	15691.01	10420.1
新类1	110531	81200.53	20182.35	13629.79	11945.14	12427.23	107892.3	66805.47	51278.82	3205.487	38852.49	30056.58	12605.77	16154.13
新类3	114347.2	83279.86	20377.48	12260.51	9617.158	4062.179	111718.1	67955.9	53050.58	3157.641	38875.3	30537.85	6497.804	16146.76
新类4	0	38946.92	93908.63	104321.5	106350.5	117563.1	0	56795.96	63179.71	111522.2	81162	85698.5	114864.9	97555.36

湖南省	广东省	广西壮族自	海南省	重庆市	贵州省	云南省	西藏自治区	陕西省	甘肃省	青海省	宁夏回族自	新类1	新类3	新类4
109805.7	74556.11	119275.7	107728.2	94308.76	114949.5	119477.7	101646.5	103705.8	127540.1	107560.8	104425.4	110531	114347.2	0
78410.75	41809.31	89463.02	77563.76	62426.73	87109.44	91434.21	85648.05	71313.49	98819.32	80020.96	74543.8	81200.53	83279.86	38946.92
15195.84	22317.12	26986.12	15654.1	4334.987	27374.8	30723.5	50424.35	8595.8	36727.25	22468.58	13791.28	20182.35	20377.48	93908.63
7202.085	33329.83	17958.95	9198.816	14030.56	20694.14	22750.89	51650.25	8421.524	27297.13	18665.01	10283.99	13629.79	12260.51	104321.5
7189.141	35229.98	16931.42	10711.83	14987.76	19839.43	22004.98	50027.46	5601.936	26425.76	18114.47	11426.26	11945.14	9617.158	106350.5
10808.46	46885.81	9082.023	13517.18	26450.12	16411.94	15440.12	53399.45	17855.74	15973.11	19767.12	16901.53	12427.23	4062.179	117563.1
107145.5	71920.78	116622.1	105053.1	91678.91	112324	116837.9	99449.13	101099.7	124884.3	104947.2	101764.9	107892.3	111718.1	0
62805.97	27745.91	74427.96	62567.69	47427.71	73344.79	77310.31	79819.73	55801.57	84042.24	66803.95	59949.03	66805.47	67955.9	56795.96
48015.83	11651.74	59279.93	47324.77	32177.5	57562.4	61687.16	64009.11	41096.49	68759.31	50804.26	44473.97	51278.82	53050.58	63179.71
6724.952	42320.59	5568.265	6808.566	21634.59	8627.358	10081.59	44291.44	13930.02	15294.29	10607.24	9801.698	3205.487	3157.641	111522.2
33966.11	12821.31	45803.85	34615.78	19780.62	45952.72	49533.88	61826.45	26584.63	55590.3	40299.36	32415.68	38852.49	38875.3	81162
25290.93	13966.86	37062.17	25481.97	11181.66	37047.02	40579.93	55550.22	18636.26	46752.05	31495.6	23323.42	30056.58	30537.85	85698.5
8829.454	43608.01	12081.5	12739.57	23323.77	18545.15	18557.5	54268.31	14367.41	20142.6	20376.83	15691.01	12605.77	6497.804	114864.9
11095.69	26251.69	22885.89	11928.86	6077.73	23608.82	26810.93	48912.71	4370.755	32661.86	19230.98	10420.1	16154.13	16146.76	97555.36
0	36783.79	11937.6	4459.058	16028.23	14481.58	16656.03	47046.59	7906.126	21699.35	13288.7	6914.63	6819.412	5500.053	107145.5
36783.79	0	47816.64	35834.5	20882.47	45926.61	50063.94	54818.59	30114.12	57214.98	39178.9	32911.38	39705.96	41776.31	71920.78
11937.6	47816.64	0	12070.21	27187.74	7980.427	6561.073	45296.17	19364.14	9793.832	13427.71	15074.59	8007.735	5837.807	116622.1
4459.058	35834.5	12070.21	0	15469.66	12137.6	15162.09	43258.89	9517.307	21485.97	9555.937	3475.115	5124.262	7531.762	105053.1
16028.23	20882.47	27187.74	15469.66	0	26336.8	30123.07	46534.46	9510.815	36793.16	20576.69	12827.66	19502.12	20907.65	91678.91
14481.58	45926.61	7980.427	12137.6	26336.8	0	4631.336	37430.82	20522.76	12844.89	7426.261	13729.03	7275.743	11495.55	112324
16656.03	50063.94	6561.073	15162.09	30123.07	4631.336	0	40321.97	23527.03	8262.589	12034.78	17390.98	10641.75	12073.12	116837.9
47046.59	54818.59	45296.17	43258.89	46534.46	37430.82	40321.97	0	47793.72	46812.2	34189.75	41440.1	40363.53	46447.75	99449.13
7906.126	30114.12	19364.14	9517.307	9510.815	20522.76	23527.03	47793.72	0	29142	16900.55	8664.123	12748.83	12346.26	101099.7
21699.35	57214.98	9793.832	21485.97	36793.16	12844.89	8262.589	46812.2	29142	0	20207.1	24306.31	17250.99	14504.07	124884.3
13288.7	39178.9	13427.71	9555.937	20576.69	7426.261	12034.78	34189.75	16900.55	20207.1	0	9140.754	6311.762	12912.09	104947.2
6914.63	32911.38	15074.59	3475.115	12827.66	13729.03	17390.98	41440.1	8664.123	24306.31	9140.754	0	6928.252	10408.49	101764.9
6819.412	39705.96	8007.735	5124.262	19502.12	7275.743	10641.75	40363.53	12748.83	17250.99	6311.762	6928.252	0	4988.024	107892.3
5500.053	41776.31	5837.807	7531.762	20907.65	11495.55	12073.12	46447.75	12346.26	14504.07	12912.09	10408.49	4988.024	0	111718.1
107145.5	71920.78	116622.1	105053.1	91678.91	112324	116837.9	99449.13	101099.7	124884.3	104947.2	101764.9	107892.3	111718.1	0

图 10.9　新类 4

复制数据到新工作表，仅粘贴数值。删除北京市和上海市所在的第 2 行和第 8 行，删除北京市和上海市所在的 B 列和 H 列。选择表格中的所有数据，打开“新建格式规则”对话框。在“选择规则类型”列表框中选择“仅对排名靠前或靠后的数值设置格式”。在“编辑规则说明”中，在左侧的下拉列表框中选择“后”，在中间的文本框中输入 28。单击“确定”按钮后，对角线、AA9 和 I27 单元格的背景被填充为淡蓝色，这样就找到了非 0 的最小值 3157.641，如图 10.10 所示。

把安徽省和新类 3 归为新类 5。在 AC1 单元格中输入“新类 5”。在 AC2 单元格中使用 IF 函数求出 I2 和 AA2 单元格中的较小值。复制公式到 AC29 单元格。在 A29 单元格中输入“新类 5”。在 B29 中使用 IF 函数求出 B9 和 B27 单元格中的较小值，复制公

	天津市	内蒙古自治	辽宁省	吉林省	黑龙江省	江苏省	浙江省	安徽省	福建省	山东省	河南省	湖北省	湖南省	广东省
天津市	0	63621.68	74784.62	75992.71	88417.62	20109.39	30645.8	83945.74	47112.85	54232.93	84815.09	67606.41	78410.75	41809.31
内蒙古自治	63621.68	0	11672.56	13597.93	24808.31	47634.27	33125.98	21512.68	19039.28	10173.03	21306.3	4293.81	15195.84	22317.12
辽宁省	74784.62	11672.56	0	9874.949	14027.36	58234.18	44151.26	13348.69	29836.46	20781.6	11327.54	8806.693	7202.085	33329.83
吉林省	75992.71	13597.93	9874.949	0	14499.09	60249.94	45934.12	12195.2	30481.86	23300.96	10475.54	9573.992	7189.141	35229.98
黑龙江省	88417.62	24808.31	14027.36	14499.09	0	72018.56	57863.03	9362.566	42905.73	34477.91	4898.983	20950.83	10808.46	46885.81
江苏省	20109.39	47634.27	58234.18	60249.94	72018.56	0	16410.57	68914.73	30129.24	37605.03	68248.73	51832.52	62805.97	27745.91
浙江省	30645.8	33125.98	44151.26	45934.12	57863.03	16410.57	0	53758.63	18105.23	23691.65	54348.14	37204.28	48015.83	11651.74
安徽省	83945.74	21512.68	13348.69	12195.2	9362.566	68914.73	53758.63	0	40319.85	31607.16	10218.76	17407.25	6724.952	42320.59
福建省	47112.85	19039.28	29836.46	30481.86	42905.73	30129.24	18105.23	40319.85	0	10175.33	38787.49	22940.3	33966.11	12821.31
山东省	54232.93	10173.03	20781.6	23300.96	34477.91	37605.03	23691.65	31607.16	10175.33	0	30851.62	14446.58	25290.93	13966.86
河南省	84815.09	21306.3	11327.54	10475.54	4898.983	68248.73	54348.14	10218.76	38787.49	30851.62	0	17489.41	8829.454	43608.01
湖北省	67606.41	4293.81	8806.693	9573.992	20950.83	51832.52	37204.28	17407.25	22940.3	14446.58	17489.41	0	11095.69	26251.69
湖南省	78410.75	15195.84	7202.085	7189.141	10808.46	62805.97	48015.83	6724.952	33966.11	25290.93	8829.454	11095.69	0	36783.79
广东省	41809.31	22317.12	33329.83	35229.98	46885.81	27745.91	11651.74	42320.59	12821.31	13966.86	43608.01	26251.69	36783.79	0
广西壮族自	89463.02	26986.12	17958.95	16931.42	9082.023	74427.96	59279.93	5568.265	45803.85	37062.17	12081.5	22885.89	11937.6	47816.64
海南省	77563.76	15654.1	9198.816	10711.83	13517.18	62567.69	47324.77	6808.566	34615.78	25481.97	12739.57	11928.86	4459.058	35834.5
重庆市	62426.73	4334.987	14030.56	14987.76	26450.12	47427.71	32177.5	21634.59	19780.62	11181.66	23323.77	6077.73	16028.23	20882.47
贵州省	87109.44	27374.8	20694.14	19839.43	16411.94	73344.79	57562.4	8627.358	45952.72	37047.02	18545.15	23608.82	14481.58	45926.61
云南省	91434.21	30723.5	22750.89	22004.98	15440.12	77310.31	61687.16	10081.59	49533.88	40579.93	18557.5	26810.93	16656.03	50063.94
西藏自治区	85648.05	50424.35	51650.25	50027.46	53399.45	79819.73	64009.11	44291.44	61826.45	55550.22	54268.31	48912.71	47046.59	54818.59
陕西省	71313.49	8595.8	8421.524	5601.936	17855.74	55801.57	41096.49	13930.02	26584.63	18636.26	14367.41	4370.755	7906.126	30114.12
甘肃省	98819.32	36727.25	27297.13	26425.76	15973.11	84042.24	68759.31	15294.29	55590.3	46752.05	20142.6	32661.86	21699.35	57214.98
青海省	80020.96	22468.58	18665.01	18114.47	19767.12	66803.95	50804.26	10607.24	40299.36	31495.6	20376.83	19230.98	13288.7	39178.9
宁夏回族自	74543.8	13791.28	10283.99	11426.26	16901.53	59949.03	44473.97	9801.698	32415.68	23323.42	15691.01	10420.1	6914.63	32911.38
新类1	81200.53	20182.35	13629.79	11945.14	12427.23	66805.47	51278.82	3205.487	38852.49	30056.58	12605.77	16154.13	6819.412	39705.96
新类3	83279.86	20377.48	12260.51	9617.158	4062.179	67955.9	53050.58	3157.641	38875.3	30537.85	6497.804	16146.76	5500.053	41776.31
新类4	38946.92	93908.63	104321.5	106350.5	117563.1	56795.96	63179.71	111522.2	81162	85698.5	114864.9	97555.36	107145.5	71920.78
新类5	83279.86	20377.48	12260.51	9617.158	4062.179	67955.9	53050.58	0	38875.3	30537.85	6497.804	16146.76	5500.053	41776.31

广西壮族自	海南省	重庆市	贵州省	云南省	西藏自治区	陕西省	甘肃省	青海省	宁夏回族自	新类1	新类3	新类4	新类5
89463.02	77563.76	62426.73	87109.44	91434.21	85648.05	71313.49	98819.32	80020.96	74543.8	81200.53	83279.86	38946.92	83279.86
26986.12	15654.1	4334.987	27374.8	30723.5	50424.35	8595.8	36727.25	22468.58	13791.28	20182.35	20377.48	93908.63	20377.48
17958.95	9198.816	14030.56	20694.14	22750.89	51650.25	8421.524	27297.13	18665.01	10283.99	13629.79	12260.51	104321.5	12260.51
16931.42	10711.83	14987.76	19839.43	22004.98	50027.46	5601.936	26425.76	18114.47	11426.26	11945.14	9617.158	106350.5	9617.158
9082.023	13517.18	26450.12	16411.94	15440.12	53399.45	17855.74	15973.11	19767.12	16901.53	12427.23	4062.179	117563.1	4062.179
74427.96	62567.69	47427.71	73344.79	77310.31	79819.73	55801.57	84042.24	66803.95	59949.03	66805.47	67955.9	56795.96	67955.9
59279.93	47324.77	32177.5	57562.4	61687.16	64009.11	41096.49	68759.31	50804.26	44473.97	51278.82	53050.58	63179.71	53050.58
5568.265	6808.566	21634.59	8627.358	10081.59	44291.44	13930.02	15294.29	10607.24	9801.698	3205.487	3157.641	111522.2	0
45803.85	34615.78	19780.62	45952.72	49533.88	61826.45	26584.63	55590.3	40299.36	32415.68	38852.49	38875.3	81162	38875.3
37062.17	25481.97	11181.66	37047.02	40579.93	55550.22	18636.26	46752.05	31495.6	23323.42	30056.58	30537.85	85698.5	30537.85
12081.5	12739.57	23323.77	18545.15	18557.5	54268.31	14367.41	20142.6	20376.83	15691.01	12605.77	6497.804	114864.9	6497.804
22885.89	11928.86	6077.73	23608.82	26810.93	48912.71	4370.755	32661.86	19230.98	10420.1	16154.13	16146.76	97555.36	16146.76
11937.6	4459.058	16028.23	14481.58	16656.03	47046.59	7906.126	21699.35	13288.7	6914.63	6819.412	5500.053	107145.5	5500.053
47816.64	35834.5	20882.47	45926.61	50063.94	54818.59	30114.12	57214.98	39178.9	32911.38	39705.96	41776.31	71920.78	41776.31
0	12070.21	27187.74	7980.427	6561.073	45296.17	19364.14	9793.832	13427.71	15074.59	8007.735	5837.807	116622.1	5568.265
12070.21	0	15469.66	12137.6	15162.09	43258.89	9517.307	21485.97	9555.937	3475.115	5124.262	7531.762	105053.1	6808.566
27187.74	15469.66	0	26336.8	30123.07	46534.46	9510.815	36793.16	20576.69	12827.66	19502.12	20907.65	91678.91	20907.65
7980.427	12137.6	26336.8	0	4631.336	37430.82	20522.76	12844.89	7426.261	13729.03	7275.743	11495.55	112324	8627.358
6561.073	15162.09	30123.07	4631.336	0	40321.97	23527.03	8262.589	12034.78	17390.98	10641.75	12073.12	116837.9	10081.59
45296.17	43258.89	46534.46	37430.82	40321.97	0	47793.72	46812.2	34189.75	41440.1	40363.53	46447.75	99449.13	44291.44
19364.14	9517.307	9510.815	20522.76	23527.03	47793.72	0	29142	16900.55	8664.123	12748.83	12346.26	101099.7	12346.26
9793.832	21485.97	36793.16	12844.89	8262.589	46812.2	29142	0	20207.1	24306.31	17250.99	14504.07	124884.3	14504.07
13427.71	9555.937	20576.69	7426.261	12034.78	34189.75	16900.55	20207.1	0	9140.754	6311.762	12912.09	104947.2	10607.24
15074.59	3475.115	12827.66	13729.03	17390.98	41440.1	8664.123	24306.31	9140.754	0	6928.252	10408.49	101764.9	9801.698
8007.735	5124.262	19502.12	7275.743	10641.75	40363.53	12748.83	17250.99	6311.762	6928.252	0	4988.024	107892.3	3205.487
5837.807	7531.762	20907.65	11495.55	12073.12	46447.75	12346.26	14504.07	12912.09	10408.49	4988.024	0	111718.1	0
116622.1	105053.1	91678.91	112324	116837.9	99449.13	101099.7	124884.3	104947.2	101764.9	107892.3	111718.1	0	111522.2
5568.265	6808.566	20907.65	8627.358	10081.59	44291.44	12346.26	14504.07	10607.24	9801.698	3205.487	0	111522.2	0

图 10.10　新类 5

式到 AC29 单元格。

复制数据到新工作表，仅粘贴数值。删除安徽省和新类 3 所在的第 27 行和第 9 行，删除安徽省和新类 3 所在的 AA 列和 I 列。选择表格中的所有数据，打开“新建格式规则”对话框。在“选择规则类型”列表框中选择“仅对排名靠前或靠后的数值设置格式”。在“编辑规则说明”中，在左侧的下拉列表框中选择“后”，在中间的文本框中输入 27。单击“确定”按钮后，对角线、AA25 和 Y27 单元格的背景被填充为淡蓝色，这样就找到了非 0 的最小值 3205.487。

把新类 1 和新类 5 归为新类 6。在 AB1 单元格中输入“新类 6”。在 AB2 单元格中使用 IF 函数求出 Y2 和 AA2 单元格中的较小值。复制公式到 AB28 单元格。在 A28 单元格中输入“新类 6”。在 B28 单元格中使用 IF 函数求出 B25 和 B27 单元格中的较小值。复制公式到 AB28 单元格。

复制数据到新工作表，仅粘贴数值。删除新类 1 和新类 5 所在的第 25 行和第 27 行，删除新类 1 和新类 5 所在的 Y 列和 AA 列。选择表格中的所有数据，打开“新建格式规则”对话框。在“选择规则类型”列表框中选择“仅对排名靠前或靠后的数值设置格式”。在“编辑规则说明”中，在左侧的下拉列表框中选择“后”，在中间的文本框中输入 26。单击“确定”按钮后，对角线、P24 和 X16 单元格的背景被填充为淡蓝色，这样就找到了非 0 的最小值 3475.15。

把海南省和宁夏回族自治区归为新类 7。在 AA1 单元格中输入“新类 7”。在 AA2 单元格中使用 IF 函数求出 X2 和 P2 单元格中的较小值。复制公式到 AA27 单元格。在 A27 单元格中输入“新类 7”。在 B27 单元格中使用 IF 函数求出 B24 和 B16 单元格中的较小值。复制公式到 AA27 单元格。

复制数据到新工作表，仅粘贴数值。删除海南省和宁夏回族自治区所在的第 24 行和第 16 行，删除海南省和宁夏回族自治区所在的 X 列和 P 列。每次删除之后，数据以对角线为对称轴，如图 10.11 所示。

	天津市	内蒙古自治	辽宁省	吉林省	黑龙江省	江苏省	浙江省	福建省	山东省	河南省	湖北省	湖南省
天津市	0	63621.7	74784.6	75992.7	88417.6	20109.4	30645.8	47112.8	54232.9	84815.1	67606.4	78410.7
内蒙古自治	63621.7	0	11672.6	13597.9	24808.3	47634.3	33126	19039.3	10173	21306.3	4293.81	15195.8
辽宁省	74784.6	11672.6	0	9874.95	14027.4	58234.2	44151.3	29836.5	20781.6	11327.5	8806.69	7202.09
吉林省	75992.7	13597.9	9874.95	0	14499.1	60249.9	45934.1	30481.9	23301	10475.5	9573.99	7189.14
黑龙江省	88417.6	24808.3	14027.4	14499.1	0	72018.6	57863	42905.7	34477.9	4898.98	20950.8	10808.5
江苏省	20109.4	47634.3	58234.2	60249.9	72018.6	0	16410.6	30129.2	37605	68248.7	51832.5	62806
浙江省	30645.8	33126	44151.3	45934.1	57863	16410.6	0	18105.2	23691.6	54348.1	37204.3	48015.8
福建省	47112.8	19039.3	29836.5	30481.9	42905.7	30129.2	18105.2	0	10175.3	38787.5	22940.3	33966.1
山东省	54232.9	10173	20781.6	23301	34477.9	37605	23691.6	10175.3	0	30851.6	14446.6	25290.9
河南省	84815.1	21306.3	11327.5	10475.5	4898.98	68248.7	54348.1	38787.5	30851.6	0	17489.4	8829.45
湖北省	67606.4	4293.81	8806.69	9573.99	20950.8	51832.5	37204.3	22940.3	14446.6	17489.4	0	11095.7
湖南省	78410.7	15195.8	7202.09	7189.14	10808.5	62806	48015.8	33966.1	25290.9	8829.45	11095.7	0
广东省	41809.3	22317.1	33329.8	35230	46885.8	27745.9	11651.7	12821.3	13966.9	43608	26251.7	36783.8
广西壮族自	89463	26986.1	17959	16931.4	9082.02	74428	59279.9	45803.8	37062.2	12081.5	22885.9	11937.6
重庆市	62426.7	4334.99	14030.6	14987.8	26450.1	47427.7	32177.5	19780.6	11181.7	23323.8	6077.73	16028.2
贵州省	87109.4	27374.8	20694.1	19839.4	16411.9	73344.8	57562.4	45952.7	37047	18545.1	23608.8	14481.6
云南省	91434.2	30723.5	22750.9	22005	15440.1	77310.3	61687.2	49533.9	40579.9	18557.5	26810.9	16656
西藏自治区	85648.1	50424.3	51650.2	50027.5	53399.4	79819.7	64009.1	61826.5	55550.2	54268.3	48912.7	47046.6
陕西省	71313.5	8595.8	8421.52	5601.94	17855.7	55801.6	41096.5	26584.6	18636.3	14367.4	4370.75	7906.13
甘肃省	98819.3	36727.2	27297.1	26425.8	15973.1	84042.2	68759.3	55590.3	46752.1	20142.6	32661.9	21699.4
青海省	80021	22468.6	18665	18114.5	19767.1	66803.9	50804.3	40299.4	31495.6	20376.8	19231	13288.7
新类4	38946.9	93908.6	104322	106351	117563	56796	63179.7	81162	85698.5	114865	97555.4	107145
新类6	81200.5	20182.4	12260.5	9617.16	4062.18	66805.5	51278.8	38852.5	30056.6	6497.8	16146.8	5500.05
新类7	74543.8	13791.3	9198.82	10711.8	13517.2	59949	44474	32415.7	23323.4	12739.6	10420.1	4459.06

广东省	广西壮族自	重庆市	贵州省	云南省	西藏自治区	陕西省	甘肃省	青海省	新类4	新类6	新类7
41809.3	89463	62426.7	87109.4	91434.2	85648.1	71313.5	98819.3	80021	38946.9	81200.5	74543.8
22317.1	26986.1	4334.99	27374.8	30723.5	50424.3	8595.8	36727.2	22468.6	93908.6	20182.4	13791.3
33329.8	17959	14030.6	20694.1	22750.9	51650.2	8421.52	27297.1	18665	104322	12260.5	9198.82
35230	16931.4	14987.8	19839.4	22005	50027.5	5601.94	26425.8	18114.5	106351	9617.16	10711.8
46885.8	9082.02	26450.1	16411.9	15440.1	53399.4	17855.7	15973.1	19767.1	117563	4062.18	13517.2
27745.9	74428	47427.7	73344.8	77310.3	79819.7	55801.6	84042.2	66803.9	56796	66805.5	59949
11651.7	59279.9	32177.5	57562.4	61687.2	64009.1	41096.5	68759.3	50804.3	63179.7	51278.8	44474
12821.3	45803.8	19780.6	45952.7	49533.9	61826.5	26584.6	55590.3	40299.4	81162	38852.5	32415.7
13966.9	37062.2	11181.7	37047	40579.9	55550.2	18636.3	46752.1	31495.6	85698.5	30056.6	23323.4
43608	12081.5	23323.8	18545.1	18557.5	54268.3	14367.4	20142.6	20376.8	114865	6497.8	12739.6
26251.7	22885.9	6077.73	23608.8	26810.9	48912.7	4370.75	32661.9	19231	97555.4	16146.8	10420.1
36783.8	11937.6	16028.2	14481.6	16656	47046.6	7906.13	21699.4	13288.7	107145	5500.05	4459.06
0	47816.6	20882.5	45926.6	50063.9	54818.6	30114.1	57215	39178.9	71920.8	39706	32911.4
47816.6	0	27187.7	7980.43	6561.07	45296.2	19364.1	9793.83	13427.7	116622	5568.26	12070.2
20882.5	27187.7	0	26336.8	30123.1	46534.5	9510.82	36793.2	20576.7	91678.9	19502.1	12827.7
45926.6	7980.43	26336.8	0	4631.34	37430.8	20522.8	12844.9	7426.26	112324	7275.74	12137.6
50063.9	6561.07	30123.1	4631.34	0	40322	23527	8262.59	12034.8	116838	10081.6	15162.1
54818.6	45296.2	46534.5	37430.8	40322	0	47793.7	46812.2	34189.7	99449.1	40363.5	41440.1
30114.1	19364.1	9510.82	20522.8	23527	47793.7	0	29142	16900.5	101100	12346.3	8664.12
57215	9793.83	36793.2	12844.9	8262.59	46812.2	29142	0	20207.1	124884	14504.1	21486
39178.9	13427.7	20576.7	7426.26	12034.8	34189.7	16900.5	20207.1	0	104947	6311.76	9140.75
71920.8	116622	91678.9	112324	116838	99449.1	101100	124884	104947	0	107892	101765
39706	5568.26	19502.1	7275.74	10081.6	40363.5	12346.3	14504.1	6311.76	107892	0	5124.26
32911.4	12070.2	12827.7	12137.6	15162.1	41440.1	8664.12	21486	9140.75	101765	5124.26	0

图 10.11　新类 6 和新类 7

选择表格中的所有数据，打开“新建格式规则”对话框。在“选择规则类型”列表框中选择“仅对排名靠前或靠后的数值设置格式”。在“编辑规则说明”中，在左侧的下拉列表框中选择“后”，在中间的文本框中输入 25。单击“确定”按钮后，对角线、F24 和 X6 单元格的背景被填充为淡蓝色，这样就找到了非 0 的最小值 4062.179。

把黑龙江省和新类 6 归为新类 8。在 Z1 单元格中输入“新类 8”。在 Z2 单元格中使用 IF 函数求出 F2 和 X2 单元格中的较小值。复制公式到 Z26 单元格。在 A26 单元格中输入“新类 8”。在 B26 单元格中使用 IF 函数找出 B24 和 B6 单元格中的较小值。复制公式到 Z26 单元格。

复制数据到新工作表，仅粘贴数值。删除黑龙江省和新类 6 所在的第 24 行和第 6 行，删除黑龙江省和新类 6 所在的 X 列和 F 列。

从新类 9 开始的聚类过程如表 10.2 所示。完整的聚类过程的树状图如图 10.12 所示。

表 10.2　从新类 9 开始的聚类过程

非 0 的最小值	合并的省级行政区和新类	新类名称	新表删除的行	新表删除的列
4392.81	内蒙古自治区、湖北省	新类 9	11、3	K、C
4334.987	重庆市、新类 9	新类 10	23、13	W、M
4370.755	陕西省、新类 10	新类 11	22、16	V、P
4459.085	湖南省、新类 7	新类 12	19、10	S、J
4631.336	贵州省、云南省	新类 13	13、12	M、L
4898.983	河南省、新类 8	新类 14	16、9	P、I
5124.262	新类 12、新类 14	新类 15	18、16	R、P
5568.265	广西壮族自治区、新类 15	新类 16	17、10	Q、J
5601.936	吉林省、新类 11	新类 17	14、4	N、D
6311.762	青海省、新类 16	新类 18	14、11	N、K
6561.073	新类 13、新类 18	新类 19	14、12	N、L
7189.141	新类 17、新类 19	新类 20	13、12	M、L
7202.085	辽宁省、新类 20	新类 21	12、3	L、C
8262.589	甘肃省、新类 21	新类 22	11、9	K、I
10 173.03	山东省、新类 22	新类 23	10、6	J、F
10 175.33	福建省、新类 23	新类 24	9、5	I、E
11 651.74	浙江省、广东省	新类 25	5、4	E、D
12 821.31	新类 24、新类 25	新类 26	7、6	G、F
16 410.57	江苏省、新类 26	新类 27	6、3	F、C
20 109.39	天津市、新类 27	新类 28	5、2	E、B
34 189.75	西藏自治区、新类 28	新类 29	4、2	D、B
38 946.92	新类 4、新类 29	新类 30		

下面再使用最长距离法对 2017 年度我国各省级行政区经济统计数据进行聚类分析。

打开“第 10 章聚类分析.xlsx”工作簿。按照欧几里得距离公式计算样本距离。新建一个工作表，将其名为“距离矩阵”，在 A2:A32 单元格区域中分别输入“北京市”“天津市”……“新疆维吾尔自治区”，在 B1:AF1 单元格区域中分别输入“北京市”“天津市”……

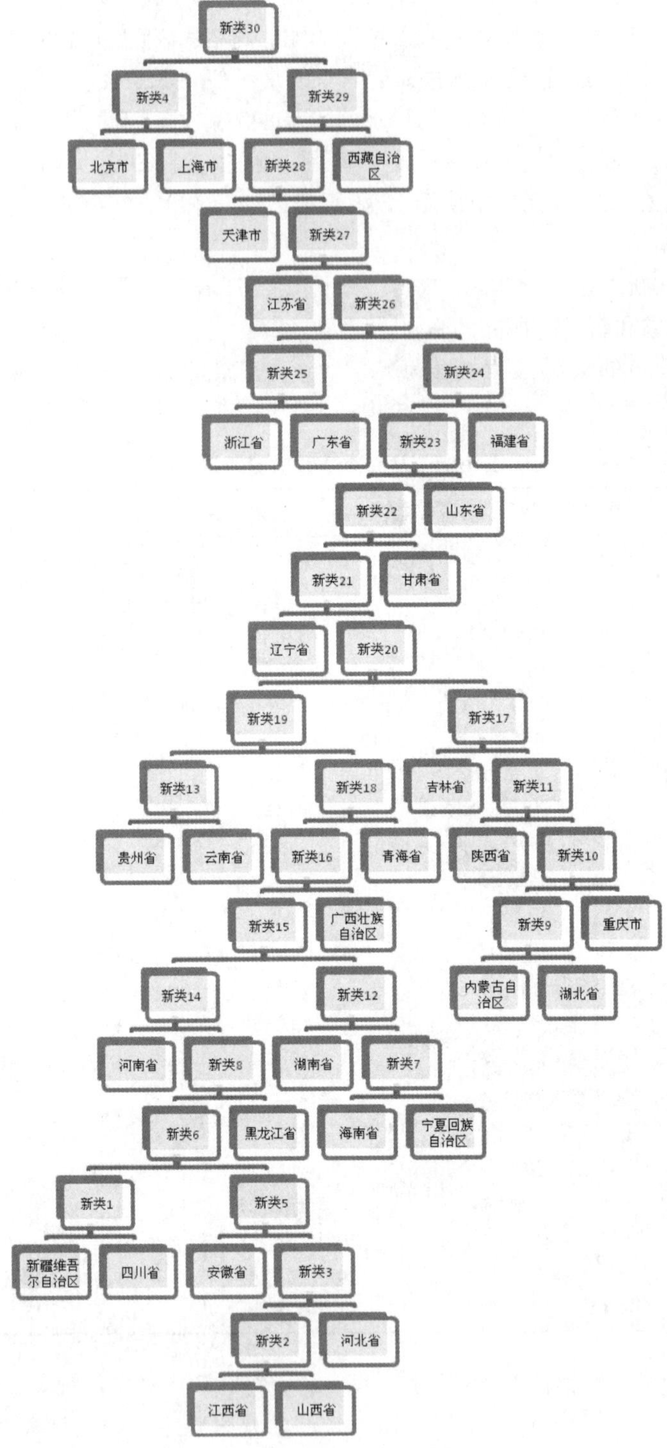

图 10.12　完整的聚类过程的树状图

"新疆维吾尔自治区",在 B2 单元格中输入公式"＝SQRT((数据!$B$4－数据!B4)^2＋(数据!$C$4－数据!C4)^2＋(数据!$D$4－数据!D4)^2)",计算出第一个样本距离,即北京市和北京市的样本距离,结果为 0,复制公式至 B3:B32 单元格区域中,得出第一列数据,其中,B3 单元格中的数据是北京市和天津市的样本距离,以此类推。在 C2 单元格中输入公式"＝SQRT((数据!$B$5－数据!B4)^2＋(数据!$C$5－数据!C4)^2＋(数据!$D$5－数据!D4)^2),得到天津市和北京市的样本距离,和 B3 单元格中的数值一致,复制公式至 C3:C32 单元格区域中,得出第二列数据。以此类推,直至 AF 列,AF2 和 AF34 单元格中的公式分别为"＝SQRT((数据!$B$34－数据!B4)^2＋(数据!$C$34－数据!C4)^2＋(数据!$D$34－数据!D4)^2)"和"＝SQRT((数据!$B$34－数据!B34)^2＋(数据!$C$34－数据!C34)^2＋(数据!$D$34－数据!D34)^2)"。

至此,第一步完成,可以看到,对角线上的数据均为 0,见图 10.3。

接下来找出非 0 的最小值。

方案一是选择 B2:AF32 单元格区域,打开"新建格式规则"对话框。在"选择规则类型"列表框中选择"仅对排名靠前或靠后的数值设置格式"。在"编辑规则说明"中,在左侧的下拉列表框中选择"后",在中间的文本框中输入 32。单击"确定"按钮后,对角线、X32 和 AF24 单元格的背景被填充为淡蓝色,找到第一个非 0 的最小值 1922.791,见图 10.5。

方案二是在 B33 单元格中使用 MIN 函数计算出 B3:B32 单元格区域中的最小值,在 C33 单元格中使用 MIN 函数计算出 C4:C32 单元格区域中的最小值,在 D33 单元格中使用 MIN 函数计算出 D5:D32 单元格区域中的最小值,以此类推,在 AE33 单元格中使用 MIN 函数计算出 AE32:AE32 单元格区域(即 AE32 单元格本身)中的最小值。最终找到最小值 1922.791。

下面把新疆维吾尔自治区和四川省归为新类 1。使用 IF 函数求出 X2 和 AF2 单元格中的较大值,填入 AG2 单元格,在 IF 函数的"函数参数"对话框中的设置如图 10.13 所示。复制公式到 AG32 单元格,在 AG1 单元格中输入"新类 1",如图 10.14 所示。在 A33 单元格中输入"新类 1"。在 B33 单元格中使用 IF 函数求出 B24 和 B32 单元格的较大值。复制公式到 AG33 单元格。

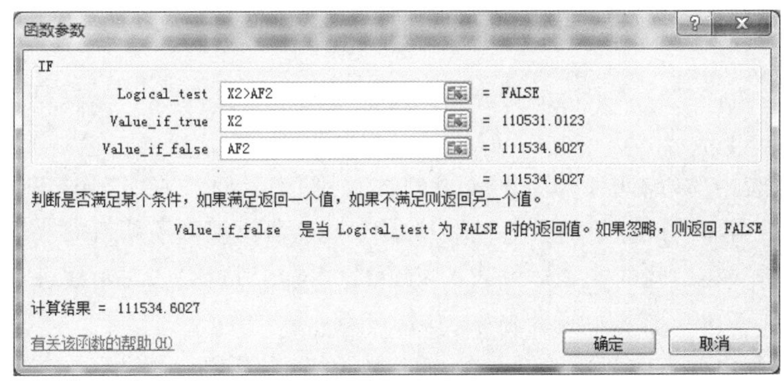

图 10.13　求较大值

新类 1 算出后,删除工作表的 AF 列和 X 列,删除工作表的第 32 行和第 24 行。删除

	北京市	天津市	河北省	山西省	内蒙古自	辽宁省	吉林省	黑龙江省	上海市	江苏省	浙江省	安徽省	福建省	江西省	山东省
北京市	0	40945.7	114347	117895	96560.1	107045	108927	120260	3113.78	59196.9	65753.8	114169	83684.6	116315	88360.1
天津市	40945.7	0	83279.9	86798.4	63621.7	74784.6	75992.7	88417.6	38946.9	20109.4	30645.8	83945.7	47112.8	85261.1	54232.9
河北省	114347	83279.9	0	4993.26	20377.5	12260.5	9617.16	8331.38	111718	67955.9	53050.6	3157.64	38875.3	2896.11	30537.8
山西省	117895	86798.4	4993.26	0	23414.4	13342.8	13210.1	4062.18	115216	70975.3	56345.6	5355.21	42015.6	2107.34	33379.1
内蒙古自治区	96560.1	63621.7	20377.5	23414.4	0	11672.6	13597.9	24808.3	93908.6	47634.3	33126	21512.7	19039.3	22024.7	10173
辽宁省	107045	74784.6	12260.5	13342.8	11672.6	0	9874.95	14027.4	104322	58234.2	44151.3	13348.7	29836.5	12631	20781.6
吉林省	108927	75992.7	9617.16	13210.1	13597.9	9874.95	0	14499.1	106351	60249.9	45934.1	12195.2	30481.9	11625.4	23301
黑龙江省	120260	88417.6	8331.38	4062.18	24808.3	14027.4	14499.1	0	117563	72018.6	57863	9362.57	42905.7	5786.78	34477.9
上海市	3113.78	38946.9	111718	115216	93908.6	104322	106351	117563	0	56796	63179.7	111522	81162	113655	85698.5
江苏省	59196.9	20109.4	67955.9	70975.3	47634.3	58234.2	60249.9	72018.6	56796	0	16410.6	68914.7	30129.2	69649.4	37605
浙江省	65753.8	30645.8	53050.6	56345.6	33126	44151.3	45934.1	57863	63179.7	16410.6	0	53758.6	18105.2	54888.4	23691.6
安徽省	114169	83945.7	3157.64	5355.21	21512.7	13348.7	12195.2	9362.57	111522	68914.7	53758.6	0	40319.9	3724.05	31607.2
福建省	83684.6	47112.8	38875.3	42015.6	19039.3	29836.5	30481.9	42905.7	81162	30129.2	18105.2	40319.9	0	40645	10175.3
江西省	116315	85261.1	2896.11	2107.34	22024.7	12631	11625.4	5786.78	113655	69649.4	54888.4	3724.05	40645	0	32093.6
山东省	88360.1	54232.9	30537.8	33379.1	10173	20781.6	23301	34477.9	85698.5	37605	23691.6	31607.2	10175.3	32093.6	0
河南省	117532	84815.1	7894.41	6497.8	21306.3	11327.5	10475.5	4896.98	114865	68248.7	54348.1	10218.8	38787.5	6788.19	30851.6
湖北省	100193	67606.4	16146.8	19379.8	4293.81	8806.69	9573.99	20950.8	97555.4	51832.5	37204.3	17407.3	22940.3	17900.8	14446.6
湖南省	109806	78410.7	5500.05	8428.73	15195.8	7202.09	7189.14	10808.5	107145	62806	48015.8	6724.95	33966.1	6875.06	25290.9
广东省	74556.1	41809.3	41776.3	45124.3	22317.1	33329.8	35230	46885.8	71920.8	27745.9	11651.7	42320.6	12821.3	43629.7	13966.9
广西壮族自治区	119276	89463	7329.17	5837.81	26986.1	17959	16931.4	9082.02	116622	74428	59279.9	5568.26	45803.8	5962.25	37062.2
海南省	107728	77563.8	7531.76	10354.9	15654.1	9198.82	10711.8	13517.2	105053	62567.7	47324.8	6808.57	34615.8	8834.03	25482
重庆市	94308.8	62426.7	20907.6	24442.3	4334.99	14030.6	14987.8	26450.1	91678.9	47427.7	32177.5	21634.6	19780.6	22847	11181.7
四川省	110531	81200.5	6737.44	9712.38	20215.9	13977	13240.6	13661.5	107892	66805.5	51278.8	4515.94	38919.9	8108.18	30056.6
贵州省	114949	87109.4	11495.6	12558.2	27374.8	20694.1	19839.4	16411.9	112324	73344.8	57562.4	8627.36	45952.7	11757.5	37047
云南省	119478	91434.2	12709.4	12188.4	30723.5	22750.9	22005	15440.1	116838	77310.3	61687.2	10081.6	49533.9	12073.1	40579.9
西藏自治区	101647	85648.1	46447.8	49355.4	50424.3	51650.2	50027.5	53399.4	99449.1	79819.7	64009.1	44291.4	61826.5	47985.3	55550.2
陕西省	103706	71313.5	12346.3	16048.7	8595.8	8421.52	5601.94	17855.7	101100	55801.6	41096.5	13930	26584.6	14391.2	18636.3
甘肃省	127540	98819.3	16977.7	14504.1	36727.2	27297.1	26425.8	15973.1	124884	84042.2	68759.3	15294.3	55590.3	15366.5	46752.1
青海省	107561	80021	12912.1	15766.1	22468.6	18665	18114.5	19767.1	104947	66803.9	50804.3	10607.2	40299.4	14304.2	31495.6
宁夏回族自治区	104425	74543.8	10408.5	13752.6	13791.3	10284	11426.3	16901.5	101765	59949	44474	9801.7	32415.7	12113.9	23323.4
新疆维吾尔自治区	111535	81723.2	4988.02	8497.15	20182.4	13629.8	11945.1	12427.2	108908	67145.6	51741.1	3205.49	38852.5	6700.54	30190.9
新类1	111535	81723.2	6737.44	9712.38	20215.9	13977	13240.6	13661.5	108908	67145.6	51741.1	4515.94	38919.9	8108.18	30190.9

河南省	湖北省	湖南省	广东省	广西壮族	海南省	重庆市	四川省	贵州省	云南省	西藏自治	陕西省	甘肃省	青海省	宁夏回族	新疆维吾	新类1
117532	100193	109806	74556.1	119276	107728	94308.8	110531	114949	119478	101647	103706	127540	107561	104425	111535	111535
84815.1	67606.4	78410.7	41809.3	89463	77563.8	62426.7	81200.5	87109.4	91434.2	85648.1	71313.5	98819.3	80021	74543.8	81723.2	81723.2
7894.41	16146.8	5500.05	41776.3	7329.17	7531.76	20907.6	6737.44	11495.6	12709.4	46447.8	12346.3	16977.7	12912.1	10408.5	4988.02	6737.44
6497.8	19379.8	8428.73	45124.3	5837.81	10354.9	24442.3	9712.38	12558.2	12188.4	49355.4	16048.7	14504.1	15766.1	13752.6	8497.15	9712.38
21306.3	4293.81	15195.8	22317.1	26986.1	15654.1	4334.99	20215.9	27374.8	30723.5	50424.3	8595.8	36727.2	22468.6	13791.3	20182.4	20215.9
11327.5	8806.69	7202.09	33329.8	17959	9198.82	14030.6	13977	20694.1	22750.9	51650.2	8421.52	27297.1	18665	10284	13629.8	13977
10475.5	9573.99	7189.14	35230	16931.4	10711.8	14987.8	13240.6	19839.4	22005	50027.5	5601.94	26425.8	18114.5	11426.3	11945.1	13240.6
4896.98	20950.8	10808.5	46885.8	9082.02	13517.2	26450.1	13661.5	16411.9	15440.1	53399.4	17855.7	15973.1	19767.1	16901.5	12427.2	13661.5
114865	97555.4	107145	71920.8	116622	105053	91678.9	107892	112324	116838	99449.1	101100	124884	104947	101765	108908	108908
68248.7	51832.5	62806	27745.9	74428	62567.7	47427.7	66805.5	73344.8	77310.3	79819.7	55801.6	84042.2	66803.9	59949	67145.6	67145.6
54348.1	37204.3	48015.8	11651.7	59279.9	47324.8	32177.5	51278.8	57562.4	61687.2	64009.1	41096.5	68759.3	50804.3	44474	51741.1	51741.1
10218.8	17407.3	6724.95	42320.6	5568.26	6808.57	21634.6	4515.94	8627.36	10081.6	44291.4	13930	15294.3	10607.2	9801.7	3205.49	4515.94
38787.5	22940.3	33966.1	12821.3	45803.8	34615.8	19780.6	38919.9	45952.7	49533.9	61826.5	26584.6	55590.3	40299.4	32415.7	38852.5	38919.9
6788.19	17900.8	6875.06	43629.7	5962.25	8834.03	22847	8108.18	11757.5	12073.1	47985.3	14391.2	15366.5	14304.2	12113.9	6700.54	8108.18
30851.6	14446.6	25290.9	13966.9	37062.2	25482	11181.7	30056.6	37047	40579.9	55550.2	18636.3	46752.1	31495.6	23323.4	30190.9	30190.9
0	17489.4	8829.45	43608	12081.5	12739.6	23323.8	14070.4	18545.1	18557.5	54268.3	14367.4	20142.6	20376.8	15691	12605.8	14070.4
17489.4	0	11095.7	26251.7	22885.9	11928.9	6077.73	16367.4	23608.8	26810.9	48912.7	4370.75	32661.9	19231	10420.1	16154.1	16367.4
8829.45	11095.7	0	36783.8	11937.6	4459.06	16028.2	7690.52	14481.6	16656	47046.6	7906.13	21699.4	13288.7	6914.63	6819.41	7690.52
43608	26251.7	36783.8	0	47816.6	35834.5	20882.5	39706	45926.6	50063.9	54818.6	30114.1	57215	39178.9	32911.4	40232.6	40232.6
12081.5	22885.9	11937.6	47816.6	0	12070.2	27187.7	8813.16	7980.43	6561.07	45296.2	19364.1	9793.83	13427.7	15074.6	8007.74	8813.16
12739.6	11928.9	4459.06	35834.5	12070.2	0	15469.7	5124.26	12137.6	15162.1	43258.9	9517.31	21486	9555.94	3475.12	5466.29	5466.29
23323.8	6077.73	16028.2	20882.5	27187.7	15469.7	0	19502.1	26336.8	30123.1	46534.5	9510.82	36793.2	20576.7	12827.7	19732.2	19732.2
14070.4	16367.4	7690.52	39706	8813.16	5124.26	19502.1	0	7275.74	10641.7	40363.5	13319.8	17644	6311.76	6928.25	1922.79	1922.79
18545.1	23608.8	14481.6	45926.6	7980.43	12137.6	26336.8	7275.74	0	4631.34	37430.8	20522.8	12844.9	7426.26	13729	7991.42	7991.42
18557.5	26810.9	16656	50063.9	6561.07	15162.1	30123.1	10641.7	4631.34	0	40322	23527	8262.59	12034.8	17391	10822	10822
54268.3	48912.7	47046.6	54818.6	45296.2	43258.9	46534.5	40363.5	37430.8	40322	0	47793.7	46812.2	34189.7	41440.1	41674.9	41674.9
14367.4	4370.75	7906.13	30114.1	19364.1	9517.31	9510.82	13319.8	20522.8	23527	47793.7	0	29142	16900.5	8664.12	12748.8	13319.8
20142.6	32661.9	21699.4	57215	9793.83	21486	36793.2	17644	12844.9	8262.59	46812.2	29142	0	20207.1	24306.3	17251	17644
20376.8	19231	13288.7	39178.9	13427.7	9555.94	20576.7	6311.76	7426.26	12034.8	34189.7	16900.5	20207.1	0	9140.75	7924.98	7924.98
15691	10420.1	6914.63	32911.4	15074.6	3475.12	12827.7	6928.25	13729	17391	41440.1	8664.12	24306.3	9140.75	0	7628.67	7628.67
12605.8	16154.1	6819.41	40232.6	8007.74	5466.29	19732.2	1922.79	7991.42	10822	41674.9	12748.8	17251	7924.98	7628.67	0	1922.79
14070.4	16367.4	7690.52	40232.6	8813.16	5466.29	19732.2	1922.79	7991.42	10822	41674.9	13319.8	17644	7924.98	7628.67	1922.79	

图 10.14　新类 1

时，要先删除右边的列或者下边的行。在 AE31 单元格中输入数字 0，这是新类 1 到新类 1 的距离。

选择工作表中的所有数据，打开“新建格式规则”对话框。在“选择规则类型”列表框中选择“仅对排名靠前或靠后的数值设置格式”。在“编辑规则说明”中，在左侧的下拉列表框中选择“后”，在中间的文本框中输入 31，单击“确定”按钮后，对角线、E15 和 O5 被填充了数值，这样就找到了非 0 的最小值 2107.341。

把江西省和山西省归为新类 2。在 AF1 单元格中输入“新类 2”。在 AF2 单元格中使用 IF 函数求出 E2 和 O2 单元格中的较大值。复制公式到 AF32 单元格。在 A32 单元格中输入“新类 2”。在 B32 单元格中使用 IF 函数求出 B5 和 B15 单元格中的较大值。复制公式到 AF32 单元格。结果如图 10.15 所示。

	北京市	天津市	河北省	山西省	内蒙古自	辽宁省	吉林省	黑龙江省	上海市	江苏省	浙江省	安徽省	福建省	江西省	山东省
北京市	0	40945.7	114347	117895	96560.1	107045	108927	120260	3113.78	59196.9	65753.8	114169	83684.6	116315	88360.1
天津市	40945.7	0	83279.9	86798.4	63621.7	74784.6	75992.7	88417.6	38946.9	20109.4	30645.8	83945.7	47112.8	85261.1	54232.9
河北省	114347	83279.9	0	4993.26	20377.5	12260.5	9617.16	8331.38	111718	67955.9	53050.6	3157.64	38875.3	2896.11	30537.8
山西省	117895	86798.4	4993.26	0	23414.4	13342.8	13210.1	4062.18	115216	70975.3	56345.6	5355.21	42015.6	2107.34	33379.1
内蒙古自	96560.1	63621.7	20377.5	23414.4	0	11672.6	13597.9	24808.3	93908.6	47634.3	33126	21512.7	19039.3	22024.7	10173
辽宁省	107045	74784.6	12260.5	13342.8	11672.6	0	9874.95	14027.4	104322	58234.2	44151.3	13348.7	29836.5	12631	20781.6
吉林省	108927	75992.7	9617.16	13210.1	13597.9	9874.95	0	14499.1	106351	60249.9	45934.1	12195.2	30481.9	11625.4	23301
黑龙江省	120260	88417.6	8331.38	4062.18	24808.3	14027.4	14499.1	0	117563	72018.6	57863	9362.57	42905.7	5786.78	34477.9
上海市	3113.78	38946.9	111718	115216	93908.6	104322	106351	117563	0	56796	63179.7	111522	81162	113655	85698.5
江苏省	59196.9	20109.4	67955.9	70975.3	47634.3	58234.2	60249.9	72018.6	56796	0	16410.6	68914.7	30129.2	69649.4	37605
浙江省	65753.8	30645.8	53050.6	56345.6	33126	44151.3	45934.1	57863	63179.7	16410.6	0	53758.6	18105.2	54888.4	23691.6
安徽省	114169	83945.7	3157.64	5355.21	21512.7	13348.7	12195.2	9362.57	111522	68914.7	53758.6	0	40319.9	3724.05	31607.2
福建省	83684.6	47112.8	38875.3	42015.6	19039.3	29836.5	30481.9	42905.7	81162	30129.2	18105.2	40319.9	0	40645	10175.3
江西省	116315	85261.1	2896.11	2107.34	22024.7	12631	11625.4	5786.78	113655	69649.4	54888.4	3724.05	40645	0	32093.6
山东省	88360.1	54232.9	30537.8	33379.1	10173	20781.6	23301	34477.9	85698.5	37605	23691.6	31607.2	10175.3	32093.6	0
河南省	117532	84815.1	7894.41	6497.8	21306.3	11327.5	10475.5	4898.98	114865	68248.7	54348.1	10218.8	38787.5	6788.19	30851.6
湖北省	100193	67606.4	16146.8	19379.8	4293.81	8806.69	9573.99	20950.8	97555.4	51832.5	37204.3	17407.3	22940.3	17900.8	14446.6
湖南省	109806	78410.7	5500.05	8428.73	15195.8	7202.09	7189.14	10808.5	107145	62806	48015.8	6724.95	33966.1	6875.06	25290.9
广东省	74556.1	41809.3	41776.3	45124.3	22317.1	33329.8	35230	46885.8	71920.8	27745.9	11651.7	42320.6	12821.3	43629.7	13966.9
广西壮族	119276	89463	7329.17	5837.81	26986.1	17959	16931.4	9082.02	116622	74428	59279.9	5568.26	45803.8	5962.25	37062.2
海南省	107728	77563.8	7531.76	10354.9	15654.1	9198.82	10711.8	13517.2	105053	62567.7	47324.8	6808.57	34615.8	8834.03	25482
重庆市	94308.8	62426.7	20907.6	24442.3	4334.99	14030.6	14987.8	26450.1	91678.9	47427.7	32177.5	21634.6	19780.6	22847	11181.7
贵州省	114949	87109.4	11495.6	12558.2	27374.8	20694.1	19839.4	16411.9	112324	73344.8	57562.4	8627.36	45952.7	11757.5	37047
云南省	119478	91434.2	12709.4	12188.4	30723.5	22750.9	22005	15440.1	116838	77310.3	61687.2	10081.6	49533.9	12073.1	40579.9
西藏自治	101647	85648.1	46447.8	49355.4	50424.3	51650.2	50027.5	53399.4	99449.1	79819.7	64009.1	44291.4	61826.5	47985.3	55550.2
陕西省	103706	71313.5	12346.3	16048.7	8595.8	8421.52	5601.94	17855.7	101100	55801.6	41096.5	13930	26584.6	14391.2	18636.3
甘肃省	127540	98819.3	16977.7	14504.1	36727.2	27297.1	26425.8	15973.1	124884	84042.2	68759.3	15294.3	55590.3	15366.5	46752.1
青海省	107561	80021	12912.1	15766.1	22468.6	18665	18114.5	19767.1	104947	66803.9	50804.3	10607.2	40299.4	14304.2	31495.6
宁夏回族	104425	74543.8	10408.5	13752.6	13791.3	10284	11426.3	16901.5	101765	59949	44474	9801.7	32415.7	12113.9	23323.4
新类1	111535	81723.2	6737.44	9712.38	20215.9	13977	13240.6	13661.5	108908	67145.6	51741.1	4515.94	38919.9	8108.18	30190.9
新类2	117895	86798.4	4993.26	2107.34	23414.4	13342.8	13210.1	5786.78	115216	70975.3	56345.6	5355.21	42015.6	2107.34	33379.1

河南省	湖北省	湖南省	广东省	广西壮族	海南省	重庆市	贵州省	云南省	西藏自治	陕西省	甘肃省	青海省	宁夏回族	新类1	新类2
117532	100193	109806	74556.1	119276	107728	94308.8	114949	119478	101647	103706	127540	107561	104425	111535	117895
84815.1	67606.4	78410.7	41809.3	89463	77563.8	62426.7	87109.4	91434.2	85648.1	71313.5	98819.3	80021	74543.8	81723.2	86798.4
7894.41	16146.8	5500.05	41776.3	7329.17	7531.76	20907.6	11495.6	12709.4	46447.8	12346.3	16977.7	12912.1	10408.5	6737.44	4993.26
6497.8	19379.8	8428.73	45124.3	5837.81	10354.9	24442.3	12558.2	12188.4	49355.4	16048.7	14504.1	15766.1	13752.6	9712.38	2107.34
21306.3	4293.81	15195.8	22317.1	26986.1	15654.1	4334.99	27374.8	30723.5	50424.3	8595.8	36727.2	22468.6	13791.3	20215.9	23414.4
11327.5	8806.69	7202.09	33329.8	17959	9198.82	14030.6	20694.1	22750.9	51650.2	8421.52	27297.1	18665	10284	13977	13342.8
10475.5	9573.99	7189.14	35230	16931.4	10711.8	14987.8	19839.4	22005	50027.5	5601.94	26425.8	18114.5	11426.3	13240.6	13210.1
4898.98	20950.8	10808.5	46885.8	9082.02	13517.2	26450.1	16411.9	15440.1	53399.4	17855.7	15973.1	19767.1	16901.5	13661.5	5786.78
114865	97555.4	107145	71920.8	116622	105053	91678.9	112324	116838	99449.1	101100	124884	104947	101765	108908	115216
68248.7	51832.5	62806	27745.9	74428	62567.7	47427.7	73344.8	77310.3	79819.7	55801.6	84042.2	66803.9	59949	67145.6	70975.3
54348.1	37204.3	48015.8	11651.7	59279.9	47324.8	32177.5	57562.4	61687.2	64009.1	41096.5	68759.3	50804.3	44474	51741.1	56345.6
10218.8	17407.3	6724.95	42320.6	5568.26	6808.57	21634.6	8627.36	10081.6	44291.4	13930	15294.3	10607.2	9801.7	4515.94	5355.21
38787.5	22940.3	33966.1	12821.3	45803.8	34615.8	19780.6	45952.7	49533.9	61826.5	26584.6	55590.3	40299.4	32415.7	38919.9	42015.6
6788.19	17900.8	6875.06	43629.7	5962.25	8834.03	22847	11757.5	12073.1	47985.3	14391.2	15366.5	14304.2	12113.9	8108.18	2107.34
30851.6	14446.6	25290.9	13966.9	37062.2	25482	11181.7	37047	40579.9	55550.2	18636.3	46752.1	31495.6	23323.4	30190.9	33379.1
0	17489.4	8829.45	43608	12081.5	12739.6	23323.8	18545.1	18557.5	54268.3	14367.4	20142.6	20376.8	15691	14070.4	6788.19
17489.4	0	11095.7	26251.7	22885.9	11928.9	6077.73	23608.8	26810.9	48912.7	4370.75	32661.9	19231	10420.1	16367.4	19379.8
8829.45	11095.7	0	36783.8	11937.6	4459.06	16028.2	14481.6	16656	47046.6	7906.13	21699.4	13288.7	6914.63	7690.52	8428.73
43608	26251.7	36783.8	0	47816.6	35834.5	20882.5	45926.6	50063.9	54818.6	30114.1	57215	39178.9	32911.4	40232.6	45124.3
12081.5	22885.9	11937.6	47816.6	0	12070.2	27187.7	7980.43	6561.07	45296.2	19364.1	9793.83	13427.7	15074.6	8813.16	5962.25
12739.6	11928.9	4459.06	35834.5	12070.2	0	15469.7	12137.6	15162.1	43258.9	9517.31	21486	9555.94	3475.12	5466.29	10354.9
23323.8	6077.73	16028.2	20882.5	27187.7	15469.7	0	26336.8	30123.1	46534.5	9510.82	36793.2	20576.7	12827.7	19732.2	24442.3
18545.1	23608.8	14481.6	45926.6	7980.43	12137.6	26336.8	0	4631.34	37430.8	20522.8	12844.9	7426.26	13729	7991.42	12558.2
18557.5	26810.9	16656	50063.9	6561.07	15162.1	30123.1	4631.34	0	40322	23527	8262.59	12034.8	17391	10822	12188.4
54268.3	48912.7	47046.6	54818.6	45296.2	43258.9	46534.5	37430.8	40322	0	47793.7	46812.2	34189.7	41440.1	41674.9	49355.4
14367.4	4370.75	7906.13	30114.1	19364.1	9517.31	9510.82	20522.8	23527	47793.7	0	29142	16900.5	8664.12	13319.8	16048.7
20142.6	32661.9	21699.4	57215	9793.83	21486	36793.2	12844.9	8262.59	46812.2	29142	0	20207.1	24306.3	17644	15366.5
20376.8	19231	13288.7	39178.9	13427.7	9555.94	20576.7	7426.26	12034.8	34189.7	16900.5	20207.1	0	9140.75	7924.98	15766.1
15691	10420.1	6914.63	32911.4	15074.6	3475.12	12827.7	13729	17391	41440.1	8664.12	24306.3	9140.75	0	7628.67	13752.6
14070.4	16367.4	7690.52	40232.6	8813.16	5466.29	19732.2	7991.42	10822	41674.9	13319.8	17644	7924.98	7628.67	0	9712.38
6788.19	19379.8	8428.73	45124.3	5962.25	10354.9	24442.3	12558.2	12188.4	49355.4	16048.7	15366.5	15766.1	13752.6	9712.38	0

图 10.15　新类 2

复制数据到新工作表，仅粘贴数值，粘贴时上边不空行，左边不空列。删除江西省和山西省所在的第 5 行和第 15 行，删除江西省和山西省所在的 E 列和 O 列。选择工作表中的所有数据，打开“新建格式规则”对话框。在“选择规则类型”列表框中选择“仅对排名靠前或靠后的数值设置格式”。在“编辑规则说明”中，在左侧的下拉列表框中选择“后”，在中间的文本框中输入 30，单击“确定”按钮后，对角线、B9 和 I2 单元格的背景被填充为淡蓝色，这样就找到了非 0 的最小值 3113.784。

把北京市和上海市归为新类 3。在 AE1 单元格中输入“新类 3”。在 AE2 单元格中使用 IF 函数求出 D2 和 AD2 单元格中的较大值。复制公式到 AE31 单元格。在 A31 单元格中输入“新类 3”。在 B31 单元格中使用 IF 函数求出 B4 和 B30 单元格中的较大值，复制公式到 AE31 单元格，如图 10.16 所示。

	北京市	天津市	河北省	内蒙古自	辽宁省	吉林省	黑龙江省	上海市	江苏省	浙江省	安徽省	福建省	山东省	河南省
北京市	0	40945.7	114347	96560.1	107045	108927	120260	3113.78	59196.9	65753.8	114169	83684.6	88360.1	117532
天津市	40945.7	0	83279.9	63621.7	74784.6	75992.7	88417.6	38946.9	20109.4	30645.8	83945.7	47112.8	54232.9	84815.1
河北省	114347	83279.9	0	20377.5	12260.5	9617.16	8331.38	111718	67955.9	53050.6	3157.64	38875.3	30537.8	7894.41
内蒙古自	96560.1	63621.7	20377.5	0	11672.6	13597.9	24808.3	93908.6	47634.3	33126	21512.7	19039.3	10173	21306.3
辽宁省	107045	74784.6	12260.5	11672.6	0	9874.95	14027.4	104322	58234.2	44151.3	13348.7	29836.5	20781.6	11327.5
吉林省	108927	75992.7	9617.16	13597.9	9874.95	0	14499.1	106351	60249.9	45934.1	12195.2	30481.9	23301	10475.5
黑龙江省	120260	88417.6	8331.38	24808.3	14027.4	14499.1	0	117563	72018.6	57863	9362.57	42905.7	34477.9	4898.98
上海市	3113.78	38946.9	111718	93908.6	104322	106351	117563	0	56796	63179.7	111522	81162	85698.5	114865
江苏省	59196.9	20109.4	67955.9	47634.3	58234.2	60249.9	72018.6	56796	0	16410.6	68914.7	30129.2	37605	68248.7
浙江省	65753.8	30645.8	53050.6	33126	44151.3	45934.1	57863	63179.7	16410.6	0	53758.6	18105.2	23691.6	54348.1
安徽省	114169	83945.7	3157.64	21512.7	13348.7	12195.2	9362.57	111522	68914.7	53758.6	0	40319.9	31607.2	10218.8
福建省	83684.6	47112.8	38875.3	19039.3	29836.5	30481.9	42905.7	81162	30129.2	18105.2	40319.9	0	10175.3	38787.5
山东省	88360.1	54232.9	30537.8	10173	20781.6	23301	34477.9	85698.5	37605	23691.6	31607.2	10175.3	0	30851.6
河南省	117532	84815.1	7894.41	21306.3	11327.5	10475.5	4898.98	114865	68248.7	54348.1	10218.8	38787.5	30851.6	0
湖北省	100193	67606.4	16146.8	4293.81	8806.69	9573.99	20950.8	97555.4	51832.5	37204.3	17407.3	22940.3	14446.6	17489.4
湖南省	109806	78410.7	5500.05	15195.8	7202.09	7189.14	10808.5	107145	62806	48015.8	6724.95	33966.1	25290.9	8829.45
广东省	74556.1	41809.3	41776.3	22317.1	33329.8	35230	46885.8	71920.8	27745.9	11651.7	42320.6	12821.3	13966.9	43608
广西壮族	119276	89463	7329.17	26986.1	17959	16931.4	9082.02	116622	74428	59279.9	5568.26	45803.8	37062.2	12081.5
海南省	107728	77563.8	7531.76	15654.1	9198.82	10711.8	13517.2	105053	62567.7	47324.8	6808.57	34615.8	25482	12739.6
重庆市	94308.8	62426.7	20907.6	4334.99	14030.6	14987.8	26450.1	91678.9	47427.7	32177.5	21634.6	19780.6	11181.7	23323.8
贵州省	114949	87109.4	11495.6	27374.8	20694.1	19839.4	16411.9	112324	73344.8	57562.4	8627.36	45952.7	37047	18545.1
云南省	119478	91434.2	12709.4	30723.5	22750.9	22005	15440.1	116838	77310.3	61687.2	10081.6	49533.9	40579.9	18557.5
西藏自治	101647	85648.1	46447.8	50424.3	51650.2	50027.5	53399.4	99449.1	79819.7	64009.1	44291.4	61826.5	55550.2	54268.3
陕西省	103706	71313.5	12346.3	8595.8	8421.52	5601.94	17855.7	101100	55801.6	41096.5	13930	26584.6	18636.3	14367.4
甘肃省	127540	98819.3	16977.7	36727.2	27297.1	26425.8	15973.1	124884	84042.2	68759.3	15294.3	55590.3	46752.1	20142.6
青海省	107561	80021	12912.1	22468.6	18665	18114.5	19767.1	104947	66803.9	50804.3	10607.2	40299.4	31495.6	20376.8
宁夏回族	104425	74543.8	10408.5	13791.3	10284	11426.3	16901.5	101765	59949	44474	9801.7	32415.7	23323.4	15691
新类1	111535	81723.2	6737.44	20215.9	13977	13240.6	13661.5	108908	67145.6	51741.1	4515.94	38919.9	30190.9	14070.4
新类2	117895	86798.4	4993.26	23414.4	13342.8	13210.1	5786.78	115216	70975.3	56345.6	5355.21	42015.6	33379.1	6788.19
新类3	3113.78	40945.7	114347	96560.1	107045	108927	120260	3113.78	59196.9	65753.8	114169	83684.6	88360.1	117532

湖北省	湖南省	广东省	广西壮族	海南省	重庆市	贵州省	云南省	西藏自治	陕西省	甘肃省	青海省	宁夏回族	新类1	新类2
100193	109806	74556.1	119276	107728	94308.8	114949	119478	101647	103706	127540	107561	104425	111535	117895
67606.4	78410.7	41809.3	89463	77563.8	62426.7	87109.4	91434.2	85648.1	71313.5	98819.3	80021	74543.8	81723.2	86798.4
16146.8	5500.05	41776.3	7329.17	7531.76	20907.6	11495.6	12709.4	46447.8	12346.3	16977.7	12912.1	10408.5	6737.44	4993.26
4293.81	15195.8	22317.1	26986.1	15654.1	4334.99	27374.8	30723.5	50424.3	8595.8	36727.2	22468.6	13791.3	20215.9	23414.4
8806.69	7202.09	33329.8	17959	9198.82	14030.6	20694.1	22750.9	51650.2	8421.52	27297.1	18665	10284	13977	13342.8
9573.99	7189.14	35230	16931.4	10711.8	14987.8	19839.4	22005	50027.5	5601.94	26425.8	18114.5	11426.3	13240.6	13210.1
20950.8	10808.5	46885.8	9082.02	13517.2	26450.1	16411.9	15440.1	53399.4	17855.7	15973.1	19767.1	16901.5	13661.5	5786.78
97555.4	107145	71920.8	116622	105053	91678.9	112324	116838	99449.1	101100	124884	104947	101765	108908	115216
51832.5	62806	27745.9	74428	62567.7	47427.7	73344.8	77310.3	79819.7	55801.6	84042.2	66803.9	59949	67145.6	70975.3
37204.3	48015.8	11651.7	59279.9	47324.8	32177.5	57562.4	61687.2	64009.1	41096.5	68759.3	50804.3	44474	51741.1	56345.6
17407.3	6724.95	42320.6	5568.26	6808.57	21634.6	8627.36	10081.6	44291.4	13930	15294.3	10607.2	9801.7	4515.94	5355.21
22940.3	33966.1	12821.3	45803.8	34615.8	19780.6	45952.7	49533.9	61826.5	26584.6	55590.3	40299.4	32415.7	38919.9	42015.6
14446.6	25290.9	13966.9	37062.2	25482	11181.7	37047	40579.9	55550.2	18636.3	46752.1	31495.6	23323.4	30190.9	33379.1
17489.4	8829.45	43608	12081.5	12739.6	23323.8	18545.1	18557.5	54268.3	14367.4	20142.6	20376.8	15691	14070.4	6788.19
0	11095.7	26251.7	22885.9	11928.9	6077.73	23608.8	26810.9	48912.7	4370.75	32661.9	19231	10420.1	16367.4	19379.8
11095.7	0	36783.8	11937.6	4459.06	16028.2	14481.6	16656	47046.6	7906.13	21699.4	13288.7	6914.63	7690.52	8428.73
26251.7	36783.8	0	47816.6	35834.5	20882.5	45926.6	50063.9	54818.6	30114.1	57215	39178.9	32911.4	40232.6	45124.3
22885.9	11937.6	47816.6	0	12070.2	27187.7	7980.43	6561.07	45296.2	19364.1	9793.83	13427.7	15074.6	8813.16	5962.25
11928.9	4459.06	35834.5	12070.2	0	15469.7	12137.6	15162.1	43258.9	9517.31	21486	9555.94	3475.12	5466.29	10354.9
6077.73	16028.2	20882.5	27187.7	15469.7	0	26336.8	30123.1	46534.5	9510.82	36793.2	20576.7	12827.7	19732.2	24442.3
23608.8	14481.6	45926.6	7980.43	12137.6	26336.8	0	4631.34	37430.8	20522.8	12844.9	7426.26	13729	7991.42	12558.2
26810.9	16656	50063.9	6561.07	15162.1	30123.1	4631.34	0	40322	23527	8262.59	12034.8	17391	10822	12188.4
48912.7	47046.6	54818.6	45296.2	43258.9	46534.5	37430.8	40322	0	47793.7	46812.2	34189.7	41440.1	41674.9	49355.4
4370.75	7906.13	30114.1	19364.1	9517.31	9510.82	20522.8	23527	47793.7	0	29142	16900.5	8664.12	13319.8	16048.7
32661.9	21699.4	57215	9793.83	21486	36793.2	12844.9	8262.59	46812.2	29142	0	20207.1	24306.3	17644	15366.5
19231	13288.7	39178.9	13427.7	9555.94	20576.7	7426.26	12034.8	34189.7	16900.5	20207.1	0	9140.75	7924.98	15766.1
10420.1	6914.63	32911.4	15074.6	3475.12	12827.7	13729	17391	41440.1	8664.12	24306.3	9140.75	0	7628.67	13752.6
16367.4	7690.52	40232.6	8813.16	5466.29	19732.2	7991.42	10822	41674.9	13319.8	17644	7924.98	7628.67	0	9712.38
19379.8	8428.73	45124.3	5962.25	10354.9	24442.3	12558.2	12188.4	49355.4	16048.7	15366.5	15766.1	13752.6	9712.38	0
100193	109806	74556.1	119276	107728	94308.8	114949	119478	101647	103706	127540	107561	104425	111535	117895

图 10.16　新类 3

复制数据到新工作表，仅粘贴数值，粘贴时上边不空行，左边不空列。删除北京市和上海市所在的第 9 行和第 2 行，删除北京市和上海市所在的 I 列和 B 列。删除时，注意先删除右边的列或者下边的行。选择工作表中的所有数据，打开“新建格式规则”对话框。在“选择规则类型”列表框中选择“仅对排名靠前或靠后的数值设置格式”。在“编辑规则说明”中，在左侧的下拉列表框中选择“后”，在中间的文本框中输入 29，单击“确定”按钮后，对角线、C10 和 J3 单元格的背景被填充为淡蓝色，这样就找到了非 0 的最小值 3157.641。

把河北省和安徽省归为新类 4。在 AD1 单元格中输入“新类 4”。在 AD2 单元格中使用 IF 函数求出 C2 和 J2 单元格中的较大值。复制公式到 AD30 单元格。在 A30 单元格中输入“新类 4”。在 B30 单元格中使用 IF 函数求出 B2 和 B10 单元格的较大值，复制公式到 AC30 单元格，如图 10.17 所示。

	天津市	河北省	内蒙古自治	辽宁省	吉林省	黑龙江省	江苏省	浙江省	安徽省	福建省	山东省	河南省	湖北省	湖南省
天津市	0	83279.859	63621.677	74784.617	75992.709	88417.625	20109.395	30645.796	83945.744	47112.847	54232.932	84815.094	67606.411	78410.749
河北省	83279.859	0	20377.484	12260.506	9617.1579	8331.3839	67955.904	53050.584	3157.6409	38875.305	30537.846	7894.4063	16146.756	5500.0529
内蒙古自治	63621.677	20377.484	0	11672.562	13597.931	24808.308	47634.268	33125.976	21512.681	19039.282	10173.032	21306.301	4293.8098	15195.843
辽宁省	74784.617	12260.506	11672.562	0	9874.9488	14027.358	58234.183	44151.257	13348.689	29836.461	20781.596	11327.539	8806.693	7202.0854
吉林省	75992.709	9617.1579	13597.931	9874.9488	0	14499.094	60249.942	45934.118	12195.201	30481.861	23300.961	10475.539	9573.992	7189.1408
黑龙江省	88417.625	8331.3839	24808.308	14027.358	14499.094	0	72018.558	57863.032	9362.5658	42905.732	34477.908	4898.9833	20950.828	10808.458
江苏省	20109.395	67955.904	47634.268	58234.183	60249.942	72018.558	0	16410.575	68914.728	30129.239	37605.033	68248.727	51832.52	62805.973
浙江省	30645.796	53050.584	33125.976	44151.257	45934.118	57863.032	16410.575	0	53758.631	18105.226	23691.645	54348.135	37204.275	48015.832
安徽省	83945.744	3157.6409	21512.681	13348.689	12195.201	9362.5658	68914.728	53758.631	0	40319.854	31607.16	10218.755	17407.253	6724.9519
福建省	47112.847	38875.305	19039.282	29836.461	30481.861	42905.732	30129.239	18105.226	40319.854	0	10175.327	38787.495	22940.302	33966.11
山东省	54232.932	30537.846	10173.032	20781.596	23300.961	34477.908	37605.033	23691.645	31607.16	10175.327	0	30851.616	14446.583	25290.929
河南省	84815.094	7894.4063	21306.301	11327.539	10475.539	4898.9833	68248.727	54348.135	10218.755	38787.495	30851.616	0	17489.411	8829.4539
湖北省	67606.411	16146.756	4293.8098	8806.693	9573.992	20950.828	51832.52	37204.275	17407.253	22940.302	14446.583	17489.411	0	11095.69
湖南省	78410.749	5500.0529	15195.843	7202.0854	7189.1408	10808.458	62805.973	48015.832	6724.9519	33966.11	25290.929	8829.4539	11095.69	0
广东省	41809.314	41776.307	22317.12	33329.833	35229.983	46885.809	27745.914	11651.74	42320.594	12821.312	13966.865	43608.007	26251.688	36783.791
广西壮族自	89463.016	7329.1671	26986.116	17958.955	16931.419	9082.0227	74427.959	59279.933	5568.2646	45803.848	37062.166	12081.504	22885.886	11937.605
海南省	77563.759	7531.7625	15654.097	9198.8159	10711.833	13517.182	62567.695	47324.765	6808.5662	34615.779	25481.971	12739.575	11928.864	4459.0575
重庆市	62426.728	20907.649	4334.9865	14030.561	14987.762	26450.123	47427.706	32177.497	21634.593	19780.621	11181.662	23323.771	6077.7301	16028.229
贵州省	87109.438	11495.555	27374.804	20694.142	19839.431	16411.937	73344.79	57562.403	8627.3585	45952.724	37047.024	18545.15	23608.824	14481.581
云南省	91434.209	12709.378	30723.497	22750.892	22004.982	15440.121	77310.311	61687.163	10081.589	49533.883	40579.927	18557.496	26810.928	16656.026
西藏自治区	85648.051	46447.753	50424.345	51650.246	50027.459	53399.446	79819.733	64009.108	44291.44	61826.452	55550.221	54268.308	48912.705	47046.594
陕西省	71313.494	12346.26	8595.8004	8421.524	5601.9361	17855.738	55801.573	41096.489	13930.022	26584.625	18636.258	14367.411	4370.755	7906.1264
甘肃省	98819.317	16977.704	36727.248	27297.13	26425.757	15973.107	84042.236	68759.311	15294.288	55590.298	46752.053	20142.599	32661.858	21699.35
青海省	80020.963	12912.086	22468.576	18665.005	18114.473	19767.12	66803.946	50804.262	10607.241	40299.361	31495.601	20376.831	19230.978	13288.704
宁夏回族自	74543.803	10408.494	13791.279	10283.994	11426.258	16901.531	59949.027	44473.975	9801.6983	32415.684	23323.419	15691.008	10420.096	6914.6304
新类1	81723.213	6737.4412	20215.897	13977.019	13240.565	13661.546	67145.629	51741.104	4515.9387	38919.906	30190.907	14070.408	16367.426	7690.5197
新类2	86798.432	4993.263	23414.424	13342.837	13210.064	5786.784	70975.316	56345.556	5355.2108	42015.642	33379.144	6788.1927	19379.825	8428.7271
新类3	40945.745	114347.2	96560.123	107045.44	108926.89	120260.28	59196.92	65753.83	114169.3	83684.575	88360.062	117531.65	100192.94	109805.67
新类4	83945.744	3157.6409	21512.681	13348.689	12195.201	9362.5658	68914.728	53758.631	3157.6409	40319.854	31607.16	10218.755	17407.253	6724.9519

广东省	广西壮族自	海南省	重庆市	贵州省	云南省	西藏自治区	陕西省	甘肃省	青海省	宁夏回族自	新类1	新类2	新类3	新类4
41809.314	89463.016	77563.759	62426.728	87109.438	91434.209	85648.051	71313.494	98819.317	80020.963	74543.803	81723.213	86798.432	40945.745	83945.744
41776.307	7329.1671	7531.7625	20907.649	11495.555	12709.378	46447.753	12346.26	16977.704	12912.086	10408.494	6737.4412	4993.263	114347.2	3157.6409
22317.12	26986.116	15654.097	4334.9865	27374.804	30723.497	50424.345	8595.8004	36727.248	22468.576	13791.279	20215.897	23414.424	96560.123	21512.681
33329.833	17958.955	9198.8159	14030.561	20694.142	22750.892	51650.246	8421.524	27297.13	18665.005	10283.994	13977.019	13342.837	107045.44	13348.689
35229.983	16931.419	10711.833	14987.762	19839.431	22004.982	50027.459	5601.9361	26425.757	18114.473	11426.258	13240.565	13210.064	108926.89	12195.201
46885.809	9082.0227	13517.182	26450.123	16411.937	15440.121	53399.446	17855.738	15973.107	19767.12	16901.531	13661.546	5786.784	120260.28	9362.5658
27745.914	74427.959	62567.695	47427.706	73344.79	77310.311	79819.733	55801.573	84042.236	66803.946	59949.027	67145.629	70975.316	59196.92	68914.728
11651.74	59279.933	47324.765	32177.497	57562.403	61687.163	64009.108	41096.489	68759.311	50804.262	44473.975	51741.104	56345.556	65753.83	53758.631
42320.594	5568.2646	6808.5662	21634.593	8627.3585	10081.589	44291.44	13930.022	15294.288	10607.241	9801.6983	4515.9387	5355.2108	114169.3	3157.6409
12821.312	45803.848	34615.779	19780.621	45952.724	49533.883	61826.452	26584.625	55590.298	40299.361	32415.684	38919.906	42015.642	83684.575	40319.854
13966.865	37062.166	25481.971	11181.662	37047.024	40579.927	55550.221	18636.258	46752.053	31495.601	23323.419	30190.907	33379.144	88360.062	31607.16
43608.007	12081.504	12739.575	23323.771	18545.15	18557.496	54268.308	14367.411	20142.599	20376.831	15691.008	14070.408	6788.1927	117531.65	10218.755
26251.688	22885.886	11928.864	6077.7301	23608.824	26810.928	48912.705	4370.755	32661.858	19230.978	10420.096	16367.426	19379.825	100192.94	17407.253
36783.791	11937.605	4459.0575	16028.229	14481.581	16656.026	47046.594	7906.1264	21699.35	13288.704	6914.6304	7690.5197	8428.7271	109805.67	6724.9519
0	47816.641	35834.498	20882.475	45926.612	50063.941	54818.593	30114.121	57214.982	39178.899	32911.377	40232.645	45124.275	74556.111	42320.594
47816.641	0	12070.213	27187.736	7980.4271	6561.0727	45296.167	19364.135	9793.8325	13427.709	15074.586	8813.1573	5962.2499	119275.69	7329.1671
35834.498	12070.213	0	15469.665	12137.603	15162.09	43258.887	9517.3068	21485.967	9555.9367	3475.1154	5466.2926	10354.888	107728.25	7531.7625
20882.475	27187.736	15469.665	0	26336.802	30123.067	46534.458	9510.8151	36793.157	20576.686	12827.656	19732.19	24442.331	94308.762	21634.593
45926.612	7980.4271	12137.603	26336.802	0	4631.3357	37430.817	20522.758	12844.892	7426.2614	13729.027	7991.4181	12558.211	114949.46	11495.555
50063.941	6561.0727	15162.09	30123.067	4631.3357	0	40321.966	23527.035	8262.5894	12034.784	17390.984	10822.001	12188.378	119477.74	12709.378
54818.593	45296.167	43258.887	46534.458	37430.817	40321.966	0	47793.718	46812.205	34189.746	41440.101	41674.861	49355.411	101646.55	46447.753
30114.121	19364.135	9517.3068	9510.8151	20522.758	23527.035	47793.718	0	29141.999	16900.55	8664.1225	13319.838	16048.721	103705.84	13930.022
57214.982	9793.8325	21485.967	36793.157	12844.892	8262.5894	46812.205	29141.999	0	20207.101	24306.308	17643.974	15366.454	127540.1	16977.704
39178.899	13427.709	9555.9367	20576.686	7426.2614	12034.784	34189.746	16900.55	20207.101	0	9140.7536	7924.9765	15766.113	107560.83	12912.086
32911.377	15074.586	3475.1154	12827.656	13729.027	17390.984	41440.101	8664.1225	24306.308	9140.7536	0	7628.6707	13752.624	104425.38	10408.494
40232.645	8813.1573	5466.2926	19732.19	7991.4181	10822.001	41674.861	13319.838	17643.974	7924.9765	7628.6707	0	9712.3833	111534.6	6737.4412
45124.275	5962.2499	10354.888	24442.331	12558.211	12188.378	49355.411	16048.721	15366.454	15766.113	13752.624	9712.3833	0	117895.36	5355.2108
74556.111	119275.69	107728.25	94308.762	114949.46	119477.74	101646.55	103705.84	127540.1	107560.83	104425.38	111534.6	117895.36	0	114347.2
42320.594	7329.1671	7531.7625	21634.593	11495.555	12709.378	46447.753	13930.022	16977.704	12912.086	10408.494	6737.4412	5355.2108	114347.2	0

图 10.17　新类 4

复制数据到新工作表，仅粘贴数值，粘贴时上边不空行，左边不空列。删除河北省和安徽省所在的第 10 行和第 3 行，删除河北省和安徽省所在的 J 列和 C 列。删除时，注意先删除右边的列或者下边的行。选择工作表中的所有数据，打开“新建格式规则”对话框。在“选择规则类型”列表框中选择“仅对排名靠前或靠后的数值设置格式”。在“编辑规则说明”中，在左侧的下拉列表框中选择“后”，在中间的文本框中输入 28，单击“确定”按钮后，对角线、P24 和 X16 单元格的背景被填充为淡蓝色，这样就找到了非 0 的最小值 3457.115。

把海南省和宁夏回族自治区归为新类 5。在 AC1 单元格中输入“新类 5”。在 AC2 单元格中使用 IF 函数求出 P2 和 X2 单元格中的较大值。复制公式到 AC28 单元格。在 A29 单元格中输入“新类 5”。在 B29 单元格中使用 IF 函数求出 B16 和 B24 单元格中的较大值。复制公式到 AB29 单元格。结果如图 10.18 所示。

	天津市	内蒙古自治	辽宁省	吉林省	黑龙江省	江苏省	浙江省	福建省	山东省	河南省	湖北省	湖南省	广东省
天津市	0	63621.677	74784.617	75992.709	88417.625	20109.395	30645.796	47112.847	54232.932	84815.094	67606.411	78410.749	41809.314
内蒙古自治	63621.677	0	11672.562	13597.931	24808.308	47634.268	33125.976	19039.282	10173.032	21306.301	4293.8098	15195.843	22317.12
辽宁省	74784.617	11672.562	0	9874.9488	14027.358	58234.183	44151.257	29836.461	20781.596	11327.539	8806.693	7202.0854	33329.833
吉林省	75992.709	13597.931	9874.9488	0	14499.094	60249.942	45934.118	30481.861	23300.961	10475.539	9573.992	7189.1408	35229.983
黑龙江省	88417.625	24808.308	14027.358	14499.094	0	72018.558	57863.032	42905.732	34477.908	4898.9833	20950.828	10808.458	46885.809
江苏省	20109.395	47634.268	58234.183	60249.942	72018.558	0	16410.575	30129.239	37605.033	68248.727	51832.52	62805.973	27745.914
浙江省	30645.796	33125.976	44151.257	45934.118	57863.032	16410.575	0	18105.226	23691.645	54348.135	37204.275	48015.832	11651.74
福建省	47112.847	19039.282	29836.461	30481.861	42905.732	30129.239	18105.226	0	10175.327	38787.495	22940.302	33966.11	12821.312
山东省	54232.932	10173.032	20781.596	23300.961	34477.908	37605.033	23691.645	10175.327	0	30851.616	14446.583	25290.929	13966.865
河南省	84815.094	21306.301	11327.539	10475.539	4898.9833	68248.727	54348.135	38787.495	30851.616	0	17489.411	8829.4539	43608.007
湖北省	67606.411	4293.8098	8806.693	9573.992	20950.828	51832.52	37204.275	22940.302	14446.583	17489.411	0	11095.69	26251.688
湖南省	78410.749	15195.843	7202.0854	7189.1408	10808.458	62805.973	48015.832	33966.11	25290.929	8829.4539	11095.69	0	36783.791
广东省	41809.314	22317.12	33329.833	35229.983	46885.809	27745.914	11651.74	12821.312	13966.865	43608.007	26251.688	36783.791	0
广西壮族自	89463.016	26986.116	17958.955	16931.419	9082.0227	74427.959	59279.933	45803.848	37062.166	12081.504	22885.886	11937.605	47816.641
海南省	77563.759	15654.097	9198.8159	10711.833	13517.182	62567.695	47324.765	34615.779	25481.971	12739.575	11928.864	4459.0575	35834.498
重庆市	62426.728	4334.9865	14030.561	14987.762	26450.123	47427.706	32177.497	19780.621	11181.662	23323.771	6077.7301	16028.229	20882.475
贵州省	87109.438	27374.804	20694.142	19839.431	16411.937	73344.79	57562.403	45952.724	37047.024	18545.15	23608.824	14481.581	45926.612
云南省	91434.209	30723.497	22750.892	22004.982	15440.121	77310.311	61687.163	49533.883	40579.927	18557.496	26810.928	16656.026	50063.941
西藏自治区	85648.051	50424.345	51650.246	50027.459	53399.446	79819.733	64009.108	61826.452	55550.221	54268.308	48912.705	47046.594	54818.593
陕西省	71313.494	8595.8004	8421.524	5601.9361	17855.738	55801.573	41096.489	26584.625	18636.258	14367.411	4370.755	7906.1264	30114.121
甘肃省	98819.317	36727.248	27297.13	26425.757	15973.107	84042.236	68759.311	55590.298	46752.053	20142.599	32661.858	21699.35	57214.982
青海省	80020.963	22468.576	18665.005	18114.473	19767.12	66803.946	50804.262	40299.361	31495.601	20376.831	19230.978	13288.704	39178.899
宁夏回族自	74543.803	13791.279	10283.994	11426.258	16901.531	59949.027	44473.975	32415.684	23323.419	15691.008	10420.096	6914.6304	32911.377
新类1	81723.213	20215.897	13977.019	13240.565	13661.546	67145.629	51741.104	38919.906	30190.907	14070.408	16367.426	7690.5197	40232.645
新类2	86798.432	23414.424	13342.837	13210.064	5786.784	70975.316	56345.556	42015.642	33379.144	6788.1927	19379.825	8428.7271	45124.275
新类3	40945.745	96560.123	107045.44	108926.89	120260.28	59196.92	65753.83	83684.575	88360.062	117531.65	100192.94	109805.67	74556.111
新类4	83945.744	21512.681	13348.689	12195.201	9362.5658	68914.728	53758.631	40319.854	31607.16	10218.755	17407.253	6724.9519	42320.594
新类5	77563.759	15654.097	10283.994	11426.258	16901.531	62567.695	47324.765	34615.779	25481.971	15691.008	11928.864	6914.6304	35834.498

广西壮族自	海南省	重庆市	贵州省	云南省	西藏自治区	陕西省	甘肃省	青海省	宁夏回族自	新类1	新类2	新类3	新类4
89463.016	77563.759	62426.728	87109.438	91434.209	85648.051	71313.494	98819.317	80020.963	74543.803	81723.213	86798.432	40945.745	83945.744
26986.116	15654.097	4334.9865	27374.804	30723.497	50424.345	8595.8004	36727.248	22468.576	13791.279	20215.897	23414.424	96560.123	21512.681
17958.955	9198.8159	14030.561	20694.142	22750.892	51650.246	8421.524	27297.13	18665.005	10283.994	13977.019	13342.837	107045.44	13348.689
16931.419	10711.833	14987.762	19839.431	22004.982	50027.459	5601.9361	26425.757	18114.473	11426.258	13240.565	13210.064	108926.89	12195.201
9082.0227	13517.182	26450.123	16411.937	15440.121	53399.446	17855.738	15973.107	19767.12	16901.531	13661.546	5786.784	120260.28	9362.5658
74427.959	62567.695	47427.706	73344.79	77310.311	79819.733	55801.573	84042.236	66803.946	59949.027	67145.629	70975.316	59196.92	68914.728
59279.933	47324.765	32177.497	57562.403	61687.163	64009.108	41096.489	68759.311	50804.262	44473.975	51741.104	56345.556	65753.83	53758.631
45803.848	34615.779	19780.621	45952.724	49533.883	61826.452	26584.625	55590.298	40299.361	32415.684	38919.906	42015.642	83684.575	40319.854
37062.166	25481.971	11181.662	37047.024	40579.927	55550.221	18636.258	46752.053	31495.601	23323.419	30190.907	33379.144	88360.062	31607.16
12081.504	12739.575	23323.771	18545.15	18557.496	54268.308	14367.411	20142.599	20376.831	15691.008	14070.408	6788.1927	117531.65	10218.755
22885.886	11928.864	6077.7301	23608.824	26810.928	48912.705	4370.755	32661.858	19230.978	10420.096	16367.426	19379.825	100192.94	17407.253
11937.605	4459.0575	16028.229	14481.581	16656.026	47046.594	7906.1264	21699.35	13288.704	6914.6304	7690.5197	8428.7271	109805.67	6724.9519
47816.641	35834.498	20882.475	45926.612	50063.941	54818.593	30114.121	57214.982	39178.899	32911.377	40232.645	45124.275	74556.111	42320.594
0	12070.213	27187.736	7980.4271	6561.0727	45296.167	19364.135	9793.8325	13427.709	15074.586	8813.1573	5962.2499	119275.69	7329.1671
12070.213	0	15469.665	12137.603	15162.09	43258.887	9517.3068	21485.967	9555.9367	3475.1154	5466.2926	10354.888	107728.25	7531.7625
27187.736	15469.665	0	26336.802	30123.067	46534.458	9510.8151	36793.157	20576.686	12827.656	19732.19	24442.331	94308.762	21634.593
7980.4271	12137.603	26336.802	0	4631.3357	37430.817	20522.758	12844.892	7426.2614	13729.027	7991.4181	12558.211	114949.46	11495.555
6561.0727	15162.09	30123.067	4631.3357	0	40321.966	23527.035	8262.5894	12034.784	17390.984	10822.001	12188.378	119477.74	12709.378
45296.167	43258.887	46534.458	37430.817	40321.966	0	47793.718	46812.205	34189.746	41440.101	41674.861	49355.411	101646.55	46447.753
19364.135	9517.3068	9510.8151	20522.758	23527.035	47793.718	0	29141.999	16900.55	8664.1225	13319.838	16048.721	103705.84	13930.022
9793.8325	21485.967	36793.157	12844.892	8262.5894	46812.205	29141.999	0	20207.101	24306.308	17643.974	15366.454	127540.1	16977.704
13427.709	9555.9367	20576.686	7426.2614	12034.784	34189.746	16900.55	20207.101	0	9140.7536	7924.9765	15766.113	107560.83	12912.086
15074.586	3475.1154	12827.656	13729.027	17390.984	41440.101	8664.1225	24306.308	9140.7536	0	7628.6707	13752.624	104425.38	10408.494
8813.1573	5466.2926	19732.19	7991.4181	10822.001	41674.861	13319.838	17643.974	7924.9765	7628.6707	0	9712.3833	111534.6	6737.4412
5962.2499	10354.888	24442.331	12558.211	12188.378	49355.411	16048.721	15366.454	15766.113	13752.624	9712.3833	0	117895.36	5355.2108
119275.69	107728.25	94308.762	114949.46	119477.74	101646.55	103705.84	127540.1	107560.83	104425.38	111534.6	117895.36	0	114347.2
7329.1671	7531.7625	21634.593	11495.555	12709.378	46447.753	13930.022	16977.704	12912.086	10408.494	6737.4412	5355.2108	114347.2	0
15074.586	3475.1154	15469.665	13729.027	17390.984	43258.887	9517.3068	24306.308	9555.9367	3475.1154	7628.6707	13752.624	107728.25	10408.494

图 10.18　新类 5

复制数据到新工作表，仅粘贴数值，粘贴时上面不空行，左边不空列。删除海南省和宁夏回族自治区所在的第 24 行和第 16 行，删除海南省和宁夏回族自治区所在的 X 列和 P 列。删除时，注意先删除右边的列或者下边的行。选择工作表中的所有数据，打开“新建格式规则”对话框。在“选择规则类型”列表框中选择“仅对排名靠前或靠后的数值设置格式”。在“编辑规则说明”中，在左侧的下拉列表框中选择“后”，在中间的文本框中输入 27，单击“确定”按钮后，对角线、C12 和 L3 单元格的背景被填充为淡蓝色，这样就找到了非 0 的最小值 4293.81。

把内蒙古自治区和湖北省归为新类 6，在 AB1 单元格中输入“新类 6”，在 AB2 单元格中使用 IF 函数找出 C2 和 L2 单元格中的较大值。复制公式到 AB27 单元格。在 A28 单元格中输入“新类 6”。在 B29 单元格中使用 IF 函数找出 B3 和 B12 单元格中的较大值。复制公式到 AA28 单元格。在 AB28 单元格中输入数字 0,表示新类 6 到新类 6 的距离。结果如图 10.19 所示。

	天津市	内蒙古自治	辽宁省	吉林省	黑龙江省	江苏省	浙江省	福建省	山东省	河南省	湖北省	湖南省	广东省
天津市	0	63621.677	74784.617	75992.709	88417.625	20109.395	30645.796	47112.847	54232.932	84815.094	67606.411	78410.749	41809.314
内蒙古自治	63621.677	0	11672.562	13597.931	24808.308	47634.268	33125.976	19039.282	10173.032	21306.301	4293.8098	15195.843	22317.12
辽宁省	74784.617	11672.562	0	9874.9488	14027.358	58234.183	44151.257	29836.461	20781.596	11327.539	8806.693	7202.0854	33329.833
吉林省	75992.709	13597.931	9874.9488	0	14499.094	60249.942	45934.118	30481.861	23300.961	10475.539	9573.992	7189.1408	35229.983
黑龙江省	88417.625	24808.308	14027.358	14499.094	0	72018.558	57863.032	42905.732	34477.908	4898.9833	20950.828	10808.458	46885.809
江苏省	20109.395	47634.268	58234.183	60249.942	72018.558	0	16410.575	30129.239	37605.033	68248.727	51832.52	62805.973	27745.914
浙江省	30645.796	33125.976	44151.257	45934.118	57863.032	16410.575	0	18105.226	23691.645	54348.135	37204.275	48015.832	11651.74
福建省	47112.847	19039.282	29836.461	30481.861	42905.732	30129.239	18105.226	0	10175.327	38787.495	22940.302	33966.11	12821.312
山东省	54232.932	10173.032	20781.596	23300.961	34477.908	37605.033	23691.645	10175.327	0	30851.616	14446.583	25290.929	13966.865
河南省	84815.094	21306.301	11327.539	10475.539	4898.9833	68248.727	54348.135	38787.495	30851.616	0	17489.411	8829.4539	43608.007
湖北省	67606.411	4293.8098	8806.693	9573.992	20950.828	51832.52	37204.275	22940.302	14446.583	17489.411	0	11095.69	26251.688
湖南省	78410.749	15195.843	7202.0854	7189.1408	10808.458	62805.973	48015.832	33966.11	25290.929	8829.4539	11095.69	0	36783.791
广东省	41809.314	22317.12	33329.833	35229.983	46885.809	27745.914	11651.74	12821.312	13966.865	43608.007	26251.688	36783.791	0
广西壮族自	89463.016	26986.116	17958.955	16931.419	9082.0227	74427.959	59279.933	45803.848	37062.166	12081.504	22885.886	11937.605	47816.641
重庆市	62426.728	4334.9865	14030.561	14987.762	26450.123	47427.706	32177.497	19780.621	11181.662	23323.771	6077.7301	16028.229	20882.475
贵州省	87109.438	27374.804	20694.142	19839.431	16411.937	73344.79	57562.403	45952.724	37047.024	18545.15	23608.824	14481.581	45926.612
云南省	91434.209	30723.497	22750.892	22004.982	15440.121	77310.311	61687.163	49533.883	40579.927	18557.496	26810.928	16656.026	50063.941
西藏自治区	85648.051	50424.345	51650.246	50027.459	53399.446	79819.733	64009.108	61826.452	55550.221	54268.308	48912.705	47046.594	54818.593
陕西省	71313.494	8595.8004	8421.524	5601.9361	17855.738	55801.573	41096.489	26584.625	18636.258	14367.411	4370.755	7906.1264	30114.121
甘肃省	98819.317	36727.248	27297.13	26425.757	15973.107	84042.236	68759.311	55590.298	46752.053	20142.599	32661.858	21699.35	57214.982
青海省	80020.963	22468.576	18665.005	18114.473	19767.12	66803.946	50804.262	40299.361	31495.601	20376.831	19230.978	13288.704	39178.899
新类1	81723.213	20215.897	13977.019	13240.565	13661.546	67145.629	51741.104	38919.906	30190.907	14070.408	16367.426	7690.5197	40232.645
新类2	86798.432	23414.424	13342.837	13210.064	5786.784	70975.316	56345.556	42015.642	33379.144	6788.1927	19379.825	8428.7271	45124.275
新类3	40945.745	96560.123	107045.44	108926.89	120260.28	59196.92	65753.83	83684.575	88360.062	117531.65	100192.94	109805.67	74556.111
新类4	83945.744	21512.681	13348.689	12195.201	9362.5658	68914.728	53758.631	40319.854	31607.16	10218.755	17407.253	6724.9519	42320.594
新类5	77563.759	15654.097	10283.994	11426.258	16901.531	62567.695	47324.765	34615.779	25481.971	15691.008	11928.864	6914.6304	35834.498
新类6	67606.411	4293.8098	11672.562	13597.931	24808.308	51832.52	37204.275	22940.302	14446.583	21306.301	4293.8098	15195.843	26251.688

广西壮族自	重庆市	贵州省	云南省	西藏自治区	陕西省	甘肃省	青海省	新类1	新类2	新类3	新类4	新类5	新类6
89463.016	62426.728	87109.438	91434.209	85648.051	71313.494	98819.317	80020.963	81723.213	86798.432	40945.745	83945.744	77563.759	67606.411
26986.116	4334.9865	27374.804	30723.497	50424.345	8595.8004	36727.248	22468.576	20215.897	23414.424	96560.123	21512.681	15654.097	4293.8098
17958.955	14030.561	20694.142	22750.892	51650.246	8421.524	27297.13	18665.005	13977.019	13342.837	107045.44	13348.689	10283.994	11672.562
16931.419	14987.762	19839.431	22004.982	50027.459	5601.9361	26425.757	18114.473	13240.565	13210.064	108926.89	12195.201	11426.258	13597.931
9082.0227	26450.123	16411.937	15440.121	53399.446	17855.738	15973.107	19767.12	13661.546	5786.784	120260.28	9362.5658	16901.531	24808.308
74427.959	47427.706	73344.79	77310.311	79819.733	55801.573	84042.236	66803.946	67145.629	70975.316	59196.92	68914.728	62567.695	51832.52
59279.933	32177.497	57562.403	61687.163	64009.108	41096.489	68759.311	50804.262	51741.104	56345.556	65753.83	53758.631	47324.765	37204.275
45803.848	19780.621	45952.724	49533.883	61826.452	26584.625	55590.298	40299.361	38919.906	42015.642	83684.575	40319.854	34615.779	22940.302
37062.166	11181.662	37047.024	40579.927	55550.221	18636.258	46752.053	31495.601	30190.907	33379.144	88360.062	31607.16	25481.971	14446.583
12081.504	23323.771	18545.15	18557.496	54268.308	14367.411	20142.599	20376.831	14070.408	6788.1927	117531.65	10218.755	15691.008	21306.301
22885.886	6077.7301	23608.824	26810.928	48912.705	4370.755	32661.858	19230.978	16367.426	19379.825	100192.94	17407.253	11928.864	4293.8098
11937.605	16028.229	14481.581	16656.026	47046.594	7906.1264	21699.35	13288.704	7690.5197	8428.7271	109805.67	6724.9519	6914.6304	15195.843
47816.641	20882.475	45926.612	50063.941	54818.593	30114.121	57214.982	39178.899	40232.645	45124.275	74556.111	42320.594	35834.498	26251.688
0	27187.736	7980.4271	6561.0727	45296.167	19364.135	9793.8325	13427.709	8813.1573	5962.2499	119275.69	7329.1671	15074.586	26986.116
27187.736	0	26336.802	30123.067	46534.458	9510.8151	36793.157	20576.686	19732.19	24442.331	94308.762	21634.593	15469.665	6077.7301
7980.4271	26336.802	0	4631.3357	37430.817	20522.758	12844.892	7426.2614	7991.4181	12558.211	114949.46	11495.555	13729.027	27374.804
6561.0727	30123.067	4631.3357	0	40321.966	23527.035	8262.5894	12034.784	10822.001	12188.378	119477.74	12709.378	17390.984	30723.497
45296.167	46534.458	37430.817	40321.966	0	47793.718	46812.205	34189.746	41674.861	49355.411	101646.55	46447.753	43258.887	50424.345
19364.135	9510.8151	20522.758	23527.035	47793.718	0	29141.999	16900.55	13319.838	16048.721	103705.84	13930.022	9517.3068	8595.8004
9793.8325	36793.157	12844.892	8262.5894	46812.205	29141.999	0	20207.101	17643.974	15366.454	127540.1	16977.704	24306.308	36727.248
13427.709	20576.686	7426.2614	12034.784	34189.746	16900.55	20207.101	0	7924.9765	15766.113	107560.83	12912.086	9555.9367	22468.576
8813.1573	19732.19	7991.4181	10822.001	41674.861	13319.838	17643.974	7924.9765	0	9712.3833	111534.6	6737.4412	7628.6707	20215.897
5962.2499	24442.331	12558.211	12188.378	49355.411	16048.721	15366.454	15766.113	9712.3833	0	117895.36	5355.2108	13752.624	23414.424
119275.69	94308.762	114949.46	119477.74	101646.55	103705.84	127540.1	107560.83	111534.6	117895.36	0	114347.2	107728.25	100192.94
7329.1671	21634.593	11495.555	12709.378	46447.753	13930.022	16977.704	12912.086	6737.4412	5355.2108	114347.2	0	10408.494	21512.681
15074.586	15469.665	13729.027	17390.984	43258.887	9517.3068	24306.308	9555.9367	7628.6707	13752.624	107728.25	10408.494	0	15654.097
26986.116	6077.7301	27374.804	30723.497	50424.345	8595.8004	36727.248	22468.576	20215.897	23414.424	100192.94	21512.681	15654.097	0

图 10.19　新类 6

复制数据到新工作表,仅粘贴数值,粘贴时上边不空行,左边不空列。删除内蒙古自治区和湖北省所在的第 12 行和第 3 行,删除内蒙古自治区和湖北省所在的第 L 列和第 C 列。删除时,注意先删除右边的列或者下边的行。选择工作表中的所有数据,打开"新建格式规则"对话框。在"选择规则类型"列表框中选择"仅对排名靠前或靠后的数值设置格式"。在"编辑规则说明"中,在左侧的下拉列表框中选择"后",在中间的文本框中输入 26,单击"确定"按钮后,对角线、P15 和 O16 单元格的背景被填充为淡蓝色,这样就找到了非 0 的最小值 4631.336。

把贵州省和云南省归为新类 7。在 AA1 单元格中输入"新类 7"。在 AA2 单元格中使用 IF 函数求出 O2 和 P2 单元格中的较大值。复制公式到 AA26 单元格。在 A27 单元格中输入“新类 7”。在 B27 单元格中使用 IF 函数求出 B15 和 B16 单元格中的较大值。复制公式到 Z27 单元格。在 AB27 单元格中输入数字 0,表示新类 7 到新类 7 的距离,如图 10.20 所示。

江苏省	浙江省	福建省	山东省	河南省	湖南省	广东省	广西壮族自	重庆市	贵州省	云南省	西藏自治区	陕西省	甘肃省	青海省	新类1	新类2	新类3	新类4	新类5	新类6	新类7
20109.4	30645.8	47112.8	54232.9	84815.1	78410.7	41809.3	89463	62426.7	87109.4	91434.2	85648.1	71313.5	98819.3	80021	81723.2	86798.4	40945.7	83945.7	77563.8	67606.4	91434.2
58234.2	44151.3	29836.5	20781.6	11327.5	7202.09	33329.8	17959	14030.6	20694.1	22750.9	51650.2	8421.52	27297.1	18665	13977	13342.8	107045	13348.7	10284	11672.6	22750.9
60249.9	45934.1	30481.9	23301	10475.5	7189.14	35230	16931.4	14987.8	19839.4	22005	50027.5	5601.94	26425.8	18114.5	13240.6	13210.1	108927	12195.2	11426.3	13597.9	22005
72018.6	57863	42905.7	34477.9	4898.98	10808.5	46885.8	9082.02	26450.1	16411.9	15440.1	53399.4	17855.7	15973.1	19767.1	13661.5	5786.78	120260	9362.57	16901.5	24808.3	16411.9
0	16410.6	30129.2	37605	68248.7	62806	27745.9	74428	47427.7	73344.8	77310.3	79819.7	55801.6	84042.2	66803.9	67145.6	70975.3	59196.9	68914.7	62567.7	51832.5	77310.3
16410.6	0	18105.2	23691.6	54348.1	48015.8	11651.7	59279.9	32177.5	57562.4	61687.2	64009.1	41096.5	68759.3	50804.3	51741.1	56345.6	65753.8	53758.6	47324.8	37204.3	61687.2
30129.2	18105.2	0	10175.3	38787.5	33966.1	12821.3	45803.8	19780.6	45952.7	49533.9	61826.5	26584.6	55590.3	40299.4	38919.9	42015.6	83684.6	40319.9	34615.8	22940.3	49533.9
37605	23691.6	10175.3	0	30851.6	25290.9	13966.9	37062.2	11181.7	37047	40579.9	55550.2	18636.3	46752.1	31495.6	30190.9	33379.1	88360.1	31607.2	25482	14446.6	40579.9
68248.7	54348.1	38787.5	30851.6	0	8829.45	43608	12081.5	23323.8	18545.1	18557.5	54268.3	14367.4	20142.6	20376.8	14070.4	6788.19	117532	10218.8	15691	21306.3	18557.5
62806	48015.8	33966.1	25290.9	8829.45	0	36783.8	11937.6	16028.2	14481.6	16656	47046.6	7906.13	21699.4	13288.7	7690.52	8428.73	109806	6724.95	6914.63	15195.8	16656
27745.9	11651.7	12821.3	13966.9	43608	36783.8	0	47816.6	20882.5	45926.6	50063.9	54818.6	30114.1	57215	39178.9	40232.6	45124.3	74556.1	42320.6	35834.5	26251.7	50063.9
74428	59279.9	45803.8	37062.2	12081.5	11937.6	47816.6	0	27187.7	7980.43	6561.07	45296.2	19364.1	9793.83	13427.7	8813.16	5962.25	119276	7329.17	15074.6	26986.1	7980.43
47427.7	32177.5	19780.6	11181.7	23323.8	16028.2	20882.5	27187.7	0	26336.8	30123.1	46534.5	9510.82	36793.2	20576.7	19732.2	24442.3	94308.8	21634.6	15469.7	6077.73	30123.1
73344.8	57562.4	45952.7	37047	18545.1	14481.6	45926.6	7980.43	26336.8	0	4631.34	37430.8	20522.8	12844.9	7426.26	7991.42	12558.2	114949	11495.6	13729	27374.8	4631.34
77310.3	61687.2	49533.9	40579.9	18557.5	16656	50063.9	6561.07	30123.1	4631.34	0	40322	23527	8262.59	12034.8	10822	12188.4	119478	12709.4	17391	30723.5	4631.34
79819.7	64009.1	61826.5	55550.2	54268.3	47046.6	54818.6	45296.2	46534.5	37430.8	40322	0	47793.7	46812.2	34189.7	41674.9	49355.4	101647	46447.8	43258.9	50424.3	40322
55801.6	41096.5	26584.6	18636.3	14367.4	7906.13	30114.1	19364.1	9510.82	20522.8	23527	47793.7	0	29142	16900.5	13319.8	16048.7	103706	13930	9517.31	8595.8	23527
84042.2	68759.3	55590.3	46752.1	20142.6	21699.4	57215	9793.83	36793.2	12844.9	8262.59	46812.2	29142	0	20207.1	17644	15366.5	127540	16977.7	24306.3	36727.2	12844.9
66803.9	50804.3	40299.4	31495.6	20376.8	13288.7	39178.9	13427.7	20576.7	7426.26	12034.8	34189.7	16900.5	20207.1	0	7924.98	15766.1	107561	12912.1	9555.94	22468.6	12034.8
67145.6	51741.1	38919.9	30190.9	14070.4	7690.52	40232.6	8813.16	19732.2	7991.42	10822	41674.9	13319.8	17644	7924.98	0	9712.38	111535	6737.44	7628.67	20215.9	10822
70975.3	56345.6	42015.6	33379.1	6788.19	8428.73	45124.3	5962.25	24442.3	12558.2	12188.4	49355.4	16048.7	15366.5	15766.1	9712.38	0	117895	5355.21	13752.6	23414.4	12558.2
59196.9	65753.8	83684.6	88360.1	117532	109806	74556.1	119276	94308.8	114949	119478	101647	103706	127540	107561	111535	117895	0	114347	107728	100193	119478
68914.7	53758.6	40319.9	31607.2	10218.8	6724.95	42320.6	7329.17	21634.6	11495.6	12709.4	46447.8	13930	16977.7	12912.1	6737.44	5355.21	114347	0	10408.5	21512.7	12709.4
62567.7	47324.8	34615.8	25482	15691	6914.63	35834.5	15074.6	15469.7	13729	17391	43258.9	9517.31	24306.3	9555.94	7628.67	13752.6	107728	10408.5	0	15654.1	17391
51832.5	37204.3	22940.3	14446.6	21306.3	15195.8	26251.7	26986.1	6077.73	27374.8	30723.5	50424.3	8595.8	36727.2	22468.6	20215.9	23414.4	100193	21512.7	15654.1	0	30723.5
77310.3	61687.2	49533.9	40579.9	18557.5	16656	50063.9	7980.43	30123.1	4631.34	4631.34	40322	23527	12844.9	12034.8	10822	12558.2	119478	12709.4	17391	30723.5	

图 10.20 新类 7

复制数据到新工作表,仅粘贴数值,粘贴时上边不空行,左边不空列。删除贵州省和云南省所在的第 16 行和第 15 行,删除贵州省和云南省所在的 P 列和 O 列。删除时,注意先删除右边的列或者下边的行。选择工作表中的所有数据,打开“新建格式规则”对话框。在“选择规则类型”列表框中选择“仅对排名靠前或靠后的数值设置格式”。在“编辑规则说明”中,在左侧的下拉列表框中选择“后”,在中间的文本框中输入 25,单击“确定”按钮后,对角线、E10 和 J5 单元格的背景被填充为淡蓝色,这样就找到了非 0 的最小值 4898.983。

把黑龙江省和河南省归为新类 8。在 Z1 单元格中输入“新类 8”。在 Z2 单元格中使用 IF 函数求出 E2 和 J2 单元格中的较大值。复制公式到 Z25 单元格。在 A26 单元格中输入“新类 8”。在 B26 单元格中使用 IF 函数求出 B5 和 B10 单元格中的较大值。复制公式到 Y26 单元格。在 Z26 单元格中输入数字 0,表示新类 8 到新类 8 的距离。结果如图 10.21 所示。

浙江省	福建省	山东省	河南省	湖南省	广东省	广西壮族自	重庆市	西藏自治区	陕西省	甘肃省	青海省	新类1	新类2	新类3	新类4	新类5	新类6	新类7	新类8
30645.8	47112.85	54232.93	84815.09	78410.75	41809.31	89463.02	62426.73	85648.05	71313.49	98819.32	80020.96	81723.21	86798.43	40945.74	83945.74	77563.76	67606.41	91434.21	88417.62
44151.26	29836.46	20781.6	11327.54	7202.085	33329.83	17958.95	14030.56	51650.25	8421.524	27297.13	18665.01	13977.02	13342.84	107045.4	13348.69	10283.99	11672.56	22750.89	14027.36
45934.12	30481.86	23300.96	10475.54	7189.141	35229.98	16931.42	14987.76	50027.46	5601.936	26425.76	18114.47	13240.57	13210.06	108926.9	12195.2	11426.26	13597.93	22004.98	14499.09
57863.03	42905.73	34477.91	4898.983	10808.46	46885.81	9082.023	26450.12	53399.45	17855.74	15973.11	19767.12	13661.55	5786.784	120260.3	9362.566	16901.53	24808.31	16411.94	4898.983
16410.57	30129.24	37605.03	68248.73	62805.97	27745.91	74427.96	47427.71	79819.73	55801.57	84042.24	66803.95	67145.63	70975.32	59196.92	68914.73	62567.69	51832.52	77310.31	72018.56
0	18105.23	23691.65	54348.14	48015.83	11651.74	59279.93	32177.5	64009.11	41096.49	68759.31	50804.26	51741.1	56345.56	65753.83	53758.63	47324.77	37204.28	61687.16	57863.03
18105.23	0	10175.33	38787.49	33966.11	12821.31	45803.85	19780.62	61826.45	26584.63	55590.3	40299.36	38919.91	42015.64	83684.58	40319.85	34615.78	22940.3	49533.88	42905.73
23691.65	10175.33	0	30851.62	25290.93	13966.86	37062.17	11181.66	55550.22	18636.26	46752.05	31495.6	30190.91	33379.14	88360.06	31607.16	25481.97	14446.58	40579.93	34477.91
54348.14	38787.49	30851.62	0	8829.454	43608.01	12081.5	23323.77	54268.31	14367.41	20142.6	20376.83	14070.41	6788.193	117531.7	10218.76	15691.01	21306.3	18557.5	4898.983
48015.83	33966.11	25290.93	8829.454	0	36783.79	11937.6	16028.23	47046.59	7906.126	21699.35	13288.7	7690.52	8428.727	109805.7	6724.952	6914.63	15195.84	16656.03	10808.46
11651.74	12821.31	13966.86	43608.01	36783.79	0	47816.64	20882.47	54818.59	30114.12	57214.98	39178.9	40232.65	45124.27	74556.11	42320.59	35834.5	26251.69	50063.94	46885.81
59279.93	45803.85	37062.17	12081.5	11937.6	47816.64	0	27187.74	45296.17	19364.14	9793.832	13427.71	8813.157	5962.25	119275.7	7329.167	15074.59	26986.12	7980.427	12081.5
32177.5	19780.62	11181.66	23323.77	16028.23	20882.47	27187.74	0	46534.46	9510.815	36793.16	20576.69	19732.19	24442.33	94308.76	21634.59	15469.66	6077.73	30123.07	26450.12
64009.11	61826.45	55550.22	54268.31	47046.59	54818.59	45296.17	46534.46	0	47793.72	46812.2	34189.75	41674.86	49355.41	101646.5	46447.75	43258.89	50424.35	40321.97	54268.31
41096.49	26584.63	18636.26	14367.41	7906.126	30114.12	19364.14	9510.815	47793.72	0	29142	16900.55	13319.84	16048.72	103705.8	13930.02	9517.307	8595.8	23527.03	17855.74
68759.31	55590.3	46752.05	20142.6	21699.35	57214.98	9793.832	36793.16	46812.2	29142	0	20207.1	17643.97	15366.45	127540.1	16977.7	24306.31	36727.25	12844.89	20142.6
50804.26	40299.36	31495.6	20376.83	13288.7	39178.9	13427.71	20576.69	34189.75	16900.55	20207.1	0	7924.977	15766.11	107560.8	12912.09	9555.937	22468.58	12034.78	20376.83
51741.1	38919.91	30190.91	14070.41	7690.52	40232.65	8813.157	19732.19	41674.86	13319.84	17643.97	7924.977	0	9712.383	111534.6	6737.441	7628.671	20215.9	10822	14070.41
56345.56	42015.64	33379.14	6788.193	8428.727	45124.27	5962.25	24442.33	49355.41	[illegible]	15366.45	15766.11	9712.383	0	117895.4	5355.211	13752.62	23414.42	12558.21	6788.193
65753.83	83684.58	88360.06	117531.7	109805.7	74556.11	119275.7	94308.76	101646.5	13319	127540.1	107560.8	111534.6	117895.4	0	114347.2	107728.2	100192.9	119477.7	120260.3
53758.63	40319.85	31607.16	10218.76	6724.952	42320.59	7329.167	21634.59	46447.75	13930.02	16977.7	12912.09	6737.441	5355.211	114347.2	0	10408.49	21512.68	12709.38	10218.76
47324.77	34615.78	25481.97	15691.01	6914.63	35834.5	15074.59	15469.66	43258.89	9517.307	24306.31	9555.937	7628.671	13752.62	107728.2	10408.49	0	15654.1	17390.98	16901.53
37204.28	22940.3	14446.58	21306.3	15195.84	26251.69	26986.12	6077.73	50424.35	8595.8	36727.25	22468.58	20215.9	23414.42	100192.9	21512.68	15654.1	0	30723.5	24808.31
61687.16	49533.88	40579.93	18557.5	16656.03	50063.94	7980.427	30123.07	40321.97	23527.03	12844.89	12034.78	10822	12558.21	119477.7	12709.38	17390.98	30723.5	0	18557.5
57863.03	42905.73	34477.91	4898.983	10808.46	46885.81	12081.5	26450.12	54268.31	17855.74	20142.6	20376.83	14070.41	6788.193	120260.3	10218.76	16901.53	24808.31	18557.5	0

图 10.21 新类 8

复制数据到新工作表,仅粘贴数值,粘贴时上边不空行,左边不空列。删除黑龙江省和河南省所在的第 10 行和第 5 行,删除黑龙江省和河南省所在的 J 列和 E 列。删除时,注意先删除右边的列或者下边的行。选择工作表中的所有数据,打开“新建格式规则”对话框。在“选择规则类型”列表框中选择“仅对排名靠前或靠后的数值设置格式”。在“编辑规则说明”中，在左侧的下拉列表框中选择“后”，在中间的文本框中输入 24，单击“确定”按钮后，对角线、T18 和 R20 单元格的背景被填充为淡蓝色，这样就找到了非 0 的最小值 5355.211。

把新类 2 和新类 4 归为新类 9。在 Y1 单元格中输入“新类 9”。在 Y2 单元格中使用 IF 函数求出 T2 和 R2 单元格中的较大值。复制公式到 Z24 单元格。在 A25 单元格中输入“新类 9”。在 B25 单元格中使用 IF 函数求出 B18 和 B20 单元格中的较大值。复制公式到 X25 单元格。在 Y25 单元格中输入数字 0，表示新类 9 到新类 9 的距离。结果如图 10.22 所示。

	天津市	辽宁省	吉林省	江苏省	浙江省	福建省	山东省	湖南省	广东省	广西壮族	重庆市	西藏自治
天津市	0	74784.6	75992.7	20109.4	30645.8	47112.8	54232.9	78410.7	41809.3	89463	62426.7	85648.1
辽宁省	74784.6	0	9874.95	58234.2	44151.3	29836.5	20781.6	7202.09	33329.8	17959	14030.6	51650.2
吉林省	75992.7	9874.95	0	60249.9	45934.1	30481.9	23301	7189.14	35230	16931.4	14987.8	50027.5
江苏省	20109.4	58234.2	60249.9	0	16410.6	30129.2	37605	62806	27745.9	74428	47427.7	79819.7
浙江省	30645.8	44151.3	45934.1	16410.6	0	18105.2	23691.6	48015.8	11651.7	59279.9	32177.5	64009.1
福建省	47112.8	29836.5	30481.9	30129.2	18105.2	0	10175.3	33966.1	12821.3	45803.8	19780.6	61826.5
山东省	54232.9	20781.6	23301	37605	23691.6	10175.3	0	25290.9	13966.9	37062.2	11181.7	55550.2
湖南省	78410.7	7202.09	7189.14	62806	48015.8	33966.1	25290.9	0	36783.8	11937.6	16028.2	47046.6
广东省	41809.3	33329.8	35230	27745.9	11651.7	12821.3	13966.9	36783.8	0	47816.6	20882.5	54818.6
广西壮族	89463	17959	16931.4	74428	59279.9	45803.8	37062.2	11937.6	47816.6	0	27187.7	45296.2
重庆市	62426.7	14030.6	14987.8	47427.7	32177.5	19780.6	11181.7	16028.2	20882.5	27187.7	0	46534.5
西藏自治	85648.1	51650.2	50027.5	79819.7	64009.1	61826.5	55550.2	47046.6	54818.6	45296.2	46534.5	0
陕西省	71313.5	8421.52	5601.94	55801.6	41096.5	26584.6	18636.3	7906.13	30114.1	19364.1	9510.82	47793.7
甘肃省	98819.3	27297.1	26425.8	84042.2	68759.3	55590.3	46752.1	21699.4	57215	9793.83	36793.2	46812.2
青海省	80021	18665	18114.5	66803.9	50804.3	40299.4	31495.6	13288.7	39178.9	13427.7	20576.7	34189.7
新类1	81723.2	13977	13240.6	67145.6	51741.1	38919.9	30190.9	7690.52	40232.6	8813.16	19732.2	41674.9
新类2	86798.4	13342.8	13210.1	70975.3	56345.6	42015.6	33379.1	8428.73	45124.3	5962.25	24442.3	49355.4
新类3	40945.7	107045	108927	59196.9	65753.8	83684.6	88360.1	109806	74556.1	119276	94308.8	101647
新类4	83945.7	13348.7	12195.2	68914.7	53758.6	40319.9	31607.2	6724.95	42320.6	7329.17	21634.6	46447.8
新类5	77563.8	10284	11426.3	62567.7	47324.8	34615.8	25482	6914.63	35834.5	15074.6	15469.7	43258.9
新类6	67606.4	11672.6	13597.9	51832.5	37204.3	22940.3	14446.6	15195.8	26251.7	26986.1	6077.73	50424.3
新类7	91434.2	22750.9	22005	77310.3	61687.2	49533.9	40579.9	16656	50063.9	7980.43	30123.1	40322
新类8	88417.6	14027.4	14499.1	72018.6	57863	42905.7	34477.9	10808.5	46885.8	12081.5	26450.1	54268.3
新类9	86798.4	13348.7	13210.1	70975.3	56345.6	42015.6	33379.1	8428.73	45124.3	7329.17	24442.3	49355.4

	陕西省	甘肃省	青海省	新类1	新类2	新类3	新类4	新类5	新类6	新类7	新类8	新类9
天津市	71313.5	98819.3	80021	81723.2	86798.4	40945.7	83945.7	77563.8	67606.4	91434.2	88417.6	86798.4
辽宁省	8421.52	27297.1	18665	13977	13342.8	107045	13348.7	10284	11672.6	22750.9	14027.4	13348.7
吉林省	5601.94	26425.8	18114.5	13240.6	13210.1	108927	12195.2	11426.3	13597.9	22005	14499.1	13210.1
江苏省	55801.6	84042.2	66803.9	67145.6	70975.3	59196.9	68914.7	62567.7	51832.5	77310.3	72018.6	70975.3
浙江省	41096.5	68759.3	50804.3	51741.1	56345.6	65753.8	53758.6	47324.8	37204.3	61687.2	57863	56345.6
福建省	26584.6	55590.3	40299.4	38919.9	42015.6	83684.6	40319.9	34615.8	22940.3	49533.9	42905.7	42015.6
山东省	18636.3	46752.1	31495.6	30190.9	33379.1	88360.1	31607.2	25482	14446.6	40579.9	34477.9	33379.1
湖南省	7906.13	21699.4	13288.7	7690.52	8428.73	109806	6724.95	6914.63	15195.8	16656	10808.5	8428.73
广东省	30114.1	57215	39178.9	40232.6	45124.3	74556.1	42320.6	35834.5	26251.7	50063.9	46885.8	45124.3
广西壮族	19364.1	9793.83	13427.7	8813.16	5962.25	119276	7329.17	15074.6	26986.1	7980.43	12081.5	7329.17
重庆市	9510.82	36793.2	20576.7	19732.2	24442.3	94308.8	21634.6	15469.7	6077.73	30123.1	26450.1	24442.3
西藏自治	47793.7	46812.2	34189.7	41674.9	49355.4	101647	46447.8	43258.9	50424.3	40322	54268.3	49355.4
陕西省	0	29142	16900.5	13319.8	16048.7	103706	13930	9517.31	8595.8	23527	17855.7	16048.7
甘肃省	29142	0	20207.1	17644	15366.5	127540	16977.7	24306.3	36727.2	12844.9	20142.6	16977.7
青海省	16900.5	20207.1	0	7924.98	15766.1	107561	12912.1	9555.94	22468.6	12034.8	20376.8	15766.1
新类1	13319.8	17644	7924.98	0	9712.38	111535	6737.44	7628.67	20215.9	10822	14070.4	9712.38
新类2	16048.7	15366.5	15766.1	9712.38	0	117895	5355.21	13752.6	23414.4	12558.2	6788.19	5355.21
新类3	103706	127540	107561	111535	117895	0	114347	107728	100193	119478	120260	117895
新类4	13930	16977.7	12912.1	6737.44	5355.21	114347	0	10408.5	21512.7	12709.4	10218.8	5355.21
新类5	9517.31	24306.3	9555.94	7628.67	13752.6	107728	10408.5	0	15654.1	17391	16901.5	13752.6
新类6	8595.8	36727.2	22468.6	20215.9	23414.4	100193	21512.7	15654.1	0	30723.5	24808.3	23414.4
新类7	23527	12844.9	12034.8	10822	12558.2	119478	12709.4	17391	30723.5	0	18557.5	12709.4
新类8	17855.7	20142.6	20376.8	14070.4	6788.19	120260	10218.8	16901.5	24808.3	18557.5	0	10218.8
新类9	16048.7	16977.7	15766.1	9712.38	5355.21	117895	5355.21	13752.6	23414.4	12709.4	10218.8	0

图 10.22　新类 9

复制数据到新工作表，仅粘贴数值，粘贴时上面不空行，左边不空列。删除新类 2 和新类 4 所在的第 20 行和第 18 行，删除新类 2 和新类 4 所在的 T 列和 R 列。删除时，注意先删除右边的列或者下面的行。选择工作表中的所有数据，打开“新建格式规则”对话框。在“选择规则类型”列表框中选择“仅对排名靠前或靠后的数值设置格式”。在“编辑规则说明”中，在左侧的下拉列表框中选择“后”，在中间的文本框中输入 23，单击“确定”按钮后，对角线、D14 和 N4 单元格的背景被填充为淡蓝色，这样就找到了非 0 的最小值 5601.94。

把吉林省和陕西省归为新类 10。在 X1 单元格中输入“新类 10”。在 X2 单元格中使用 IF 函数找出 D2 和 N2 单元格中的较大值。复制公式到 X23 单元格。在 A24 单元格中输入“新类 10”。在 B24 单元格中使用 IF 函数找出 B4 和 B14 单元格中的较大值。复制公式到 W24 单元格。在 X24 单元格中输入数字 0，表示新类 10 到新类 10 的距离。结果如图 10.23 所示。

复制数据到新工作表，仅粘贴数值，粘贴时上边不空行，左边不空列。删除吉林省和陕西省所在的第 14 行和第 4 行，删除吉林省和陕西省所在的 N 列和 D 列。删除时，注意先删除右边的列或者下边的行。选择工作表中的所有数据，打开“新建格式规则”对话框。在“选择规则类型”列表框中选择“仅对排名靠前或靠后的数值设置格式”。在“编辑规则说明”中，在左侧的下拉列表框中选择“后”，在中间的文本框中输入 22，单击“确定”按钮后，对角线、K18 和 R11 单元格的背景被填充为淡蓝色，这样就找到了非 0 的最小值 6077.73。

把重庆市和新类 6 归为新类 11。在 W1 单元格中输入“新类 11”。在 W2 单元格中使用 IF 函数求出 K2 和 R2 单元格中的较大值。复制公式到 W22 单元格。在 A23 单元

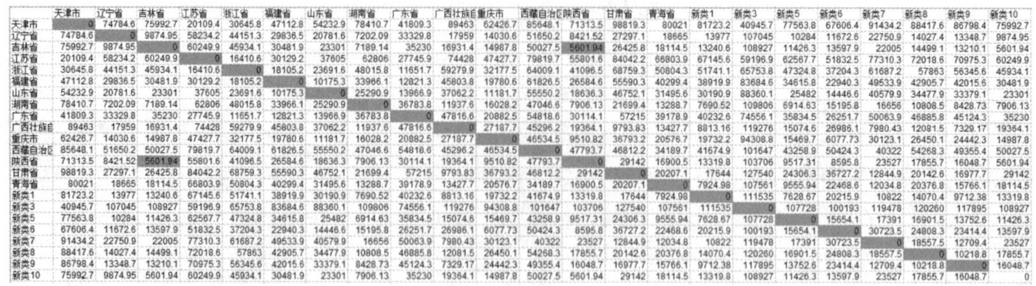

	天津市	辽宁省	吉林省	江苏省	浙江省	福建省	山东省	湖南省	广东省	广西壮族自	重庆市	西藏自治区	陕西省	甘肃省	青海省	新类1	新类3	新类5	新类6	新类7	新类8	新类9	新类10
天津市	0	74784.6	75992.7	20109.4	30645.8	47112.8	54232.9	78410.7	41809.3	89463	62426.7	85648.1	71313.5	98819.3	80021	81723.2	40945.7	77563.8	67606.4	91434.2	88417.6	86798.4	75992.7
辽宁省	74784.6	0	9874.95	58234.2	44151.3	29836.5	20781.6	7202.09	33329.8	17959	14030.6	51650.2	8421.52	27297.1	18665	13977	107045	10284	11672.6	22750.9	14027.4	13348.7	9874.95
吉林省	75992.7	9874.95	0	60249.9	45934.1	30481.9	23301	7189.14	35230	16931.4	14987.8	50027.5	5601.94	26425.8	18114.5	13240.6	108927	11426.3	13597.9	22005	14499.1	13210.1	5601.94
江苏省	20109.4	58234.2	60249.9	0	16410.6	30129.2	37605	62806	27745.9	74428	47427.7	79819.7	55801.6	84042.2	66803.9	67145.6	59196.9	62567.7	51832.5	77310.3	72018.6	70975.3	60249.9
浙江省	30645.8	44151.3	45934.1	16410.6	0	18105.2	23691.6	48015.8	11651.7	59279.9	32177.5	64009.1	41096.5	68759.3	50804.3	51741.1	65753.8	47324.8	37204.3	61687.2	57863	56345.6	45934.1
福建省	47112.8	29836.5	30481.9	30129.2	18105.2	0	10175.3	33966.1	12821.3	45803.8	19780.6	61826.5	26584.6	55590.3	40299.4	38919.9	83684.6	34615.8	22940.3	49533.9	42905.7	42015.6	30481.9
山东省	54232.9	20781.6	23301	37605	23691.6	10175.3	0	25290.9	13966.9	37062.2	11181.7	55550.2	18636.3	46752.1	31495.6	30190.9	88360.1	25482	14446.6	40579.9	34477.9	33379.1	23301
湖南省	78410.7	7202.09	7189.14	62806	48015.8	33966.1	25290.9	0	36783.8	11937.6	16028.2	47046.6	7906.13	21699.4	13288.7	7690.52	109806	6914.63	15195.8	16656	10808.5	8428.73	7906.13
广东省	41809.3	33329.8	35230	27745.9	11651.7	12821.3	13966.9	36783.8	0	47816.6	20882.5	54818.6	30114.1	57215	39178.9	40232.6	74556.1	35834.5	26251.7	50063.9	46885.8	45124.3	35230
广西壮族自	89463	17959	16931.4	74428	59279.9	45803.8	37062.2	11937.6	47816.6	0	27187.7	45296.2	19364.1	9793.83	13427.7	8813.16	119276	15074.6	26986.1	7980.43	12081.5	7329.17	19364.1
重庆市	62426.7	14030.6	14987.8	47427.7	32177.5	19780.6	11181.7	16028.2	20882.5	27187.7	0	46534.5	9510.82	36793.2	20576.7	19732.2	94308.8	15469.7	6077.73	30123.1	26450.1	24442.3	14987.8
西藏自治区	85648.1	51650.2	50027.5	79819.7	64009.1	61826.5	55550.2	47046.6	54818.6	45296.2	46534.5	0	47793.7	46812.2	34189.7	41674.9	101647	43258.9	50424.3	40322	54268.3	49355.4	50027.5
陕西省	71313.5	8421.52	5601.94	55801.6	41096.5	26584.6	18636.3	7906.13	30114.1	19364.1	9510.82	47793.7	0	29142	16900.5	13319.8	103706	9517.31	8595.8	23527	17855.7	16048.7	5601.94
甘肃省	98819.3	27297.1	26425.8	84042.2	68759.3	55590.3	46752.1	21699.4	57215	9793.83	36793.2	46812.2	29142	0	20207.1	17644	127540	24306.3	36727.2	12844.9	20142.6	16977.7	29142
青海省	80021	18665	18114.5	66803.9	50804.3	40299.4	31495.6	13288.7	39178.9	13427.7	20576.7	34189.7	16900.5	20207.1	0	7924.98	107561	9555.94	22468.6	12034.8	20376.8	15766.1	18114.5
新类1	81723.2	13977	13240.6	67145.6	51741.1	38919.9	30190.9	7690.52	40232.6	8813.16	19732.2	41674.9	13319.8	17644	7924.98	0	111535	7628.67	20215.9	10822	14070.4	9712.38	13319.8
新类3	40945.7	107045	108927	59196.9	65753.8	83684.6	88360.1	109806	74556.1	119276	94308.8	101647	103706	127540	107561	111535	0	107728	100193	119478	120260	117895	108927
新类5	77563.8	10284	11426.3	62567.7	47324.8	34615.8	25482	6914.63	35834.5	15074.6	15469.7	43258.9	9517.31	24306.3	9555.94	7628.67	107728	0	15654.1	17391	16901.5	13752.6	11426.3
新类6	67606.4	11672.6	13597.9	51832.5	37204.3	22940.3	14446.6	15195.8	26251.7	26986.1	6077.73	50424.3	8595.8	36727.2	22468.6	20215.9	100193	15654.1	0	30723.5	24808.3	23414.4	13597.9
新类7	91434.2	22750.9	22005	77310.3	61687.2	49533.9	40579.9	16656	50063.9	7980.43	30123.1	40322	23527	12844.9	12034.8	10822	119478	17391	30723.5	0	18557.5	12709.4	23527
新类8	88417.6	14027.4	14499.1	72018.6	57863	42905.7	34477.9	10808.5	46885.8	12081.5	26450.1	54268.3	17855.7	20142.6	20376.8	14070.4	120260	16901.5	24808.3	18557.5	0	10218.8	17855.7
新类9	86798.4	13348.7	13210.1	70975.3	56345.6	42015.6	33379.1	8428.73	45124.3	7329.17	24442.3	49355.4	16048.7	16977.7	15766.1	9712.38	117895	13752.6	23414.4	12709.4	10218.8	0	16048.7
新类10	75992.7	9874.95	5601.94	60249.9	45934.1	30481.9	23301	7906.13	35230	19364.1	14987.8	50027.5	5601.94	29142	18114.5	13319.8	108927	11426.3	13597.9	23527	17855.7	16048.7	0

图 10.23　新类 10

格中输入“新类 11”。在 B23 单元格中使用 IF 函数求出 B11 和 B18 单元格中的较大值。复制公式到 V23 单元格。在 W23 单元格中输入数字 0，表示新类 11 到新类 11 的距离。结果如图 10.24 所示。

	天津市	辽宁省	江苏省	浙江省	福建省	山东省	湖南省	广东省	广西壮族自	重庆市	西藏自治区	甘肃省	青海省	新类1	新类3	新类5	新类6	新类7	新类8	新类9	新类10	新类11
天津市	0	74784.6	20109.4	30645.8	47112.8	54232.9	78410.7	41809.3	89463	62426.7	85648.1	98819.3	80021	81723.2	40945.7	77563.8	67606.4	91434.2	88417.6	86798.4	75992.7	67606.4
辽宁省	74784.6	0	58234.2	44151.3	29836.5	20781.6	7202.09	33329.8	17959	14030.6	51650.2	27297.1	18665	13977	107045	10284	11672.6	22750.9	14027.4	13348.7	9874.95	14030.6
江苏省	20109.4	58234.2	0	16410.6	30129.2	37605	62806	27745.9	74428	47427.7	79819.7	84042.2	66803.9	67145.6	59196.9	62567.7	51832.5	77310.3	72018.6	70975.3	60249.9	51832.5
浙江省	30645.8	44151.3	16410.6	0	18105.2	23691.6	48015.8	11651.7	59279.9	32177.5	64009.1	68759.3	50804.3	51741.1	65753.8	47324.8	37204.3	61687.2	57863	56345.6	45934.1	37204.3
福建省	47112.8	29836.5	30129.2	18[illegible] 16410	0	10175.3	33966.1	12821.3	45803.8	19780.6	61826.5	55590.3	40299.4	38919.9	83684.6	34615.8	22940.3	49533.9	42905.7	42015.6	30481.9	22940.3
山东省	54232.9	20781.6	37605	23[illegible]	[illegible]75.3	0	25290.9	13966.9	37062.2	11181.7	55550.2	46752.1	31495.6	30190.9	88360.1	25482	14446.6	40579.9	34477.9	33379.1	23301	14446.6
湖南省	78410.7	7202.09	62806	48015.8	33966.1	25290.9	0	36783.8	11937.6	16028.2	47046.6	21699.4	13288.7	7690.52	109806	6914.63	15195.8	16656	10808.5	8428.73	7906.13	16028.2
广东省	41809.3	33329.8	27745.9	11651.7	12821.3	13966.9	36783.8	0	47816.6	20882.5	54818.6	57215	39178.9	40232.6	74556.1	35834.5	26251.7	50063.9	46885.8	45124.3	35230	26251.7
广西壮族自	89463	17959	74428	59279.9	45803.8	37062.2	11937.6	47816.6	0	27187.7	45296.2	9793.83	13427.7	8813.16	119276	15074.6	26986.1	7980.43	12081.5	7329.17	19364.1	27187.7
重庆市	62426.7	14030.6	47427.7	32177.5	19780.6	11181.7	16028.2	20882.5	27187.7	0	46534.5	36793.2	20576.7	19732.2	94308.8	15469.7	6077.73	30123.1	26450.1	24442.3	14987.8	6077.73
西藏自治区	85648.1	51650.2	79819.7	64009.1	61826.5	55550.2	47046.6	54818.6	45296.2	46534.5	0	46812.2	34189.7	41674.9	101647	43258.9	50424.3	40322	54268.3	49355.4	50027.5	50424.3
甘肃省	98819.3	27297.1	84042.2	68759.3	55590.3	46752.1	21699.4	57215	9793.83	36793.2	46812.2	0	20207.1	17644	127540	24306.3	36727.2	12844.9	20142.6	16977.7	29142	36793.2
青海省	80021	18665	66803.9	50804.3	40299.4	31495.6	13288.7	39178.9	13427.7	20576.7	34189.7	20207.1	0	7924.98	107561	9555.94	22468.6	12034.8	20376.8	15766.1	18114.5	22468.6
新类1	81723.2	13977	67145.6	51741.1	38919.9	30190.9	7690.52	40232.6	8813.16	19732.2	41674.9	17644	7924.98	0	111535	7628.67	20215.9	10822	14070.4	9712.38	13319.8	20215.9
新类3	40945.7	107045	59196.9	65753.8	83684.6	88360.1	109806	74556.1	119276	94308.8	101647	127540	107561	111535	0	107728	100193	119478	120260	117895	108927	100193
新类5	77563.8	10284	62567.7	47324.8	34615.8	25482	6914.63	35834.5	15074.6	15469.7	43258.9	24306.3	9555.94	7628.67	107728	0	15654.1	17391	16901.5	13752.6	11426.3	15654.1
新类6	67606.4	11672.6	51832.5	37204.3	22940.3	14446.6	15195.8	26251.7	26986.1	6077.73	50424.3	36727.2	22468.6	20215.9	100193	15654.1	0	30723.5	24808.3	23414.4	13597.9	6077.73
新类7	91434.2	22750.9	77310.3	61687.2	49533.9	40579.9	16656	50063.9	7980.43	30123.1	40322	12844.9	12034.8	10822	119478	17391	30723.5	0	18557.5	12709.4	23527	30723.5
新类8	88417.6	14027.4	72018.6	57863	42905.7	34477.9	10808.5	46885.8	12081.5	26450.1	54268.3	20142.6	20376.8	14070.4	120260	16901.5	24808.3	18557.5	0	10218.8	17855.7	26450.1
新类9	86798.4	13348.7	70975.3	56345.6	42015.6	33379.1	8428.73	45124.3	7329.17	24442.3	49355.4	16977.7	15766.1	9712.38	117895	13752.6	23414.4	12709.4	10218.8	0	16048.7	24442.3
新类10	75992.7	9874.95	60249.9	45934.1	30481.9	23301	7906.13	35230	19364.1	14987.8	50027.5	29142	18114.5	13319.8	108927	11426.3	13597.9	23527	17855.7	16048.7	0	14987.8
新类11	67606.4	14030.6	51832.5	37204.3	22940.3	14446.6	16028.2	26251.7	27187.7	6077.73	50424.3	36793.2	22468.6	20215.9	100193	15654.1	6077.73	30723.5	26450.1	24442.3	14987.8	0

图 10.24　新类 11

复制数据到新工作表，仅粘贴数值，粘贴时上边不空行，左边不空列。删除重庆市和新类 6 所在的第 11 行和第 18 行，删除重庆市和新类 6 所在的 K 列和 R 列。删除时，注意先删除右边的列或者下边的行。选择工作表中的所有数据，打开“新建格式规则”对话框。在“选择规则类型”列表框中选择“仅对排名靠前或靠后的数值设置格式”。在“编辑规则说明”中，在左侧的下拉列表框中选择“后”，在中间的文本框中输入 21，单击“确定”按钮后，对角线、P8 和 H16 单元格的背景被填充为淡蓝色，这样就找到了非 0 的最小值 6914.63。

把湖南省和新类 5 归为新类 12。在 V1 单元格中输入“新类 12”。在 V2 单元格中使用 IF 函数求出 H2 和 P2 单元格中的较大值。复制公式到 V21 单元格。在 A22 单元格中输入“新类 12”。在 B22 单元格中使用 IF 函数求出 B8 和 B16 单元格中的较大值。复制公式到 U22 单元格。在 V22 单元格中输入数字 0，表示新类 12 到新类 12 的距离。结果如图 10.25 所示。

复制数据到新工作表，仅粘贴数值，粘贴时上边不空行，左边不空列。删除湖南省和新类 5 所在的第 8 行和第 16 行，删除湖南省和新类 5 所在的 H 列和 P 列。删除时，注意先删除右边的列或者下边的行。选择工作表中的所有数据，打开“新建格式规则”对话框。在“选择规则类型”列表框中选择“仅对排名靠前或靠后的数值设置格式”。在“编辑规则说明”中，在左侧的下拉列表框中选择“后”，在中间的文本框中输入 20，单击“确定”按钮

	天津市	辽宁省	江苏省	浙江省	福建省	山东省	湖南省	广东省	广西壮族自	西藏自治区	甘肃省	青海省	新类1	新类3	新类5	新类7	新类8	新类9	新类10	新类11	新类12
天津市	0	74784.6	20109.4	30645.8	47112.8	54232.9	78410.7	41809.3	89463	85648.1	98819.3	80021	81723.2	40945.7	77563.8	91434.2	88417.6	86798.4	75992.7	67606.4	78410.7
辽宁省	74784.6	0	58234.2	44151.3	29836.5	20781.6	7202.09	33329.8	17959	51650.2	27297.1	18665	13977	107045	10284	22750.9	14027.4	13348.7	9874.95	14030.6	10284
江苏省	20109.4	58234.2	0	16410.6	30129.2	37605	62806	27745.9	74428	79819.7	84042.2	66803.9	67145.6	59196.9	62567.7	77310.3	72018.6	70975.3	60249.9	51832.5	62806
浙江省	30645.8	44151.3	16410.6	0	18105.2	23691.6	48015.8	11651.7	59279.9	64009.1	68759.3	50804.3	51741.1	65753.8	47324.8	61687.2	57863	56345.6	45934.1	37204.3	48015.8
福建省	47112.8	29836.5	30129.2	18105.2	0	10175.3	33966.1	12821.3	45803.8	61826.5	55590.3	40299.4	38919.9	83684.6	34615.8	49533.9	42905.7	42015.6	30481.9	22940.3	34615.8
山东省	54232.9	20781.6	37605	23691.6	10175.3	0	25290.9	13966.9	37062.2	55550.2	46752.1	31495.6	30190.9	88360.1	25482	40579.9	34477.9	33379.1	23301	14446.6	25482
湖南省	78410.7	7202.09	62806	48015.8	33966.1	25290.9	0	36783.8	11937.6	47046.6	21699.4	13288.7	7690.52	109806	6914.63	16656	10808.5	8428.73	7906.13	16028.2	6914.63
广东省	41809.3	33329.8	27745.9	11651.7	12821.3	13966.9	36783.8	0	47816.6	54818.6	57215	39178.9	40232.6	74556.1	35834.5	50063.9	46885.8	45124.3	35230	26251.7	36783.8
广西壮族自	89463	17959	74428	59279.9	45803.8	37062.2	11937.6	47816.6	0	45296.2	9793.83	13427.7	8813.16	119276	15074.6	7980.43	12081.5	7329.17	19364.1	27187.7	15074.6
西藏自治区	85648.1	51650.2	79819.7	64009.1	61826.5	55550.2	47046.6	54818.6	45296.2	0	46812.2	34189.7	41674.9	101647	43258.9	40322	54268.3	49355.4	50027.5	50424.3	47046.6
甘肃省	98819.3	27297.1	84042.2	68759.3	55590.3	46752.1	21699.4	57215	9793.83	46812.2	0	20207.1	17644	127540	24306.3	12844.9	20142.6	16977.7	29142	36793.2	24306.3
青海省	80021	18665	66803.9	50804.3	40299.4	31495.6	13288.7	39178.9	13427.7	34189.7	20207.1	0	7924.98	107561	9555.94	12034.8	20376.8	15766.1	18114.5	22468.6	13288.7
新类1	81723.2	13977	67145.6	51741.1	38919.9	30190.9	7690.52	40232.6	8813.16	41674.9	17644	7924.98	0	111535	7628.67	10822	14070.4	9712.38	13319.8	20215.9	7690.52
新类3	40945.7	107045	59196.9	65753.8	83684.6	88360.1	109806	74556.1	119276	101647	127540	107561	111535	0	107728	119478	120260	117895	108927	100193	109806
新类5	77563.8	10284	62567.7	47324.8	34615.8	25482	6914.63	35834.5	15074.6	43258.9	24306.3	9555.94	7628.67	107728	0	17391	16901.5	13752.6	11426.3	15654.1	6914.63
新类7	91434.2	22750.9	77310.3	61687.2	49533.9	40579.9	16656	50063.9	7980.43	40322	12844.9	12034.8	10822	119478	17391	0	18557.5	12709.4	23527	30723.5	17391
新类8	88417.6	14027.4	72018.6	57863	42905.7	34477.9	10808.5	46885.8	12081.5	54268.3	20142.6	20376.8	14070.4	120260	16901.5	18557.5	0	10218.8	17855.7	26450.1	16901.5
新类9	86798.4	13348.7	70975.3	56345.6	42015.6	33379.1	8428.73	45124.3	7329.17	49355.4	16977.7	15766.1	9712.38	117895	13752.6	12709.4	10218.8	0	16048.7	24442.3	13752.6
新类10	75992.7	9874.95	60249.9	45934.1	30481.9	23301	7906.13	35230	19364.1	50027.5	29142	18114.5	13319.8	108927	11426.3	23527	17855.7	16048.7	0	14987.8	11426.3
新类11	67606.4	14030.6	51832.5	37204.3	22940.3	14446.6	16028.2	26251.7	27187.7	50424.3	36793.2	22468.6	20215.9	100193	15654.1	30723.5	26450.1	24442.3	14987.8	0	16028.2
新类12	78410.7	10284	62806	48015.8	34615.8	25482	6914.63	36783.8	15074.6	47046.6	24306.3	13288.7	7690.52	109806	6914.63	17391	16901.5	13752.6	11426.3	16028.2	0

图 10.25　新类 12

后，对角线、Q9 和 I17 单元格的背景被填充为淡蓝色，这样就找到了非 0 的最小值 7329.167。

把广西壮族自治区和新类 9 归为新类 13。在 U1 单元格中输入“新类 13”。在 U2 单元格中使用 IF 函数求出 I2 和 Q2 单元格中的较大值。复制公式到 U20 单元格。在 A21 单元格中输入“新类 13”。在 B21 单元格中使用 IF 函数求出 B9 和 B17 单元格中的较大值。复制公式到 T21 单元格。在 U21 单元格中输入数字 0，表示新类 13 到新类 13 的距离。结果如图 10.26 所示。

	天津市	辽宁省	江苏省	浙江省	福建省	山东省	广东省	广西壮族自	西藏自治区	甘肃省	青海省	新类1	新类3	新类7	新类8	新类9	新类10	新类11	新类12	新类13
天津市	0	74784.62	20109.39	30645.8	47112.85	54232.93	41809.31	89463.02	85648.05	98819.32	80020.96	81723.21	40945.74	91434.21	88417.62	86798.43	75992.71	67606.41	78410.75	89463.02
辽宁省	74784.62	0	58234.18	44151.26	29836.46	20781.6	33329.83	17958.95	51650.25	27297.13	18665.01	13977.02	107045.4	22750.89	14027.36	13348.69	9874.949	14030.56	10283.99	17958.95
江苏省	20109.39	58234.18	0	16410.57	30129.24	37605.03	27745.91	74427.96	79819.73	84042.24	66803.95	67145.63	59196.92	77310.31	72018.56	70975.32	60249.94	51832.52	62805.97	74427.96
浙江省	30645.8	44151.26	16410.57	0	18105.23	23691.65	11651.74	59279.93	64009.11	68759.31	50804.26	51741.1	65753.83	61687.16	57863.03	56345.56	45934.12	37204.28	48015.83	59279.93
福建省	47112.85	29836.46	30129.24	18105.23	0	10175.33	12821.31	45803.85	61826.45	55590.3	40299.36	38919.91	83684.58	49533.88	42905.73	42015.64	30481.86	22940.3	34615.78	45803.85
山东省	54232.93	20781.6	37605.03	23691.65	10175.33	0	13966.86	37062.17	55550.22	46752.05	31495.6	30190.91	88360.06	40579.93	34477.91	33379.14	23300.96	14446.58	25481.97	37062.17
广东省	41809.31	33329.83	27745.91	11651.74	12821.31	13966.86	0	47816.64	54818.59	57214.98	39178.9	40232.65	74556.11	50063.94	46885.81	45124.27	35229.98	26251.69	36783.79	47816.64
广西壮族自	89463.02	17958.95	74427.96	59279.93	45803.85	37062.17	47816.64	0	45296.17	9793.832	13427.71	8813.157	119275.7	7980.427	12081.5	7329.167	19364.14	27187.74	15074.59	7329.167
西藏自治区	85648.05	51650.25	79819.73	64009.11	61826.45	55550.22	54818.59	45296.17	0	46812.2	34189.75	41674.86	101646.5	40321.97	54268.31	49355.41	50027.46	50424.35	47046.59	49355.41
甘肃省	98819.32	27297.13	84042.24	68759.31	55590.3	46752.05	57214.98	9793.832	46812.2	0	20207.1	17643.97	127540.1	12844.89	20142.6	16977.7	29142	36793.16	24306.31	16977.7
青海省	80020.96	18665.01	66803.95	50804.26	40299.36	31495.6	39178.9	13427.71	34189.75	20207.1	0	7924.977	107560.8	12034.78	20376.83	15766.11	18114.47	22468.58	13288.7	15766.11
新类1	81723.21	13977.02	67145.63	51741.1	38919.91	30190.91	40232.65	8813.157	41674.86	17643.97	7924.977	0	111534.6	10822	14070.41	9712.383	13319.84	20215.9	7690.52	9712.383
新类3	40945.74	107045.4	59196.92	65753.83	83684.58	88360.06	74556.11	119275.7	101646.5	127540.1	107560.8	111534.6	0	119477.7	120260.3	117895.4	108926.9	100192.9	109805.7	119275.7
新类7	91434.21	22750.89	77310.31	61687.16	49533.88	40579.93	50063.94	7980.427	40321.97	12844.89	12034.78	10822	119477.7	0	18557.5	12709.38	23527.03	30723.5	17390.98	12709.38
新类8	88417.62	14027.36	72018.56	57863.03	42905.73	34477.91	4688[illegible]	[illegible]1.5	54268.31	20142.6	20376.83	14070.41	120260.3	18557.5	0	10218.76	17855.74	26450.12	16901.53	12081.5
新类9	86798.43	13348.69	70975.32	56345.56	42015.64	33379.14	4512[illegible]	[illegible]167	49355.41	16977.7	15766.11	9712.383	117895.4	12709.38	10218.76	0	16048.72	24442.33	13752.62	7329.167
新类10	75992.71	9874.949	60249.94	45934.12	30481.86	23300.96	35229.98	19364.14	50027.46	29142	18114.47	13319.84	108926.9	23527.03	17855.74	16048.72	0	14987.76	11426.26	19364.14
新类11	67606.41	14030.56	51832.52	37204.28	22940.3	14446.58	26251.69	27187.74	50424.35	36793.16	22468.58	20215.9	100192.9	30723.5	26450.12	24442.33	14987.76	0	16028.23	27187.74
新类12	78410.75	10283.99	62805.97	48015.83	34615.78	25481.97	36783.79	15074.59	47046.59	24306.31	13288.7	7690.52	109805.7	17390.98	16901.53	13752.62	11426.26	16028.23	0	15074.59
新类13	89463.02	17958.95	74427.96	59279.93	45803.85	37062.17	47816.64	7329.167	49355.41	16977.7	15766.11	9712.383	119275.7	12709.38	12081.5	7329.167	19364.14	27187.74	15074.59	0

图 10.26　新类 13

复制数据到新工作表，仅粘贴数值，粘贴时上边不空行，左边不空列。删除广西壮族自治区和新类 9 所在的第 17 行和第 9 行，删除广西壮族自治区和新类 9 所在的 Q 列和 I 列。删除时，注意先删除右边的列或者下边的行。选择工作表中的所有数据，打开“新建格式规则”对话框。在“选择规则类型”列表框中选择“仅对排名靠前或靠后的数值设置格式”。在“编辑规则说明”中，在左侧的下拉列表框中选择“后”，在中间的文本框中输入 19，单击“确定”按钮后，对角线、R12 和 L18 单元格的背景被填充为淡蓝色，这样就找到了非 0 的最小值 7690.52。

把新类 1 和新类 12 归为新类 14。在 T1 单元格中输入“新类 14”。在 T2 单元格中使用 IF 函数求出 L2 和 R2 单元格的较大值，复制公式到 T19 单元格。在 A20 单元格中输入“新类 14”。在 B20 单元格中使用 IF 函数求出 B12 和 B18 单元格中的较大值。复制公式到 S20 单元格。在 T20 单元格中输入数字 0，表示新类 14 到新类 14 的距离。结果如图 10.27 所示。

复制数据到新工作表，仅粘贴数值，粘贴时上边不空行，左边不空列。删除新类 1 和

	天津市	辽宁省	江苏省	浙江省	福建省	山东省	广东省	西藏自治区	甘肃省	青海省	新类1	新类3	新类7	新类8	新类10	新类11	新类12	新类13	新类14
天津市	0	74784.62	20109.39	30645.8	47112.85	54232.93	41809.31	85648.05	98819.32	80020.96	81723.21	40945.74	91434.21	88417.62	75992.71	67606.41	78410.75	89463.02	81723.21
辽宁省	74784.62	0	58234.18	44151.26	29836.46	20781.6	33329.83	51650.25	27297.13	18665.01	13977.02	107045.4	22750.89	14027.36	9874.949	14030.56	10283.99	17958.95	13977.02
江苏省	20109.39	58234.18	0	16410.57	30129.24	37605.03	27745.91	79819.73	84042.24	66803.95	67145.63	59196.92	77310.31	72018.56	60249.94	51832.52	62805.97	74427.96	67145.63
浙江省	30645.8	44151.26	16410.57	0	18105.23	23691.65	11651.74	64009.11	68759.31	50804.26	51741.1	65753.83	61687.16	57863.03	45934.12	37204.28	48015.83	59279.93	51741.1
福建省	47112.85	29836.46	30129.24	18105.23	0	10175.33	12821.31	61826.45	55590.3	40299.36	38919.91	83684.58	49533.88	42905.73	30481.86	22940.3	34615.78	45803.85	38919.91
山东省	54232.93	20781.6	37605.03	23691.65	10175.33	0	13966.86	55550.22	46752.05	31495.6	30190.91	88360.06	40579.93	34477.91	23300.96	14446.58	25481.97	37062.17	30190.91
广东省	41809.31	33329.83	27745.91	11651.74	12821.31	13966.86	0	54818.59	57214.98	39178.9	40232.65	74556.11	50063.94	46885.81	35229.98	26251.69	36783.79	47816.64	40232.65
西藏自治区	85648.05	51650.25	79819.73	64009.11	61826.45	55550.22	54818.59	0	46812.2	34189.75	41674.86	101646.5	40321.97	54268.31	50027.46	50424.35	47046.59	49355.41	47046.59
甘肃省	98819.32	27297.13	84042.24	68759.31	55590.3	46752.05	57214.98	46812.2	0	20207.1	17643.97	127540.1	12844.89	20142.6	29142	36793.16	24306.31	16977.7	24306.31
青海省	80020.96	18665.01	66803.95	50804.26	40299.36	31495.6	39178.9	34189.75	20207.1	0	7924.977	107560.8	12034.78	20376.83	18114.47	22468.58	13288.7	15766.11	13288.7
新类1	81723.21	13977.02	67145.63	51741.1	38919.91	30190.91	40232.65	41674.86	17643.97	7924.977	0	111534.6	10822	14070.41	13319.84	20215.9	7690.52	9712.383	7690.52
新类3	40945.74	107045.4	59196.92	65753.83	83684.58	88360.06	74556.11	101646.5	127540.1	107560.8	111534.6	0	119477.7	120260.3	108926.9	100192.9	109805.7	119275.7	111534.6
新类7	91434.21	22750.89	77310.31	61687.16	49533.88	40579.93	50063.94	40321.97	12844.89	12034.78	10822	119477.7	0	18557.5	23527.03	30723.5	17390.98	12709.38	17390.98
新类8	88417.62	14027.36	72018.56	57863.03	42905.73	34477.91	46885.81	54268.31	20142.6	20376.83	14070.41	120260.3	18557.5	0	17855.74	26450.12	16901.53	12081.5	16901.53
新类10	75992.71	9874.949	60249.94	45934.12	30481.86	23300.96	35229.98	50027.46	29142	18114.47	13319.84	108926.9	23527.03	17855.74	0	14987.76	11426.26	19364.14	13319.84
新类11	67606.41	14030.56	51832.52	37204.28	22940.3	14446.58	26251.69	50424.35	36793.16	22468.58	20215.9	100192.9	30723.5	26450.12	14987.76	0	16028.23	27187.74	20215.9
新类12	78410.75	10283.99	62805.97	48015.83	34615.78	25481.97	36783.79	47046.59	24306.31	13288.7	7690.52	109805.7	17390.98	16901.53	11426.26	16028.23	0	15074.59	7690.52
新类13	89463.02	17958.95	74427.96	59279.93	45803.85	37062.17	47816.64	49355.41	16977.7	15766.11	9712.383	119275.7	12709.38	12081.5	19364.14	27187.74	15074.59	0	15074.59
新类14	81723.21	13977.02	67145.63	51741.1	38919.91	30190.91	40232.65	47046.59	24306.31	13288.7	7690.52	111534.6	17390.98	16901.53	13319.84	20215.9	7690.52	15074.59	0

图 10.27　新类 14

新类 12 所在的第 18 行和第 12 行，删除新类 1 和新类 12 所在的 R 列和 L 列。删除时，注意先删除右边的列或者下边的行。选择工作表中的所有数据，打开“新建格式规则”对话框。在“选择规则类型”列表框中选择“仅对排名靠前或靠后的数值设置格式”。在“编辑规则说明”中，在左侧的下拉列表框中选择“后”，在中间的文本框中输入 18，单击“确定”按钮后，对角线、C15 和 O3 单元格的背景被填充为淡蓝色，这样就找到了非 0 的最小值 9874.949。

把辽宁省和新类 10 归为新类 15。在 S1 单元格中输入“新类 15”。在 S2 单元格中使用 IF 函数求出 C2 和 O2 单元格中的较大值。复制公式到 S18 单元格。在 A19 单元格中输入“新类 15”。在 B19 单元格中使用 IF 函数求出 B3 和 B15 单元格中的较大值。复制公式到 R19 单元格。在 T20 单元格中输入数字 0，表示新类 15 到新类 15 的距离。结果如图 10.28 所示。

	天津市	辽宁省	江苏省	浙江省	福建省	山东省	广东省	西藏自治区	甘肃省	青海省	新类3	新类7	新类8	新类10	新类11	新类13	新类14	新类15
天津市	0	74784.62	20109.39	30645.8	47112.85	54232.93	41809.31	85648.05	98819.32	80020.96	40945.74	91434.21	88417.62	75992.71	67606.41	89463.02	81723.21	75992.71
辽宁省	74784.62	0	58234.18	44151.26	29836.46	20781.6	33329.83	51650.25	27297.13	18665.01	107045.4	22750.89	14027.36	9874.949	14030.56	17958.95	13977.02	9874.949
江苏省	20109.39	58234.18	0	16410.57	30129.24	37605.03	27745.91	79819.73	84042.24	66803.95	59196.92	77310.31	72018.56	60249.94	51832.52	74427.96	67145.63	60249.94
浙江省	30645.8	44151.26	16410.57	0	18105.23	23691.65	11651.74	64009.11	68759.31	50804.26	65753.83	61687.16	57863.03	45934.12	37204.28	59279.93	51741.1	45934.12
福建省	47112.85	29836.46	30129.24	18105.23	0	10175.33	12821.31	61826.45	55590.3	40299.36	83684.58	49533.88	42905.73	30481.86	22940.3	45803.85	38919.91	30481.86
山东省	54232.93	20781.6	37605.03	23691.65	10175.33	0	13966.86	55550.22	46752.05	31495.6	88360.06	40579.93	34477.91	23300.96	14446.58	37062.17	30190.91	23300.96
广东省	41809.31	33329.83	27745.91	11651.74	12821.31	13966.86	0	54818.59	57214.98	39178.9	74556.11	50063.94	46885.81	35229.98	26251.69	47816.64	40232.65	35229.98
西藏自治区	85648.05	51650.25	79819.73	64009.11	61826.45	55550.22	54818.59	0	46812.2	34189.75	101646.5	40321.97	54268.31	50027.46	50424.35	49355.41	47046.59	51650.25
甘肃省	98819.32	27297.13	84042.24	68759.31	55590.3	46752.05	57214.98	46812.2	0	20207.1	127540.1	12844.89	20142.6	29142	36793.16	16977.7	24306.31	29142
青海省	80020.96	18665.01	66803.95	50804.26	40299.36	31495.6	39178.9	34189.75	20207.1	0	107560.8	12034.78	20376.83	18114.47	22468.58	15766.11	13288.7	18665.01
新类3	40945.74	107045.4	59196.92	65753.83	83684.58	88360.06	74556.11	101646.5	127540.1	107560.8	0	119477.7	120260.3	108926.9	100192.9	119275.7	111534.6	108926.9
新类7	91434.21	22750.89	77310.31	61687.16	49533.88	40579.93	50063.94	40321.97	12844.89	12034.78	119477.7	0	18557.5	23527.03	30723.5	12709.38	17390.98	23527.03
新类8	88417.62	14027.36	72018.56	57863.03	42905.73	34477.91	46885.81	54268.31	20142.6	20376.83	120260.3	18557.5	0	17855.74	26450.12	12081.5	16901.53	17855.74
新类10	75992.71	9874.949	60249.94	45934.12	30481.86	23300.96	35229.98	50027.46	29142	18114.47	108926.9	23527.03	17855.74	0	14987.76	19364.14	13319.84	9874.949
新类11	67606.41	14030.56	51832.52	37204.28	22940.3	14446.58	26251.69	50424.35	36793.16	22468.58	100192.9	30723.5	26450.12	14987.76	0	27187.74	20215.9	14987.76
新类13	89463.02	17958.95	74427.96	59279.93	45803.85	37062.17	47816.64	49355.41	16977.7	15766.11	119275.7	12709.38	12081.5	19364.14	27187.74	0	15074.59	19364.14
新类14	81723.21	13977.02	67145.63	51741.1	38919.91	30190.91	40232.65	47046.59	24306.31	13288.7	111534.6	17390.98	16901.53	13319.84	20215.9	15074.59	0	13977.02
新类15	75992.71	9874.949	60249.94	45934.12	30481.86	23300.96	35229.98	51650.25	29142	18665.01	108926.9	23527.03	17855.74	9874.949	14987.76	19364.14	13977.02	0

图 10.28　新类 15

复制数据到新工作表，仅粘贴数值，粘贴时上边不空行，左边不空列。删除辽宁省和新类 10 所在的第 15 行和第 3 行，删除辽宁省和新类 10 所在的 O 列和 C 列。删除时，注意先删除右边的列或者下边的行。选择工作表中的所有数据，打开“新建格式规则”对话框。在“选择规则类型”列表框中选择“仅对排名靠前或靠后的数值设置格式”。在“编辑规则说明”中，在左侧的下拉列表框中选择“后”，在中间的文本框中输入 17，单击“确定”按钮后，对角线、E6 和 F5 单元格的背景被填充为淡蓝色，这样就找到了非 0 的最小值 10175.33。

把福建省和山东省归为新类 16。在 R1 单元格中输入“新类 16”。在 R2 单元格中使用 IF 函数求出 E2 和 F2 单元格中的较大值。复制公式到 R17 单元格。在 A18 单元格中输入新类 16。在 B18 单元格中使用 IF 函数求出 B5 和 B6 单元格中的较大值。复制公式到 Q18 单元格。在 R20 单元格中输入数字 0，表示新类 16 到新类 16 的距离。结果如图 10.29 所示。

	天津市	江苏省	浙江省	福建省	山东省	广东省	西藏自治区	甘肃省	青海省	新类3	新类7	新类8	新类11	新类13	新类14	新类15	新类16
天津市	0	20109.39	30645.8	47112.85	54232.93	41809.31	85648.05	98819.32	80020.96	40945.74	91434.21	88417.62	67606.41	89463.02	81723.21	75992.71	54232.93
江苏省	20109.39	0	16410.57	30129.24	37605.03	27745.91	79819.73	84042.24	66803.95	59196.92	77310.31	72018.56	51832.52	74427.96	67145.63	60249.94	37605.03
浙江省	30645.8	16410.57	0	18105.23	23691.65	11651.74	64009.11	68759.31	50804.26	65753.83	61687.16	57863.03	37204.28	59279.93	51741.1	45934.12	23691.65
福建省	47112.85	30129.24	18105.23	0	10175.33	12821.31	61826.45	55590.3	40299.36	83684.58	49533.88	42905.73	22940.3	45803.85	38919.91	30481.86	10175.33
山东省	54232.93	37605.03	23691.65	10175.33	0	13966.86	55550.22	46752.05	31495.6	88360.06	40579.93	34477.91	14446.58	37062.17	30190.91	23300.96	10175.33
广东省	41809.31	27745.91	11651.74	12821.31	13966.86	0	54818.59	57214.98	39178.9	74556.11	50063.94	46885.81	26251.69	47816.64	40232.65	35229.98	13966.86
西藏自治区	85648.05	79819.73	64009.11	61826.45	55550.22	54818.59	0	46812.2	34189.75	101646.5	40321.97	54268.31	50424.35	49355.41	47046.59	51650.25	61826.45
甘肃省	98819.32	84042.24	68759.31	55590.3	46752.05	57214.98	46812.2	0	20207.1	127540.1	12844.89	20142.6	36793.16	16977.7	24306.31	29142	55590.3
青海省	80020.96	66803.95	50804.26	40299.36	31495.6	39178.9	34189.75	20207.1	0	107560.8	12034.78	20376.83	22468.58	15766.11	13288.7	18665.01	40299.36
新类3	40945.74	59196.92	65753.83	83684.58	88360.06	74556.11	101646.5	127540.1	107560.8	0	119477.7	120260.3	100192.9	119275.7	111534.6	108926.9	88360.06
新类7	91434.21	77310.31	61687.16	49533.88	40579.93	50063.94	40321.97	12844.89	12034.78	119477.7	0	18557.5	30723.5	12709.38	17390.98	23527.03	49533.88
新类8	88417.62	72018.56	57863.03	42905.73	34477.91	46885.81	54268.31	20142.6	20376.83	120260.3	18557.5	0	26450.12	12081.5	16901.53	17855.74	42905.73
新类11	67606.41	51832.52	37204.28	22940.3	14446.58	26251.69	50424.35	36793.16	22468.58	100192.9	30723.5	26450.12	0	27187.74	20215.9	14987.76	22940.3
新类13	89463.02	74427.96	59279.93	45803.85	37062.17	47816.64	49355.41	16977.7	15766.11	119275.7	12709.38	12081.5	27187.74	0	15074.59	19364.14	45803.85
新类14	81723.21	67145.63	51741.1	38919.91	30190.91	40232.65	47046.59	24306.31	13288.7	111534.6	17390.98	16901.53	20215.9	15074.59	0	13977.02	38919.91
新类15	75992.71	60249.94	45934.12	30481.86	23300.96	35229.98	51650.25	29142	18665.01	108926.9	23527.03	17855.74	14987.76	19364.14	13977.02	0	30481.86
新类16	54232.93	37605.03	23691.65	10175.33	10175.33	13966.86	61826.45	55590.3	40299.36	88360.06	49533.88	42905.73	22940.3	45803.85	38919.91	30481.86	0

图 10.29　新类 16

复制数据到新工作表，仅粘贴数值，粘贴时上边不空行，左边不空列。删除福建省和山东省所在的第 6 行和第 5 行，删除福建省和山东省所在的 F 列和 E 列。删除时，注意先删除右边的列或者下边的行。选择工作表中的所有数据，打开“新建格式规则”对话框。在“选择规则类型”列表框中选择“仅对排名靠前或靠后的数值设置格式”。在“编辑规则说明”中，在左侧的下拉列表框中选择“后”，在中间的文本框中输入 16，单击“确定”按钮后，对角线、E4 和 D5 单元格的背景被填充为淡蓝色，这样就找到了非 0 的最小值 11651.74。

把浙江省和广东省归为新类 17。在 Q1 单元格中输入“新类 17”。在 Q2 单元格中使用 IF 函数求出 E2 和 D2 单元格中的较大值。复制公式到 Q16 单元格。在 A17 单元格中输入“新类 17”。在 B17 单元格中使用 IF 函数求出 B5 和 B4 单元格中的较大值。复制公式到 P17 单元格。在 Q17 单元格中输入数字 0，表示新类 17 到新类 17 的距离。结果如图 10.30 所示。

	天津市	江苏省	浙江省	广东省	西藏自治区	甘肃省	青海省	新类3	新类7	新类8	新类11	新类13	新类14	新类15	新类16	新类17
天津市	0	20109.39	30645.8	41809.31	85648.05	98819.32	80020.96	40945.74	91434.21	88417.62	67606.41	89463.02	81723.21	75992.71	54232.93	41809.31
江苏省	20109.39	0	16410.57	27745.91	79819.73	84042.24	66803.95	59196.92	77310.31	72018.56	51832.52	74427.96	67145.63	60249.94	37605.03	27745.91
浙江省	30645.8	16410.57	0	11651.74	64009.11	68759.31	50804.26	65753.83	61687.16	57863.03	37204.28	59279.93	51741.1	45934.12	23691.65	11651.74
广东省	41809.31	27745.91	11651.74	0	54818.59	57214.98	39178.9	74556.11	50063.94	46885.81	26251.69	47816.64	40232.65	35229.98	13966.86	11651.74
西藏自治区	85648.05	79819.73	64009.11	54818.59	0	46812.2	34189.75	101646.5	40321.97	54268.31	50424.35	49355.41	47046.59	51650.25	61826.45	64009.11
甘肃省	98819.32	84042.24	68759.31	57214.98	46812.2	0	20207.1	127540.1	12844.89	20142.6	36793.16	16977.7	24306.31	29142	55590.3	68759.31
青海省	80020.96	66803.95	50804.26	39178.9	34189.75	20207.1	0	107560.8	12034.78	20376.83	22468.58	15766.11	13288.7	18665.01	40299.36	50804.26
新类3	40945.74	59196.92	65753.83	74556.11	101646.5	127540.1	107560.8	0	119477.7	120260.3	100192.9	119275.7	111534.6	108926.9	88360.06	74556.11
新类7	91434.21	77310.31	61687.16	50063.94	40321.97	12844.89	12034.78	119477.7	0	18557.5	30723.5	12709.38	17390.98	23527.03	49533.88	61687.16
新类8	88417.62	72018.56	57863.03	46885.81	54268.31	20142.6	20376.83	120260.3	18557.5	0	26450.12	12081.5	16901.53	17855.74	42905.73	57863.03
新类11	67606.41	51832.52	37204.28	26251.69	50424.35	36793.16	22468.58	100192.9	30723.5	26450.12	0	27187.74	20215.9	14987.76	22940.3	37204.28
新类13	89463.02	74427.96	59279.93	47816.64	49355.41	[illegible]	15766.11	119275.7	12709.38	12081.5	27187.74	0	15074.59	19364.14	45803.85	59279.93
新类14	81723.21	67145.63	51741.1	40232.65	47046.59	36793	13288.7	111534.6	17390.98	16901.53	20215.9	15074.59	0	13977.02	38919.91	51741.1
新类15	75992.71	60249.94	45934.12	35229.98	51650.25	29142	18665.01	108926.9	23527.03	17855.74	14987.76	19364.14	13977.02	0	30481.86	45934.12
新类16	54232.93	37605.03	23691.65	13966.86	61826.45	55590.3	40299.36	88360.06	49533.88	42905.73	22940.3	45803.85	38919.91	30481.86	0	23691.65
新类17	41809.31	27745.91	11651.74	11651.74	64009.11	68759.31	50804.26	74556.11	61687.16	57863.03	37204.28	59279.93	51741.1	45934.12	23691.65	0

图 10.30　新类 17

复制数据到新工作表，仅粘贴数值，粘贴时上边不空行，左边不空列。删除浙江省和广东省所在的第 5 行和第 4 行，删除浙江省和广东省所在的 E 列和 D 列。删除时，注意先删除右边的列或者下边的行。选择工作表中的所有数据，打开“新建格式规则”对话框。在“选择规则类型”列表框中选择“仅对排名靠前或靠后的数值设置格式”。在“编辑规则说明”中，在左侧的下拉列表框中选择“后”，在中间的文本框中输入 15，单击“确定”按钮后，对角线、H6 和 F8 单元格的背景被填充为淡蓝色，这样就找到了非 0 的最小值 12034.78。

把青海省和新类 7 归为新类 18。在 P1 单元格中输入“新类 18”。在 P2 单元格中使用 IF 函数求出 F2 和 H2 单元格中的较大值。复制公式到 P15 单元格。在 A16 单元格中输入“新类 18”。在 B16 单元格中使用 IF 函数求出 B6 和 B8 单元格中的较大值。复制公式到 O16 单元格。在 P16 单元格中输入数字 0,表示新类 18 到新类 18 的距离。结果如图 10.31 所示。

	天津市	江苏省	西藏自治区	甘肃省	青海省	新类3	新类7	新类8	新类11	新类13	新类14	新类15	新类16	新类17	新类18
天津市	0	20109.39	85648.05	98819.32	80020.96	40945.74	91434.21	88417.62	67606.41	89463.02	81723.21	75992.71	54232.93	41809.31	91434.21
江苏省	20109.39	0	79819.73	84042.24	66803.95	59196.92	77310.31	72018.56	51832.52	74427.96	67145.63	60249.94	37605.03	27745.91	77310.31
西藏自治区	85648.05	79819.73	0	46812.2	34189.75	101646.5	40321.97	54268.31	50424.35	49355.41	47046.59	51650.25	61826.45	64009.11	40321.97
甘肃省	98819.32	84042.24	46812.2	0	20207.1	127540.1	12844.89	20142.6	36793.16	16977.7	24306.31	29142	55590.3	68759.31	20207.1
青海省	80020.96	66803.95	34189.75	20207.1	0	107560.8	12034.78	20376.83	22468.58	15766.11	13288.7	18665.01	40299.36	50804.26	12034.78
新类3	40945.74	59196.92	101646.5	127540.1	107560.8	0	119477.7	120260.3	100192.9	119275.7	111534.6	108926.9	88360.06	74556.11	119477.7
新类7	91434.21	77310.31	40321.97	12844.89	12034.78	119477.7	0	18557.5	30723.5	12709.38	17390.98	23527.03	49533.88	61687.16	12034.78
新类8	88417.62	72018.56	54268.31	20142.6	20376.83	120260.3	18557.5	0	26450.12	12081.5	16901.53	17855.74	42905.73	57863.03	20376.83
新类11	67606.41	51832.52	50424.35	36793.16	22468.58	100192.9	30723.5	26450.12	0	27187.74	20215.9	14987.76	22940.3	37204.28	30723.5
新类13	89463.02	74427.96	49355.41	16977.7	15766.11	119275.7	12709.38	12081.5	27187.74	0	15074.59	19364.14	45803.85	59279.93	15766.11
新类14	81723.21	67145.63	47046.59	24306.31	13288.7	111534.6	17390.98	16901.53	20215.9	15074.59	0	13977.02	38919.91	51741.1	17390.98
新类15	75992.71	60249.94	51650.25	29142	18665.01	108926.9	23527.03	17855.74	14987.76	19364.14	13977.02	0	30481.86	45934.12	23527.03
新类16	54232.93	37605.03	61826.45	55590.3	40299.36	88360.06	49533.88	42905.73	22940.3	45803.85	38919.91	30481.86	0	23691.65	49533.88
新类17	41809.31	27745.91	64009.11	68759.31	50804.26	74556.11	61687.16	57863.03	37204.28	59279.93	51741.1	45934.12	23691.65	0	61687.16
新类18	91434.21	77310.31	40321.97	20207.1	12034.78	119477.7	12034.78	20376.83	30723.5	15766.11	17390.98	23527.03	49533.88	61687.16	0

图 10.31　新类 18

复制数据到新工作表,仅粘贴数值,粘贴时上边不空行,左边不空列。删除青海省和新类 7 所在的第 8 行和第 6 行,删除青海省和新类 7 所在的 H 列和 F 列。删除时,注意先删除右边的列或者下边的行。选择工作表中的所有数据,打开“新建格式规则”对话框。在“选择规则类型”列表框中选择“仅对排名靠前或靠后的数值设置格式”。在“编辑规则说明”中,在左侧的下拉列表框中选择“后”,在中间的文本框中输入 14,单击“确定”按钮后,对角线、G9 和 I7 单元格的背景被填充为淡蓝色,这样就找到了非 0 的最小值 12081.5。

把新类 8 和新类 13 归为新类 19。在 O1 单元格中输入“新类 19”。在 O2 单元格中使用 IF 函数求出 G2 和 I2 单元格中的较大值。复制公式到 O14 单元格。在 A15 单元格中输入“新类 19”。在 B15 单元格中使用 IF 函数求出 B7 和 B9 单元格中的较大值。复制公式到 N15 单元格。在 O15 单元格中输入数字 0,表示新类 19 到新类 19 的距离。结果如图 10.32 所示。

	天津市	江苏省	西藏自治区	甘肃省	新类3	新类8	新类11	新类13	新类14	新类15	新类16	新类17	新类18	新类19
天津市	0	20109.395	85648.051	98819.317	40945.745	88417.625	67606.411	89463.016	81723.213	75992.709	54232.932	41809.314	91434.209	89463.016
江苏省	20109.395	0	79819.733	84042.236	59196.92	72018.558	51832.52	74427.959	67145.629	60249.942	37605.033	27745.914	77310.311	74427.959
西藏自治区	85648.051	79819.733	0	46812.205	101646.55	54268.308	50424.345	49355.411	47046.594	51650.246	61826.452	64009.108	40321.966	54268.308
甘肃省	98819.317	84042.236	46812.205	0	127540.1	20142.599	36793.157	16977.704	24306.308	29141.999	55590.298	68759.311	20207.101	20142.599
新类3	40945.745	59196.92	101646.55	127540.1	0	120260.28	100192.94	119275.69	111534.6	108926.89	88360.062	74556.111	119477.74	120260.28
新类8	88417.625	72018.558	54268.308	20142.599	120260.28	0	26450.123	12081.504	16901.531	17855.738	42905.732	57863.032	20376.831	12081.504
新类11	67606.411	51832.52	50424.345	36793.157	100192.94	26450.123	0	27187.736	20215.897	14987.762	22940.302	37204.275	30723.497	27187.736
新类13	89463.016	74427.959	49355.411	16977.704	119275.69	12081.504	27187.736	0	15074.586	19364.135	45803.848	59279.933	15766.113	12081.504
新类14	81723.213	67145.629	47046.594	24306.308	111534.6	16901.531	20215.897	15074.586	0	13977.019	38919.906	51741.104	17390.984	16901.531
新类15	75992.709	60249.942	51650.246	29141.999	108926.89	17855.738	14987.762	19364.135	13977.019	0	30481.861	45934.118	23527.035	19364.135
新类16	54232.932	37605.033	61826.452	55590.298	88360.062	42905.732	22940.302	45803.848	38919.906	30481.861	0	23691.645	49533.883	45803.848
新类17	41809.314	27745.914	64009.108	68759.311	74556.111	57863.032	37204.275	59279.933	51741.104	45934.118	23691.645	0	61687.163	59279.933
新类18	91434.209	77310.311	40321.966	20207.101	119477.74	20376.831	30723.497	15766.113	17390.984	23527.035	49533.883	61687.163	0	20376.831
新类19	89463.016	74427.959	54268.308	20142.599	120260.28	12081.504	27187.736	12081.504	16901.531	19364.135	45803.848	59279.933	20376.831	0

图 10.32　新类 19

继续以上操作,从新类 20 开始的聚类过程如表 10.3 所示。

表 10.3　从新类 20 开始的聚类过程

非 0 的最小值	合并的省级行政区和类	新类名称	新表删除的行	新表删除的列
13 977.02	新类 14、新类 15	新类 20	9、8	I、H
19 364.14	新类 19、新类 20	新类 21	12、11	L、K
20 109.39	天津市、江苏省	新类 22	3、2	C、B

续表

非0的最小值	合并的省级行政区和类	新类名称	新表删除的行	新表删除的列
20 207.1	甘肃省、新类18	新类23	8、3	H、C
22 940.3	新类11、新类16	新类24	5、4	E、D
29 142	新类21、新类23	新类25	7、5	G、E
37 204.28	新类17、新类24	新类26	6、4	F、D
54 268.31	西藏自治区、新类25	新类27	5、2	E、B
59 196.92	新类3、新类22	新类28	3、2	C、B
68 759.31	新类26、新类27	新类29	3、2	C、B
127 540.1	新类28、新类29	新类30		

习　　题

1. 用重心法对"第10章聚类分析.xlsx"中的数据进行系统聚类，对比结果是否与10.3节上机实践中的最短距离法一样。

2. 用类平均法对"第10章聚类分析.xlsx"中的数据进行系统聚类，对比结果是否与10.3节上机实践中的最长距离法一样。

第 11 章 主成分分析与因子分析

11.1 主成分分析

11.1.1 主成分分析的基本思想

联系是事物之间的普遍规律。在社会经济问题中，各个指标往往有着千丝万缕的联系，并且指标类目繁杂，难以抓住其主要矛盾进行分析。例如，在研究我国各地区经济发展情况时，一般需要考虑各地区人均国内生产总值、人均固定资产投资、人均出口额等十余项经济指标。利用主成分分析，可以用少数几个综合指标代替多个原始指标，并能够充分解释各地区经济发展情况的差异。

主成分分析也是一种多元统计分析方法。主成分分析的主要思想是降维，即在保存原始变量大部分信息的基础上，将多个指标通过正交变换的方法转换为少数几个综合性指标，这些综合性指标即称为主成分。对主成分一般有以下要求：

(1) 主成分是原始变量的线性组合。

(2) 少数几个主成分保留了原始变量的大部分信息，以此达到减少变量的目的。

(3) 各个主成分之间线性无关，以此消除了原始变量可能存在的线性相关性。

(4) 各主成分的方差要尽可能大，并且第一主成分、第二主成分、第三主成分等的方差依次减小。

在描述变量所包含的信息时，通常用方差来表示。例如，某个变量的方差为 0，即变量恒等于某个常数，变量无变异，这时就没有必要研究它。变量变异程度越大，即方差越大，其包含的信息越多，研究该变量也就越有意义。主成分分析的实质是对协方差矩阵的研究及拓展，也可以从相关系数矩阵出发求解主成分。在本质上二者并无差异，可以把相关系数矩阵看作变量标准化后的协方差矩阵，此协方差矩阵对角线上的元素为 1，其余元素为变量的相关系数。

11.1.2 主成分分析的基本原理

在研究过程中，我们感兴趣的原始变量有 $\boldsymbol{X}=(x_1 \quad x_2 \quad \cdots \quad x_p)^{\mathrm{T}}$，$\boldsymbol{X}$ 的协方差矩阵为 $\boldsymbol{\Sigma}$，对 $\boldsymbol{X}$ 进行主成分分析。首先，对 p 个原始变量进行正交变换，得到

$$
\begin{aligned}
F_1 &= u_{11}x_1 + u_{21}x_2 + \cdots + u_{p1}x_p \\
F_2 &= u_{12}x_1 + u_{22}x_2 + \cdots + u_{p2}x_p \\
&\vdots \\
F_p &= u_{1p}x_1 + u_{2p}x_2 + \cdots + u_{pp}x_p
\end{aligned}
\tag{11.1}
$$

称 $\boldsymbol{F}=(F_1 \quad F_2 \quad \cdots \quad F_p)^{\mathrm{T}}$ 为主成分，正交矩阵为

$$
\boldsymbol{U}=\begin{bmatrix} u_{11} & u_{12} & \cdots & u_{1p} \\ u_{21} & u_{22} & \cdots & u_{2p} \\ \vdots & \vdots & \ddots & \vdots \\ u_{\mathrm{p}1} & u_{p2} & \cdots & u_{pp} \end{bmatrix}
$$

并且式(11.1)需满足以下条件：

(1) $u_{1i}^2+u_{2i}^2+\cdots+u_{pi}^2=1^i=1(i=1,2,\cdots,p)$。

(2) $\mathrm{cov}(F_i,F_j)=0(i\neq j$ 且 $i,j=1,2,\cdots,p)$。

(3) $\mathrm{var}(F_1)\geqslant\mathrm{var}(F_2)\geqslant\cdots\geqslant\mathrm{var}(F_p)$。

我们的目的是使线性变化后得到的主成分的方差尽可能大，即最大化 $\mathrm{var}(F_i)$。经过简单的推导，有 $\mathrm{var}(F_i)=\boldsymbol{u}_i^{\mathrm{T}}\boldsymbol{\Sigma}\boldsymbol{u}_i$，其中，$\boldsymbol{\Sigma}$ 为 $\boldsymbol{X}$ 的协方差矩阵，$\boldsymbol{u}_i$ 为线性变换矩阵 $\boldsymbol{U}$ 的第 i 列子向量。直观地看，似乎可以通过增大 $\boldsymbol{u}_i$ 来增大相应的主成分方差。当 $\boldsymbol{u}_i$ 无限增大时，$\mathrm{var}(F_i)$最终可以达到无穷大，但是这对研究来说毫无意义。因此，要对 $\boldsymbol{u}_i$ 进行约束，使得 $\boldsymbol{u}_i^{\mathrm{T}}\boldsymbol{u}_i=1$，即须满足条件(1)。条件(2)表明主成分之间线性无关。条件(3)要求第一主成分、第二主成分、第三主成分等的方差逐渐递减。

11.1.3 求解主成分

各主成分的方差要尽可能大，并且各主成分之间必须线性无关，这是主成分的基本要求，用数学表达式写为

$$
\max \mathrm{var}(F_i)=\boldsymbol{u}_i^{\mathrm{T}}\boldsymbol{\Sigma}\boldsymbol{u}_i
$$

并须满足以下条件：

$$
\boldsymbol{u}_i^{\mathrm{T}}\boldsymbol{u}_i=1
$$

在约束条件下使得目标函数最大，这是一个求解条件极值的问题。可以利用拉格朗日乘数法求条件极值。首先用拉格朗日乘数法构造以下函数：

$$
Q(\boldsymbol{u}_i)=\boldsymbol{u}_i^{\mathrm{T}}\boldsymbol{\Sigma}\,\boldsymbol{u}_{i1}-\lambda_i(\boldsymbol{u}_i^{\mathrm{T}}\boldsymbol{u}_i-1) \tag{11.2}
$$

对式(11.2)求偏导得

$$
\frac{\partial Q(\boldsymbol{u}_i)}{\partial \boldsymbol{u}_i}=2\boldsymbol{\Sigma}\,\boldsymbol{u}_i-2\lambda_i\boldsymbol{u}_i=0
$$

即

$$
\boldsymbol{\Sigma}\,\boldsymbol{u}_i=\lambda_i\boldsymbol{u}_i
$$

由线性代数的知识可知，方差最大化的 $\boldsymbol{u}_i$ 即为$\boldsymbol{\Sigma}$ 的非零特征根 λ_i 对应的特征向量。记$\boldsymbol{\Sigma}$ 的非零特征根为 $\lambda_1,\lambda_2,\cdots,\lambda_p$，且满足 $\lambda_1\geqslant\lambda_2\geqslant\cdots\geqslant\lambda_p$，$\boldsymbol{u}_1,\boldsymbol{u}_2,\cdots,\boldsymbol{u}_p$ 为 $\lambda_1,\lambda_2,\cdots,\lambda_p$ 对应的特征向量，那么主成分可以表示为

$$F_i = \boldsymbol{u}_i^{\mathrm{T}} \boldsymbol{X}, \quad i = 1, 2, \cdots, p$$

11.1.4 主成分的性质

主成分有两个性质。

性质 1 主成分 $\boldsymbol{F}$ 的协方差矩阵为对角矩阵$\boldsymbol{\Lambda}$，且$\boldsymbol{\Lambda} = \mathrm{diag}(\lambda_1, \lambda_2, \cdots, \lambda_p)$。

证明：

$$\mathrm{cov}(F_i, F_i) = \boldsymbol{u}_i^{\mathrm{T}} \boldsymbol{\Sigma} \boldsymbol{u}_i = \boldsymbol{u}_i^{\mathrm{T}} \lambda_i \boldsymbol{u}_i = \lambda_i \boldsymbol{u}_i^{\mathrm{T}} \boldsymbol{u}_i = \lambda_i$$

$$\mathrm{cov}(F_i, F_j) = \boldsymbol{u}_i^{\mathrm{T}} \boldsymbol{\Sigma} \boldsymbol{u}_j = \boldsymbol{u}_i^{\mathrm{T}} \lambda_j \boldsymbol{u}_j = \lambda_j \boldsymbol{u}_i^{\mathrm{T}} \boldsymbol{u}_j$$

又有 $\boldsymbol{u}_i^{\mathrm{T}} \boldsymbol{\Sigma} = \lambda_i \boldsymbol{u}_i^{\mathrm{T}}$，得到

$$\mathrm{cov}(F_i, F_j) = \boldsymbol{u}_i^{\mathrm{T}} \boldsymbol{\Sigma} \boldsymbol{u}_j = \lambda_i \boldsymbol{u}_i^{\mathrm{T}} \boldsymbol{u}_j$$

即

$$\lambda_j \boldsymbol{u}_i^{\mathrm{T}} \boldsymbol{u}_j = \lambda_i \boldsymbol{u}_i^{\mathrm{T}} \boldsymbol{u}_j, \quad (\lambda_i - \lambda_j) \boldsymbol{u}_i^{\mathrm{T}} \boldsymbol{u}_j = 0$$

但 $\lambda_i \neq \lambda_j$，所以

$$\boldsymbol{u}_i^{\mathrm{T}} \boldsymbol{u}_j = 0, \quad \mathrm{cov}(F_i, F_j) = 0$$

该证明过程表明

$$\boldsymbol{u}_i^{\mathrm{T}} \boldsymbol{u}_i = 1, \quad \boldsymbol{u}_i^{\mathrm{T}} \boldsymbol{u}_j = 0, \quad i \neq j$$

即 $\boldsymbol{u}$ 是正交矩阵。另外，

$$\mathrm{cov}(F_i, F_i) = \lambda_i, \quad \mathrm{cov}(F_i, F_j) = 0$$

证明性质 1 成立，即满足主成分之间线性无关的要求，且主成分 F_i 的方差即为 λ_i，$\lambda_1 \geqslant \lambda_2 \geqslant \cdots \geqslant \lambda_p$，满足 $\mathrm{var}(F_1) \geqslant \mathrm{var}(F_2) \geqslant \cdots \geqslant \mathrm{var}(F_p)$的要求。

性质 2 记原始变量的协方差矩阵$\boldsymbol{\Sigma}$ 中的对角线元素为 σ_i^2，则有

$$\sum_{i=1}^{p} \sigma_i^2 = \sum_{i=1}^{p} \lambda_i$$

证明：

由于 $F_i = \boldsymbol{u}_i^{\mathrm{T}} \boldsymbol{X}$ 两边同时求协方差后得$\boldsymbol{\Sigma} = \boldsymbol{u}_i^{\mathrm{T}} \boldsymbol{\Lambda} \boldsymbol{u}$，对得到的等式两边求矩阵的迹：

$$\mathrm{tr}(\boldsymbol{\Sigma}) = \mathrm{tr}(\boldsymbol{u}_i^{\mathrm{T}} \boldsymbol{\Lambda} \boldsymbol{u}) = \mathrm{tr}(\boldsymbol{\Lambda})$$

又因为 $\sum_{i=1}^{p} \sigma_i^2$ 和 $\sum_{i=1}^{p} \lambda_i$ 分别为$\boldsymbol{\Sigma}$、$\boldsymbol{\Lambda}$ 的迹，所以 $\sum_{i=1}^{p} \sigma_i^2 = \sum_{i=1}^{p} \lambda_i$。

11.1.5 主成分的现实解释

主成分分析广泛应用于经济社会现象的研究中。11.1.3 节从主成分需要满足的条件出发，利用拉格朗日乘数法求各主成分，然后证明了主成分的协方差矩阵为$\boldsymbol{\Lambda} = \mathrm{diag}(\lambda_1, \lambda_2, \cdots, \lambda_p)$，是对角矩阵。相应地，可以得到第一主成分的方差为 λ_1，第二主成分的方差为 λ_2，以此类推，得到各主成分的方差，并且主成分两两之间线性无关。11.1.4 节还证明了原始变量的协方差矩阵的迹等于主成分的协方差矩阵的迹。这表明原来的每个变量虽然经过正交变换成为各主成分，但是其方差毫无损失地被保留下来了。方差反映了原变

量的信息，交换前后总方差不变，说明原始变量的信息得到保留。在这个过程中，第一主成分贡献的方差为 λ_1，第二主成分贡献的方差为 λ_2……据此计算各主成分的方差占总方差的比率，将其定义为方差贡献率。其表达式为

$$\eta_i = \frac{\lambda_i}{\sum_{i=1}^{p} \lambda_i} \quad (i=1,2,\cdots,p)$$

由于 $\lambda_1 \geqslant \lambda_2 \geqslant \cdots \geqslant \lambda_p$，因此有 $\eta_1 \geqslant \eta_2 \geqslant \cdots \geqslant \eta_p$，即第一主成分的方差贡献率大于第二主成分的方差贡献率，第二主成分的方差贡献率大于第三主成分的方差贡献率……事实上，经过正交变换后，各主成分方差尽可能变大，这样就导致前面几个主成分贡献了大部分的方差。此时，舍去后面的方差贡献率小的主成分后，再进行后续研究时，损失的信息就会比较少，而且能达到降维的目的。如何确定需要保留的主成分个数呢？这里引入总方差贡献率的定义：

$$\varphi_m = \frac{\sum_{i=1}^{m} \lambda_i}{\sum_{i=1}^{p} \lambda_i} \quad (m \leqslant p)$$

其中，$\lambda_1, \lambda_2, \cdots, \lambda_m$ 为前 m 个主成分。一般来说，保留的主成分的个数 m 为满足 $\varphi_m \geqslant 85\%$ 的最小值。这时，前 m 个主成分的总方差贡献率大于或等于 85%，保留了原始变量的大部分信息，并且使得原始变量的维度由 p 维降低为 m 维。

主成分不仅贡献了总体方差，而且也分别承载了 x_i 的方差。主成分是原始变量的线性组合，同时，原始变量也可以通过对正交矩阵 $\boldsymbol{U}$ 求逆，表示为主成分线性组合的形式。因为 $\boldsymbol{U}$ 是正交矩阵，所以有 $(\boldsymbol{U}^{\mathrm{T}})^{-1} = \boldsymbol{U}$，又因为 $\boldsymbol{F} = \boldsymbol{U}^{\mathrm{T}} \boldsymbol{X}$，所以 $\boldsymbol{X} = (\boldsymbol{U}^{\mathrm{T}})^{-1} \boldsymbol{F} = \boldsymbol{U}\boldsymbol{F}$，展开式为

$$\begin{bmatrix} x_1 \\ x_2 \\ \vdots \\ x_p \end{bmatrix} = \begin{bmatrix} u_{11} & u_{12} & \cdots & u_{1p} \\ u_{21} & u_{22} & \cdots & u_{2p} \\ \vdots & \vdots & \ddots & \vdots \\ u_{p1} & u_{p2} & \cdots & u_{pp} \end{bmatrix} \times \begin{bmatrix} F_1 \\ F_2 \\ \vdots \\ F_p \end{bmatrix}$$

对于每一个 x_j 有

$$x_j = u_{j1} F_1 + u_{j2} F_2 + \cdots + u_{jp} F_p$$

对两边求方差，有

$$\sigma_j^2 = u_{j1}^2 \lambda_1 + u_{j2}^2 \lambda_2 + \cdots + u_{jp}^2 \lambda_p$$

式中，σ_j^2 为 x_j 的方差，λ_i 为 F_i 的方差，x_j 的方差为主成分的线性组合，即系数不为 0 的主成分都承载了 x_j 的部分方差，主成分 F_i 承载 x_j 的方差的比率为

$$\theta_{ji} = \frac{u_{ji}^2 \lambda_i}{\sigma_j^2} \quad (i,j=1,2,\cdots,p)$$

显然，θ_{ji} 越大，F_i 承载的 x_j 的方差越多，对其方差贡献越大。由于对于同一个 x_j 而言，σ_j^2 是一定的，因此只需考虑

$$a_{ji} = u_{ji} \sqrt{\lambda_i}$$

a_{ji}越大，F_i 所承载的 x_j 的方差越多。称 a_{ji} 为载荷。载荷矩阵为

$$\boldsymbol{A}=\begin{bmatrix} u_{11} & u_{12} & \cdots & u_{1p} \\ u_{21} & u_{22} & \cdots & u_{2p} \\ \vdots & \vdots & \ddots & \vdots \\ u_{p1} & u_{p2} & \cdots & u_{pp} \end{bmatrix}\times\begin{bmatrix} \sqrt{\lambda_1} & & & \\ & \sqrt{\lambda_2} & & \\ & & \ddots & \\ & & & \sqrt{\lambda_p} \end{bmatrix}$$

通常，当总体协方差矩阵未知时，用样本协方差矩阵代替，并且在对数据进行标准化处理后，利用相关系数矩阵进行主成分分析，分析方法和结论与基于样本协方差矩阵的主成分分析类似。由主成分的构造方法可以看出，主成分是综合性指标，如果第一主成分的方差贡献率足够大，且正交变换的系数的正负号与指标方向一致，则可以用第一主成分进行综合评价。将第一主成分与第二主成分得分画在坐标轴上，就可以根据样本在坐标轴上的位置分析样本的特点。

例 11.1 $\boldsymbol{X}=(x_1 \quad x_2)^{\mathrm{T}}$，协方差矩阵$\boldsymbol{\Sigma}=\begin{bmatrix} 3 & \sqrt{2} \\ \sqrt{2} & 4 \end{bmatrix}$，计算主成分 $\boldsymbol{F}=(F_1 \quad F_2)^{\mathrm{T}}$ 和方差贡献率，并计算载荷矩阵。

求解$\boldsymbol{\Sigma}$ 的特征值与特征向量，根据线性代数知识有

$$|\lambda\boldsymbol{E}-\boldsymbol{\Sigma}|=\begin{vmatrix} \lambda-3 & -\sqrt{2} \\ -\sqrt{2} & \lambda-4 \end{vmatrix}=(\lambda-5)(\lambda-2)=0$$

其中，$\boldsymbol{E}$ 为单位矩阵，$\boldsymbol{\Sigma}$ 的特征值为 $\lambda_1=5$，$\lambda_2=2$。

利用 Excel 也可求解该一元二次方程。一元二次方程求根公式为

$$\lambda=\frac{-b\pm\sqrt{b^2-4ac}}{2a}$$

在单元格 C4:E4 中输入系数 a、b、c 的值，分别为 1，−7，10，根据求根公式，在单元格 F4 中输入"=(−D4+SQRT(D4^2−4*C4*E4))/(2*C4)"，在单元 G4 中输入"=(−D4−SQRT(D4^2−4*C4*E4))/(2*C4)"，同样可以计算得到 $\lambda_1=5$，$\lambda_2=2$。其中，SQRT 函数为开方函数，如图 11.1 所示。

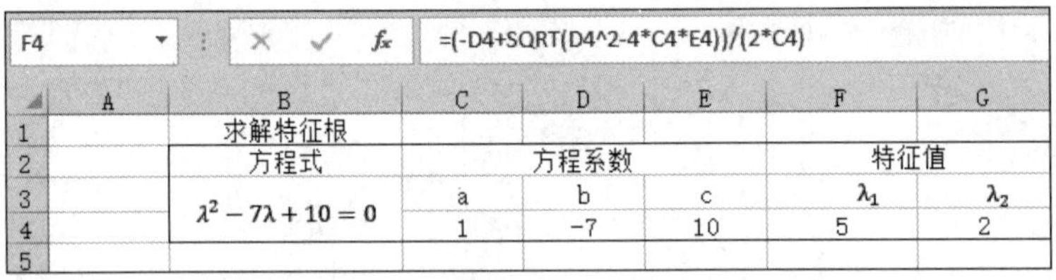

F4 =(-D4+SQRT(D4^2-4*C4*E4))/(2*C4)

	A	B	C	D	E	F	G
1		求解特征根					
2		方程式		方程系数		特征值	
3		$\lambda^2-7\lambda+10=0$	a	b	c	λ_1	λ_2
4			1	-7	10	5	2
5							

图 11.1 解一元二次方程

又根据

$$(\lambda_1\boldsymbol{E}-\boldsymbol{\Sigma})u_1=0, \quad (\lambda_2\boldsymbol{E}-\boldsymbol{\Sigma})u_2=0$$

解得 λ_1 对应的特征向量为

$$\boldsymbol{u}_1=\begin{bmatrix}\frac{1}{\sqrt{3}}\\ \frac{2}{\sqrt{6}}\end{bmatrix},\quad \boldsymbol{u}_2=\begin{bmatrix}-\frac{2}{\sqrt{6}}\\ \frac{1}{\sqrt{3}}\end{bmatrix}$$

因此,可以写出第一主成分和第二主成分的表达式:

$$F_1=\boldsymbol{u}_1^{\mathrm{T}}\boldsymbol{X}=\frac{1}{\sqrt{3}}x_1+\frac{2}{\sqrt{6}}x_2$$

$$F_2=\boldsymbol{u}_2^{\mathrm{T}}\boldsymbol{X}=-\frac{2}{\sqrt{6}}x_1+\frac{1}{\sqrt{3}}x_2$$

第一主成分的方差为 5,第二主成分的方差为 2。然后,分别计算第一主成分和第二主成分的方差贡献率:

$$\eta_1=\frac{\lambda_1}{\sum_{i=1}^{2}\lambda_i}=\frac{5}{5+2}=71.43\%,\quad \eta_2=\frac{\lambda_2}{\sum_{i=1}^{2}\lambda_i}=\frac{2}{5+2}=28.57\%$$

已经求得

$$\boldsymbol{U}=\begin{bmatrix}\frac{1}{\sqrt{3}} & -\frac{2}{\sqrt{6}}\\ \frac{2}{\sqrt{6}} & \frac{1}{\sqrt{3}}\end{bmatrix}$$

又因为 $\boldsymbol{X}=\boldsymbol{U}\boldsymbol{F}$,且

$$x_1=\frac{1}{\sqrt{3}}F_1-\frac{2}{\sqrt{6}}F_2,\quad x_2=\frac{2}{\sqrt{6}}F_1+\frac{1}{\sqrt{3}}F_2$$

所以可以计算载荷矩阵。先分别求 F_1、F_2 对 x_1、x_2 的方差的承载比率:

$$\theta_{11}=\frac{u_{11}^2\lambda_1}{\sigma_1^2}=\frac{\left(\frac{1}{\sqrt{3}}\right)^2\times 5}{3}=55.56\%$$

$$\theta_{12}=\frac{u_{12}^2\lambda_2}{\sigma_1^2}=\frac{\left(-\frac{2}{\sqrt{6}}\right)^2\times 2}{3}=44.44\%$$

$$\theta_{21}=\frac{u_{21}^2\lambda_1}{\sigma_2^2}=\frac{\left(\frac{2}{\sqrt{6}}\right)^2\times 5}{4}=83.33\%$$

$$\theta_{22}=\frac{u_{22}^2\lambda_2}{\sigma_2^2}=\frac{\left(\frac{1}{\sqrt{3}}\right)^2\times 2}{4}=16.67\%$$

F_1、F_2 分别承载了 x_1 的方差的 55.56%、44.44%,F_1、F_2 分别承载了 x_2 的方差的 88.33%、16.67%。载荷矩阵为

$$\boldsymbol{A}=\begin{bmatrix}\frac{1}{\sqrt{3}} & -\frac{2}{\sqrt{6}}\\ \frac{2}{\sqrt{6}} & \frac{1}{\sqrt{3}}\end{bmatrix}\times\begin{bmatrix}\sqrt{5} & 0\\ 0 & \sqrt{2}\end{bmatrix}=\begin{bmatrix}\sqrt{\frac{5}{3}} & -\frac{2}{\sqrt{3}}\\ \frac{2\sqrt{5}}{\sqrt{6}} & \sqrt{\frac{2}{3}}\end{bmatrix}$$

Excel也可以进行矩阵运算。将特征向量矩阵与特征值对角矩阵分别列在 2×2 的单元格区域 B10:C11 与 B14:C15，同时选中 B18:C19 单元格，输入公式“=MMULT(B10:C11,SQRT(B14:C15))”，同时按住 Ctrl+Shift+Enter 组合键，即可进行矩阵运算。其中，MMULT 为矩阵乘法函数，该函数的输入为需要进行矩阵乘法的矩阵，如图 11.2 所示。

B18 fx {=MMULT(B10:C11,SQRT(B14:C15))}

	A	B	C	D	E	F
7		计算载荷矩阵				
8						
9		特征向量				
10		0.577350269	-0.8165			
11		0.816496581	0.57735			
12						
13		特征值				
14		5	0			
15		0	2			
16						
17		载荷矩阵				
18		1.290994449	-1.1547			
19		1.825741858	0.816497			
20						

图 11.2　矩阵乘法操作示意图

11.2　因子分析

因子分析也是一种多元统计分析方法，因子分析要探究的是指标间潜在变量的影响。世间万物之间存在错综复杂的关系，指标与指标之间也并非完全相互独立，不同的指标可能是同一潜在变量的不同外在表现。例如，在进行消费者满意度调查时，让消费者对餐饮的各个方面(例如菜品口味、服务、环境等)进行评分，而菜品口味、服务、环境等方面的评价体系可以由具体的一系列指标来构建。可以认为，菜品口味、服务、环境是用以构建具体的一系列指标的潜在变量。因子即不能观测到的变量。这些变量虽然无法被观测到，但是它们也是真实存在的，能够对观测到的变量产生影响。通过因子分析，能够找出这些潜在变量，从而更好地了解事物存在、发展、变化的本质。

11.2.1　因子分析的数学模型

为了便于研究及消除量纲的影响，对样本观测数据进行标准化处理，得到可观测的随机变量 $\boldsymbol{X}=(x_1 \quad x_2 \quad \cdots \quad x_p)^{\mathrm{T}}$，该随机变量均值为 0，协方差矩阵对角线上的元素为 0。

有以下因子分析模型：

$$\begin{bmatrix} x_1 \\ x_2 \\ \vdots \\ x_p \end{bmatrix} = \begin{bmatrix} a_{11} & a_{12} & \cdots & a_{1m} \\ a_{21} & a_{22} & \cdots & a_{2m} \\ \vdots & \vdots & \ddots & \vdots \\ a_{p1} & a_{p2} & \cdots & a_{pm} \end{bmatrix} \begin{bmatrix} F_1 \\ F_2 \\ \vdots \\ F_m \end{bmatrix} + \begin{bmatrix} \varepsilon_1 \\ \varepsilon_2 \\ \vdots \\ \varepsilon_p \end{bmatrix}$$

对于每个 x_i 有

$$x_i = a_{i1}F_1 + a_{i2}F_2 + \cdots + a_{im}F_m + \varepsilon_i \quad (m \leqslant p)$$

式中，$\boldsymbol{F} = (F_1 \quad F_2 \quad \cdots \quad F_m)^{\mathrm{T}}$ 为公共因子，它的系数称为因子载荷。

$\boldsymbol{\varepsilon} = (\varepsilon_1 \quad \varepsilon_2 \quad \cdots \quad \varepsilon_p)^{\mathrm{T}}$ 为特殊因子。公共因子是所有 x_i 的潜在变量，而 ε_i 只对 x_i 有影响。因子需要满足以下条件：

(1) $\mathrm{cov}(\boldsymbol{F}, \boldsymbol{\varepsilon}) = 0$，即公共因子与特殊因子不相关。

(2) $E(\boldsymbol{F}) = 0$，$\mathrm{var}(\boldsymbol{F}) = 1$，即公共因子均值为 0，方差为 1，公共因子间不相关。

(3) $E(\boldsymbol{\varepsilon}) = 0$，$\mathrm{var}(\boldsymbol{\varepsilon}) = \mathrm{diag}(\sigma_1^2, \sigma_2^2, \cdots, \sigma_p^2)$，特殊因子均值为 0，且不相关。

11.2.2 公共因子与原始变量的关系

本节介绍公共因子与原始变量的关系。

1. 因子载荷的统计意义

$$\mathrm{cov}(x_i, F_j) = \mathrm{cov}\left(\sum_{j=1}^{m} a_{ij}F_j + \varepsilon_i F_j\right) = a_{ij}$$

其中，a_{ij} 为 x_i 和 F_j 的协方差，又因为 x_i 和 F_j 的方差都为 1，根据协方差与相关系数的关系，可知 a_{ij} 即为 x_i 和 F_j 的相关系数，称为因子载荷系数。所以 a_{ij} 越大，x_i 和 F_j 的相关系数越大。当 x_i 和 x_j 同时在某个公共因子上载荷较大时，二者的相关程度较高。

2. 变量共同度与剩余方差

由 $x_i = a_{i1}F_1 + a_{i2}F_2 + \cdots + a_{im}F_m + \varepsilon_i (m \leqslant p)$ 得

$$\begin{aligned} \mathrm{var}(x_i) &= \mathrm{var}(a_{i1}F_1 + a_{i2}F_2 + \cdots + a_{im}F_m + \varepsilon_i) \\ &= a_{i1}^2 + a_{i2}^2 + \cdots + a_{im}^2 + \sigma_i^2 \end{aligned}$$

x_i 的方差由两部分组成，即 $a_{i1}^2 + a_{i2}^2 + \cdots + a_{im}^2$ 和 σ_i^2，前者称为变量共同度，后者称为剩余方差。变量共同度越高，说明原始变量由公共因子解释的部分比例越大。

3. 公共因子的方差贡献

F_j 对 x_1 的方差贡献率为 a_{1j}^2，对 x_2 的方差贡献率为 a_{2j}^2……所以 F_j 总的方差贡献率为

$$g_j^2 = a_{1j}^2 + a_{2j}^2 + \cdots + a_{pj}^2$$

方差贡献率越大的公共因子对原始变量的影响越大。

11.2.3 用主成分分析法求因子载荷矩阵

11.1.5 节给出了主成分的载荷矩阵计算公式：

$$\boldsymbol{A}=\begin{bmatrix} u_{11} & u_{12} & \cdots & u_{1p} \\ u_{21} & u_{22} & \cdots & u_{2p} \\ \vdots & \vdots & \ddots & \vdots \\ u_{p1} & u_{p2} & \cdots & u_{pp} \end{bmatrix}\times\begin{bmatrix} \sqrt{\lambda_1} & & & \\ & \sqrt{\lambda_2} & & \\ & & \ddots & \\ & & & \sqrt{\lambda_p} \end{bmatrix}$$

下面证明该矩阵可以作为因子分析的初始载荷矩阵。由主成分分析法，有下式成立：

$$\begin{bmatrix} x_1 \\ x_2 \\ \vdots \\ x_p \end{bmatrix}=\begin{bmatrix} u_{11} & u_{12} & \cdots & u_{1p} \\ u_{21} & u_{22} & \cdots & u_{2p} \\ \vdots & \vdots & \ddots & \vdots \\ u_{p1} & u_{p2} & \cdots & u_{pp} \end{bmatrix}\times\begin{bmatrix} F_1 \\ F_2 \\ \vdots \\ F_p \end{bmatrix}$$

该式可以转化为

$$\begin{bmatrix} x_1 \\ x_2 \\ \vdots \\ x_p \end{bmatrix}=\begin{bmatrix} u_{11} & u_{12} & \cdots & u_{1p} \\ u_{21} & u_{22} & \cdots & u_{2p} \\ \vdots & \vdots & \ddots & \vdots \\ u_{p1} & u_{p2} & \cdots & u_{pp} \end{bmatrix}\times\begin{bmatrix} \sqrt{\lambda_1} & & & \\ & \sqrt{\lambda_2} & & \\ & & \ddots & \\ & & & \sqrt{\lambda_p} \end{bmatrix}\times\begin{bmatrix} \dfrac{F_1}{\sqrt{\lambda_1}} \\ \dfrac{F_2}{\sqrt{\lambda_2}} \\ \vdots \\ \dfrac{F_p}{\sqrt{\lambda_p}} \end{bmatrix}$$

令

$$\boldsymbol{F}^*=\begin{bmatrix} \dfrac{F_1}{\sqrt{\lambda_1}} \\ \dfrac{F_2}{\sqrt{\lambda_2}} \\ \vdots \\ \dfrac{F_p}{\sqrt{\lambda_p}} \end{bmatrix}=\begin{bmatrix} F_1^* \\ F_2^* \\ \vdots \\ F_p^* \end{bmatrix}$$

则有 $\boldsymbol{X}=\boldsymbol{AF}^*$，由主成分的性质知 $\boldsymbol{F}^*$ 满足因子模型的条件，因此主成分的载荷矩阵 $\boldsymbol{A}$ 即是因子载荷矩阵。注意，直接由主成分得来的都是公共因子，不存在特殊因子，而且公共因子与原始变量数目相等，这是毫无意义的，因为因子分析的目的是寻找少数几个潜在变量来反映观测变量的大部分信息。因此，还需要将方差贡献率低的公共因子舍去，略去后面的 $p-m$ 项，并用特殊因子代替，得到标准的因子分析模型：

$$\begin{bmatrix} x_1 \\ x_2 \\ \vdots \\ x_p \end{bmatrix}=\begin{bmatrix} a_{11} & a_{12} & \cdots & a_{1m} \\ a_{21} & a_{22} & \cdots & a_{2m} \\ \vdots & \vdots & \ddots & \vdots \\ a_{p1} & a_{p2} & \cdots & a_{pm} \end{bmatrix}\times\begin{bmatrix} F_1^* \\ F_2^* \\ \vdots \\ F_m^* \end{bmatrix}+\begin{bmatrix} \varepsilon_1 \\ \varepsilon_2 \\ \vdots \\ \varepsilon_p \end{bmatrix}$$

11.2.4 因子旋转

利用主成分分析法求得的载荷矩阵只能当作初始的因子载荷矩阵，因为要探究的是潜在变量，因此因子载荷矩阵必须具有一定的区分度，使因子载荷矩阵每列或每行的元素平方值向 0 和 1 两极分化，这实际上是对变量根据其与不同的公共因子的相依程度进行划分，有利于分析公共因子对原始变量的影响程度。为达到这一目的，需要对初始的因子载荷矩阵进行旋转，即右乘一个正交矩阵。

首先说明为什么能够对因子载荷矩阵进行旋转。

令$\boldsymbol{\Gamma}$为一个 $p \times p$ 的正交矩阵，因子载荷矩阵 $\boldsymbol{A}$ 旋转后为$\boldsymbol{A}^{c}=\boldsymbol{A}\boldsymbol{\Gamma}$，令 $\boldsymbol{F}^{c}=\boldsymbol{\Gamma}^{\mathrm{T}}\boldsymbol{F}$，则因子分析模型可以表示为

$$\boldsymbol{X}=\boldsymbol{A}+\boldsymbol{F}+\boldsymbol{\varepsilon}=\boldsymbol{A}\boldsymbol{\Gamma}^{\mathrm{T}}\boldsymbol{\Gamma}\boldsymbol{F}+\boldsymbol{\varepsilon}=\boldsymbol{A}^{c}\boldsymbol{F}^{c}+\boldsymbol{\varepsilon}$$

且满足

$$E(\boldsymbol{F}^{c})=E(\boldsymbol{\Gamma}^{\mathrm{T}}\boldsymbol{F})=\boldsymbol{\Gamma}^{\mathrm{T}}E(\boldsymbol{F})=0$$
$$\operatorname{var}(\boldsymbol{F}^{c})=\operatorname{var}(\boldsymbol{\Gamma}^{\mathrm{T}}\boldsymbol{F})=\boldsymbol{\Gamma}^{\mathrm{T}}\operatorname{var}(\boldsymbol{F})\boldsymbol{\Gamma}=1$$
$$\operatorname{cov}(\boldsymbol{F}^{c},\boldsymbol{\varepsilon})=\boldsymbol{\Gamma}^{\mathrm{T}}\operatorname{cov}(\boldsymbol{F},\boldsymbol{\varepsilon})=0$$

所以，对因子载荷矩阵进行旋转后，仍然满足标准因子分析模型，这也说明因子载荷矩阵不是唯一的。

进行因子载荷矩阵旋转的方法也不唯一，下面介绍常用的方差最大法。该方法的基本思想是令旋转后的因子载荷矩阵的列方差最大。若因子分析模型为

$$\begin{gathered}x_1=a_{11}F_1+a_{12}F_2+\varepsilon_1\\ x_2=a_{21}F_1+a_{22}F_2+\varepsilon_2\\ \vdots\\ x_p=a_{p1}F_1+a_{p2}F_2+\varepsilon_p\end{gathered}$$

求得的初始载荷矩阵为 $\boldsymbol{A}$，用于旋转的矩阵为 $\boldsymbol{\Gamma}$，可以验证 $\boldsymbol{\Gamma}$ 为正交矩阵：

$$\boldsymbol{A}=\begin{bmatrix}a_{11} & a_{12}\\ a_{21} & a_{22}\\ \vdots & \vdots\\ a_{p1} & a_{p2}\end{bmatrix},\quad \boldsymbol{\Gamma}=\begin{bmatrix}\cos\phi & -\sin\phi\\ \sin\phi & \cos\phi\end{bmatrix}$$

得到旋转后的矩阵 $\boldsymbol{B}$：

$$\boldsymbol{B}=\boldsymbol{AT}=\begin{bmatrix}a_{11} & a_{12}\\ a_{21} & a_{22}\\ \vdots & \vdots\\ a_{p1} & a_{p2}\end{bmatrix}\times\begin{bmatrix}\cos\phi & -\sin\phi\\ \sin\phi & \cos\phi\end{bmatrix}$$
$$=\begin{bmatrix}a_{11}\cos\phi+a_{12}\sin\phi & -a_{11}\sin\phi+a_{12}\cos\phi\\ a_{21}\cos\phi+a_{22}\sin\phi & -a_{21}\sin\phi+a_{22}\cos\phi\\ \vdots & \vdots\\ a_{p1}\cos\phi+a_{p2}\sin\phi & -a_{p1}\sin\phi+a_{p1}\cos\phi\end{bmatrix}$$

$$=\begin{bmatrix} b_{11} & b_{12} \\ b_{21} & b_{22} \\ \vdots & \vdots \\ b_{p1} & b_{p2} \end{bmatrix}$$

$\boldsymbol{B}$ 是旋转后的因子载荷矩阵，但是我们更感兴趣的是矩阵 $\boldsymbol{C}$，b_{ij}^2 表示公共因子 F_j 对 x_i 的方差贡献，并且对 b_{ij} 求平方后能够消除正负号的影响。$\frac{b_{ij}^2}{h_i^{\ 2}}$是标准化的载荷方差，能够消除各个原始变量对公共因子依赖程度不一样产生的影响。矩阵 $\boldsymbol{C}$ 如下：

$$\boldsymbol{C}=\begin{bmatrix} \frac{b_{11}^2}{h_1^2} & \frac{b_{12}^2}{h_1^2} \\ \frac{b_{21}^2}{h_2^2} & \frac{b_{22}^2}{h_2^2} \\ \vdots & \vdots \\ \frac{b_{p1}^2}{h_p^2} & \frac{b_{p2}^2}{h_p^2} \end{bmatrix}$$

计算矩阵 $\boldsymbol{C}$ 每一列的方差，根据方差计算公式，分别得到列 1 和列 2 的方差为

$$\boldsymbol{V}_1=\left[\frac{1}{p}\sum_{i=1}^{p}(b_{i1}^2)^2 \quad -\left(\frac{1}{p}\sum_{i=1}^{p}b_{i1}^2\right)^2\right]$$

$$\boldsymbol{V}_2=\left[\frac{1}{p}\sum_{i=1}^{p}(b_{i2}^2)^2 \quad -\left(\frac{1}{p}\sum_{i=1}^{p}b_{i2}^2\right)^2\right]$$

方差最大法即极大化$\boldsymbol{\Psi}=\boldsymbol{V}_1+\boldsymbol{V}_2$，求解$\frac{\partial \boldsymbol{\Psi}}{\partial \phi}=0$，可以计算出旋转角度 ϕ。

当公共因子个数大于 2 时，可以逐次对公共因子进行配对旋转，此过程要进行多次，当总方差的改变不大时，就可以停止旋转了。

11.3 上机实践

11.3.1 主成分分析

利用 Excel 可以进行主成分分析和因子分析。表 11.1 是 2017 年我国 35 个主要城市的房地产开发投资额与商品房销售面积。一般来说，二者数值越大，表示当地的房地产市场越活跃。主成分分析的主要思想为用少数几个变量代替原始变量，以达到降维的目的。虽然表 11.1 中只有两个指标，但是仍然可以对其进行主成分分析，在此基础上对各城市的房地产活跃程度进行综合评价。

打开"第 11 章主成分分析与因子分析上机例子.xlsx"工作簿，在 Sheet1 工作表中，A3:C37 单位格区域为表格数据。为了消除量纲的影响，首先将"房地产开发投资额""商品房销售面积"两个指标的数据标准化。标准化的方法为将每个数值减去对应指标均值

后再除以对应指标的样本标准差。在 F3 单元格中输入公式“=AVERAGE(B3:B37)”,得到各个城市房地产开发投资额均值为 1 567.572 857 亿元,在 G3 单元格中输入公式“=STDEV.S(B3:B37)”,其中,STDEV.S 函数能够计算样本标准差,得到各个城市房地产开发投资额标准差为 1 088.541 736 亿元。同理,可以计算商品房销售面积的均值和标准差。两个指标的均值和标准差如表 11.2 所示,对应的数据区域为 Sheet1 工作表中的 E2:G4。

表 11.1　2017 年我国 35 个主要城市房地产数据

城　市	房地产开发投资额/亿元	商品房销售面积/万平方米	城　市	房地产开发投资额/亿元	商品房销售面积/万平方米
北京	3692.54	869.95	青岛	1330.54	1900.74
天津	2233.39	1482.12	郑州	3358.84	3097.81
石家庄	1212.27	1027.34	武汉	2686.34	3532.61
太原	470.63	786.41	长沙	1493.44	2260.79
呼和浩特	238.40	316.51	广州	2702.89	1757.75
沈阳	814.24	1300.24	深圳	2130.86	671.03
大连	566.64	839.84	南宁	958.09	1544.13
长春	573.78	1147.19	海口	603.25	549.59
哈尔滨	498.59	1269.54	重庆	3980.08	6711.00
上海	3856.53	1691.60	成都	2492.65	3925.91
南京	2170.21	1429.61	贵阳	1024.09	1068.67
杭州	2734.20	2054.11	昆明	1683.33	1827.25
宁波	1374.47	1543.64	西安	2234.84	2459.35
合肥	1557.41	1283.40	兰州	418.26	697.93
福州	1694.18	1685.46	西宁	351.33	388.22
厦门	879.86	527.88	银川	402.82	595.22
南昌	790.69	1610.43	乌鲁木齐	422.74	606.94
济南	1232.63	1216.27			

表 11.2　两个指标的均值和标准差

指　　标	均　值	标 准 差
房地产开发投资额/亿元	1 567.572 857	1 088.541 736
商品房销售面积/万平方米	1 590.756 571	1 227.102 643

接下来对主要城市房地产数据进行标准化处理。在 J3 单元格中输入公式“=(B3−AVERAGE(B$3:B$37))/STDEV.S(B$3:B$37)”,按 Enter 键后,得到北京市房地产开发投资额标准化后的数据。将鼠标光标移至 J3 单元格右下角,当光标变为黑十字形时双击,J4:J37 自动填充为标准化后的数据。在 K3 单元格中输入“=(C3−AVERAGE(C$3:C$37))/STDEV.S(C$3:C$37)”,按 Enter 键后,得到北京市商品房销售面积标准化后的数据。将鼠标光标移至 K3 单元格右下角,当光标变为黑十字形时双击,K4:K37 自动填充为标准化后的数据,如图 11.3 所示。

标准化后的数据如表 11.3 所示,数据区域为 Sheet1“主成分分析数据”中 J3:K37 单

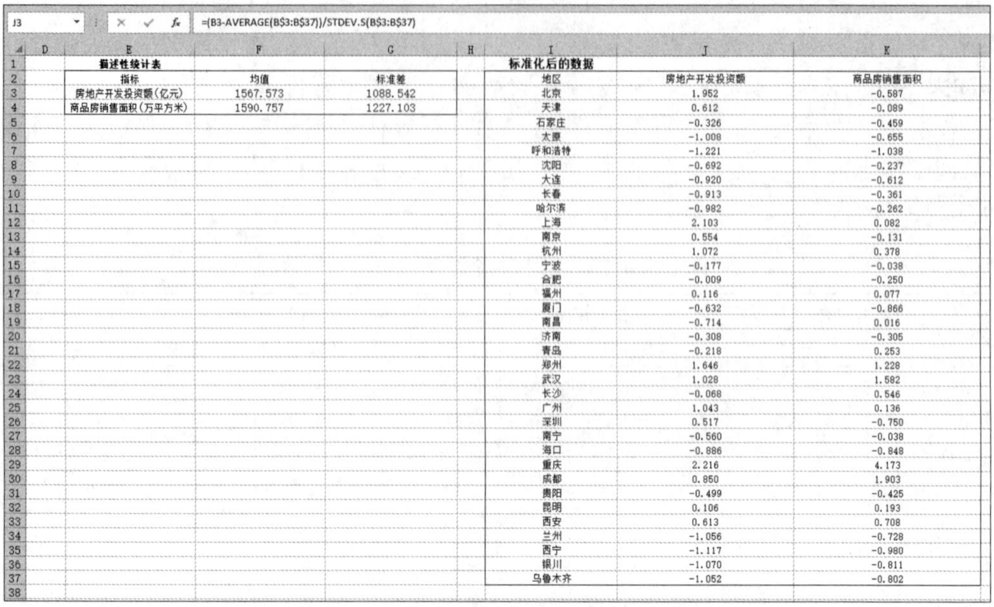

J3 =(B3-AVERAGE(B$3:B$37))/STDEV.S(B$3:B$37)

描述性统计表

指标	均值	标准差
房地产开发投资额(亿元)	1567.573	1088.542
商品房销售面积(万平方米)	1590.757	1227.103

标准化后的数据

地区	房地产开发投资额	商品房销售面积
北京	1.952	-0.587
天津	0.612	-0.089
石家庄	-0.326	-0.459
太原	-1.008	-0.655
呼和浩特	-1.221	-1.038
沈阳	-0.692	-0.237
大连	-0.920	-0.612
长春	-0.913	-0.361
哈尔滨	-0.982	-0.262
上海	2.103	0.082
南京	0.554	-0.131
杭州	1.072	0.378
宁波	-0.177	-0.038
合肥	-0.009	-0.250
福州	0.116	0.077
厦门	-0.632	-0.866
南昌	-0.714	0.016
济南	-0.308	-0.305
青岛	-0.218	0.253
郑州	1.646	1.228
武汉	1.028	1.582
长沙	-0.068	0.546
广州	1.043	0.136
深圳	0.517	-0.750
南宁	-0.560	-0.038
海口	-0.886	-0.848
重庆	2.216	4.173
成都	0.850	1.903
贵阳	-0.499	-0.425
昆明	0.106	0.193
西安	0.613	0.708
兰州	-1.056	-0.728
西宁	-1.117	-0.980
银川	-1.070	-0.811
乌鲁木齐	-1.052	-0.802

图 11.3　计算各城市两个指标的标准化数据

元格区域。可以观察到，数据标准化后保留了原始的方差信息，而消除了量纲的影响。数据标准化后，其协方差矩阵等于相关系数矩阵。

表 11.3　标准化后的各城市房地产数据

城　市	房地产开发投资额/亿元	商品房销售面积/万平方米	城　市	房地产开发投资额/亿元	商品房销售面积/万平方米
北京	1.952	−0.587	青岛	−0.218	0.253
天津	0.612	−0.089	郑州	1.646	1.228
石家庄	−0.326	−0.459	武汉	1.028	1.582
太原	−1.008	−0.655	长沙	−0.068	0.546
呼和浩特	−1.221	−1.038	广州	1.043	0.136
沈阳	−0.692	−0.237	深圳	0.517	−0.750
大连	−0.920	−0.612	南宁	−0.560	−0.038
长春	−0.913	−0.361	海口	−0.886	−0.848
哈尔滨	−0.982	−0.262	重庆	2.216	4.173
上海	2.103	0.082	成都	0.850	1.903
南京	0.554	−0.131	贵阳	−0.499	−0.425
杭州	1.072	0.378	昆明	0.106	0.193
宁波	−0.177	−0.038	西安	0.613	0.708
合肥	−0.009	−0.250	兰州	−1.056	−0.728
福州	0.116	0.077	西宁	−1.117	−0.980
厦门	−0.632	−0.866	银川	−1.070	−0.811
南昌	−0.714	0.016	乌鲁木齐	−1.052	−0.802
济南	−0.308	−0.305			

需要进行主成分分析的变量之间往往存在较高的相关性。为了直观地探究变量之间的相关性，可以画出两个变量的散点图，从中能够比较直观地观察二者的线性相关程度如何。选中标准化后的数据(即 J2:K37 单元格区域)，选择“插入”选项卡，在“图表”功能组中选择“散点图”工具，在工作表的空白处即生成了散点图。对于该散点图，还需进一步完善。选中其中一个点，右击该点，在快捷菜单中选择“添加趋势线”命令，在弹出的“设置趋势线格式”对话框中有“趋势线选项”，选择“线性”单选按钮，并勾选“显示公式”和“显示 R 平方值”复选框，如图 11.4 所示。单击“关闭”按钮后，在原始的散点图上画出一条直线，这条直线即回归方程的直线。在散点图的右侧显示回归方程以及 R^2 的值。可以看出，房地产开发投资额与商品房销售面积存在一定的正相关关系。

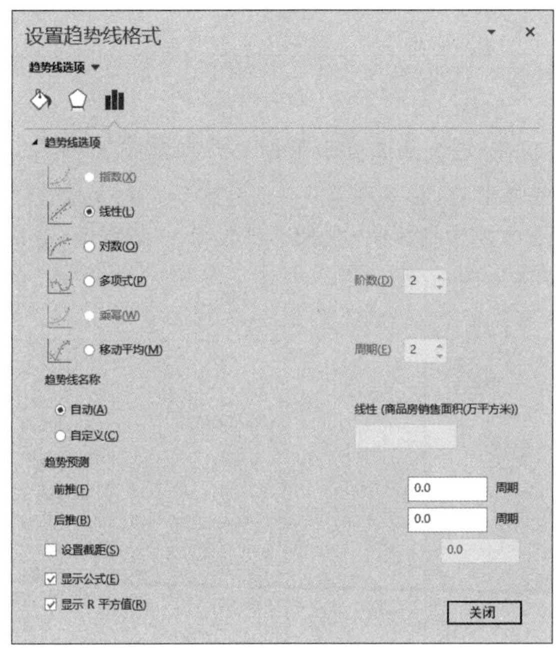

图 11.4 “设置趋势线格式”对话框

选中散点图，在功能区中出现“图表工具”功能组，依次选择其中的“添加图表元素”→“图表标题”→“图表上方”，为散点图添加图表标题。还可以为散点图添加横坐标标题和纵坐标标题。在“图例”下选择“无”。将图表标题修改为“散点图”，将纵坐标标题修改为“商品房销售面积”，将横坐标标题修改为“房地产开发投资额”。最终的散点图如图 11.5 所示。

进行主成分分析时，可以从协方差矩阵出发计算特征值与特征向量。由于对数据进行标准化处理后，相关系数矩阵即为协方差矩阵，所以下面计算标准化处理后的变量的相关系数矩阵。计算相关系数矩阵时，用分析工具库来完成。选择“文件”→“选项”菜单命令，在“Excel 选项”对话框中，单击左侧的“加载项”，在右侧的“加载项”列表中选择“分析工具库”，单击“转到”按钮，在弹出的“可用加载宏”对话框中选择“分析工具库”复选框，最后单击“确定”按钮，如图 11.6 所示。

分析工具库提供了用于统计和工程分析的数据分析工具。回到 Excel 工作簿编辑窗

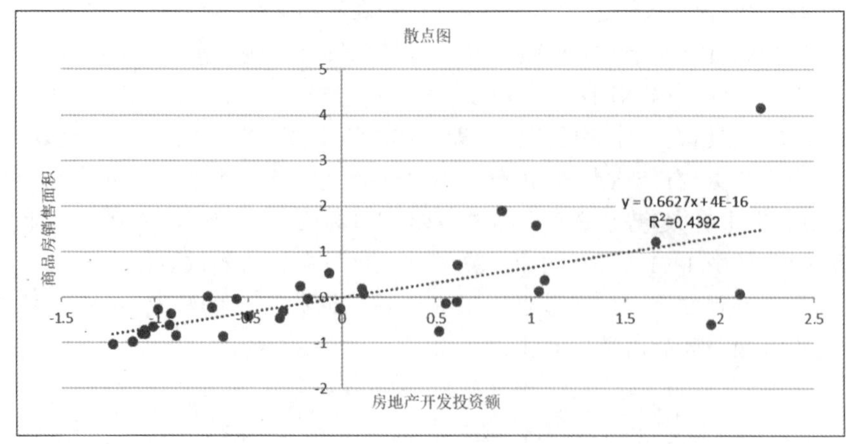

图 11.5　最终的散点图

口，选择“数据”选项卡，可以看到功能区中出现了“数据分析”功能组。单击“数据分析”工具，选择“相关系数”，在弹出的“相关系数”对话框中，在“输入区域”文本框中输入$J$2:$K$37，在“输出区域”文本框中输入$P$2:$R$4，如图 11.7 所示。

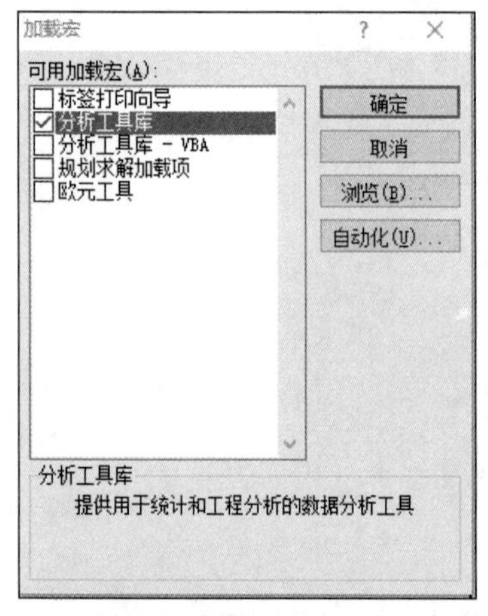

图 11.6　“加载宏”对话框

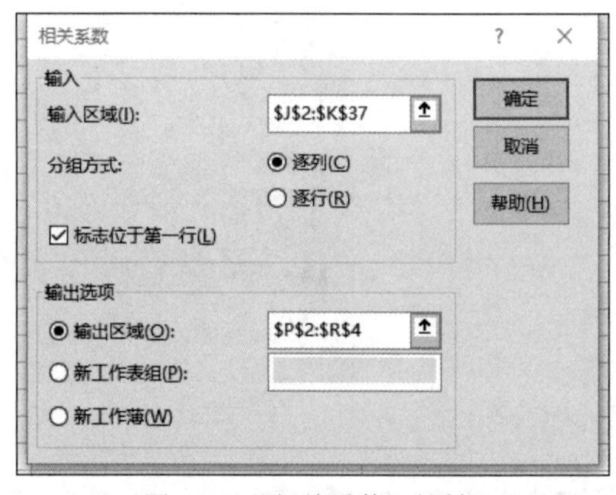

图 11.7　“相关系数”对话框

将工作表略作改动后，得到如图 11.8 所示的相关系数矩阵。可以看出，变量间的相关系数约为 0.66，具有较高的线性相关性，这与散点图得出的结论基本一致。

	P	Q	R
1	**相关系数矩阵**		
2		房地产开发投资额	商品房销售面积
3	房地产开发投资额	1	0.663
4	商品房销售面积	0.663	1
5			

图 11.8　相关系数矩阵

接下来计算相关系数矩阵的特征值与特征向量，计算方法如例 11.1 所示，经计算，得到表 11.4 所示的两个特征值。

表 11.4　特征值

λ_1	1.663
λ_2	0.337
第一主成分方差贡献率	83%
第二主成分方差贡献率	17%

$\lambda_1=1.663$，为第一主成分的方差；$\lambda_2=0.337$，为第二主成分的方差。提取出的第一主成分的方差贡献率为 83%，包含了原变量的大部分信息。正交矩阵为：

$$\begin{bmatrix} 0.707 & -0.707 \\ 0.707 & 0.707 \end{bmatrix}$$

在 Sheet1"主成分分析数据"的以下区域记录特征向量与特征值如图 11.9 所示。

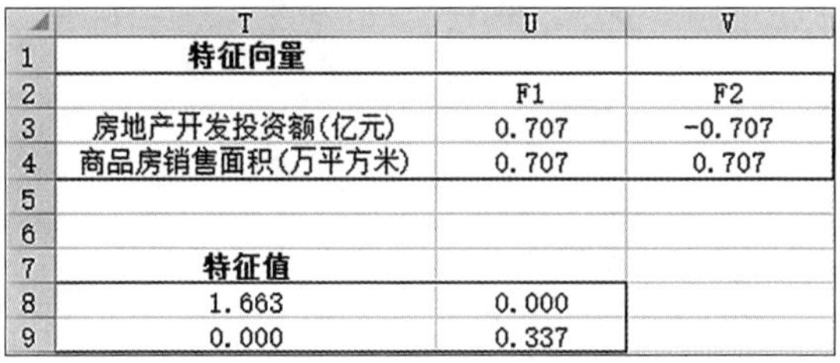

	T	U	V
1	特征向量		
2		F1	F2
3	房地产开发投资额(亿元)	0.707	-0.707
4	商品房销售面积(万平方米)	0.707	0.707
5			
6			
7	特征值		
8	1.663	0.000	
9	0.000	0.337	

图 11.9　特征值向量与特征值

由正交矩阵可以直接计算出第一主成分的值和第二主成分的值，即所谓的主成分得分。在 Y3 单元格中输入"=J3 * $U$3+K3 * $U$4"，将鼠标移至 Y3 单元格右下角，当光标变为加粗加黑的十字形时，双击鼠标，Y4:Y37 自动填充为第一主成分得分。同理，在 Z3 单元格中输入"=J3 * $V$3+K3 * $V$4"，将鼠标移至 Z3 单元格右下角，当光标变为加粗加黑的十字形时，双击鼠标，Z4:Z37 自动填充为第二主成分得分。将该表命名为"主成分得分"，如图 11.10 操作示意。

"主成分得分"表的完整数据如表 11.5 所示。

表 11.5　主成分得分

地区	第一主成分得分	第二主成分得分	地区	第一主成分得分	第二主成分得分
北京	0.965	−1.796	长春	−0.901	0.390
天津	0.370	−0.495	哈尔滨	−0.879	0.509
石家庄	−0.555	−0.094	上海	1.545	−1.429
太原	−1.176	0.249	南京	0.299	−0.484
呼和浩特	−1.598	0.129	杭州	1.025	−0.491
沈阳	−0.657	0.322	宁波	−0.153	0.098
大连	−1.083	0.217	合肥	−0.184	−0.171

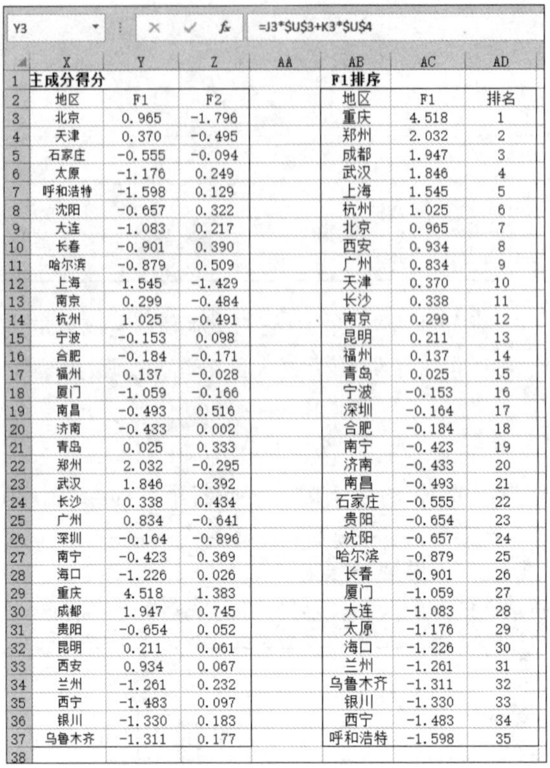

Y3 =J3*$U$3+K3*$U$4

	X	Y	Z	AA	AB	AC	AD
1	主成分得分				F1排序		
2	地区	F1	F2		地区	F1	排名
3	北京	0.965	-1.796		重庆	4.518	1
4	天津	0.370	-0.495		郑州	2.032	2
5	石家庄	-0.555	-0.094		成都	1.947	3
6	太原	-1.176	0.249		武汉	1.846	4
7	呼和浩特	-1.598	0.129		上海	1.545	5
8	沈阳	-0.657	0.322		杭州	1.025	6
9	大连	-1.083	0.217		北京	0.965	7
10	长春	-0.901	0.390		西安	0.934	8
11	哈尔滨	-0.879	0.509		广州	0.834	9
12	上海	1.545	-1.429		天津	0.370	10
13	南京	0.299	-0.484		长沙	0.338	11
14	杭州	1.025	-0.491		南京	0.299	12
15	宁波	-0.153	0.098		昆明	0.211	13
16	合肥	-0.184	-0.171		福州	0.137	14
17	福州	0.137	-0.028		青岛	0.025	15
18	厦门	-1.059	-0.166		宁波	-0.153	16
19	南昌	-0.493	0.516		深圳	-0.164	17
20	济南	-0.433	0.002		合肥	-0.184	18
21	青岛	0.025	0.333		南宁	-0.423	19
22	郑州	2.032	-0.295		济南	-0.433	20
23	武汉	1.846	0.392		南昌	-0.493	21
24	长沙	0.338	0.434		石家庄	-0.555	22
25	广州	0.834	-0.641		贵阳	-0.654	23
26	深圳	-0.164	-0.896		沈阳	-0.657	24
27	南宁	-0.423	0.369		哈尔滨	-0.879	25
28	海口	-1.226	0.026		长春	-0.901	26
29	重庆	4.518	1.383		厦门	-1.059	27
30	成都	1.947	0.745		大连	-1.083	28
31	贵阳	-0.654	0.052		太原	-1.176	29
32	昆明	0.211	0.061		海口	-1.226	30
33	西安	0.934	0.067		兰州	-1.261	31
34	兰州	-1.261	0.232		乌鲁木齐	-1.311	32
35	西宁	-1.483	0.097		银川	-1.330	33
36	银川	-1.330	0.183		西宁	-1.483	34
37	乌鲁木齐	-1.311	0.177		呼和浩特	-1.598	35
38							

图 11.10　主成分得分与第一主成分排序

续表

地区	第一主成分得分	第二主成分得分	地区	第一主成分得分	第二主成分得分
福州	0.137	−0.028	海口	−1.226	0.026
厦门	−1.059	−0.166	重庆	4.518	1.383
南昌	−0.493	0.516	成都	1.947	0.745
济南	−0.433	0.002	贵阳	−0.654	0.052
青岛	0.025	0.333	昆明	0.211	0.061
郑州	2.032	−0.295	西安	0.934	0.067
武汉	1.846	0.392	兰州	−1.261	0.232
长沙	0.338	0.434	西宁	−1.483	0.097
广州	0.834	−0.641	银川	−1.330	0.183
深圳	−0.164	−0.896	乌鲁木齐	−1.311	0.177
南宁	−0.423	0.369			

由于第一主成分是标准化后的原始变量的加权和，且贡献了原始变量 83%的方差，因此可以将第一主成分得分作为各个城市房地产市场活跃程度的综合评价指标。利用

Excel 对第一主成分得分进行排序，如图 11.10 所示。整理后如表 11.6 所示，重庆的第一主成分得分最高，其次为郑州、成都、武汉等城市。

表 11.6　主成分得分排序

地　区	第一主成分得分	排　名	地　区	第一主成分得分	排　名
重庆	4.518	1	南宁	−0.423	19
郑州	2.032	2	济南	−0.433	20
成都	1.947	3	南昌	−0.493	21
武汉	1.846	4	石家庄	−0.555	22
上海	1.545	5	贵阳	−0.654	23
杭州	1.025	6	沈阳	−0.657	24
北京	0.965	7	哈尔滨	−0.879	25
西安	0.934	8	长春	−0.901	26
广州	0.834	9	厦门	−1.059	27
天津	0.370	10	大连	−1.083	28
长沙	0.338	11	太原	−1.176	29
南京	0.299	12	海口	−1.226	30
昆明	0.211	13	兰州	−1.261	31
福州	0.137	14	乌鲁木齐	−1.311	32
青岛	0.025	15	银川	−1.330	33
宁波	−0.153	16	西宁	−1.483	34
深圳	−0.164	17	呼和浩特	−1.598	35
合肥	−0.184	18			

通过绘制第一第二主成分得分的散点图，可以发现重庆的第一主成分得分最高。如果第二主成分表示房地产市场的均衡性，那么第二主成分得分靠近横坐标轴的城市房地产市场发展较为均衡，例如，福州、昆明等地方。图 11.11 为主成分得分散点图。

接下来计算主成分载荷矩阵，根据载荷矩阵的计算公式 Excel 的矩阵乘法运算，选中区域 AF2:AG3，输入公式"=MMULT(U3:V4,SQRT(T8:U9))"，同时按 Ctrl+Shift+Enter 键，得到载荷矩阵，主成分的载荷矩阵可以充当因子分析的初始载荷矩阵。

$$\begin{bmatrix} 0.912 & -0.411 \\ 0.912 & 0.411 \end{bmatrix}$$

至此，主成分分析的主要步骤已经通过 Excel 实现。主成分分析中比较重要的一步为计算协方差矩阵的特征值与特征向量，在 Excel 中求解特征向量有一定的困难性。因此考虑添加 XLSTAT 插件来辅助计算。XLSTAT 是一款功能强大的 Excel 插件，该插件包含数据挖掘、机器学习、数据建模与可视化等强大高级统计分析功能。该插件的安装及使用说明详见 XLSTAT 官方网站 https://www.xlstat.com/en/。接下来我们使用 XLSTAT 插件自带的主成分分析功能来实现主成分分析。

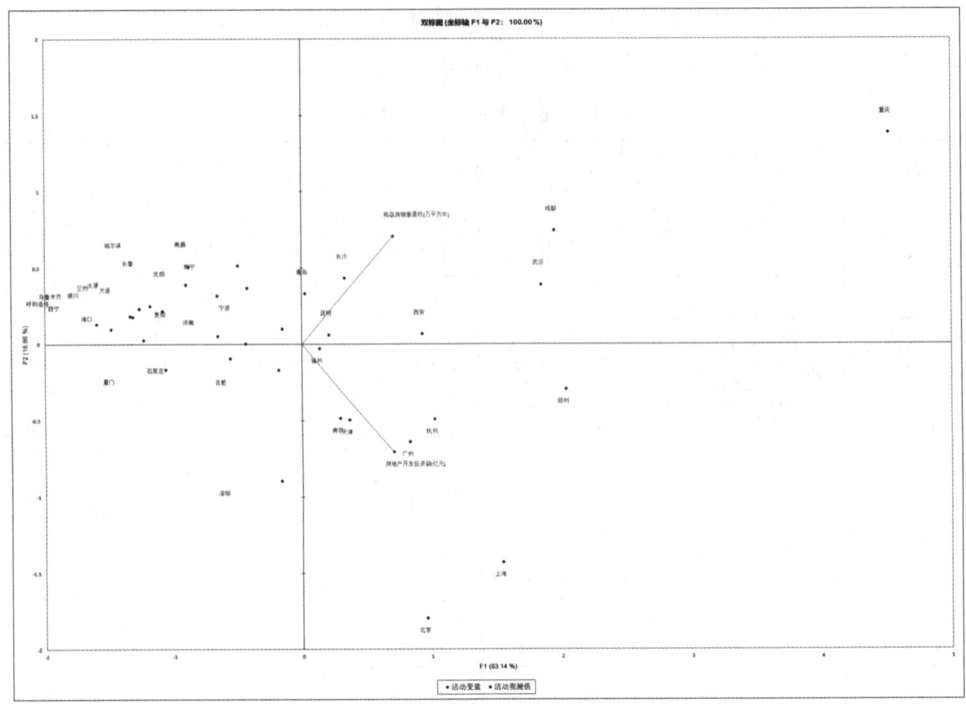

图 11.11　主成分得分散点图

单击 XLSTAT 加载项，依次单击“分析数据”“主成分分析(PCA)”选项，如图 11.12 所示。在弹出的设置框中，输入观测值和观测值标签，选择“变量标签”“观测值标签”，如图 11.13 所示。单击“选项”选项卡，选择标准化方式为 n－1，如图 11.14 所示，对原始数据进行标准化。

图 11.12　XLSTAT 插件主成分分析

单击“确定”按钮后，在新的工作表中输出了完整的主成分分析的报告，如图 11.15 所示，报告包含特征值、特征向量、载荷矩阵、主成分得分等。

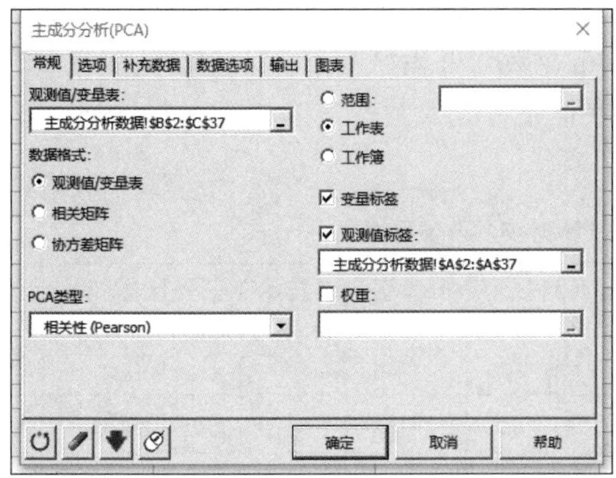

图 11.13　选择主成分分析的数据区域

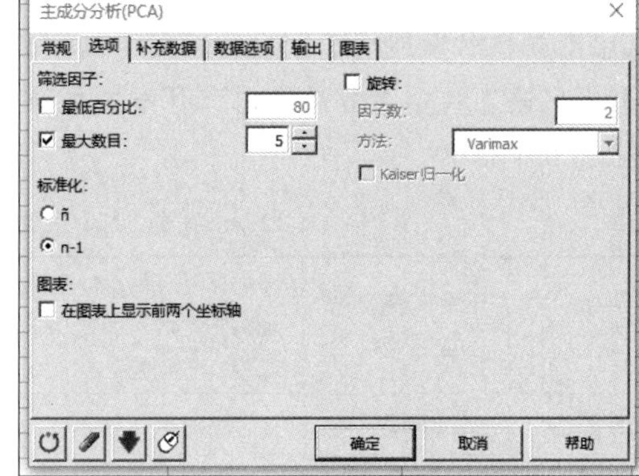

图 11.14　主成分分析选项

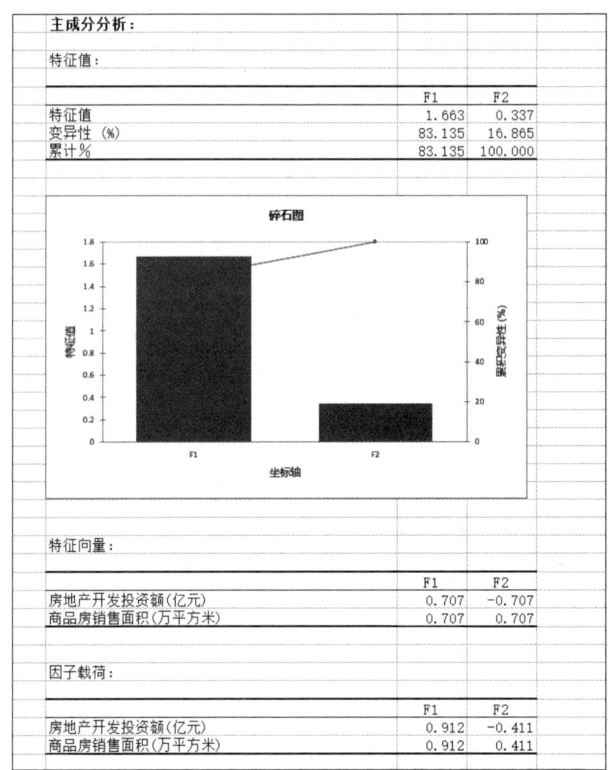

主成分分析：

特征值：

	F1	F2
特征值	1.663	0.337
变异性 (%)	83.135	16.865
累计%	83.135	100.000

特征向量：

	F1	F2
房地产开发投资额(亿元)	0.707	-0.707
商品房销售面积(万平方米)	0.707	0.707

因子载荷：

	F1	F2
房地产开发投资额(亿元)	0.912	-0.411
商品房销售面积(万平方米)	0.912	0.411

图 11.15　主成分分析结果输出

11.3.2　因子分析

在利用 Excel 进行因子分析时，可以利用主成分分析法得到初始载荷矩阵，但是当采用方差最大法对初始载荷矩阵进行旋转时，往往会遇到如何计算旋转角度等难题，计算量巨大且复杂。因此本章将利用 XLSTAT 插件进行因子分析。表 11.7 为我国 31 个主要城市高新技术发展情况,包括“开发区高新技术企业数”“开发区高新技术企业从业人员”“开发区高新技术企业总产值”“开发区高新技术企业总收入”“开发区高新技术企业出口总额”五个指标。

表 11.7　我国 31 个主要城市高新技术开发区数据

地　区	开发区高新技术企业数/个	开发区高新技术企业从业人员/人	开发区高新技术企业总产值/万元	开发区高新技术企业总收入/万元	开发区高新技术企业出口总额/万元
北京	15026	1384890	58315612.9	196460187.7	2316484.8
天津	2795	294333	19232825.4	36192591.5	875049
石家庄	580	80496	12382322.6	16531399.4	104524.5
太原	968	113446	12018133.1	13861383.2	25506.8
沈阳	669	159717	18267496.7	21782154	227485.1
大连	2029	204914	14048085.3	18832739.4	658198.9
长春	929	145415	32987926.6	33855773.7	92327.1
哈尔滨	264	130251	13255942	14974396.1	93118.1
上海	1316	383722	40322910.9	65266017.6	2584987.4
南京	285	168507	32588981.6	34638467.4	743122.1
杭州	1750	245006	13647816.7	22002414	475856.1
宁波	349	100802	8160177.9	14230176.8	566061.7
合肥	407	119457	19501370.4	19374953.3	170921.1
福州	184	60824	5701343.8	5643299.5	329257.8
厦门	370	139896	16221424	16687420.8	1512694.6
南昌	340	98825	10212133.6	11160252	227976.8
济南	497	159314	13801587.3	18009895.8	231086.9
青岛	164	95957	14452325.2	17083162.7	246617.9
郑州	640	118023	15001535.3	17219039.9	56365.2
武汉	2603	360935	31913726.4	38100615.8	674900.4
长沙	810	184645	23789151.2	25139046.1	93904.4
广州	1959	357604	32239641.9	39094652.8	2040691.2
深圳	618	347813	40545670.3	41813567.9	2269656.8
南宁	626	115775	6982516.5	8206114.2	101420.5
重庆	453	132179	10072917.2	12367661.6	150822.9
成都	1484	262563	28097122.2	34425648	1145549.4

续表

地　区	开发区高新技术企业数/个	开发区高新技术企业从业人员/人	开发区高新技术企业总产值/万元	开发区高新技术企业总收入/万元	开发区高新技术企业出口总额/万元
贵阳	154	126081	7890968.8	9285507.1	217602.4
昆明	225	64966	8888563.1	10735670.3	49622.7
西安	2866	285859	32934065.2	42880078.7	644705
兰州	422	85814	7966690	10214402.6	12032.5
乌鲁木齐	249	46277	2355179.1	3461505.1	110336.4

将数据标准化后，利用 XLSTAT 的因子分析功能进行处理。与主成分分析的步骤类似，单击 XLSTAT 加载项，依次单击“分析数据”→“因子分析”，在弹出框中选择观测值，然后设置选项，如图 11.16 所示。

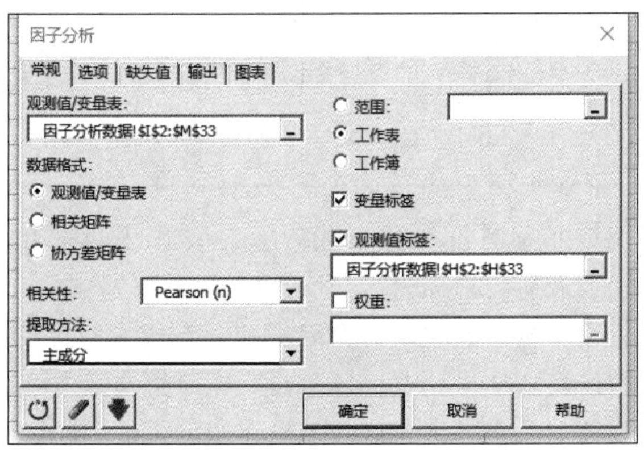

图 11.16　选择因子分析的数据区域

单击“选项”选项卡，如图 11.17 所示，选择“用户自定义”，设置因子数为 2，勾选“旋转”进行因子旋转，方法选择“Varimax”，即旋转方法为方差最大法。

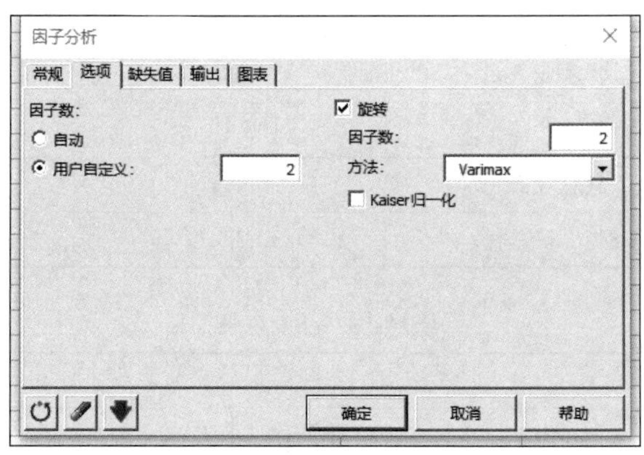

图 11.17　因子分析选项

单击“确定”按钮后，即可自动输出因子分析报告。因子分析报告包含相关系数矩阵、因子载荷、特征值等部分。

变量间相关系数矩阵为表11.8。可以看到，各变量间有较高的相关系数。因此比较适合进行因子分析。

表11.8 变量的相关系数矩阵

	开发区高新技术企业数/个	开发区高新技术企业从业人员/万人	开发区高新技术企业总产值/万元	开发区高新技术企业总收入/万元	开发区高新技术企业出口总额/万元
开发区高新技术企业数/个	1	0.964	0.657	0.947	0.495
开发区高新技术企业从业人员/万人	0.964	1	0.788	0.982	0.671
开发区高新技术企业总产值/万元	0.657	0.788	1	0.827	0.757
开发区高新技术企业总收入/万元	0.947	0.982	0.827	1	0.659
开发区高新技术企业出口总额/万元	0.495	0.671	0.757	0.659	1

得到旋转后的载荷矩阵为表11.9，因子载荷越高，该因子与原始变量之间的相关程度越高。在因子一上有较大载荷的指标为“开发区高新技术企业数”“开发区高新技术企业从业人员”“开发区高新技术企业总收入”，在因子二上有较大载荷的指标为“开发区高新技术企业总产值”“开发区高新技术企业出口总额”，即原始变量由两个潜在变量影响。影响程度的高低由因子载荷的大小决定。这两个潜在变量贡献了原始变量的99.205%的方差，参见表11.10。

表11.9 旋转后的因子载荷

	因子一	因子二
开发区高新技术企业数	0.969	0.217
开发区高新技术企业从业人员	0.893	0.437
开发区高新技术企业总产值	0.540	0.758
开发区高新技术企业总收入	0.884	0.453
开发区高新技术企业出口总额	0.280	0.925

表11.10 方差贡献

	因子一	因子二
占比	57.747%	37.457%
累计占比	57.747%	95.205%

习　题

1. 什么是主成分分析？为什么要进行主成分分析？主成分分析的基本思想是什么？

2. 什么是因子分析？因子分析的基本思想是什么？

3. 论述主成分分析与因子分析的联系与区别。

4. 基于相关系数矩阵进行主成分分析与基于协方差矩阵进行主成分分析得到的结论有何异同？

5. 变量 x_1、x_2、x_3 的相关系数矩阵为

$$\begin{bmatrix} 1 & \frac{1}{5} & -\frac{1}{5} \\ \frac{1}{5} & 1 & \frac{2}{5} \\ -\frac{1}{5} & -\frac{2}{5} & 1 \end{bmatrix}$$

利用主成分分析法求因子分析模型,要求计算变量共同度和各因子的方差贡献率。

6. 结合实际以及所学知识,利用 Excel 对 technology.csv 中的数据进行主成分分析。

7. 自行确定研究对象,并选取适当的数据,进行因子分析。

第12章 Excel 综合案例

在学习了前面各章的内容后，读者应具备了利用 Excel 进行数据统计和分析的基本能力。随着社会信息化水平的不断提升和大数据时代的到来，数据的定量分析在生产和生活中得到了广泛的应用。Excel 软件操作简单，功能强大，被广泛应用于数据的统计和分析。本章将综合使用 Excel 的统计分析功能处理一些实际问题，以深化前面各章的知识。

12.1 Excel 在农业生产中的应用

随着农业现代化的快速发展，精准农业已经成为农业发展的趋势，通过精确地控制农业施肥、农业灌溉等农业生产要素，可以有效地提高农作物的产量。通过 Excel 数据的统计分析，可以为农业生产提供帮助。

1. 问题描述与案例说明

	A	B	C
1	旧肥料	新肥料	
2	99	112	
3	102	106	
4	97	106	
5	109	110	
6	101	109	
7	94	111	
8	88	118	
9	101	111	
10	97	110	
11	98	112	
12	108	99	
13	102	102	
14	98	118	
15	99	100	
16	102	107	
17	104	110	
18	99	109	
19	104	113	
20	106	118	
21	101	120	

图 12.1　施用新旧两种肥料的产量数据

为比较新旧两种肥料对农作物产量的影响，某研究者选择了面积相等、土壤等条件相同的 40 块田地，分别施用新旧两种肥料，得到的产量数据如图 12.1 所示。比较新肥料获得的平均产量是否与旧肥料获得的平均产量相等。

2. 分析目的和分析思路

本案例的分析目的是通过对比使用两种不同肥料的农作物产量，分析两种肥料对农业生产的影响，为后期肥料的生产和选用提供帮助。

本案例的分析思路如下：首先利用描述性统计分析的方法分析使用两种肥料的产量数据的基本特征，然后利用“t-检验：双样本异方差假设”工具进行数据分析。

3. 分析方法

本案例采用以下两种分析方法。

(1) 描述统计分析。对数据进行基础性描述，主要描述变量的基本特征。Excel 中的描述统计分析过程可以生成相关的描述统计量，例如均值、方差、标准差、峰度和偏度等。通过这些描述统计量，可以对变量变化的综合特征有全面的了解。

(2) 方差分析。目的是推断两组或多组数据的总体均数是否相同，检验两个或多个样本均数的差异是否有统计学意义。由于各种因素的影响，研究所得的数据呈现波动性。造成波动的原因可分成两类：一是不可控的随机因素，二是研究中施加的对结果形成影响的可控因素。一个复杂的事物，其中往往有许多因素互相制约又互相依存。方差分析的目的是通过数据分析找出对该事物有显著影响的因素并揭示各因素之间的交互作用。因此，有必要将方差分析从整体分析中独立出来，做进一步的检验。

4. 操作步骤

(1) 在"数据"选项卡中单击"数据分析"按钮，打开"数据分析"对话框，在"分析工具"列表中选择"描述统计"，单击"确定"按钮，如图 12.2 所示。

(2) 弹出"描述统计"对话框，在"输入区域"文本框中输入$A$2:$A$21，表示对旧肥料的产量的统计描述，如图 12.3 所示。然后重复上述操作，再在"描述统计"对话框的"输入区域"文本框中输入$B$2:$B$21，表示对新肥料的产量的统计描述。最终结果如图 12.4 所示。

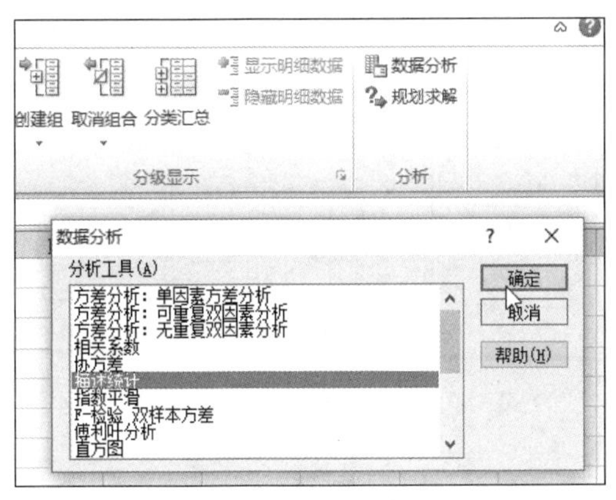

图 12.2 在"数据分析"对话框中选择"描述统计"

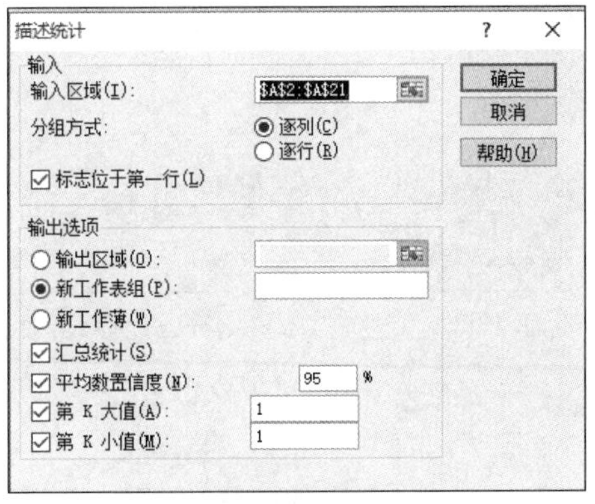

图 12.3 "描述统计"对话框

(3) 在"数据"选项卡中单击"数据分析"按钮，打开"数据分析"对话框，在"分析工具"列表中选择"t-检验：双样本异方差假设"，单击"确定"按钮，如图 12.5 所示。

(4) 弹出"t-检验：双样本异方差假设"对话框。在"变量 1 的区域"文本框中输入$A$2:$A$21，表示使用旧肥料后的产量；在"变量 2 的区域"文本框中输入$B$2:$B$21，表示使用新肥料后的产量；在"假设平均差"文本框中输入 0。具体设置如图 12.6 所示。

(5) 在"t-检验：双样本异方差假设"对话框的"输出选项"下选择"输出区域"单选按钮，并在后面的文本框中选择要输出的单元格或默认新工作表组，单击"确定"按钮。

分析结果如图 12.7 所示。

旧肥料	
平均	100.5263
标准误差	1.122259
中位数	101
众数	102
标准差	4.891812
方差	23.92982
峰度	1.34853
偏度	-0.57651
区域	21
最小值	88
最大值	109
求和	1910
观测数	19
最大(1)	109
最小(1)	88
置信度(95.0%)	2.357778

新肥料	
平均	109.9473684
标准误差	1.36256055
中位数	110
众数	110
标准差	5.939263742
方差	35.2748538
峰度	-0.35249691
偏度	-0.09683666
区域	21
最小值	99
最大值	120
求和	2089
观测数	19
最大(1)	120
最小(1)	99
置信度(95.0%)	2.862633491

图 12.4　旧肥料和新肥料的描述性统计结果

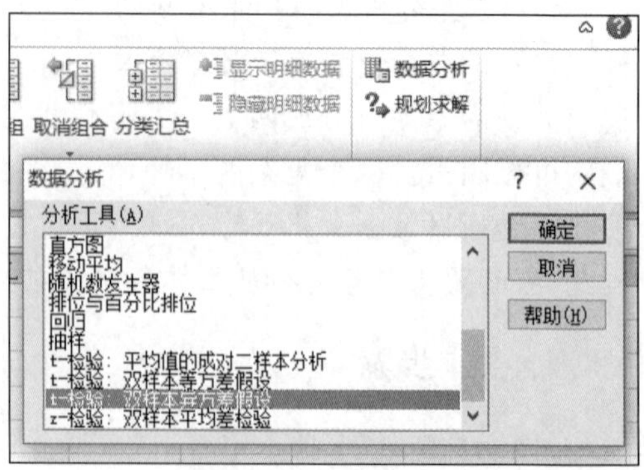

图 12.5　在“数据分析”对话框中选择“t-检验：双样本异方差假设”

t-检验：双样本异方差假设

输入
变量 1 的区域(1)：$A$2:$A$21
变量 2 的区域(2)：$B$2:$B$21
假设平均差(E)：0
□标志(L)
α(A)：0.05
输出选项
◉输出区域(O)：$D$4:$F$13
○新工作表组(P)：
○新工作薄(W)
确定
取消
帮助(H)

图 12.6　“t-检验：双样本异方差假设”对话框

t-检验：双样本异方差假设		
	变量 1	变量 2
平均	100.45	110.05
方差	22.786842	33.628947
观测值	20	20
假设平均差	0	
df	37	
t Stat	-5.7159168	
P(T<=t) 单尾	7.615E-07	
t 单尾临界	1.6870936	
P(T<=t) 双尾	1.523E-06	
t 双尾临界	2.0261925	

图 12.7　分析结果

12.2　Excel 在医学中的应用

Excel 的统计分析过程为医学领域观测和试验的结果分析与研究提供了有力的工具，在医疗、公共卫生管理和流行病学调查方面具有广泛的应用。

	A	B	C	D
1	O	A	AB	AB
2	80	80	73	92
3	78	77	80	86
4	94	69	92	70
5	73	84	76	85
6	79	52	68	
7	86	40		
8	91	73		
9	75			
10	81			
11	64			

图 12.8　不同血型的被访者对安乐死的态度

1. 问题描述与案例说明

随机选取 26 位被访者，了解他们对安乐死的态度。然后将被访者按不同血型分组，数据如图 12.8 所示。在显著性水平为 0.05 时进行方差分析，判断不同血型的被访者对安乐死的态度是否有显著差异。

2. 分析目的和分析思路

本案例的分析目的是通过对随机选取的26位被访者的调查，获取他们对安乐死的态度。在本案例中，对被访者对安乐死的态度和被访者的血型进行方差分析，以了解不同血型的被访者对安乐死的态度。

本案例的分析思路如下：利用单因素方差分析分析不同血型的被访者对安乐死的态度是否存在显著差异。

3. 分析方法

本案例采用方差分析法。

4. 操作步骤

(1) 在“数据”选项卡中单击“数据分析”按钮，打开“数据分析”对话框，在“分析工具”列表中选择“方差分析：单因素方差分析”，单击“确定”按钮，如图12.9所示。

(2) 弹出“方差分析：单因素方差分析”对话框，在“输入区域”文本框中输入$A$19:$J$41(也可以直接选中要分析的数据)，在α文本框中输入0.05，在“输出选项”下选择“输出区域”单选按钮(可以任意指定空白区域)，单击“确定”按钮，如图12.10所示。

图 12.9　在“数据分析”对话框中选择“方差分析：单因素方差分析”

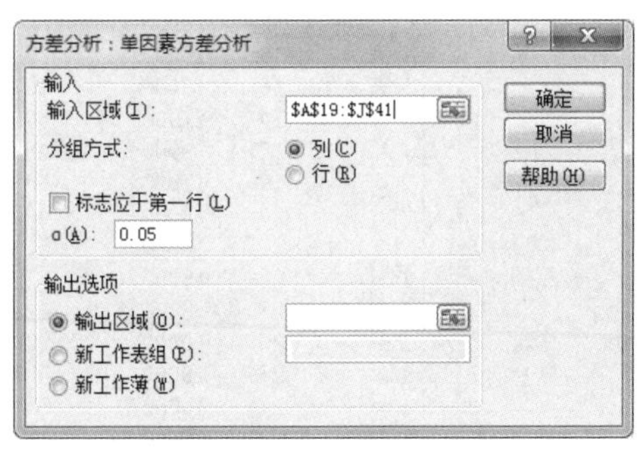

图 12.10　“方差分析：单因素方差分析”对话框

分析结果如图12.11所示。

方差分析：单因素方差分析						
SUMMARY						
组	观测数	求和	平均	方差		
列 1	10	801	80.1	76.54444		
列 2	7	475	67.85714	257.8095		
列 3	5	389	77.8	82.2		
列 4	4	333	83.25	87.58333		
方差分析						
差异源	SS	df	MS	F	P-value	F crit
组间	840.0775	3	280.0258	2.178953	0.119232	3.049125
组内	2827.307	22	128.514			
总计	3667.385	25				

图 12.11　分析结果

从图 12.11 中可以看出：

$$F=2.178953<F_{0.05}(3,22)=3.049124$$

说明不同血型的被访者对安乐死的态度没有显著差异。

12.3 Excel 在社会科学中的应用

定量研究在社会科学研究中已经得到广泛应用，定量分析的结果已成为决策的重要依据和参考。Excel 的统计分析过程为社会科学的定量研究提供了一种方便的实现方式。

1. 问题描述与案例说明

本案例选取了某地农民收入调查数据，某中记录了 174 位受调查农户的“农业收入”“户主年龄”“文化”“家庭人口”“机械化否”“自己经营否”等变量。对受调查农户的农业收入进行影响因素分析，分析我国当前影响农户农业收入的主要因素。本案例的原始数据如图 12.12 所示。

	A	B	C	D	E	F	G
1	表号	农业收入	户主年龄	文化	家庭人口	机械化否	自己经营否
2	8	24000	56	4	5	1	0
3	9	26000	50	4	5	1	1
4	10	15400	40	3	3	0	1
5	14	27000	64	4	5	1	1
6	15	9000	46	4	3	0	1
7	19	17000	43	2	2	0	1
8	20	8000	49	3	2	0	1
9	21	10000	51	4	4	0	0
10	22	15000	52	4	3	0	0
11	23	5200	39	3	3	0	1
12	25	10000	48	4	5	0	1
13	26	10000	52	4	4	0	1
14	27	10000	56	4	5	0	1
15	28	10000	53	4	4	0	1

图 12.12 某地农民收入调查数据

2. 分析目的和分析思路

本案例的分析目的是对受调查农户的农业收入进行影响因素分析，分析我国当前影响农户农业收入的主要因素，为农业政策的制定提供科学的依据；同时，对影响我国农户农业收入水平的因素进行分类，全面把握影响农户农业收入水平的重要因素。

本案例的分析思路如下：首先利用描述性分析方法对调查数据的各个变量进行整体性描述分析和比较，然后利用相关分析方法分析各个变量对农业收入的影响程度并进行分类，最后利用回归分析方法对影响农户农业收入的因素进行分析。

3. 分析方法

本案例采用 3 种分析方法。

(1) 描述统计分析。

(2) 相关系数分析。该方法是一种数据简化技术。它通过研究众多变量之间的内部依赖关系,探求观测数据中的基本结构,并用少数几个独立的不可观测变量来表示其基本的数据结构。相关分析是研究现象之间是否存在某种依存关系,并探讨具有依存关系的现象之间的相关方向以及相关程度,进而研究随机变量之间的相关关系的一种统计方法。

(3) 回归分析。该方法研究一个因变量与一个或多个自变量之间的线性或非线性关系。该方法通过规定因变量和自变量来确定变量之间的因果关系,建立回归模型,并根据实测数据来估计模型的各个参数,评价回归模型是否能够很好地拟合实测数据,并根据自变量做进一步预测。

4. 操作步骤

首先,进行农户农业收入主要影响因素的描述统计分析。

(1) 打开数据文件。在"数据"选项卡中单击"数据分析"按钮,弹出"数据分析"对话框,在"分析工具"列表中选择"描述统计",单击"确定"按钮。

(2) 弹出"描述统计"对话框。在"输入区域"文本框中输入单元格区域$C$2:$F$175,选中"标志位于第一行"复选框,选中"汇总统计""平均数置信度""第 K 大值""第 K 小值"复选框,并在"平均数置信度"右侧的文本框中输入需要的置信度,在"第 K 大值""第 K 小值"右侧的文本框中输入需要的 K 值,单击"确定"按钮,如图 12.13 所示。

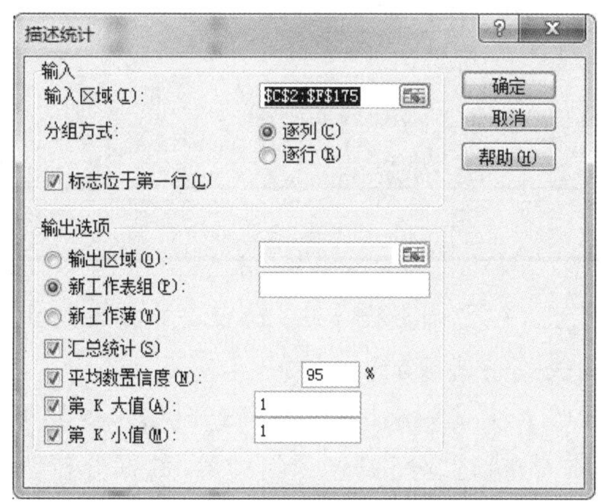

图 12.13 "描述统计"对话框

描述统计分析结果如图 12.14 所示。

描述统计分析结果中给出了各个变量的统计量。从描述统计分析结果可以看出,受调查的样本农户中,户主的平均年龄为 51 岁多,以中老年为主;而平均文化程度约为 3.59,说明农户的学历主要介于初中、高中之间;平均家庭人口约为 4.35 个,说明农村人口主要以家族聚居为主,家庭人口数量多;平均农业收入约为 578.03 元,标准误差约为 177.94 元,说明样本农户的农业收入较低,且变化范围大;从"机械化否"和"自己经营否"两个变量的平均值也可以看出,样本农户机械化水平低,约为 23%,且多数为自己经营作业方式。

平均	51.27168	平均	3.589595	平均	4.346821	平均	0.057803
标准误差	0.840728	标准误差	0.060207	标准误差	0.076291	标准误差	0.017794
中位数	51	中位数	4	中位数	4	中位数	0
众数	48	众数	4	众数	5	众数	0
标准差	11.05805	标准差	0.791897	标准差	1.003456	标准差	0.234049
方差	122.2804	方差	0.6271	方差	1.006923	方差	0.054779
峰度	0.161714	峰度	0.212809	峰度	2.357365	峰度	12.76169
偏度	0.393253	偏度	-0.61877	偏度	0.131473	偏度	3.822864
区域	59	区域	4	区域	8	区域	1
最小值	29	最小值	1	最小值	1	最小值	0
最大值	88	最大值	5	最大值	9	最大值	1
求和	8870	求和	621	求和	752	求和	10
观测数	173	观测数	173	观测数	173	观测数	173
最大(1)	88	最大(1)	5	最大(1)	9	最大(1)	1
最小(1)	29	最小(1)	1	最小(1)	1	最小(1)	0
置信度(95	1.659472	置信度(95	0.118839	置信度(95	0.150588	置信度(95	0.035124

图 12.14 描述统计分析结果

其次,进行农户农业收入主要影响因素的相关系数分析,步骤如下:

(1) 选择"数据"选项卡,执行"分析"选项组中的"数据分析"命令,弹出"数据分析"对话框,选中"相关系数",单击"确定"按钮,弹出"相关系数"对话框。

(2) 在"输入区域"文本框中输入单元格区域 B1:G175,选中"标志位于第一行"复选框,单击"确定"按钮,即可输出相关分析结果,如图 12.15 所示。

	A	B	C	D	E	F	G
1		农业收入	户主年龄	文化1	家庭人口	机械化否	自己经营
2	农业收入	1					
3	户主年龄	-0.00975	1				
4	文化	0.177592	0.575025	1			
5	家庭人口	-0.04022	0.333579	0.232864	1		
6	机械化否	0.73864	0.018705	0.134529	0.027039	1	
7	自己经营	0.117856	0.045263	0.149536	-0.05616	0.001401	1

图 12.15 相关系数分析结果

从图 12.15 中可以看出,在受调查样本中,农户农业收入与机械化程度具有较强的相关关系,与其他因素的相关关系比较弱。

最后,进行农户农业收入主要影响因素的回归分析,步骤如下:

(1) 选择"数据"选项卡,执行"分析"选项组中的"数据分析"命令,弹出"数据分析"对话框,选择"回归",单击"确定"按钮,弹出"回归"对话框。

(2) 在"Y 值输入区域"文本框中输入因变量"农业收入"所在区域 B1:B175,在"X 值输入区域"文本框中输入自变量"户主年龄""文化""家庭人口""机械化否""自己经营否"所在区域 C1:G175,选中"标志"复选框,单击"确定"按钮,即可输出回归分析结果,如图 12.16 所示。

图 12.16 中的"回归统计"部分的输出结果给出了户主年龄、文化程度、家庭人口、机械化程度以及是否自己经营这 5 个指标解释农户农业收入的能力,具体给出了 R、R^2、调整后的 R^2 以及标准误差和观测值。在本案例中,回归模型调整后的 R^2 约为 0.57,说明回归分析的拟合度一般。

图 12.16 中的第二部分给出了方差分析的结果。由方差分析的结果可以得到回归部

分的 F 值为 45，相应的 P 值为 0.000，低于显著性水平 0.05，因此可以判断户主年龄、文化程度、家庭人口、机械化程度以及是否自己经营这 5 个指标对农户农业收入的解释能力较为显著。

图 12.16 中的第三部分给出了线性回归模型的回归系数及相应的一些统计量。从分析结果中可以得到线性回归模型中的户主年龄、文化程度、家庭人口、机械化程度以及是否自己经营这 5 个指标的系数。另外，线性回归模型中的文化程度、机械化程度和是否自己经营这 3 个指标的 T 值分别约为 1.97、14.19 和 1.92，相应的 P 值约为 0.05、0.000 和 0.06，说明这 3 个指标的系数非常显著，即样本农户的农业收入受文化程度、机械化程度和是否自己经营这 3 个指标的高度影响；而户主年龄和家庭人口的 T 值很小，相应的 P 值均大于 0.1，说明这两个指标的系数不显著，即户主年龄和家庭人口这两个指标在该线性回归模型中对样本农户的农业收入没有显著影响。

	A	B	C	D	E	F	G	H	I
1	SUMMARY OUTPUT								
2									
3	回归统计								
4	Multiple	0.75643							
5	R Square	0.572186							
6	Adjusted	0.559454							
7	标准误差	3953.135							
8	观测值	174							
9									
10	方差分析								
11		df	SS	MS	F	gnificance F			
12	回归分析	5	3.51E+09	7.02E+08	44.93884	2.75E-29			
13	残差	168	2.63E+09	15627278					
14	总计	173	6.14E+09						
15									
16		Coefficien	标准误差	t Stat	P-value	Lower 95%	Upper 95%	下限 95.0%	上限 95.0%
17	Intercept	3665.799	1882.974	1.946813	0.053225	-51.5403	7383.138	-51.5403	7383.138
18	户主年龄	-43.6237	34.50909	-1.26412	0.207937	-111.751	24.50363	-111.751	24.50363
19	文化	941.7103	476.8351	1.974918	0.049916	0.349597	1883.071	0.349597	1883.071
20	家庭人口	-335.41	319.8751	-1.04857	0.295884	-966.903	296.0828	-966.903	296.0828
21	机械化否	17685.99	1246.459	14.18899	1.52E-30	15225.25	20146.73	15225.25	20146.73
22	自己经营	1512.174	786.3728	1.922974	0.056175	-40.2715	3064.62	-40.2715	3064.62

图 12.16　回归分析结果

12.4　Excel 在经济管理中的应用

企业的生存状况与它的动态运营数据(例如客户消费记录、各个时期的销售量、价格和产品的受欢迎程度等)密切相关。数据分析是市场信息处理的重要手段，是指对市场调研与预测过程中收集到的各种数据资料进行适当的处理，使其显示一定的含义，进而反映不同数据之间以及新数据与原数据之间的联系，并通过一些分析方法和技术得出有助于市场决策的重要结论。

1. 问题描述与案例说明

本案例模拟了某房地产中介公司的客户数据以及各月房屋销售数据，通过客户分析和房屋销售数据分析来了解这些买房客户的背景及其与购房意向的关系以及房屋销售量的未来趋势等。根据对目标的研究可知，本案例中使用的数据包括两类，一类是客户数据，另一类是销售数据。客户数据编码规则如表 12.1 所示。

表 12.1　客户数据编码规则

编 码	字　段	取　值	编 码	字　段	取　值
XB	性别	男：1 女：2	MJ	购房面积	$100m^2$ 及以上：4 $80\sim100m^2$（不含）：3 $50\sim80m^2$（不含）：2 $50m^2$ 以下：1
NL	年龄	40 岁及以上：3 30～39 岁：2 30 岁以下：1	HX	购房户型	三室及以上：3 二室：2 一室：1
RS	家庭人口数	3 人及以上：3 2 人：2 单身：1	CQ	购房城区	东城区：1 西城区：2 南城区：3 北城区：4
XL	学历	研究生及以上：3 本科生：2 大专及以下：1	WZ	购房位置	二环以内：1 三环以内：2 四环以内：3 四环以外：4
SR	家庭年收入	10 万元及以上：5 6～10 万元(不含)：3 1～6 万元(不含)：2 1 万元以下：1	ZJ	购房总价	200 万元以上：4 150 ～ 200 万元（不含）：3 100 ～ 150 万元（不含）：2 100 万元以下：1
XJ	房屋新旧	新房：1 二手房：2	FK	付款方式	分期付款：1 一次付清：2

从数据库中抽取了 2003—2010 年 60 位客户的数据以及该公司的销售数据，数据的基本形式如图 12.17 和图 12.18 所示，完整数据见 12.4.xlsx 工作簿中的“例 4-客户数据”工作表。

2	BH	XB	NL	RS	XL	SR	XJ	MJ	HX	CQ	WZ	ZJ	FK
3	编号	性别	年龄	家庭人口数	学历	家庭年收入	房屋新旧	购房面积	购房户型	购房城区	购房位置	购房总价	付款方式
4													
5	2	1	1	1	3	7	1	64	2	1	3	105	2
6	3	1	1	1	3	7.2	2	66	2	1	3	110	2
7	4	1	1	1	2	6.9	2	78	2	1	4	109.2	2
8	5	1	1	1	3	12	2	52	1	2	1	182	1
9	7	1	1	1	3	10	1	65	2	3	1	143	1
10	8	1	1	1	2	6.5	2	59	1	2	3	101.5	1
11	9	1	1	1	1	5.9	2	56	1	2	4	89.6	2
12	10	1	1	1	2	5	2	39	1	3	3	60	2
13	11	1	1	1	1	5.7	2	55	1	3	4	89	2
14	12	1	1	1	1	6.3	2	45	1	4	2	72	2
15	22	1	1	2	2	13.6	2	67	1	3	3	92.46	2

图 12.17　客户数据

销售额（十万）	1月	2月	3月	4月	5月	6月	7月	8月	9月	10月	11月	12月
2003年	254	310	360	487	302	376	289	302	498	456	412	376
2004年	509	624	725	981	612	763	590	605	1006	920	828	759
2005年	1120	1373	1597	2159	1347	1680	1300	1332	2213	2026	1822	1671
2006年	1420	1749	2035	2737	1715	2134	1650	1695	2814	2575	2313	2121
2007年	3150	3888	4521	6069	3808	4742	3665	3764	6258	5720	5142	4708
2008年	6999	8620	10037	13470	8444	10513	8137	8357	13891	12689	11410	10457
2009年	15515	19116	22268	29869	18738	23318	18044	18540	30798	28138	25308	23186
2010年	34395	42396	49383	66228	41548	51693	40000	41102	68283	62374	56107	51414
销售面积（平方米	1月	2月	3月	4月	5月	6月	7月	8月	9月	10月	11月	12月
2003年	390.769	476.923	553.846	724.702	463.19	578.462	444.615	425.352	766.154	741.463	549.333	515.068
2004年	636.25	780	906.25	1226.25	838.356	965.823	737.5	756.25	1226.83	1150	974.118	852.809
2005年	1018.18	1193.91	1376.72	1962.73	1202.68	1513.51	1000	951.429	1475.33	1447.14	1518.33	1285.38
2006年	1092.31	1345.38	1565.38	2105.38	1319.23	1641.54	1269.23	1303.85	2164.62	1980.77	1779.23	1631.54
2007年	2100	2574.83	2974.34	4019.21	2720	3161.33	2443.33	2476.32	4172	3813.33	3428	3138.67
2008年	4374.38	5387.5	6273.13	8418.75	5277.5	6570.63	5085.63	5223.13	8681.88	7930.63	7131.25	6535.63
2009年	8619.44	10620	12371.1	16593.9	10410	12954.4	10024.4	10300	17110	15632.2	14060	12881.1
2010年	16378.6	20188.6	22968.8	31537.1	19058.7	23604.1	19047.6	18682.7	32515.7	27357	24394.3	22257.1

图 12.18　销售数据

2. 分析目的和分析思路

本案例的分析目的是通过客户分析和销售额分析来了解这些客户的背景及其与购房意向的关系以及销售量的未来趋势。

本案例的分析思路是：首先对客户基本信息、购房位置、购房城区进行描述性分析，制作出直观的图表；然后对客户的购房行为进行分析，主要对客户年龄与购房面积进行方差分析，对客户学历、家庭年收入与购房总价进行回归分析；最后对房屋销售数据进行分析预测。

3. 分析方法

本案例采用 4 种分析方法：

(1) 描述统计分析。

(2) 相关系数分析。

(3) 回归分析。

(4) 方差分析。

4. 操作步骤

在分析之前，先对数据进行预处理，对客户信息中尚未编码的数据进行编码，具体操作如下：

(1) 在“家庭人口数”列之前增加一列，即 D 列，存放编码后的年龄代码。在 D5 单元格中输入公式“=IF(C5>=40,3,IF(C5>=30,2,1))”，并将该公式复制到 D6:D64 单元格区域中，完成年龄的编码。

(2) 在“家庭年收入”列之前增加一列，即 G 列，存放编码后的学历代码。在 G5 单元格中输入公式“=IF(F5="研究生",3,IF(F5="本科生",2,1))”，并将该公式复制到 G6:G64 单元格区域中，完成学历的编码。

客户数据编码结果如图 12.19 所示。

BH 编号	XB 性别	NL 年龄	RS 家庭人口数	XL 学历	SR 家庭年收入	XJ 房屋新旧	MJ 购房面积	HX 购房户型	CQ 购房城区	WZ 购房位置	ZJ 购房总价	FK 付款方式
1	1	2	1	3	8.5	2	85	3	1	2	221	1
13	1	2	2	3	17	2	85	3	1	2	221	1
31	2	1	1	3	8	2	85	3	1	2	221	1
43	2	1	2	3	14.5	2	85	3	1	2	221	1
2	1	1	1	3	7	1	64	2	1	3	105	2
3	1	1	1	3	7.2	2	66	2	1	3	110	2
14	1	2	2	3	14	1	64	2	1	3	105	2
15	1	2	2	3	14.4	2	66	2	1	3	110	1
33	2	1	1	3	7	2	66	2	1	3	110	1
32	2	2	1	3	6.7	1	64	2	1	3	105	1
44	2	2	2	3	12	1	64	2	1	3	105	1
45	2	3	2	3	12	2	66	2	1	3	110	1
4	1	1	1	2	6.9	2	78	2	1	4	109.2	2
16	1	3	2	2	12.8	2	78	2	1	4	109.2	2
34	2	1	1	2	6.3	2	78	2	1	4	109.2	1
46	2	1	2	2	11	2	78	2	1	4	109.2	1

图 12.19　客户数据编码结果

注意：在实际分析中，根据具体的分析需要，一般只对一部分指标对应的字段进行编码处理，而关键指标对应的字段仍保留原始数据。例如，在本案例中，对性别、年龄、家庭人口数、学历、房屋新旧、购房户型、购房城区、购房位置和付款方式的数据进行了编码处理，而保留了家庭年收入、购房面积和购房总价 3 个指标的原始数据。

首先进行描述统计分析。

(1) 客户的基本信息统计。

对客户的性别、年龄进行统计。在客户数据基础上，根据性别、年龄进行双关键字排序，然后分别计算男性和女性各个年龄段的人数，得到如图 12.20 所示的统计表，并根据表中数据制作饼图，如图 12.21 所示。

客户	男	女	百分比	合计
40岁及以上	3	4	11.67%	7
30~39岁	13	13	43.33%	26
30岁以下	14	13	45.00%	27
百分比	50.00%	50.00%	1.67%	100.00%
合计	30	30	100.00%	60

图 12.20　客户性别、年龄基本构成

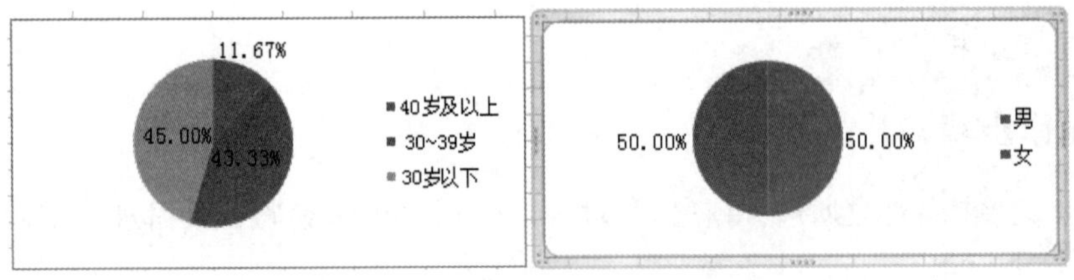

图 12.21　客户性别、年龄基本构成饼图

在这 60 位客户中，40 岁及以上的客户占 11.67%，30～39 岁的客户占 43.33%，30 岁以下的客户占 45%。在性别比例上男女相等，均为 50%。

(2) 购房位置、购房城区的统计。

基于客户数据，按照购房位置、购房城区进行双关键字排序，计算各城区不同位置的房屋的购买人数，再除以样本总人数，得到百分比，如图 12.22 所示，其对应的折线图如

图 12.23 所示。

	东城	西城	南城	北城	合计
二环内	0.00%	6.67%	6.67%	1.67%	15.00%
三环内	6.67%	10.00%	3.33%	1.67%	21.67%
四环内	13.33%	10.00%	10.00%	1.67%	35.00%
四环外	6.67%	10.00%	10.00%	1.67%	28.33%
合计	26.67%	36.67%	30.00%	6.67%	100.00%

图 12.22　购房位置、购房城区的基本信息统计

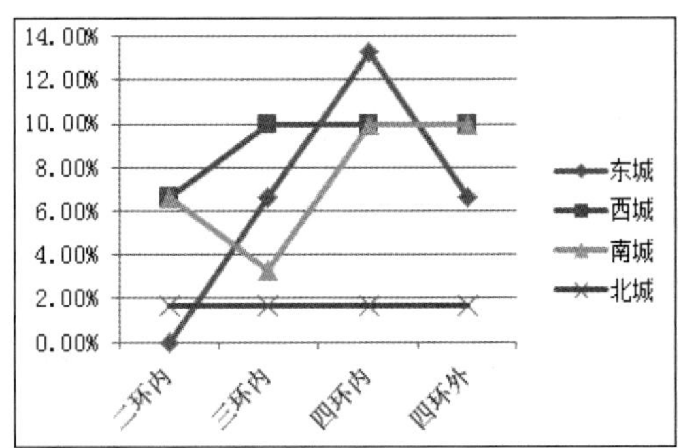

图 12.23　购房位置与购房城区的折线图

根据图 12.23 可知，在抽取的 60 位客户中，在北城购房的客户人数最少，多数客户在西城和东城购房。从购房位置上看，大多在四环和三环之间。

其次进行客户购房行为分析。

(1) 客户年龄对购房面积的影响。

进行描述统计分析后，进一步分析变量之间的关系，考察客户年龄与购房面积的关系。具体的年龄被划分为年龄组，因此可以看作分类变量，购房面积为连续数值变量，可以使用单因素方差分析做检验。自变量是客户年龄，因变量是购房面积。

建立原假设和备择假设如下：

H_0：不同年龄组的客户购房面积相同。

H_1：不同年龄组的客户购房面积不同。

显著性水平 $\alpha=0.05$。

将数据整理成图 12.24 所示的形式，应用单因素方差分析，得到图 12.25 所示的结果。根据方差分析结果可以看到，$P=0.0096(<0.025)$，故拒绝原假设，接受备择假设，因此，不同年龄组的客户在 0.05 显著性水平下购房面积不同。

30以下	30~39	40及以上
64	85	78
66	71	100
78	85	62
52	64	100
65	66	67
59	70.7	66
56	74	70.7
39	61.5	
55	45	
45	71	
67	65	
55	59	
39	56	
55	64	

图 12.24　方差分析准备数据

方差分析：单因素方差分析

SUMMARY

组	观测数	求和	平均	方差
30岁以下	27	1642	60.81481481	173.3874644
30~39岁	26	1630.7	62.71923077	123.3496154
40岁及以上	7	543.7	77.67142857	256.922381

方差分析

差异源	SS	df	MS	F	P-value	F crit
组间	1615.648589	2	807.8242945	5.041522674	0.0096376	3.158842719
组内	9133.348744	57	160.2341885			
总计	10748.99733	59				

图 12.25　方差分析结果

同时，根据方差分析结果中的 SUMMARY 部分的均值可以看出：40 岁及以上的客户的购房面积平均值约为 $77.67m^2$，为最大；其次是 30～39 岁的客户，购房面积平均值约为 $62.72m^2$；最小的是 30 岁以下的客户，购房面积平均值为 $60.81m^2$。根据这 3 个数据可

以制作如图 12.26 所示的折线图，直观地揭示了 3 个年龄组的客户的平均购房面积的差异。

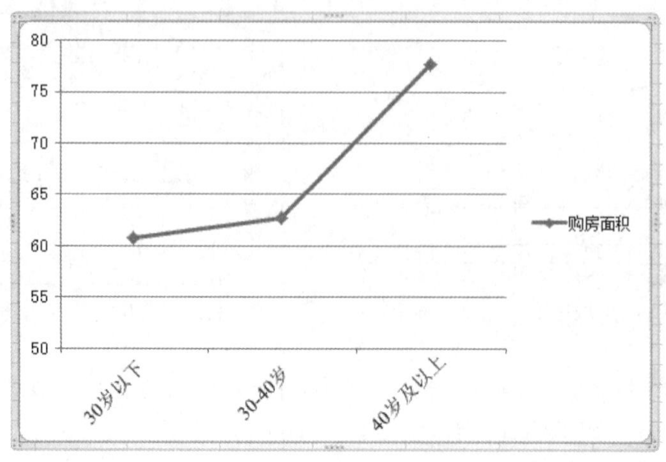

图 12.26　3 个年龄组的客户平均购房面积折线图

(2) 客户学历、家庭年收入对购房总价的影响。

在分析了客户年龄与购房面积之间的关系后，继续考察客户学历、家庭年收入对购房总价的影响。可以使用多元回归分析方法分析客户学历、家庭年收入对购房总价的影响。根据前期的理论设想，将自变量定义为客户的学历(XL)、家庭年收入(SR)，将因变量定义为购房总价(ZJ)。将数据整理成如图 12.27 所示的形式，应用多元回归分析工具，得到如图 12.28 所示的结果。

学历	家庭年收入	购房总价
3	8.5	221
3	7	105
3	7.2	110
2	6.9	109.2
3	12	182
2	8	134.9
3	10	143
2	6.5	101.5
1	5.9	89.6
2	5	60
1	5.7	89
1	6.3	72
3	17	221
3	14	105

图 12.27　准备数据

根据图 12.28 的结果可以看出，调整后的决定系数约为 0.46。根据方差分析的结果来看，两个自变量对购房总价的影响是不显著的。根据回归系数估计及其检验表可以看出，学历和家庭年收入的偏回归系数 t 检验达到显著水平，截距的偏回归系数不显著。这说明学历和家庭年收入对购房总价具有显著影响：学历越高，购房总价倾向于越高；家庭收入越高，购房总价倾向于越高。

最后，进行房屋销售数据的分析和预测。

(1) 房屋销售额和销售面积的相关分析。

根据 2003—2010 年房屋销售额和销售面积的数据分析二者之间的相关性，并进行显著性检验。针对该问题，可以先通过图表观察二者的相关性，然后再计算相关系数，进行显著性检验。数据见 12.4.xls 工作簿中的“例 12.4 房屋销售面积和销售额的相关分析”工作表。具体操作如下。

第一步，计算 2003—2010 年房屋销售额和销售面积的合计数据，如图 12.29 所示。

第二步，将销售额和销售面积的合计列复制到新的空白单元格，整理成如图 12.30 所示的形式。

根据 Q、R 两列数据插入散点图，可以看出，销售额和销售面积之间具有线性相关的

SUMMARY OUTPUT								
回归统计								
Multiple F	0.69242422							
R Square	**0.4794513**							
Adjusted F	0.46118643							
标准误差	43.7578011							
观测值	60							
方差分析								
	df	SS	MS	F	Significance F			
回归分析	2	100523.8158	50261.90788	26.24992031	8.30136E-09			
残差	57	109140.4741	1914.74516					
总计	59	209664.2899						
	Coefficients	标准误差	t Stat	P-value	Lower 95%	Upper 95%	下限 95.0%	上限 95.0%
Intercept	-4.7421054	18.48426738	-0.25654819	0.7984513	-41.75621206	32.27200132	-41.7562121	32.27200132
学历	28.5247623	7.955452651	3.585561189	**0.0006984**	12.59424324	44.45528129	12.59424324	44.45528129
家庭年收入	6.3374883	1.547383274	4.095616388	**0.0001345**	3.238906761	9.43606983	3.238906761	9.43606983

图 12.28　多元回归分析结果

	A	M	N	O	P	Q	R
1	销售额（十万）	12月	合计			销售额	销售面积
2	2003年	376	4422		2003年	4422	6629.87915
3	2004年	759	8922		2004年	8922	11050.43485
4	2005年	1671	19640		2005年	19640	15945.36107
5	2006年	2121	24958		2006年	24958	19198.46154
6	2007年	4708	55435		2007年	55435	37021.3643
7	2008年	10457	123024		2008年	123024	76890
8	2009年	23186	272838		2009年	272838	151576.6667
9	2010年	51414	604923		2010年	604923	277990.5169
10	销售面积（平方	12月					
11	2003年	515.0684932	6629.87915		相关系数	0.995927952	
12	2004年	852.8089888	11050.43485				

图 12.29　房屋销售额和销售面积的合计数据

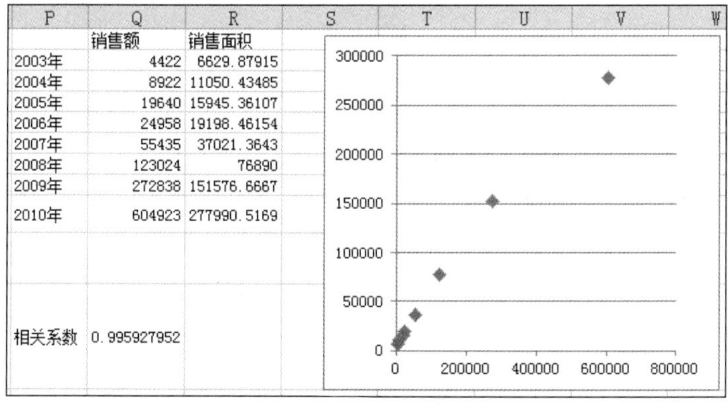

P	Q	R
	销售额	销售面积
2003年	4422	6629.87915
2004年	8922	11050.43485
2005年	19640	15945.36107
2006年	24958	19198.46154
2007年	55435	37021.3643
2008年	123024	76890
2009年	272838	151576.6667
2010年	604923	277990.5169
相关系数	0.995927952	

图 12.30　房屋销售额和销售面积的散点图与相关系数

特点。在 Q11 单元格中输入公式"=CORREL(Q2:Q9,R2:R9)",得到相关系数约为 0.996,为高度相关。

第三步,进行相关系数显著性检验。可提出原假设和备择假设如下:

H_0: $r=0$。

H_1: $r\neq 0$。

显著性水平 $\alpha=0.05$。

先计算 t 检验统计量。在 Q18 单元格中输入公式“=Q11 * SQRT(Q16-2)/SQRT(1-Q11^2)”，得到检验统计量的值为 27.06。

然后，在 Q20 单元格中输入公式“=TINV(Q15/2,Q16-2)”，得到临界值为 2.97。

根据统计决策依据，当 $|t|>t_{\alpha/2}$ 时拒绝原假设。在 Q22 单元格中输入“IF(Q18<Q20,P13,P14)”，因为 $t=27.06$，大于临界值 2.97，因此落入原假设的拒绝域，拒绝原假设，即销售额与销售面积之间的相关性显著。

相关系数显著性检验结果如图 12.31 所示。

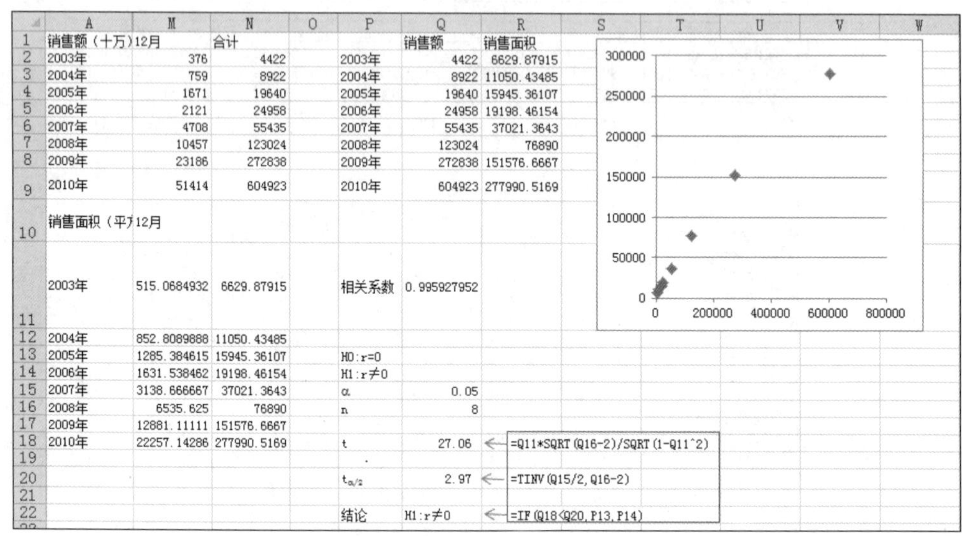

	A	M	N	O	P	Q	R	
1	销售额（十万）	12月	合计			销售额	销售面积	
2	2003年	376	4422		2003年	4422	6629.87915	
3	2004年	759	8922		2004年	8922	11050.43485	
4	2005年	1671	19640		2005年	19640	15945.36107	
5	2006年	2121	24958		2006年	24958	19198.46154	
6	2007年	4708	55435		2007年	55435	37021.3643	
7	2008年	10457	123024		2008年	123024	76890	
8	2009年	23186	272838		2009年	272838	151576.6667	
9	2010年	51414	604923		2010年	604923	277990.5169	
10	销售面积（平	12月						
11	2003年	515.0684932	6629.87915		相关系数	0.995927952		
12	2004年	852.8089888	11050.43485					
13	2005年	1285.384615	15945.36107		H0:r=0			
14	2006年	1631.538462	19198.46154		H1:r≠0			
15	2007年	3138.666667	37021.3643		α	0.05		
16	2008年	6535.625	76890		n	8		
17	2009年	12881.11111	151576.6667					
18	2010年	22257.14286	277990.5169		t	27.06		← =Q11*SQRT(Q16-2)/SQRT(1-Q11^2)
19								
20					$t_{\alpha/2}$	2.97		← =TINV(Q15/2,Q16-2)
21								
22					结论	H1:r≠0		← =IF(Q18<Q20,P13,P14)

图 12.31　相关系数显著性检验结果

(2) 房屋销售额预测。

根据案例中给出的 2003—2010 年的销售数据，对 2011 年销售额进行预测，数据见 12.4.xlsx 工作簿中的“12.4 房屋销售额预测”工作表。具体操作如下：

第一步，增加一列，计算销售额合计。在 N2 单元格中输入公式“SUM=(B2:M2)”，并将该公式复制到 N3:N9 单元格区域中，得到历年的销售额合计值，如图 12.32 所示。

	A	B	C	D	E	F	G	H	I	J	K	L	M	N	O	P
1	销售额（十万）	1月	2月	3月	4月	5月	6月	7月	8月	9月	10月	11月	12月	销售额合计	t	预测值
2	2003年	254	310	360	487	302	376	289	302	498	456	412	376	4422	1	4175.351233
3	2004年	509	624	725	981	612	763	590	605	1006	920	828	759	8922	2	8311.985276
4	2005年	1120	1373	1597	2159	1347	1680	1300	1332	2213	2026	1822	1671	19640	3	16546.89519
5	2006年	1420	1749	2035	2737	1715	2134	1650	1695	2814	2575	2313	2121	24958	4	32940.35436
6	2007年	3150	3888	4521	6069	3808	4742	3665	3764	6258	5720	5142	4708	55435	5	65575.25946
7	2008年	6999	8620	10037	13470	8444	10513	8137	8357	13891	12689	11410	10457	123024	6	130542.4528
8	2009年	15515	19116	22268	29869	18738	23318	18044	18540	30798	28138	25308	23186	272838	7	259874.4117
9	2010年	34395	42396	49383	66228	41548	51693	40000	41102	68283	62374	56107	51414	604923	8	517339.0604
10															9	1029880.94

图 12.32　历年房屋销售额合计

第二步，根据图 12.32 所示的合计结果，插入销售额随年份变化的折线图，并且添加指数模型的趋势线，显示公式和决定系数，如图 12.33 所示。根据结果可以看出，指数方程为 $y=2097.4e^{0.6885x}$，决定系数 $R^2=0.9914$，可见该模型非常好地拟合了实际观测值，拟合度很高。

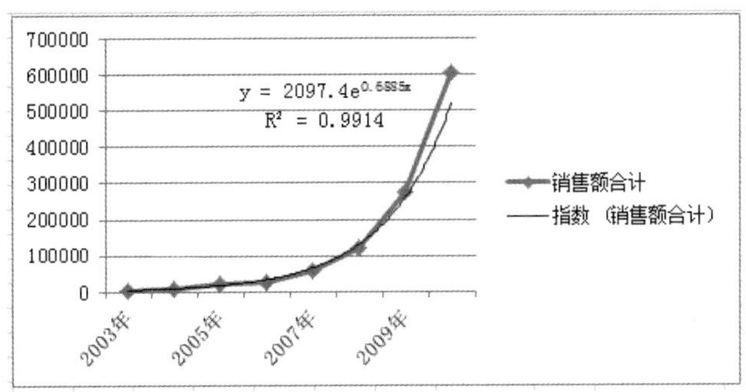

图 12.33　添加指数模型的趋势线

第三步，根据得到的指数方程对 2003—2010 年的销售额进行逐年预测，如图 12.34 所示，并且得到对 2011 年销售额的预测值 1 029 880.94。

	A	N	O	P
1	销售额（十万）	销售额合计	t	预测值
2	2003年	4422	1	4175.351233
3	2004年	8922	2	8311.985276
4	2005年	19640	3	16546.89519
5	2006年	24958	4	32940.35436
6	2007年	55435	5	65575.25946
7	2008年	123024	6	130542.4528
8	2009年	272838	7	259874.4117
9	2010年	604923	8	517339.0604
10	2011年	1029880.94	9	1029880.94

图 12.34　根据指数方程的预测结果

习　　题

通过以下量表和调查问卷测量学习者的成就动机，分析影响成就动机的因素，并建立二者之间的预测模型。

成就动机量表

亲爱的同学：

你好！首先非常感谢你能参加这项调查。我们的调查目的在于了解网络学习中学生成就动机与学习效果的关系，分析影响学习的潜在因素。我们的调查将有助于你的学习成绩的提高。我们承诺对本次调查的所有信息严格保密。请按照自己的真实情况认真作答，你的答案将影响到我们的研究结果。最后，再次感谢你的参与！

一、个人信息

姓名：

性别：

年级：

二、调查部分：

【指导语】

请认真阅读下面的每个句子，判断句中的描述符合你的情况的程度。请选择 1～4 来表示你认为的符合程度，数字越大表示越符合，具体如下：

1—非常不符合；2—有些不符合；3—有些符合；4—非常符合

1. 我喜欢新奇的、有困难的学习任务，甚至不惜冒风险。（　）
2. 我讨厌在完全不能确定能否成功的情境中学习。（　）
3. 我在完成有困难的学习任务时感到快乐。（　）
4. 在结果不明的情况下，我担心失败。（　）
5. 我会被那些能了解自己有多大智慧的学习所吸引。（　）
6. 在完成我认为比较困难的学习任务时，我担心失败。（　）
7. 我喜欢对能完成的学习任务尽最大努力。（　）
8. 一想到要去做那些新奇的、有困难的作业时，我就感到不安。（　）
9. 我喜欢坚持不懈地去做没有把握解决的题。（　）
10. 我不喜欢让别人发现我有多大能力。（　）
11. 对于困难的学习任务，即使没有什么意义，我也很愿意参与。（　）
12. 我在做没有把握的事时，感到很担心。（　）
13. 在有机会能测量我的能力时，我感到这是一种激励和挑战。（　）
14. 我不喜欢做我不知道能否完成的事，即使别人不知道我做过这件事。（　）
15. 我会被有困难的学习任务所吸引。（　）
16. 在能够知道我能力大小的情境中学习，我会感到不安。（　）
17. 对于那些我不能确定能否成功的学习任务，我喜欢积极尝试。（　）
18. 对需要有特定机会才能解决的问题，我害怕失败。（　）
19. 给我的学习任务即使有充裕的时间，我也喜欢立即开始做。（　）
20. 那些看起来相当困难的事，我在做的时候很担心。（　）
21. 如果有检测我能力的机会，我会积极地争取。（　）
22. 我不喜欢在不熟悉的环境下学习，即使无人知道也一样。（　）
23. 面对我没有把握克服的难题时，我会非常兴奋、快乐。（　）
24. 如果要完成有困难的学习任务，我希望不要让我去做。（　）
25. 即使有些问题不能立刻理解，我也会对它产生兴趣。（　）
26. 我不希望做那些要发挥我能力的学习任务。（　）
27. 对我来说，重要的是做有困难的事，即使无人知道也无关紧要。（　）
28. 我不喜欢做那些我不知道能否做好的事。（　）
29. 我希望把有困难的学习任务分配给我。（　）
30. 当我遇到不能立即弄懂的问题时，就会焦虑不安。（　）

成就动机影响因素调查问卷

亲爱的同学：

你好！首先非常感谢你能再次参与我们的调查。我们的调查目的在于了解影响你网络学习积极性的各种因素，从而帮助大家提高网络学习质量。我们的调查将有助于你的学习成绩的提高。本次调查的内容不涉及对与错，我们只是了解你的基本情况。我们承诺对本次调查的所有信息严格保密。请按照自己的真实情况认真作答，你的答案将影响到我们最终的研究结果。最后，再次感谢你的参与！

一、个人信息

姓名：

性别：

年级：

二、调查部分

【指导语】

请认真阅读下面的每个句子，判断句中的描述符合你的情况的程度，并选择题下面的相应选项。以下内容不会占用你过多的时间，请根据自己的情况认真填写。十分感谢你的配合！

1. 我在进行网络学习时，感觉学习内容太多，害怕学习达不到要求，从而影响学习的积极性。(　　)

　A. 非常符合　　B. 符合　　C. 不符合　　D. 非常不符合

2. 在网络学习中，由于学习内容的呈现形式与普通课堂不同，所以出现紧张的情绪，进而影响学习的积极性。(　　)

　A. 非常符合　　B. 符合　　C. 不符合　　D. 非常不符合

3. 在网络学习中，由于担心不能及时知道自己的学习状况，所以学习的兴趣受到一定的影响。(　　)

　A. 非常符合　　B. 符合　　C. 不符合　　D. 非常不符合

4. 我喜欢利用计算机等现代信息技术媒体工具进行学习。(　　)

　A. 非常符合　　B. 符合　　C. 不符合　　D. 非常不符合

5. 我每天利用网络学习的平均时间为(　　)。

　A. 1 小时以下　　B. 1～3 小时　　C. 3～6 小时　　D. 6 小时以上

6. 在网络学习中，我能够按照自己的学习进度安排学习内容，所以我喜欢利用网络开展学习。(　　)

　A. 非常符合　　B. 符合　　C. 不符合　　D. 非常不符合

7. 与普通课堂学习形式相比，我更喜欢现在的网络学习形式。(　　)

　A. 非常符合　　B. 符合　　C. 不符合　　D. 非常不符合

8. 以前的网络学习经验影响我现在网络学习的积极性。(　　)

A. 非常符合　　B. 符合　　C. 不符合　　D. 非常不符合

9. 在课堂中的学习经验、学习状态对我的网络学习有明显的影响。(　　)

A. 非常符合　　B. 符合　　C. 不符合　　D. 非常不符合

10. 在网络学习中,遇到自己无法理解的内容或无法解决的问题时,我的网络学习积极性受到一定的影响。(　　)

A. 非常符合　　B. 符合　　C. 不符合　　D. 非常不符合

11. 在网络学习中,遇到自己暂时不能解决的问题时,我会选择(　　)。

A. 自己思考解决　　B. 查找资料,然后自己解决

C. 与同伴商量解决　　D. 请教辅导老师

12. 家人对网络学习的支持程度影响我的网络学习积极性。(　　)

A. 非常符合　　B. 符合　　C. 不符合　　D. 非常不符合

13. 我的家人经常利用网络解决日常生活中遇到的问题,这对我的网络学习有很大的影响。(　　)

A. 非常符合　　B. 符合　　C. 不符合　　D. 非常不符合

14. 父母的期望对我的网络学习积极性有影响。(　　)

A. 非常符合　　B. 符合　　C. 不符合　　D. 非常不符合

15. 我的网络学习积极性与家人对我学习成绩的关注(　　)。

A. 有很大关系　　B. 有关系　　C. 没关系　　D. 完全没关系

16. 父母的文化背景对我的网络学习有影响。(　　)

A. 非常符合　　B. 符合　　C. 不符合　　D. 非常不符合

17. 周围的人对网络学习的态度影响我的网络学习积极性。(　　)

A. 非常符合　　B. 符合　　C. 不符合　　D. 非常不符合

18. 周围的人报名参加了网络学习,所以我也报名参加了网络学习。(　　)

A. 非常符合　　B. 符合　　C. 不符合　　D. 非常不符合

19. 网络学校的知名度对我的网络学习的主动性有一定的影响。(　　)

A. 非常符合　　B. 符合　　C. 不符合　　D. 非常不符合

20. 通过网络学习,我得到了周围的人的表扬,我的学习积极性得到很大的提高。(　　)

A. 非常符合　　B. 符合　　C. 不符合　　D. 非常不符合

21. 同伴的网络学习成绩对我的网络学习有一定的影响。(　　)

A. 非常符合　　B. 符合　　C. 不符合　　D. 非常不符合

22. 在网络学习中,学习内容的呈现形式对我的网络学习积极性有一定的影响。(　　)

A. 非常符合　　B. 符合　　C. 不符合　　D. 非常不符合

23. 在网络学习中,学习任务是否合理对我的学习信心有很大的影响。(　　)

A. 非常符合　　B. 符合　　C. 不符合　　D. 非常不符合

24. 在网络学习中，学习内容与实际生活联系得越紧密，我的学习兴趣就越浓厚。(　　)

A. 非常符合　　B. 符合　　C. 不符合　　D. 非常不符合

25. 网络学习资源是否丰富对我的网络学习积极性有一定的影响。(　　)

A. 非常符合　　B. 符合　　C. 不符合　　D. 非常不符合

26. 网络学习的内容越接近课堂学习的内容，我的网络学习积极性就越高。(　　)

A. 非常符合　　B. 符合　　C. 不符合　　D. 非常不符合

27. 在网络学习中，我比较喜欢(　　)的方式。

A. 自主学习　　B. 交流学习

C. 协作学习　　D. 与教师互动的学习

28. 网络学习环境的设计以及学习氛围对我的网络学习积极性有一定的影响。(　　)

A. 非常符合　　B. 符合　　C. 不符合　　D. 非常不符合

29. 在网络学习中，与同伴的竞争能够激发我的学习积极性。(　　)

A. 非常符合　　B. 符合　　C. 不符合　　D. 非常不符合

30. 我的计算机操作水平影响我的网络学习积极性。(　　)

A. 非常符合　　B. 符合　　C. 不符合　　D. 非常不符合

31. 网校中教学辅导教师的态度对我的网络学习积极性有明显的影响。(　　)

A. 非常符合　　B. 符合　　C. 不符合　　D. 非常不符合

32. 网络学习的学习活动越接近生活，我的网络学习积极性就越高。(　　)

A. 非常符合　　B. 符合　　C. 不符合　　D. 非常不符合

33. 我认为影响网络学习积极性的主要原因是________________________________

____

____

____

附录A Excel 统计函数

AVEDEV

功能：返回一组数据与其均值的绝对偏差的平均值，用于评测这组数据的离散度。

语法：AVEDEV(number1[, number2, …])

参数：number1 是必需的，number2 等是可选的。这是用于计算绝对偏差平均值的一组参数，参数的个数可以为 1～255 个。也可以用单一数组或对某个数组的引用来代替用逗号分隔的参数列表。

AVERAGE

功能：返回参数(纯数值，不含文本)的平均值。例如，如果 A1:A20 单元格区域包含数字，则公式“=AVERAGE(A1:A20)”将返回这些数字的平均值。

语法：AVERAGE(number1[, number2, …])

参数：number1 是必需的，number2 等是可选的，是要计算平均值的数字、单元格或单元格区域。参数的个数可以为 1～255 个。

AVERAGEA

功能：计算参数列表中数值(包含文本)的平均值。

语法：AVERAGEA(value1[, value2, …])

参数：value1 是必需的，value2 等是可选的，是要计算平均值的数字、单元格或单元格区域。参数的个数可以为 1～255 个。

AVERAGEIF

功能：返回指定区域内满足给定条件的所有单元格的平均值。

语法：AVERAGEIF(criteria_range, criteria[, average_range])

参数：criteria_range 是必需的，是设定条件的区域，其中为数字或包含数字的表达式、数组或引用。

criteria 是必需的，是数字、表达式、单元格引用或文本形式的条件，用于定义对哪些单元格计算平均值。例如，条件可以表示为 32、"32"、">32"、"苹果"或 B4。

average_range 是可选的，是要计算平均值的一个或多个单元格。如果省略该参数，则使用 criteria_range。

AVERAGEIFS

功能：返回指定区域内满足多重条件的所有单元格的平均值。

语法：AVERAGEIFS(average_range，criteria_range1，criteria1
[,criteria_range2，criteria2，…])

参数：average_range 是必需的，是要计算平均值的一个或多个单元格，其中为数字或包含数字的表达式、数组或引用。

criteria_range1 是必需的，criteria_range2 等是可选的，是设定条件的 1～127 个区域。

criteria1 是必需的，criteria2 等是可选的，是数字、表达式、单元格引用或文本形式的 1～127 个条件，用于定义对哪些单元格求平均值。

BETA.DIST

功能：如果参数 cumulative 为 TRUE，则本函数返回 Beta 分布的累积分布函数；如果参数 cumulative 为 FALSE，则本函数返回 Beta 分布的概率密度函数。

语法：BETA.DIST(x，alpha，beta，cumulative[，A][，B])

参数：x 是必需的，是用来进行函数计算的值。

alpha 是必需的，是分布参数。

beta 是必需的，是分布参数。

cumulative 是必需的，是决定返回函数形式的逻辑值。

A 是可选的，是 x 所属区间的下界。

B 是可选的，是 x 所属区间的上界。

BETA.INV

功能：返回 Beta 分布的累积分布函数或概率密度函数的反函数。

语法：BETA.INV(probability，alpha，beta[，A][，B])

参数：probability 是必需的，是与 Beta 分布相关的概率。

alpha 是必需的，是分布参数。

beta 是必需的，是分布参数。

A 是可选的，是 x 所属区间的下界。

B 是可选的，是 x 所属区间的上界。

BINOM.DIST

功能：如果参数 cumulative 为 TRUE，则本函数返回二项分布的累积分布函数，即至多 number_s 次成功的概率；如果参数 cumulative 为 FALSE，则本函数返回二项分布的概率密度函数，即 number_s 次成功的概率。

语法：BINOM.DIST(number_s，trials，probability_s，cumulative)

参数：number_s 是必需的，是试验成功的次数。

trials 是必需的，是试验的次数。

probability_s 是必需的，是每次试验成功的概率。

cumulative 是必需的，是决定返回函数形式的逻辑值。

BINOM.INV

功能：返回使累积二项式分布函数值大于或等于临界值的最小整数。

语法：BINOM.INV(trials，probability_s，alpha)

参数：trials 是必需的，是伯努利试验次数。

probability_s 是必需的，是每次试验成功的概率。

alpha 是必需的，是临界值。

CHISQ.DIST

功能：如果参数 cumulative 为 TRUE，则本函数返回卡方分布的累积分布函数；如果参数 cumulative 为 FALSE，则本函数返回卡方分布的概率密度函数。

语法：CHISQ.DIST(x，deg_freedom，cumulative)

参数：x 是必需的，是用来计算分布的值。

deg_freedom 是必需的，是自由度的数值。

cumulative 是必需的，是决定返回函数形式的逻辑值。

CHISQ.DIST.RT

功能：返回卡方分布的右尾概率。

语法：CHISQ.DIST.RT(x，deg_freedom)

参数：x 是必需的，是用来计算卡方分布的右尾概率的值。

deg_freedom 是必需的，是自由度的数值。

CHISQ.INV

功能：返回卡方分布的左尾概率的反函数。

语法：CHISQ.INV(probability，deg_freedom)

参数：probability 是必需的，是与卡方分布相关联的概率。

deg_freedom 是必需的，是自由度的数值。

CHISQ.INV.RT

功能：返回卡方分布的右尾概率的反函数。

语法：CHISQ.INV.RT(probability，deg_freedom)

参数：probability 是必需的，是与卡方分布相关的概率。

deg_freedom 是必需的，是自由度的数值。

CHISQ.TEST

功能：返回卡方分布的统计值及相应的自由度。
语法：CHISQ.TEST(actual_range, expected_range)
参数：actual_range 是必需的，是包含观察值的数据区域，用于检验期望值。
expected_range 是必需的，是包含行列汇总的乘积与总计值的比率的数据区域。

CONFIDENCE.NORM

功能：返回正态分布总体平均值的置信区间。
语法：CONFIDENCE.NORM(alpha, standard_dev, size)
参数：alpha 是必需的，是用于计算置信度的显著性水平。置信度等于(100×(1－alpha)%)，即，如果 alpha 为 0.05，则置信度为 95%。
standard_dev 是必需的，是数据区域的总体标准偏差，假设为已知。
size 是必需的，是样本容量。

CONFIDENCE.T

功能：返回学生 t 分布总体平均值的置信区间。
语法：CONFIDENCE.T(alpha, standard_dev, size)
参数：alpha 是必需的，是用于计算置信度的显著性水平。置信度等于 100×(1－alpha)%，即，如果 alpha 为 0.05，则置信度为 95%。
standard_dev 是必需的，是数据区域的总体标准偏差，假设为已知。
size 是必需的，是样本容量。

CORREL

功能：返回单元格区域 array1 和 array2 之间的相关系数。
语法：CORREL(array1, array2)
参数：array1 和 array2 是必需的，是两组数值所在的单元格区域。

COUNT

功能：计算包含数字的单元格以及参数列表中数字的个数。
语法：COUNT(value1[, value2, …])
参数：value1 是必需的，value2 等是可选的，是要计算其中数字的个数的项、单元格或单元格区域。参数的个数可以为 1～255 个。

COUNTA

功能：计算指定单元格区域中不为空的单元格的个数。
语法：COUNTA(value1, [value2, …])

参数：value1 是必需的，value2 等是可选的，是要计数的值。最多可包含 255 个参数。

COUNTBLANK

功能：计算指定单元格区域中空白单元格的个数。

语法：COUNTBLANK(range)

参数：range 是必需的，是要计算其中空白单元格个数的区域。

COUNTIF

功能：对指定单元格区域中满足指定条件的单元格进行计数。

语法：COUNTIF(criteria_range, criteria)

参数：criteria_range 是必需的，是要计数的单元格区域，其中包括数字、名称、数组或包含数字的引用。空值和文本值将被忽略。

criteria 是必需的，是用于定义计数条件的数字、表达式、单元格引用或文本字符串。例如，条件可以表示为 32、">32"、B4、"苹果"或"32"。

COUNTIFS

功能：对多个指定单元格区域中满足相应条件的单元格进行计数。

语法：COUNTIFS(criteria_range1, criteria1[, criteria_range2, criteria2,…])

参数：criteria_range1 是必需的，是要计数的第一个单元格区域。

criteria1 是必需的，是针对第一个单元格区域的计数条件，形式为数字、表达式、单元格引用或文本。例如，条件可以表示为 32、">32"、B4、"苹果"或"32"。

criteria_range2、criteria2 等是可选的，是其他的单元格区域及相应的计数条件。最多允许指定 127 个单元格区域和条件。

COVARIANCE.P

功能：返回总体协方差，即两个总体数据集中每对数据点的偏差乘积的平均数。

语法：COVARIANCE.P(array1, array2)

参数：array1 和 array2 是必需的，是两个所含数据为整数的单元格区域。

COVARIANCE.S

功能：返回样本协方差，即两个样本数据集中每对数据点的偏差乘积的平均值。

语法：COVARIANCE.S(array1, array2)

参数：array1 和 array2 是必需的，是两个所含数据为整数的单元格区域。

DEVSQ

功能：返回数据点与各自样本平均值偏差的平方和。

语法：DEVSQ(number1[，number2，…])

参数：number1 是必需的，number2 等是可选的，是用于计算偏差平方和的一组参数，参数的个数可以为 1～255 个。也可以用单一数组或对某个数组的引用来代替用逗号分隔的参数列表。

EXPON.DIST

功能：如果参数 cumulative 为 TRUE，则本函数返回指数分布的累积分布函数；如果参数 cumulative 为 FALSE，则本函数返回指数分布的概率密度函数。

语法：EXPON.DIST(x，lambda，cumulative)

参数：x 是必需的，是函数的值。

lambda 是必需的，是概率密度公式中的 λ 值。

cumulative 是必需的，是决定返回函数形式的逻辑值。

F.DIST

功能：如果参数 cumulative 为 TRUE，则本函数返回 F 分布的累积分布函数；如果参数 cumulative 为 FALSE，则本函数返回 F 分布的概率密度函数。

语法：F.DIST(x，deg_freedom1，deg_freedom2，cumulative)

参数：x 是必需的，是用来进行函数计算的值。

deg_freedom1 是必需的，是分子的自由度。

deg_freedom2 是必需的，是分母的自由度。

cumulative 是必需的，是决定返回函数形式的逻辑值。

F.DIST.RT

功能：返回两个数据集的右尾 F 概率分布。

语法：F.DIST.RT(x，deg_freedom1，deg_freedom2)

参数：x 是必需的，是用来进行函数计算的值。

deg_freedom1 是必需的，是分子的自由度。

deg_freedom2 是必需的，是分母的自由度。

F.INV

功能：返回 F 概率分布的反函数。

语法：F.INV(probability，deg_freedom1，deg_freedom2)

参数：probability 是必需的，是与 F 累积分布相关的概率。

deg_freedom1 是必需的，是分子的自由度。

deg_freedom2 是必需的，是分母的自由度。

F.INV.RT

功能：返回右尾 F 概率分布的反函数。

语法：F.INV.RT(probability, deg_freedom1, deg_freedom2)
参数：probability 是必需的，是与 F 累积分布相关的概率。
deg_freedom1 是必需的，是分子的自由度。
deg_freedom2 是必需的，是分母的自由度。

F.TEST

功能：返回 F 检验的结果，即当两个数组或单元格区域的方差无明显差异时的双尾概率。
语法：F.TEST(array1, array2)
参数：array1 和 array2 是必需的，是两个数组或单元格区域。

FISHER

功能：返回点 x 的费舍变换的数值。该变换生成一个正态分布而非偏斜的函数。
语法：FISHER(x)
参数：X 是必需的，是要进行费舍变换的数值。

FISHERINV

功能：返回费舍反变换的数值。使用此变换可以分析单元格区域或数组之间的相关性。
语法：FISHERINV(y)
参数：y 是必需的，是要进行费舍反变换的数值。

FORECAST

功能：根据已有的数值计算预测值。此预测值为基于给定的 x 值推导出的 y 值。
语法：FORECAST(x, known_y's, known_x's)
参数：x 是必需的，是与要预测的 y 值对应的值。
known_y's 是必需的，是因变量数组或单元格区域。
known_x's 是必需的，是自变量数组或单元格区域。

FREQUENCY

功能：计算数值在某个区域内的出现频率，然后返回一个垂直数组。
语法：FREQUENCY(data_array, bins_array)
参数：data_array 是必需的，是一个值数组或对一组数值的引用。如果 data_array 中不包含任何数值，本函数将返回一个零数组。
bins_array 是必需的，是一个区间数组或对区间的引用，该区间用于对 data_array 中的数值进行分组。如果 bins_array 中不包含任何区间，本函数返回的值与 data_array 中的元素个数相等。

GAMMA.DIST

功能：如果参数 cumulative 为 TRUE，则本函数返回伽马分布的累积分布函数；如果参数 cumulative 为 FALSE，则本函数返回伽马分布的概率密度函数。

语法：GAMMA.DIST(x，alpha，beta，cumulative)

参数：x 是必需的，是用来计算分布的值。

alpha 是必需的，是分布参数。

beta 是必需的，是分布参数。如果 beta ＝ 1，本函数返回标准伽马分布。

cumulative 是必需的，是决定返回函数形式的逻辑值。

GAMMA.INV

功能：返回伽马累积分布函数的反函数。如果 p＝GAMMA.DIST(x，…)，则 GAMMA.INV(p，…) ＝ x。

语法：GAMMA.INV(probability，alpha，beta)

参数：probability 是必需的，是与伽马分布相关的概率。

alpha 是必需的，是分布参数。

beta 是必需的，是分布参数。如果 beta＝1，则本函数返回标准伽马累积分布函数的反函数。

GAMMALN

功能：返回伽马函数的自然对数。

语法：GAMMALN(x)

参数：x 是必需的。

GEOMEAN

功能：返回正数数组或单元格区域的几何平均值。例如，可以使用本函数计算可变复利的平均增长率。

语法：GEOMEAN(number1[，number2，…])

参数：number1 是必需的，number2 等是可选的，是用于计算平均值的一组参数，参数的个数可以为 1～255 个。也可以用单一数组或对某个数组的引用来代替用逗号分隔的参数列表。

GROWTH

功能：根据现有的数据预测指数增长值。根据现有的 x 值和 y 值，本函数返回一组新的 x 值对应的 y 值。

语法：GROWTH(known_y's[，known_x's][，new_x's][，const])

参数：known_y's 是必需的，是满足指数回归拟合曲线 $y=bm^x$ 的一组已知的 y 值。如果数组 known_y's 在单独一列中，则 known_x's 的每一列被视为一个独立的变量；如果数组 known_y's 在单独一行中，则 known_x's 的每一行被视为一个独立的变量；如果 known_y's 中的任何数为零或为负数，本函数将返回错误值 #NUM!。

known_x's 是可选的，是满足指数回归拟合曲线 $y=bm^x$ 的一组已知的 x 值。数组 known_x's 可以包含一组或多组变量。如果仅使用一个变量，那么只要 known_x's 和 known_y's 具有相同的维数，则它们可以是任何形状的区域；如果用到多个变量，则 known_y's 必须为向量(即必须为一行或一列)。

new_x's 是可选的，是要预测的 y 值对应的 x 值。

const 是可靠的，用于确定拟合曲线的 b 值。

HARMEAN

功能：返回数据集合的调和平均值。调和平均值与倒数的算术平均值互为倒数。

语法：HARMEAN(number1[, number2, …])

参数：number1 是必需的，number2 等是可选的，是用于计算平均值的一组参数，参数的个数可以为 1～255 个。也可以用单一数组或对某个数组的引用来代替用逗号分隔的参数列表。

HYPGEOM.DIST

功能：如果参数 cumulative 为 TRUE，则本函数返回超几何分布的累积分布函数；如果参数 cumulative 为 FALSE，则本函数返回超几何分布的概率密度函数。

语法：HYPGEOM.DIST(sample_s, number_sample, population_s, number_pop, cumulative)

参数：sample_s 是必需的，是样本中成功的次数。

number_sample 是必需的，是样本容量。

population_s 是必需的，是总体中成功的次数。

number_pop 是必需的，是总体的容量。

cumulative 是必需的，是决定返回函数形式的逻辑值。

INTERCEPT

功能：利用现有的 x 值与 y 值计算直线与 y 轴的截距。

语法：INTERCEPT(known_y's, known_x's)

参数：known_y's 是必需的，是因变量的观察值或数据的集合。

known_x's 是必需的，是自变量的观察值或数据的集合。

KURT

功能：返回数据集的峰值。

语法：KURT(number1[, number2, …])

参数：number1 是必需的，number2 等是可选的，是用于计算峰值的一组参数，参数的个数可以为 1～255 个。也可以用单一数组或对某个数组的引用来代替用逗号分隔的参数列表。

LARGE

功能：返回数据集中第 k 个最大值。使用本函数可以根据相对标准来选择数值。例如,可以使用本函数得到第一名、第二名或第三名的得分。

语法：LARGE(array, k)

参数：array 是必需的,是需要确定第 k 个最大值的数组或数据区域。

k 是必需的,是返回值在数组或数据单元格区域中的位置(从大到小排序)。

LOGNORM.DIST

功能：如果参数 cumulative 为 TRUE,则本函数返回对数分布的累积分布函数;如果参数 cumulative 为 FALSE,则本函数返回对数分布的概率密度函数。本函数可以用于分析经过对数变换的数据。

语法：LOGNORM.DIST(x, mean, standard_dev, cumulative)

参数：x 是必需的,是用来进行函数计算的值。

mean 是必需的,是 ln x 的均值。

standard_dev 是必需的,是 ln x 的标准偏差。

cumulative 是必需的,是决定返回函数形式的逻辑值。

LOGNORM.INV

功能：返回对数分布的反函数值。

语法：LOGNORM.INV(probability, mean, standard_dev)

参数：probability 是必需的,是与对数分布相关的概率。

mean 是必需的,是 ln x 的均值。

standard_dev 是必需的,是 ln x 的标准偏差。

MAX

功能：返回一组值中的最大值(忽略逻辑值和字符串)。

语法：MAX(number1[, number2, …])

参数：number1 是必需的,number2 等是可选的,是要从中找出最大值的 1～255 个数值参数。

MAXA

功能：返回参数列表中的最大值(包括逻辑值和字符串)。

语法：MAXA(value1[, value2,…])

参数：value1 是必需的,value2 等是可选的,是需要从中找出最大值的 1～255 个数值参数。

MEDIAN

功能：返回给定数值的中值。中值是在一组数值中居于中间的数值。

语法：MEDIAN(number1[，number2，…])

参数：number1 是必需的，number2 等是可选的，是要计算中值的 1～255 个数值参数。

MIN

功能：返回一组值中的最小值(忽略逻辑值和字符串)。

语法：MIN(number1[，number2，…])

参数：number1 是必需的，number2 等是可选的，是要从中查找最小值的 1～255 个数值参数。

MINA

功能：返回参数列表中的最小值(包括逻辑值和字符串)。

语法：MINA(value1[，value2，…])

参数：value1 是必需的，value2 等是可选的，是需要从中查找最小值的 1～ 255 个数值参数。

MODE.MULT

功能：返回参数列表中的所有众数。

语法：MODE.MULT((number1[，number2，…]])

参数：number1 是必需的，number2 等是可选的，是要计算众数的 1～255 个数值参数。也可以用单一数组或对某个数组的引用来代替用逗号分隔的参数列表。

MODE.SNGL

功能：返回在某一数组中的第一个众数。

语法：MODE.SNGL(number1[，number2，…]])

参数：number1 是必需的，number2 等是可选的，是要计算众数的 1～255 个数值参数。也可以用单一数组或对某个数组的引用来代替用逗号分隔的参数列表。

NEGBINOM.DIST

功能：如果参数 cumulative 为 TRUE，则本函数返回负二项分布的累积分布函数；如果参数 cumulative 为 FALSE，则本函数返回负二项分布的概率密度函数。

语法：NEGBINOM.DIST(number_f，number_s，probability_s，cumulative)

参数：number_f 是必需的，是失败的次数。

number_s 是必需的，是成功的次数。

probability_s 是必需的，是成功的概率。

cumulative 是必需的，是决定返回函数形式的逻辑值。

NORM.DIST

功能：如果参数 cumulative 为 TRUE，则本函数返回正态分布的累积分布函数；如果参数 cumulative 为 FALSE，则本函数返回正态分布的概率密度函数。

语法：NORM.DIST(x，mean，standard_dev，cumulative)

参数：x 是必需的，是需要计算其分布的数值。

mean 是必需的，是分布的均值。

standard_dev 是必需的，是分布的标准偏差。

cumulative 是必需的，是决定返回函数形式的逻辑值。

NORM.INV

功能：返回指定平均值和标准偏差的正态累积分布函数的反函数。

语法：NORM.INV(probability，mean，standard_dev)

参数：probability 是必需的，是对应于正态分布的概率。

mean 是必需的，是分布的均值。

standard_dev 是必需的，是分布的标准偏差。

NORM.S.DIST

功能：如果参数 cumulative 为 TRUE，则本函数返回标准正态分布的累积分布函数；如果参数 cumulative 为 FALSE，则本函数返回标准正态分布的概率密度函数。

语法：NORM.S.DIST(z，cumulative)

参数：z 是必需的，是需要计算其分布的数值。

cumulative 是必需的，是决定返回函数形式的逻辑值。

NORM.S.INV

功能：返回标准正态累积分布函数的反函数。该分布的平均值为 0，标准偏差为 1。

语法：NORM.S.INV(probability)

参数：probability 是必需的，是对应于正态分布的概率。

PEARSON

功能：返回 Pearson 乘积矩相关系数。

语法：PEARSON(array1，array2)

参数：array1 是必需的，是自变量集合。

array2 是必需的，是因变量集合。

PERCENTILE.EXC

功能：返回区域中指定百分点的值。

语法：PERCENTILE.EXC(array, k)

参数：array 是必需的，是用于定义相对位置的数组或单元格区域。

k 是必需的，是 0～1 的值(不包含 0 和 1)。

PERCENTILE.INC

功能：返回区域中指定百分点的值。

语法：PERCENTILE.INC(array, k)

参数：array 是必需的，是用于定义相对位置的数组或单元格区域。

k 是必需的，是 0～1 的值(包含 0 和 1)。

PERCENTRANK.EXC

功能：返回某个数值在一个数据集中的百分比排位(0～1，不包括 0 和 1)。

语法：PERCENTRANK.EXC(array, x[, significance])

参数：array 是必需的，是定义相对位置的数组或单元格区域。

x 是必需的，是要计算排位的值。

significance 是可选的，用于确定返回值的有效位数。如果省略，则返回值保留 3 位小数。

PERCENTRANK.INC

功能：返回某个数值在一个数据集中的百分比排位(0～1，包括 0 和 1)。

语法：PERCENTRANK.INC(array, x[, significance])

参数：array 是必需的，是定义相对位置的数组或单元格区域。

x 是必需的，是要计算排位的值。

significance 是可选的，用于确定返回值的有效位数。如果省略，则返回值保留 3 位小数。

PERMUT

功能：返回从给定个数的对象集合中选取的若干对象的排列数。

语法：PERMUT(number, number_chosen)

参数：number 是必需的，是表示对象集合中对象个数的整数。

number_chosen 是必需的，是表示选取的对象个数的整数。

POISSON.DIST

功能：如果参数 cumulative 为 TRUE，则本函数返回泊松分布的累积分布概率；如果参数 cumulative 为 FALSE，则本函数返回泊松分布的概率密度函数。

语法：POISSON.DIST(x，mean，cumulative)

参数：x 是必需的，是事件数。

mean 是必需的，是期望值。

cumulative 是必需的，是决定返回函数形式的逻辑值。

PROB

功能：返回区域中的数值落在指定区间内的概率。

语法：PROB(x_range，prob_range[，lower_limit][，upper_limit])

参数：x_range 是必需的，是 x 的数值区域。

prob_range 是必需的，是与 x_range 中的值相关的一组概率值。

lower_limit 是可选的，是用于计算概率的数值下限。

upper_limit 是可选的，是用于计算概率的数值上限。

QUARTILE.EXC

功能：基于 0～1(不包括 0 和 1)的百分比值返回数据集的四分位数。

语法：QUARTILE.EXC(array，quart)

参数：array 是必需的，是要计算四分位数的数值数组或数值单元格区域。

quart 是必需的，用于指定返回哪一个四分位数。

QUARTILE.INC

功能：基于 1～1(包括 0 和 1)的百分比值返回数据集的四分位数。

语法：QUARTILE.INC(array，quart)

参数：array 是必需的，是要计算四分位数的数值数组或数值单元格区域。

quart 是必需的，用于指定返回哪一个四分位数。

RANK.AVG

功能：返回数字在数字列表中的排位。

语法：RANK.AVG(number，ref[，order])

参数：number 是必需的，是要计算排位的数字。

ref 是必需的，是数字列表数组或对数字列表的引用。ref 中的非数值型值将被忽略。

order 是可选的，指定数字的排位方式。如果 order 为 0 或省略，本函数对数字的排位是基于 ref 按照降序排列的列表；如果 order 不为 0，本函数对数字的排位是基于 ref 按照升序排列的列表。

RANK.EQ

功能：返回数字在数字列表中的排位。本函数对重复数的排位相同，但重复数的存在将影响后续数值的排位。

语法：RANK.EQ(number，ref[，order])

参数：number 是必需的，是需要找到排位的数字。

ref 是必需的，是数字列表数组或对数字列表的引用。ref 中的非数值型值将被忽略。

order 是可选的，指定数字排位的方式。如果 order 为 0 或省略，本函数对数字的排位是基于 ref 按照降序排列的列表；如果 order 不为 0，本函数对数字的排位是基于 ref 按照升序排列的列表。

RSQ

功能：返回根据 known_y's 和 known_x's 中的数据点计算得出的 Pearson 乘积矩相关系数 r 的平方。r^2 可以解释为 y 的方差与 x 的方差之比。

语法：RSQ(known_y's，known_x's)

参数：known_y's 是必需的，是因变量数组或单元格区域。

known_x's 是必需的，是自变量数组或单元格区域。

SKEW

功能：返回分布的不对称度。不对称度反映以平均值为中心的分布的不对称程度。正不对称度表示不对称部分的分布更趋向正值，负不对称度表示不对称部分的分布更趋向负值。

语法：SKEW(number1[，number2，…])

参数：number1 是必需的，number2 等是可选的，是用于计算不对称度的一组参数，参数的个数可以为 1～255 个。也可以用单一数组或对某个数组的引用来代替用逗号分隔的参数列表。

SLOPE

功能：返回根据 known_y's 和 known_x's 中的数据点拟合的线性回归直线的斜率。斜率为直线上任意两点的垂直距离与水平距离之比，也就是回归直线的变化率。

语法：SLOPE(known_y's，known_x's)

参数：known_y's 是必需的，是因变量数组或单元格区域。

known_x's 是必需的，是自变量数组或单元格区域。

SMALL

功能：返回数据集中第 k 个最小值。

语法：SMALL(array，k)

参数：array 是必需的，是要找到第 k 个最小值的数组或单元格区域。

k 是必需的，是要返回的数据在数组或单元格区域中的位置（按从小到大排序）。

STANDARDIZE

功能：返回给定均值和标准偏差的分布的正态化数值。

语法：STANDARDIZE(x，mean，standard_dev)

参数：x 是必需的，是需要正态化的数值。
mean 是必需的，是分布的均值。
standard_dev 是必需的，是分布的标准偏差。

STDEV.P

功能：基于总体估算标准偏差(忽略逻辑值和文本)。

语法：STDEV.P(number1[，number2，…])

参数：number1 是必需的，number2 等是可选的，是对应于总体的 1～255 个数值参数。也可以用单一数组或对某个数组的引用来代替用逗号分隔的参数列表。

STDEV.S

功能：基于样本估算标准偏差(忽略逻辑值和文本)。

语法：STDEV.S(number1[，number2，…])

参数：number1 是必需的，number2 等是可选的，是对应于样本的 1～254 个数值参数。也可以用单一数组或对某个数组的引用来代替用逗号分隔的参数列表。

STDEVA

功能：基于样本估算标准偏差(包括逻辑值和代表数字的文本)。

语法：STDEVA(value1[，value2，…])

参数：value1 是必需的，value2 是可选的，是对应于总体样本的一组值，数值的个数可以为 1～255 个。也可以用单一数组或对某个数组的引用来代替用逗号分隔的参数列表。

STDEVPA

功能：基于总体估算标准偏差(包括逻辑值和代表数字的文本)

语法：STDEVPA(value1[，value2，…])

参数：value1 是必需的，value2 等是可选的，是对应于样本总体的一组值，数值的个数可以为 1～255 个。也可以用单一数组或对某个数组的引用来代替用逗号分隔的参数列表。

STEYX

功能：返回通过线性回归法计算每个 x 的 y 预测值时所产生的标准误差。

语法：STEYX(known_y's，known_x's)

参数：known_y's 是必需的，是因变量数组或单元格区域。

known_x's 是必需的，是自变量数组或单元格区域。

T.DIST

功能：如果参数 cumulative 为 TRUE，则本函数返回学生 t 分布的累积分布函数；如果参数 cumulative 为 FALSE，则本函数返回学生 t 分布的概率密度函数。

语法：T.DIST(x, deg_freedom, cumulative)

参数：x 是必需的，是用于计算分布函数的数值。

deg_freedom 是必需的，是一个表示自由度数的整数。

cumulative 是必需的，是决定返回函数形式的逻辑值。

T.DIST.2T

功能：返回学生双尾 t 分布函数。

语法：T.DIST.2T(x, deg_freedom)

参数：x 是必需的，是需要计算分布函数的数值。

deg_freedom 是必需的，是一个表示自由度数的整数。

T.DIST.RT

功能：返回学生右尾 t 分布函数。该 t 分布函数用于小样本数据集的假设检验。使用本函数可以代替 t 分布函数的临界值表。

语法：T.DIST.RT(x, deg_freedom)

参数：x 是必需的，是需要计算分布的数值。

deg_freedom 是必需的，是一个表示自由度数的整数。如果 $x < 0$，则本函数返回错误值#NUM!。

T.INV

功能：返回学生 t 分布的左尾反函数。

语法：T.INV(probability, deg_freedom)

参数：probability 是必需的，是与学生 t 分布相关的概率。

deg_freedom 是必需的，是代表分布的自由度数。

T.INV.2T

功能：返回学生 t 分布的双尾反函数。

语法：T.INV.2T(probability, deg_freedom)

参数：probability 是必需的，是与学生 t 分布相关的概率。

deg_freedom 是必需的，是代表分布的自由度数。

T.TEST

功能：返回与学生 t 检验相关的概率。

语法：T.TEST(array1，array2，tails，type)

参数：array1 和 array2 是必需的，是两个数据集。

tails 是必需的，是指示分布曲线的尾数。如果 tails = 1，则本函数使用单尾分布。

type 是必需的，指定学生 t 检验的类型。

TREND

功能：返回线性回归拟合曲线上的值。即找到适合已知数组 known_y's 和 known_x's 的直线(用最小二乘法)，并返回指定数组 new_x's 在直线上对应的 y 值。

语法：TREND(known_y's[，known_x's][，new_x's][，const])

参数：known_y's 是必需的，是关系表达式 $y = mx + b$ 中已知的 y 值集合。如果数组 known_y's 在单独一列中，则 known_x's 的每一列被视为一个独立的变量；如果数组 known_y's 在单独一行中，则 known_x's 的每一行被视为一个独立的变量。

known_x's 是可选的，是关系表达式 $y = mx + b$ 中已知的可选 x 值集合。

new_x's 是可选的，是要预测的 y 值对应的 x 值。

const 是可选的，用于确定拟合曲线的 b 值。

TRIMMEAN

功能：返回数据集的内部均值。本函数先从数据集的头部和尾部除去一定百分比的数据点，再求均值。

语法：TRIMMEAN(array，percent)

参数：array 是必需的，是需要进行整理并求均值的数组或单元格区域。

percent 是必需的，是计算时要除去的数据点的百分比。例如，如果 percent = 0.2，在 20 个数据点的集合中，就要除去 4(20×0.2)个数据点，头尾各除去 2 个。

VAR.P

功能：基于总体估算方差(忽略逻辑值和文本)。

语法：VAR.P(number1[，number2，…])

参数：number1 是必需的，number2 等是可选的，是对应于总体的 1～255 个数值参数。

VAR.S

功能：基于样本估算方差(忽略逻辑值和文本)。

语法：VAR.S(number1[，number2，…])

参数：number1 是必需的，number2 等是可选的，是对应于总体样本的 1～255 个数值参数。

VARA

功能：基于样本估算方差(包括逻辑值和代表数字的文本)。

语法：VARA(value1[，value2，…])

参数：value1 是必需的，value2 等是可选的。是对应于总体样本的 1～255 个数值参数。

WEIBULL.DIST

功能：如果参数 cumulative 为 TRUE，则本函数返回韦伯分布的累积分布函数；如果参数 cumulative 为 FALSE，则本函数返回韦伯分布的概率密度函数。使用本函数可以进行可靠性分析，例如计算设备的平均故障时间。

语法：WEIBULL.DIST(x，alpha，beta，cumulative)

参数：x 是必需的，是用来进行函数计算的数值。

alpha 是必需的，是分布参数。

beta 是必需的，是分布参数。

cumulative 是必需的，是决定返回函数形式的逻辑值。

Z.TEST

功能：返回 z 检验的单尾 P 值。

语法：Z.TEST(array，x[，sigma])

参数：array 是必需的，是用来检验 x 的数组或数据区域。

x 是必需的，是待检验的数值。

sigma 是可选的，是总体的标准偏差。如果省略，则使用样本的标准偏差。

参 考 文 献

[1] 袁志发,宋世德. 多元统计分析[M]. 2 版. 北京：科学出版社,2009.

[2] 吴密霞,刘春玲. 多元统计分析[M]. 北京：科学出版社,2014.

[3] 何晓群. 多元统计分析[M]. 北京：中国人民大学出版社,2015.

[4] 黄崑. Excel 统计分析基础教程[M]. 北京：清华大学出版社,2011.

[5] 庄君. Excel 统计分析与应用[M]. 修订版. 北京：电子工业出版社,2013.

[6] 蒲括,邵朋. 精通 Excel 数据统计与分析[M]. 北京：人民邮电出版社,2014.

[7] 刘志宏. Excel 统计分析与应用[M]. 3 版. 北京：电子工业出版社,2016.

[8] 于洪彦,刘金星,张洪利. Excel 统计分析与决策[M]. 2 版. 北京：高等教育出版社,2009.

[9] 朱建平,孙小素. 应用统计学[M]. 北京：清华大学出版社,2009.

[10] 陈欢歌,薛微. 基于 Excel 的统计应用[M]. 2 版. 北京：人民邮电出版社,2012.

[11] 张克力,张启能. 生物统计学[M]. 北京：中国农业大学出版社,2002.

图书资源支持

感谢您一直以来对清华版图书的支持和爱护。为了配合本书的使用，本书提供配套的资源，有需求的读者请扫描下方的“书圈”微信公众号二维码，在图书专区下载，也可以拨打电话或发送电子邮件咨询。

如果您在使用本书的过程中遇到了什么问题，或者有相关图书出版计划，也请您发邮件告诉我们，以便我们更好地为您服务。

我们的联系方式：

地　　址：北京市海淀区双清路学研大厦 A 座 714

邮　　编：100084

电　　话：010-83470236　010-83470237

客服邮箱：2301891038@qq.com

QQ：2301891038（请写明您的单位和姓名）

资源下载：关注公众号“书圈”下载配套资源。

资源下载、样书申请

书圈

图书案例

清华计算机学堂

观看课程直播